哲學門

第十八卷（2017年）第二册

总第三十六辑 Vol.18 No 2, 2017
Beida Journal of Philosophy

CSSCI 来源期刊（集刊类）

北京大学出版社
PEKING UNIVERSITY PRESS

图书在版编目(CIP)数据

哲学门.总第三十六辑/王博主编.—北京:北京大学出版社,2018.9
ISBN 978-7-301-29779-7

Ⅰ.①哲… Ⅱ.①王… Ⅲ.①哲学—文集 Ⅳ.①B-53

中国版本图书馆 CIP 数据核字(2018)第 184936 号

书　　　名	哲学门(总第三十六辑) ZHEXUEMEN
著作责任者	王　博　主编
责 任 编 辑	田　炜
标 准 书 号	ISBN 978-7-301-29779-7
出 版 发 行	北京大学出版社
地　　　址	北京市海淀区成府路 205 号　100871
网　　　址	http://www.pup.cn　新浪微博:@北京大学出版社
电 子 信 箱	pkuwsz@126.com
电　　　话	邮购部 62752015　发行部 62750672　编辑部 62750577
印 刷 者	三河市北燕印装有限公司
经 销 者	新华书店 787 毫米×1092 毫米　16 开本　20.25 印张　301 千字 2018 年 9 月第 1 版　2018 年 9 月第 1 次印刷
定　　　价	65.00 元

未经许可,不得以任何方式复制或抄袭本书之部分或全部内容。
版权所有,侵权必究
举报电话:010-62752024　电子信箱:fd@pup.pku.edu.cn
图书如有印装质量问题,请与出版部联系,电话:010-62756370

目 录

论坛：马克思与西方哲学传统

西方文化传统与马克思思想的起源 ········· 聂锦芳/1

马克思早期文本中的《精神现象学》因素
　　——兼论马克思社会概念的演变 ········· 鲁克俭/27

社会历史中生成的人的本质与自由
　　——关于马克思的哲学人类学的一个研究 ········· 方　博/47

论文

早期经典中的历史叙事
　　——以传世文献及北大竹书《周驯》中的"大王去邠"为例 ····· 崔晓姣/69

"亲亲相隐""窃负而逃"与伦理关系中的相互成就 ········· 盛　珂/83

鬼神与祭祀及儒佛之辨
　　——道学派对"鬼神"问题的回答，以朱子为中心 ········· 陈建美/97

"勿忘勿助"与"必有事"
　　——湛甘泉与王阳明晚年工夫论之争 ········· 马　寄/113

焚香与"闲赏"生活
　　——明代中期吴门文人的焚香雅事 ········· 刘　耕/131

王夫之对于邵雍思想的批评检论 ········· 李　震/151

论《大学》改本问题
　　——以唐君毅的重订与诠释为中心 ········· 陈　昊/169

论柏拉图晚期思想中的混合型幸福观
　　——一个基于《菲丽布》的探究 ········· 张波波/191

"普遍复合物"在亚里士多德生成论中的功能与地位 …………… 刘　康/215
一种"前理论的"实践概念如何可能？
　　——论海德格尔对实践概念的存在论化 …………………… 王宏健/233
启蒙之后和后启蒙
　　——马尔库塞的技术理性批判与大拒绝理论 ……………… 覃诗雅/253
隐定义分析性与先验辩护
　　——基于博格锡安进路的重构 ……………………………… 孙骞谦/271

书评

陈鼓应：《庄子人性论》………………………………………… 王玉彬/285
石井刚：《齐物的哲学：章太炎与中国现代思想的东亚经验》…… 吕存凯/291
唐纪宇：《程颐〈周易程氏传〉研究》…………………………… 李　震/301
倪梁康：《胡塞尔与海德格尔》…………………………………… 孙铁根/309

书讯

〔德〕埃德蒙德·胡塞尔著，玛格特·费莱舍尔编，
　　李云飞译：《被动综合分析》………………………………………… /46
〔巴西〕特奥托尼奥·多斯桑托斯著，杨衍永、齐海燕、
　　毛金里、白凤森译：《帝国主义与依附》（修订版）……………… /82
〔美〕约翰·E. 罗默著，张晋华、吴萍译：《分配正义论》…………… /130
〔德〕海德格尔著，孙周兴译：《什么叫思想？》………………………… /168
〔日〕末木文美士著，涂玉盏译：《日本佛教史：思想史的探索》……… /190
〔汉〕王充著：《宋本论衡》…………………………………………… /214
〔日〕汤浅邦弘著，白雨田译：《竹简学：中国古代思想的探究》……… /252

Contents

Forum: Marx and the Tradition of Western Philosophy

The Tradition of Western Culture and
　　the Origin of Marx's Thought ·················· Nie Jinfang/1
Elements of Hegel's *Phenomenology*
　　of Spirit in Marx's Early Texts ·················· Lu Kejian/27
The Essence and Freedom of Man Generated in the Society and History
　　—A Research on Karl Marx's Philosophical Anthropology ······ Fang Bo/47

Articles

A Historical Narrative from Early Classics: The Example of the Case
　　of the "Zhou King Moving from Bin to Mount Qi"
　　in Transmitted Classics and the Peking University
　　Bamboo Slips of *Zhou Xun* ·················· Cui Xiaojiao/69
"Concealing between the Relatives" and The Mutually Fulfilling
　　in Ethical Relationship ·················· Sheng Ke/83
Gui Shen, Sacrificing and the Distinction between Confucianism and Buddhism:
　　The Neo Confucianists' Discussion on Gui Shen,
　　Centered on Zhu Xi ·················· Chen Jianmei/97
"Keeping in Mind but Not Promoting" and "Applying Conscience":
　　The Differences in Cultivation Strategies between Zhan Ganquan
　　and Wang Yangming ·················· Ma Ji/113
Incense and "Leisurely Life": Incense in Wu School's Poems and
　　Paintings in the Middle Ming Dynasty ·················· Liu Geng/131
Evaluation on Wang Fuzhi's Critique on Shao Yong's Thoughts ······ Li Zhen/151
The Study on the Rearrange of "The Great Learning"
　　—Centered on Tang Junyi's Revision and Interpretation ······ Chen Hao/169

On Plato's Late Conception of Mixed Happiness:
 A Study of the *Philebus* ················· Zhang Bobo/191
The Role and Function of "The Universal Concretum"
 in the Aristotle's Theory of Genesis ················· Liu Kang/215
How is a "Pre-theoretical" Concept of Practice Possible?
 ——On Heidegger's Ontologization of the
 Concept of Practice ················· Wang Hongjian/233
After Enlightenment and Post-Enlightenment
 ——On Herbert Marcuse's Critique of Technological Rationality
 and Theory of Great Refusal ················· Qin Shiya/253
Implicit Definition and *A Priori* Justification
 ——A Reconstruction Based on Boghossian's Approach ··· Sun Qianqian/271

Reviews

Chen Guying, *Chuang-tzu's Theory of Human Nature* ············ Wang Yubin/285
Tsuyoshi Ishii, *The Philosophy of Qiwu: Zhang Taiyan and the Encounter*
 between Chinese Modern Thoughts and East Asia ············ Lv Cunkai/291
Tang Jiyu, *The Research of ‹Zhou Yi Cheng Biography›* ············ Li Zhen/301
Ni Liangkang, *Husserl and Heidegger* ················· Sun Tiegen/309

Information

Edmund Husserl, *Analyses Concerning Passive and Active Synthesis* ············ /46
Theotonio dos Santos, *Imperialism and Dependence* ················· /82
John E. Roemer, *Theories of Distributive Justice* ················· /130
Heidegger, *What Is Called Thinking?* ················· /168
Sueki Fumihiko, *Japanese Buddhist History:*
 Exploration of the History of Thoughts ················· /190
Wang Chong, *Discourses Weighed in the Balance*
 (The Song Dynasty Edition) ················· /214
Kunihiro Yuasa, *Bamboo-Slip Manuscripts Research:*
 Studying on Ancient Chinese Thought ················· /252

西方文化传统与马克思思想的起源

聂锦芳[*]

提　要：离开西方文化传统和社会发展的土壤，不可能客观而到位地把握和理解马克思思想的形成及其发展。就其思想的起源期的情形看，"特里尔传统"及其所蕴含的宗教因素构成马克思成长和运思的背景或底色，人文经典的熏陶使他最初"以情感来观照人性和理解世界"，受"原子论"的影响，他超越情感完成了思维方式的跃迁，而启蒙意识和系统思维更成为其深刻的社会批判的基本条件和理论素质。马克思后来思想的发展和建构确实带有强烈的批判成分，但实际上他之批判具有典型的"德国哲学式"特征，决不是弃之不顾、彻底打碎、颠覆重来，而是在深刻剖析、反思基础上的扬弃和超越，是在深厚文化积淀基础上的传承和推进，是源自涓涓溪流逐步汇聚而成的滔滔大海，是滥觞之上的勃兴。

关键词：马克思　思想起源　西方　文化传统

由于特殊的时代境遇、实践发展和学科分界，无论是在东方还是西方，不在少数的论者倾向于把马克思的思想从西方文化传统中剥离出来，作为一种独特的理论建构和价值取向予以理解和阐释。而在国内以往马克思思想的研究中，在这一问题上列宁的"三个来源"说影响广泛，可以说起了主导作用。但现在看来，离开西方文化传统和社会发展的土壤，不可能客观而到位地把

---

[*] 聂锦芳，1966年生，北京大学哲学系教授。

握马克思思想的形成及其发展。列宁的看法也有必要重新进行甄别,因为它不仅将马克思主义与马克思完全画了等号①,而且在对"来源"的理解和解释中,将其与所谓的"组成部分"紧密关联在一起了,也就是说,列宁实际上是以"组成部分"来反向逆推出"来源"的,从而决绝地判定马克思的思想直接来源于"19世纪德国的古典哲学、英国的古典政治经济学和英法的空想社会主义"②。而事实上,在接受这些学说之前,马克思有一段相当复杂的思想起源期,是欧洲源远流长的文化传统培育和塑造了他的观念、思维和价值。如果仅仅为了突出马克思主义的"革命性变革",大而化之地进行估判,就会遮蔽多元的文化渊源和思想形成的具体轨迹、环节,实际上不利于理解马克思思想的复杂性和丰富内涵。有鉴于此,本文试图通过对现在留存下来的马克思青少年时期的文献的详尽解读,来探究在其思想起源期西方文化传统因子的渗透和影响。

一 "特里尔传统"及其宗教背景

我们先从马克思青少年成长的环境和所受的教育谈起。

"特里尔传统"是一种无形的"文化场",现在仍然完整地保留着的城中心十余栋古罗马时期的建筑豪华富丽、雄伟壮观,本有歌颂权力、表彰战功、炫耀财富之意,但历经千年风霜洗礼和社会变迁,显示的则是大气的设计、精湛的技艺、完美的施工和浑厚的历史感。而近代以来留存下来的那些房屋的风格,一如 Baroque(巴洛克)一词源于葡萄牙语的 Baroco(意为"不圆的珍珠")、意大利语 Barocco(意为"奇特、古怪、变形")和法语 Baroque(意为"俗丽凌乱")的意涵,绝不仅仅是一般的容身之地和生活居所,外观多样,追求动感,富丽的装饰、雕刻和强烈的色彩穿插着曲面和椭圆形空间的设计,显现出奔放、自由而又不无神秘的特点,真正代表了欧洲文化典型的艺术风格

---

① 笔者当然不同意"马克思主义之后的马克思"的论者所主张的二者判然有别、根本对立的看法,但也认为不将作为这一思想体系创立者的马克思的思想与其后继者之间的复杂关系进行认真比较、分析而是笼统地完全等同,不利于把握马克思主义的丰富性、复杂性和变动性。

② 列宁:《马克思主义的三个来源和三个组成部分》,《列宁全集》第23卷,北京:人民出版社,1990年,第41—48页。

和时代风貌。

不需要参阅更多的考古学文献和编年史材料,只要实地去考察一番就可以知道,现在特里尔城中心的布局、主要建筑乃至街道与马克思生活的年代几乎没有什么差别,他的故居门前的那条街道依然叫 Brücken,只不过由 gaße 改称 straße,由 664 号调整为 10 号。特里尔建成时人口为 8 万,后来也经过一些变化,比如由于参与(或被迫或自愿)国与国之间的纷争而人口缩减,最少的纪录是只剩下九千余人,但后来特里尔幡然自省,不再寄希望于通过战争带来繁荣,而是仰赖既有秩序的维护和社会的渐进变革,遂使人口逐步恢复到原有的数量。近代以来,工业化和现代化进程加速,各地人口膨胀,但特里尔早有防范,通过立法手段和行政措施分流,使城市人口数量基本停留于 10 万左右的规模。从这些方面可以看出,特里尔在保持传统方面是多么一贯而具有韧性!

那么,"特里尔传统"带给马克思的究竟是什么呢？我认为,主要是宗教情感和人文关怀。我们可以看一下少年马克思所处的神学或宗教氛围。那些壮丽的建筑基本上都与宗教有关,而其中天主教的理念又体现得尤为突出和明显,当然不是严格的教规、固定的礼仪和刻板的程序,而是其中所渗透的精神气质。天主教虽然有天主创世、"三位一体"之说,但作为"最高主宰"的主被赋予至高无上、全能全知、无所不在的神性和定位,某种程度上是启示被主创造出来的人要知道自己的来源和局限,懂得感恩,有所敬畏。信众则天生平等,没有高低、贵贱、智愚之别。每个人都要服膺天律,坚守正义,积极面对生活,忍受苦难,净化灵魂,补赎罪过,最终善良和罪恶会获得迥然不同的报应。

许多论著都注意到作为律师的父亲亨利希·马克思对儿子的重大影响,称其父为"启蒙主义者""理性主义者"。但需要指出的是,这里所谓的"启蒙主义""理性主义"严格说来,并不是拒斥神学,走向无神论或反宗教,而是改换门庭,皈依新教。诚如科尔纽所说,"使他摆脱了偏狭的犹太正统宗教的这种理性主义,是他改宗与他志趣相近的开明新教的部分原因"[①]。在马克思出生前两年的 1816 年其父亲改信路德教,1824 年他又为包括马克思在内的 7

---

① 奥古斯特·科尔纽:《马克思恩格斯传》第 1 卷(1818—1844),北京:三联书店,1963 年,第 53 页。

个孩子作了洗礼,1825 年其母亲也改信基督教,1834 年 3 月 23 日马克思受坚信礼。① 而在特利尔弗里德利希·威廉中学 6 年学习期间,宗教读本一直是贯穿于马克思所修"语言""历史"两大课程中极为重要的内容。

观念的灌输再加上父亲所受到的开明新教的影响,促使少年马克思的价值追求和人性关怀得以确立起来。我们应该在这一意义上理解马克思思想与宗教之间的复杂关系,而不能将他后来基于宗教的世俗产生根源和现实流弊而转向无神论和"反宗教"立场与此完全对立起来,在表面的矛盾之中内在的价值仍有一致之处,因为宗教不仅代表着具体的、特定的教派,更体现着人类学意义上的情感、意识和终极关怀。对于欧洲人来说,宗教是其源远流长的文化背景和思想传统,就少年马克思而言,情形并不例外。

中学毕业时的宗教作文要求根据《约翰福音》第 15 章第 1—14 节的有关论述,论证信徒与基督的同一性问题,这是对少年马克思的宗教知识、宗教观念、宗教情感的一次综合检视。马克思的解答初步透露或显现了他观照和把握世界的特有的角度和方式。

首先,关于信徒与基督结为一体的根据。

马克思采取的论证思路是,第一,把目光投向"历史"。马克思指出,在各民族漫长的历程中,不论其每一时代达到了多么发达或鼎盛的程度,都始终摆脱不了迷信的枷锁,也没有形成关于自己、关于神的完满概念,而在伦理、道德方面更有诸多不高尚的表现。就德行来说,粗野的力量、无约束的利己主义和对功名荣誉的渴求等就表征了人类远不完美的状态。在古代民族,未聆听过基督教义的人,那些心无所寄的野蛮人,始终处于一种内心不安、害怕神威、深感卑贱的情绪中;连古代最伟大的哲人柏拉图也不止一处表示了对一种更高的存在物的深切渴望,以为这种存在物的出现可以实现那尚未得到满足的对真理和光明的追求。总之,"历史""这个人类的伟大导师""教导我们,同基督结合为一体是必要的"。②

第二,考察人的本性。人是一种两面性的、矛盾性的存在,一方面人心中

---

① 弗·阿多拉茨基:《马克思年表(1818—1883)》,北京:人民出版社,1982 年,第 1—3 页。
② Karl Marx, Die Vereinigung der Gläubigen mit Christo nach Joh. 15, 1-14, in ihrem Grund und Wesen, in ihrer unbedingten Nohwendigkeit und in ihren Wirkungen dargestellt, *Marx-Engels Gesamtausgabe*, Ⅰ/1, Dietz Verlag, Berlin 1975,S.450;《马克思恩格斯全集》第 1 卷,北京:人民出版社,1995 年,第 450 页。

有神性的火花、好善的热情、对知识的追求、对真理的渴望，但是另一方面，欲望的火焰却时刻在吞没永恒的东西，罪恶的诱惑声在淹没崇尚德行的热情，对尘世间富贵功名的庸俗追求排挤着对知识的追求，对真理的渴望被虚伪的甜言蜜语所熄灭。"人是自然界唯一达不到自己目的的存在物，是整个宇宙中唯一不配做上帝创造物的成员。"①但是，善良的创世主不会憎恨自己的创造物，相反他想使自己的创造物变得像自己一样高尚。

第三，求救于"基督本人的道"。马克思认为，这是信徒与基督结为一体"最可靠的证据"。《约翰福音》中基督把同他结合为一体的必要性表达得最清楚的地方，就是"葡萄藤"和"枝蔓"这一绝妙的比喻，基督把自己比作葡萄藤，而把信徒比作枝蔓。枝蔓依靠本身的力量是不能结果实的，所以信徒离开基督就无所作为，就不能达到自己的目的。

这样，历史、人性和基督都提供了信徒与基督结为一体的必要性的证明和依据。

其次，关于信徒与基督结为一体的含义。

这体现在两个方面：第一是"以爱注视"，"精神交融"。在同基督的结合中，信徒要用爱的眼神注视上帝，对其有一种最热忱的感激之情，心悦诚服地拜倒在他的面前。这是基督给予信徒之爱的回报，因为基督是宽宏大量的父亲、善良的引导者，是辛勤栽种和培育的园丁。同时信徒之爱又是一种同类间情感的延伸，即对上帝之爱，要延伸到人类之爱，对他人的爱。由此可以看出，同基督结合为一体，就是同基督实现最密切和最生动的精神交融。"我们眼睛看到他，心中想着他，而且由于我们对他满怀最崇高的爱，我们同时也就把自己的心向着我们的弟兄们，因为基督将他们和我们紧密联结在一起。"②第二，遵从命令，作出牺牲。对基督的爱不会是徒劳的，但也不可能是轻松的。这种爱不仅使我们对基督满怀最纯洁的崇敬和爱戴，而且"使我们遵从

---

① Karl Marx, Die Vereinigung der Gläubigen mit Christo nach Joh. 15, 1-14, in ihrem Grund und Wesen, in ihrer unbedingten Nohwendigkeit und in ihren Wirkungen dargestellt, *Marx-Engels Gesamtausgabe*, I/1, Dietz Verlag, Berlin 1975, S.450；《马克思恩格斯全集》第 1 卷，北京：人民出版社，1995 年，第 450 页。
② Karl Marx, Die Vereinigung der Gläubigen mit Christo nach Joh. 15, 1-14, in ihrem Grund und Wesen, in ihrer unbedingten Nohwendigkeit und in ihren Wirkungen dargestellt, *Marx-Engels Gesamtausgabe*, I/1, Dietz Verlag, Berlin 1975, S.451；《马克思恩格斯全集》第 1 卷，北京：人民出版社，1995 年，第 452 页。

他的命令,彼此为对方作出牺牲"①。特别是信徒要平静地迎接命运的打击,勇敢地抗御各种激情的风暴,以理性约束自己的行为,甘愿去忍受困难和劳累,这样他的所作所为才能体现为对上帝本身的崇敬。

最后,关于信徒与基督结为一体的作用。

第一是提升德行。这种德行摆脱了一切世俗的东西而成为真正神性的东西。任何令人讨厌的隐匿不见了,一切世俗的东西沉没了,所有粗野的东西消失了,德行变得更加超凡脱俗,同时也变得更加温和,更近人情。第二是安妥灵魂,使心灵得到快乐。同基督结合为一体可使人变得内心高尚,在苦难中得到安慰,有镇定的信心和一颗不是出于爱好虚荣,也不是出于渴求名望,而只是为了面向博爱和一切高尚而伟大的事物敞开的心。这会使人得到一种快乐,这种快乐是伊壁鸠鲁主义者在其肤浅的哲学中,比较深刻的思想家在单纯对知识的追求中企图获得而又无法获得的,这种快乐只有同基督并且通过基督同上帝结合在一起的天真无邪的童心,才能体会得到,这种快乐会使生活变得更加美好和崇高。

我们看到,名义上是根据《约翰福音》指定章节进行论述,但马克思的思路已经越出了这一界域,更为宽阔。中学阶段大量历史和文学作品的阅读为他提供了多样的思路和精彩的提炼,这方面甚至掩盖了对有关宗教知识的陈述。更有深意的是,在关于上帝存在、关于信徒与基督的同一的那些更为精致的本体论证明、认识论证明、道德论证明等已经流传甚久,有足够的材料表明马克思在对此比较了解的情况下,没有抄袭其中的某一种思路(而对于一个中学生来说,这又是最可能、最容易而又无可指责的事情),而是以自己观照问题的特有的视角和方式把所有这些思路统摄起来,对它们作了分解和渗透,这是难能可贵的。

马克思作为一个无神论者和反宗教斗士的形象在"马克思之后的马克思主义"的发展历程中实际上被无限地夸大了。他一生关于宗教发表过大量论述,就否定性意见而言,事实上马克思在成年时期抨击和反对过的只是特定

---

① Karl Marx, Die Vereinigung der Gläubigen mit Christo nach Joh. 15, 1-14, in ihrem Grund und Wesen, in ihrer unbedingten Nohwendigkeit und in ihren Wirkungen dargestellt, *Marx-Engels Gesamtausgabe*, I/1, Dietz Verlag, Berlin 1975, S. 452;《马克思恩格斯全集》第1卷,北京:人民出版社,1995年,第452页。

的宗教教义及其思想流弊,研究和透视的是宗教产生的世俗基础及其社会影响;作为西方文明孕育的一代思想巨匠,很难说他与普泛意义上的宗教情结、宗教心理和终极关怀截然隔离、没有关联,至少在青少年时期,神学与宗教一直是他成长和运思的背景或底色。

尽管马克思后来走出了特里尔,但这里永远是他的故乡。马克思毕生探究和追求超越资本主义的自由、公正、平等和正义,这些都源自"特里尔传统"的浸润和培育。

二 人文经典的熏陶与"以情感来观照人性和理解世界"

在中学学习的6年时间,马克思还一直沉浸在欧洲人文经典的熏陶之中,从现在留存下来的最后一学期课程表看,他至少学习和阅读过的拉丁语作品有西塞罗的《论演说家》,塔西佗的《编年史》《阿格里科拉传》,贺拉斯的《颂词》《讽刺诗集》,希腊语作品有柏拉图的《斐多篇》,修昔底德的《伯罗奔尼撒战争史(第1卷)》,《荷马史诗》,索福克勒斯的《安提戈涅》,德语作品有歌德、席勒和克洛普什托克的诗,17世纪以来的德意志文学史,法语作品有孟德斯鸠的《罗马盛衰原因论》,拉辛的《阿达利》,等等。[①]

随着年龄渐长,特别是大学之后,一方面马克思的阅读量加大,视野拓宽,交往空间扩大,另一方面他的情感也呈现出澎湃发展的态势,用他自己的话说,处于"一个适合抒情诗的年龄"。于是他在两年多的时间里写作了大量诗歌,还有剧本和小说,现在保留下来的有111首诗歌、1个剧本和1篇未完成的小说片断。历来的马克思主义研究者都不看重这些材料,甚至马克思本人后来也对它们不以为意。然而,公允地看,这些作品展示的情感真挚而感人,观照人性和理解世界的方式既有必要性,当然也有局限性。仔细研读这些作品的内容,可以看出欧洲人文经典的滋润和培育,而有的意境和情节就直接来源于这些经典。

就马克思来说,这些作品的写作至少使他在思想上有如下的收获:

---

① 曼弗雷德·克利姆:《马克思文献传记》,郑州:河南人民出版社,1992年,第35页。

首先是领悟到情感和爱的意义。

爱是人与人之间的情感理解,但对爱的体悟则可能有一部分来自对自然美景的观察及其催发。马克思献给恋人燕妮的《爱之书》的首篇《两重天》(*Die zwei Himmel*)所述内容和灵感就缘于马克思乘马车远足路途中的所见、所思。在从特里尔到柏林漫长的小路上,轿式马车在飞奔,里面坐着一位情感充沛、想象丰富和心怀崇高志向的青年。美丽的自然景观如一轴画卷迤逦展开,重重山峦向远方退去,片片树林从车旁掠过,时而幽暗,时而明亮,使人仿佛置身于汪洋大海之中,而次第呈现在面前的景色则如其中汹涌激荡的波涛。尽管赶路者对这些迷人的景致恋恋不舍,总想留住那一片片精彩和美丽,但世俗人生的追求难以停滞,奔波的脚步就永远停不下来,于是就只能在心中徒留下悲凉和怅惘。这种情形不正如人的爱情吗?——瞬间感觉美妙,但持续久长很难。

当然,爱不仅是一种实存、状态,更是一种发现、遐想和建构。尽管沿途的景象变化无常,但在马克思的心目中却有"两重天"永不变样:一重是我们头顶上的自然星空;另一重是人心灵深处的情感世界。头上的天空"镶着云彩又巧缀星光"①,起初繁星闪耀,继而渐渐黯淡,闪烁着微光融入沉沉夜幕或者在远方隐现。但是,其中有一颗星却一直炽亮着,始终光彩熠熠、璀璨辉煌,最终这永恒之火聚成亮光,一轮红日便喷薄而出,诡谲神奇的万物被她照得澄澈、明亮。

这一自然景观既延伸也应和着人们的心灵世界,试问:天空中那些消失在幽邃天穹里的流星,在离开了天父之后,去哪里了呢?马克思大胆联想:

---

① Karl Marx, Die zwei Himmel, *Marx-Engels Gesamtausgabe*, Ⅰ/1, Dietz Verlag, Berlin 1975, S. 484;《马克思恩格斯全集》第 1 卷,北京:人民出版社,1995 年,第 476 页;《马克思诗集》,天津:百花文艺出版社,2012 年,第 50 页。译文在比较了几种不同译本后有不同程度的改动,下同。翻译界有一种说法叫"美文不可译",而依我之意,这其中以诗歌为甚。目前马克思诗歌的中译本计有三种,即《马克思恩格斯全集》第 1 版第 40 卷译本(人民出版社,1982 年);陈玢、陈玉刚译本(《马克思诗歌全集》,辽宁大学出版社,1986 年,《马克思诗集》,百花文艺出版社,2012 年);《马克思恩格斯全集》第 2 版第 1 卷译本(人民出版社,1995 年)。第一、二种是依照俄文版(Сочинения К. Маркса и Энгельса, Государственное издательство политической литературы, 1975, Том 40)翻译的,第三种则改为从德文(*Marx-Engels Gesamtausgabe*, Ⅰ/1, Dietz Verlag, Berlin, 1975)译出。翻译不仅要考察对原文原意和意境的理解,也看重译者中文表达的准确和传神。为了把握马克思的原意,写作本文时我不得不在德、俄、中几种版本间斟酌、踌躇和选择,所以有关马克思思想起源期的文献,本文一般都以德、中两种文字注明。

"被吸引到人的身旁"①来了,下凡了。它们摇曳起舞,飘忽不定,时而高歌,时而低唱,一如现实中的人,一会儿悲喜交集,一会儿又沉浸于幽思遐想之中;心中忽而黑暗,忽而又升起曙光;有时感到自己如此伟大、崇高,瞬间又倍觉卑微、渺小。然而,正如天空终究被太阳照亮一样,在纷扰的人世也有精神在放射着光芒。这精神之光就是爱。与自然之境中的日月星辰不能同处、彼此排斥(所谓"月朗星稀""黎明照亮夜幕")不同,爱在人世间统摄、贯穿于芸芸众生的心灵世界,使他们悲欣交集、甘苦备尝。

最后,马克思直抒胸臆,承认燕妮在自己的情感世界里就是胸中"升起的太阳"。他极为细腻地描述了自己接近心目中的爱神时真实而复杂的感受:"当你从我的身边走过,/我每根神经都会震荡;当我为你而心驰神往,/便感到天空一片晴朗;/我目光如炬热血满腔,/能击退一切魑魅魍魉。"②自然之天,云海雷电,风云变幻,亘古永存;与此不同,"属于我们心中的这重天放射着灼热的情感光芒"。当然,现实的爱也很脆弱——"你若把情丝割断,我就会倒在地上,/怒潮会把我吞噬,坟土将把我埋葬,/两重天都将坠入深渊,/流血的心将悄然死亡"③。

"两重天"的意象先声夺人,使我们看到马克思的诗歌达到了相当高的水准。它既来源于生活中的观察和体悟,又有艺术的加工和品评,还有哲学的蕴含和深度。不仅如此,令人称奇的是,自然之夜被马克思匠心独运地描述成用"黑幕"掩盖着的状态,而且这夜幕不是用黑线编就的,而是用"旋律"织成的,不是静态的,而是动态的;因为在静寂的夜晚思忖爱,会获得比白天更多的感悟和体味。所以,与自然之物相比,精神与爱堪比天体的永恒绵长、海洋的深奥雄壮、宫阙的宏伟辉煌和理想之邦的美丽壮观。而在社会生活中,爱更是人生的"护身符",它能医治创痛,激发灵感,唤起心中深蕴的志向,是

---

① Karl Marx, Die zwei Himmel, *Marx-Engels Gesamtausgabe*, Ⅰ/1, Dietz Verlag, Berlin 1975, S.484;《马克思恩格斯全集》第1卷,北京:人民出版社,1995年,第477页;《马克思诗集》,天津:百花文艺出版社,2012年,第50页。

② Karl Marx, Die zwei Himmel, *Marx-Engels Gesamtausgabe*, Ⅰ/1, Dietz Verlag, Berlin 1975, S.485;《马克思恩格斯全集》第1卷,北京:人民出版社,1995年,第478页;《马克思诗集》,天津:百花文艺出版社,2012年,第52页。

③ Karl Marx, Die zwei Himmel, *Marx-Engels Gesamtausgabe*, Ⅰ/1, Dietz Verlag, Berlin 1975, S.485;《马克思恩格斯全集》第1卷,北京:人民出版社,1995年,第478页;《马克思诗集》,天津:百花文艺出版社,2012年,第52页。

精神世界永不枯竭的源头,时时能激发人奋进前行的力量;它又是世俗功利追求的超越,依靠爱与精神的力量,人可以摆脱种种羁绊和束缚,成为世界的主宰和灵魂,成为真正的"上帝"——这是人的建构,也是"人的自豪"。

其次是理解了情感的复杂性。

不同于那些矫揉造作的夸张和苦思冥想的创作,马克思写下的这些文字真正属于"情动于衷而表现于外",是一种自然而然的情感流露,是其生命激情的记录和宣泄,这里有他脉搏的跳动,每个字句都是其心迹的表白,每个音符都是他奏响的爱的旋律。"燕妮"不仅仅是一个听起来让他感到亲切甜蜜、像齐特尔琴弦上弹出的乐曲一样美妙的名字,更是一个永远震撼其心灵、独特而神奇的生命的表征,意味着永久的爱的力量,包含着此刻马克思生命中全部的情感和思考,汇聚了他的思想、意志、价值、知识、理想、欢乐、痛苦、思念、忧伤、诗韵。身处柏林的马克思,夜晚遥望灿烂星辰,从浩渺苍穹中也难寻觅到燕妮的倩影;白昼沐浴徐徐清风,令人心醉的碧浪中分明也传递着她温馨的声音。难怪马克思说,自己可以著书千卷,宁愿页页都写上"燕妮"的芳名,让她传扬千载,百世流芳。

但在现实中,爱往往是不如意的,甚至是很折磨人的,以至于恋爱中的马克思感觉到需要好好反省自己以往的思路和当前的状况了。①

过去每当爱意袭来无处倾诉时,马克思就习惯性地弹起七弦琴来寄托情感,如今却几乎弹不下去了。因为胸中热血澎湃,冲击得他难以平静;曾经幻想依靠众神辅助来实现爱,但如今却感到困惑了:它们能否容纳群星的光芒?是否有囊括苍天的力量?能否在云涛雾海上纵情欢乐?可否欣赏那美妙的天体舞曲?迄今为止,幻想中的神只带给自己一些无用的礼物,却不曾赠予最珍贵的东西。仔细清点,自己在爱中所图并不多,不羡慕辽阔的空间,也不企求占有无限的宇宙,不期望有美梦降临的夜晚,更不忌妒炎热灼人的白昼,自己只是想得到亲爱的燕妮,不管日后是风和日丽、歌舞升平,还是狂风暴雨、电闪雷鸣,只要与燕妮能长相守就心满意足了。

---

① Karl Marx, An Jenny, *Marx-Engels Gesamtausgabe*, Ⅰ/1, Dietz Verlag, Berlin, 1975, S. 581-582;《马克思恩格斯全集》第1卷,北京:人民出版社,1995年,第633—637页;《马克思诗集》,天津:百花文艺出版社,2012年,第19—22页。

但是,造物主真是戏弄人,硬把"不祥之物"横亘在二人中间,使马克思不能贴近心上人的胸膛。燕妮在遥远的故乡特里尔,而马克思身处使他郁闷的德国北方。他曾经设想,要在柏林凄凉地苦度几年时光,奋力攻读,跻身于智慧的殿堂,争个锦绣前程,赢得一身荣光。但是,这些梦幻一个个破灭了,爱情的向往也归于无望。一想到自己很久没能一睹燕妮绰约动人的风采,无法陶醉于她温柔甜蜜的胸怀,岁月蹉跎,青春难再,自己的生命将在这严酷的北国掩埋,马克思就无法控制炽热的激情,宁愿相信灵魂可以与躯体分离,让自己多情的灵魂乘上五彩云霞,飘然飞去,飞进远方燕妮的心房。

思念,使马克思产生了无限的联想。他在追问:宇宙是什么呢?它怎么会如此广大?它为何能包容如许多的东西?既吸纳一切人的恩爱和怨恨,又涵盖白天的阳光和晚上的黝黑?众神能否理解人焦虑不安的追求和渴望?也许,它们对人的爱情也心怀忌妒吧。

虽然对爱的思索没有答案,但马克思内心仍充满希望。他告诫自己:应该相信,命运会向自己招手的,会从心灵深处升起哪怕是一线模糊而虚幻的希望,会出现一个短暂的、令人激动和神往的时刻,那样的话,纵使自己可能会被碾成齑粉,也要把握契机,找到实现理想的地方。定要牢记的是,必须使自己成熟起来,在内心世界里让爱的火炬继续燃起熊熊火光。

在现实中越得不到爱,就越向往和渴求爱;这是爱的悖论。在煎熬、等待中马克思写下了六首十四行诗,命名为《遐想》(*Phantasiegebilde*)。

一开始他就直抒胸臆,呼唤着心爱的人的名字,要与她一起翱翔,幻想飞到一个遥远的、激情荡漾的地方——芳草地上,鲜花怒放,洒满阳光;悬崖峭壁之间,飞流直下,巨浪跌宕。两个恋人悠然伫立,景美人和,共享欢娱时光。天、地、人一体,这时世界都被幸福笼罩了。

世上有无数的殿堂,靠着奇木栋梁支撑、矗立着;由此,引发了马克思的愿望:在心中用爱建造一座大厦。他描绘道,明亮的大厅里华灯初上,其中有一盏最辉煌,它不是靠功率供电,而是爱情之火使其炽热发光。光明使阴影消失,相爱使人心温热舒畅。还有,嘹亮高亢的歌声,优美、动人的竖琴——这些灿烂的景色、美妙的声音,一定能出现在相爱的人的心房。

爱是心灵的抚慰剂。无论你是身感疲倦,还是心情烦闷,远方的爱人都会心生感应,仿佛身生双翼,飞到你的身旁,让你躺在开满鲜花的草地上,聆听美妙的歌声,传递细致的安慰,和你一起去涤荡尘世的污浊,解脱庸俗的纷扰。有爱,内心里就会燃烧起希望之火,生活中就可以绽开甜蜜的花朵。旧世界在暗淡中衰落,新世界呈现出蓬勃的生机。幸福随着爱情而来,两颗心共同呼吸着灵性之气,摆脱了尘世的不幸和灾祸,认识到什么是永恒,领略到天国的欢乐。

爱是美妙的,却又是虚幻的。回到现实才明白,以上遐想不过是金色的梦幻、心中的妄想、甜蜜的呓语。在生活中,欢乐隐匿起来,险恶仍在流行,哪里还有什么幸福可言?尤其是长期的离别,得不到爱的回应,这使马克思更加心绪不宁。柏林—特里尔,遥远的空间把他与燕妮分隔开,这使他不免产生了疑惑和猜测:"有别的婆娑大树/会给你洒下绿荫的清凉,/有别的涌泉和溪流/会为你献上甘甜的琼浆。"[1]如果事实竟然是这样,尽管马克思心中珍藏着情意,在梦中反复出现燕妮优美的形象,甚至可以在联翩的幻想中亲手装扮和抚摸她的脸庞,那么,如若得不到燕妮的回应,"我的痴情只是一场空想"[2]——在无爱的现实中,爱变得更加虚幻也更加急迫,更加美妙也更加珍贵了。

最后是意识到情感的局限及超越的必要性。

1837年是马克思的父亲亨利希·马克思60周岁寿辰。为表达感谢和祝贺之意,马克思匠心独运地送出了一件特别的礼物——为父亲编定的一部诗集,题名为《诗作,作为永恒之爱的轻微标记,献给我亲爱的父亲1837年生日》(*Gedichte, meinem teuren Vater zu seinem Geburtstage 1837, als schwaches Zeichen ewiger Liebe*,以下简称《献给亲爱的父亲的诗作》)。其中虽然仍在吟咏爱和情感,但思考世界的视野有了更大的扩展,显现的意境更加深邃。比如,在由《创造》与《创作》两首组成的《献给父亲》中,他认真思考了父亲与儿子之间关系的性质和意义。从小深受神性教化、又浸润于人文经典熏陶之中

---

[1] Karl Marx, Phantasiegebilde, *Marx-Engels Gesamtausgabe*, Ⅰ/1, Dietz Verlag, Berlin, 1975, S.596;《马克思恩格斯全集》第1卷,北京:人民出版社,1995年,第659页;《马克思诗集》,天津:百花文艺出版社,2012年,第44页。

[2] Karl Marx, Phantasiegebilde, *Marx-Engels Gesamtausgabe*, Ⅰ/1, Dietz Verlag, Berlin, 1975, S.596;《马克思恩格斯全集》第1卷,北京:人民出版社,1995年,第660页;《马克思诗集》,天津:百花文艺出版社,2012年,第44页。

的马克思把父亲设想为"创造"自己的"上帝";但不是那种高高在上、不食人间烟火的存在,而是充满人间情怀、具有仁慈而博大的爱之力量的"人间神",就是说,"创造"不是抽象、神秘莫测的行为,而是主体的一种活动,所以才能赋予人和世界以精神的力量和爱的情愫。而回报"创造者""创造"的,则是"创造物"的"创作"。"创造物"不是永久的被动的存在,相反,它之被"创造"不仅仅是造物、塑形的过程,更是"创造者"赋予其"创作"的能力和本性。"创造者"-"创造物","创造"-"创作",这就是马克思对父子关系的诠释、对人生价值和意义的理解。

更为重要的是,由于不再限于个人间的情感,马克思还深入到对德国国民性格的讨论。《讽刺短诗集》(*Epigramme*)组诗就是这样的作品。马克思开始从理解世界的思维方式的角度来反思从康德到费希特再到黑格尔哲学的变迁、黑格尔思想的意旨与局限、德国国民性的特征与时代的关系,这些都预示着马克思本人思想的探索、拓展和深化。

黑格尔哲学是德国国民性最完整的体现和表达,马克思写了四首讽刺短诗来剖析。

像黑格尔这样的哲人,性格上自然是很自负的。他自谓长久地漂游在汹涌的思想海洋里,一直在探求世界的真谛,最终发现了自认为最崇高的智慧,也领会了这种智慧深邃的奥秘,所以他感觉自己就像神一样,无与伦比。但又觉得,人毕竟与神又是有区别的,所以他总是要"披上晦暗的外衣"[①]。在思想的海洋里沉浮,他最看重、感到最艰难的工作是寻找表达的语言,而一旦找到,他就会紧抓不放。

当然,世界上的哲人——智慧者绝不仅仅只有黑格尔一个人,对此他还算是有点自知之明。他发现,自己找到的这些语言——对世界的理解和描述,不仅没有使其澄明、清晰,而是更加错综复杂,一片迷茫。而作为一个哲学家,自己绝不会、也不可能束缚每个人的思维和想象,于是,他放弃了对世界的真实性的了解和把握,认定没有客观、没有共识,每个人爱怎么理解就怎么理解,完全可以按照自己的愿望,正像瀑布从悬崖上直泄而下发出自然的

[①] Karl Marx, Epigramme, *Marx-Engels Gesamtausgabe*, Ⅰ/1, Dietz Verlag, Berlin, 1975, S.644;《马克思恩格斯全集》第 1 卷,北京:人民出版社,1995 年,第 735 页。

轰鸣和喧响。但一个诗人却可以由此展开无限的遐思,甚至觉得从中可以听出心中姑娘倾吐的情话和衷肠。总之,人怎么想就怎么认识,有所感触便可以变成思想,这样一来,每个人都可以啜饮到这杯智慧的"玉液琼浆"。当然,思虑至最后,黑格尔也感到了自己的工作的虚无和虚妄——自命要"给诸位揭示一切",但实际上什么真实的东西都讲不出来!①

以上两首讽刺短诗中的内容,马克思是以黑格尔的口吻("我"[ich])来叙述的,把一代哲人的志向与现实、追求与说教、期许与自嘲等方面揭示得入木三分,淋漓尽致。但人们对于以下两首诗的蕴含的理解就存在歧义了。一首仍以"我"(ich)的方式来谈论问题,另一首则是"我们"(wir)的陈述。

这两首诗篇幅都很短,第三首是:"康德和费希特喜欢在太空遨游,/寻找一个遥远的未知国度;/而我只求能真正领悟/在街头巷尾遇到的日常事物!"②在很多马克思主义哲学史研究论著和传记中,人们基本上都是单独地抽象出来解读这首短诗的意思的,结果导致它被视为马克思本人的自况,并且认为这里蕴涵着他以后思想变革的大致方向和意旨,乃至是其转向现实世界、通向唯物主义的初始表征。而如果按照前后一致、上下连贯的原则,那么就可以知道,这首诗中的"我"无疑仍然是指"黑格尔",这首诗是马克思对黑格尔哲学另一种极端主张的嘲讽。黑格尔发现康德和费希特的哲学远离尘世生活,把人们的希望寄托在"一个遥远的未知国度",而遗忘了现实世界,鄙视"街头巷尾遇到的日常事物",于是开始致力于实现思想的"变革"和转向。当然,对此他也曾经作过非常明确的表达:"哲学正因为它探究的是理性的东西,因而它乃是对现有的、实在的东西的理解","理解现有的东西,——这就是哲学的任务。"③所以,诚如戴维·麦克莱伦所说,如果我们把这首诗"当成马克思本人的话,那么这段话的意义就会完全被误解。像前一节一样,它是'黑格尔'自己所讲的主观浪漫主义,是被马克思所批判的,因为它与每日的现实联系得过分紧密了。马克思诗的整个的主题是要对黑格尔作这样一个

---

① Karl Marx, Epigramme, *Marx-Engels Gesamtausgabe*, Ⅰ/1, Dietz Verlag, Berlin, 1975, S. 644;《马克思恩格斯全集》第 1 卷,北京:人民出版社,1995 年,第 736 页。
② Karl Marx, Epigramme/Hegel, *Marx-Engels Gesamtausgabe*, Ⅰ/1, Dietz Verlag, Berlin, 1975, S. 644;《马克思恩格斯全集》第 1 卷,北京:人民出版社,1995 年,第 736 页。
③ 黑格尔:《哲学史讲演录》,贺麟、王太庆译,北京:商务印书馆,1982 年,第 23、46 页。

显而易见的批评"①。

那么,接下来的问题是,第四首诗中的"我们"指的是谁?还是"黑格尔们"吗?我们看看这首诗表达的是什么:"请原谅我们这些短小诗篇,/如果我们唱的调子惹人讨厌;/我们已把黑格尔的学说潜心钻研,/却还无法领略他的美学观点。"②显然这是带有结论性质的陈述,这里的"我们"代表的只能是"马克思们"。当然,这种角色的转换显得有点突兀和缺少过渡,但有一点是比较明确的,即马克思开始从理解世界的思维方式的角度来梳理从康德到费希特再到黑格尔哲学的变迁,认识到了黑格尔思想的意旨与局限,进而引发了他对德国国民性的特征与时代的关系的思考,这也预示着马克思本人思想探索的拓展和深化。

三 "原子论"对马克思思想的影响和塑造

"原子论"(Die Atomistik)是古希腊罗马时期形成并发展起来的一种哲学形态,也是观照和理解世界的一种思维方式。哲学的发展并不完全遵循进化论的规则,不是时间越在后越具有真理性。相反,历史上一些卓越的哲学家和哲学派别围绕人类永恒的重大议题而展开的探索、论证、争论和建构,在滤去时代风尘、历史印记和明显谬失后,还具有超越时空的价值和意义,构成人类思想史发展的重要环节。以"原子论"为例,作为古希腊哲学第一个成型的理论体系,从酝酿、雏形、质疑、矫正、修补到完善,耗费了当时哲学家(无论是归属于这一流派者,还是反对者)绝大部分心力,虽然其中确有朴素性和直观性,但更重要的是它以一个典型的个案记录和呈现了人类哲学思维发展的曲折进程和可能达到的高度,并且对后世哲学产生了深远影响。尤其需要注意的是,"原子论"对马克思哲学思想的起源也发挥了不容忽视的作用。他在柏林大学学习期间所做的名为"伊壁鸠鲁哲学"的笔记极为详细地梳理了这一学说所涉及的具体议题以及不同的哲学家围绕它们而展开的争论,随后撰写

---

① 戴维·麦克莱伦:《马克思传》,王珍译,北京:中国人民大学出版社,2006年,第27页。
② Karl Marx, Epigramme/Hegel, *Marx-Engels Gesamtausgabe*, Ⅰ/1, Dietz Verlag, Berlin, 1975, S. 644;《马克思恩格斯全集》第1卷,北京:人民出版社,1995年,第736页。

的博士论文《论德谟克利特和伊壁鸠鲁自然哲学的差别》表达了他对世界的初步思考,标志着其哲学思想的起源和自我意识的形成。

第一,世界是一种包含多重矛盾的存在。

按照原子论,作为世界的本原的除了原子,还有与之相对的虚空。如果把虚空想象为空空如也,即空间的无,那么作为对其直接否定的原子就是一个空间的有,即空间中的点。作为空间中的点,原子的特性比如坚实性或强度等还是显现不出来,因而它只有通过否定空间,即通过原子运动过程形成的时间来实现。这样,原来在虚空中、纯粹由空间来规约的原子通过否定空间就被赋予了另一种存在形式,即时间的存在。就是说,一方面原子的存在是纯粹的物质性存在,另一方面在原子中还包含一个环节,即它是纯粹形式的、概念的存在,同时这种存在也是偶然性的,即是对一切必然性的否定、对既有定在关系的否定。马克思认为,伊壁鸠鲁的功绩在于,他把两个环节、两个方面都呈现出来了——原子-虚空、空间-时间、物质-形式(主体)、必然-偶性、定在-非定在、绝对-相对等等,它们之间虽然是互相矛盾的,但是双方又都包含在同一原子和物体之中。

第二,原子偏斜运动的哲学寓意是"自由"。

由于原子运动是在其所包含的各种特性、环节都存在(无论是隐匿的还是显性的)的情况下进行的,当这些特性、环节互相对立起来时就开始了向现实转化的进程。如果说,原子运动的绝对的、必然的定在是直线,那么与其相对立的存在、原子对定在的摆脱、对绝对运动的否定而形成的另一种运动形式,从空间的角度来看,就是脱离直线的偏斜。如果作为纯粹独立的原子像天体一样,那么此时它已经不会按既定轨道即不会按直线而是要按斜线来运行了;如果说直线下落运动是原子非独立性的运动,那么偏斜运动就把这种独立性体现出来了。这样,"伊壁鸠鲁以原子的直线运动表述了原子的物质性,又以脱离直线的偏斜实现了原子的形式规定"①。卢克莱修对伊壁鸠鲁的这番苦心给予了准确的理解和高度的评价,说偏斜打破了"命运的束缚",对

---

① Karl Marx, Differenz der demokritischen und epikureischen Naturphilosophie, *Marx-Engels Gesamtausgabe*, Ⅰ/1, Dietz Verlag, Berlin, 1975, S. 36;《马克思恩格斯全集》第1卷,北京:人民出版社,1995年,第33页。

于原子来说,偏斜是其胸中对定在进行的斗争和对抗。

原子的这种变化最大的哲学蕴涵则是自我意识的凸显。无论物还是人形成的标志首先表现在自我的变化和发展。它诚然要与他物发生关系,但这个他物首先是它自身,即在自身内部这个他物以直接存在的形式同它的个体性相对立。一个人与之发生关系的他物不是一个不同于他的存在,要使自己成为的唯一现实的客体,就必须在自身中打破其固有的定在,即欲望和纯粹自然的力量。而自我排斥、反省是自我意识的最初形式,这是同那种把自己看作是直接存在的东西、有个体性的东西的自我意识相适应的。正是在这种自我排斥、反省中,真正的"我"诞生了。作为本原,原子的形式与作为其对立面的物质也是在原子的排斥中衔接起来的,即表现在直线下落中的原子的物质性和表现在偏斜中的原子的形式规定结合在一起了;正是在原子的这种自我排斥和结合中,"原子-物-人"的体系逐步形成和实现了。

第三,"哲学的世界化"与"世界的哲学化"的统一

对原子论的上述解释启发马克思,哲学与现实世界的关系既是矛盾、甚至是冲突的,又是双向互动、相互促进和提升的。哲学家是带着自我意识、带着一定的原则面对现实的,因为现实不是自我和原则的演绎、说明和论证,而是自我和原则之外的存在及其运动,这样就有一个二者之间适应或者不适应的问题。这无疑会打破或者改变哲学家原初的意图、设计、逻辑乃至观点。一个哲学家由于考量适应不适应的问题有时会犯表面上首尾不一贯的毛病,这是可以理解的,他本人也许也会意识到这一点。这其中最关键的地方在于,他的原则本身是否充分、周延、深邃和包容,或者哲学家对自己的原则是否有充分的理解和持开放的态度。如果一个哲学家确实使其原则适应了现实,那么就可以根据其理论的内在本质来说明那些外在的东西。而现实中的东西获得解释、理解和引导进而表现为新的变化,并不是意味着哲学家的"变节"和初衷的改变,而是表征着知识的进步、哲学原则的进步,哲学家的本质意识和理论被提高到了新的高度,同时也获得超出了意识和理论范围的意义。

理论体系同现实世界的关系是一种反思的关系。理论为实现其更大的理想而同外物发生关系,它原先的自洽和完整性被打破,就如"本来是内在之光的东西,变成转向外部的吞噬一切的火焰"。于是,就出现了这样的情况:

"世界的哲学化同时也就是哲学的世界化"①。在哲学现实化过程中人的自我意识始终具有双刃的要求：其中一面针对着现实世界，另一面针对着哲学本身。在现实世界的发展中，哲学本身成为被颠倒了的关系，人的自我意识表现出双重自相矛盾的要求和行为。人的自我意识把现实世界从非哲学中解放出来，同时也就是把自身从作为一定的体系束缚着它的哲学中解放出来。自我意识处在发展过程中，并为发展的力量直接掌握，还未超出在理论体系的范围，但它同理论体系存在着矛盾，当它转而反对这个体系时，它成为哲学现实化的个别环节。

至此，马克思不仅厘清了伊壁鸠鲁与德谟克利特在思维方式上的差异，而且更为重要的是，他统摄和概括出了"原子论"最重要的议题及其所蕴涵的自由与必然、个体与总体、本质与现象、短暂与永恒、主体与客体等哲学原则并进行了辨析，并在此基础上形成了一个较为成型的哲学体系。这可以说是其思想起源期最重要的成果。尽管存在表述晦涩、思路纷杂、思考尚待完善等问题，特别是当时的现实境况和社会发展还未真正进入马克思的视野，哲学运思与现实生活还缺乏实质性关联，但有了这样的哲学意识、主体构架和价值取向，当他马上面对"《莱茵报》-《德法年鉴》时期"所遭逢的复杂局面时，他能很快辨别和发现其中存在的重大问题及其症结，进而引发出更深刻的思考和比较现实的解决思路。如果没有"博士论文"的历练和奠基，这种思想进展是不可能实现的；更往后的"意识形态批判"和"政治经济学转向"，也不是对"博士论文"所阐发的哲学原则和框架的抛弃、颠倒，而是在此基础上的现实化、具体化，是进一步的拓展、开掘和深入。

四　启蒙意识和系统思维

马克思也是在近代启蒙主义培育下成长起来的。如果说在其思想起源期，这种影响还是通过父亲、老师等人的言传身教，借助一些课程的传授和书

---

① Karl Marx, Differenz der demokritischen und epikureischen Naturphilosophie, *Marx-Engels Gesamtausgabe*, I/1, Dietz Verlag, Berlin, 1975, S.68;《马克思恩格斯全集》第 1 卷, 北京：人民出版社, 1995 年, 第 75—76 页。

籍的阅读,被动地、无意识地渗透的,那么在这之后他便主动地、有意识地对启蒙运动的整个过程及其代表人物的著述、思想展开了非常详尽和深入的研究。举凡"《莱茵报》时期"的政治评论、"1842—1843 年通信"、《黑格尔法哲学批判》及其《导言》《论犹太人问题》《1844 年经济学哲学手稿》《神圣家族》《关于费尔巴哈的提纲》《德意志意识形态》等著述中都可以找到他关于启蒙运动过程、人物及其著述的叙述、梳理、评论和分析,尽管其中详略程度不一,但从中不难看出,他对启蒙运动的关注始终如一。

更为重要的是,启蒙运动所体现的精神,即怀疑、反思、否定、批判等,已经内化为马克思的一种品格和气质,在思想起源期萌芽之后,逐步发展成为一种完整的理解、深刻的表述和主动的行为,贯彻在其理论和实践之中。较之于组诗《献给亲爱的父亲的诗作》中所初步触及的德国国民性,后来马克思的批判更上升到"哲学"的层次。这里我们要特别梳理一下与其思想起源期密切相关,甚至可以说是由此萌生进而形成完整论述、却为大多数研究者所忽视的"庸人及其国家论"。

针对当时的普鲁士实行的立宪君主制,马克思予以了实质性的揭露和剖析。① 在他看来,德国社会最重要的症结在于,它是"属于庸人的",是一个庸人的世界、庸人的社会,或者说庸人是这个世界和社会之主;正如尸体中充满了蛆虫一样,世界上充满了庸人。而庸人当道,需要的是奴隶,或者可以说,他们是"这些奴隶的占有者"。奴隶没有自由,占有者也并不需要自由,从这个意义上说,"他们和他们的奴隶一样,都是庸人"②。庸人既不愿做自由的人,也不愿做共和主义者。他们的希求与动物一样,只是卑微的生存和繁殖;或者更准确地说,作为一个人他们也许知道自己该希求哪些属于自己的东西,但为人"非常审慎"的德国人在政治的淫威下,就不再做非分之想,"不再希求别的"了。马克思把这归结为一点:"庸人的世界是政治动物的世界"③。

---

① 由于题旨所限,这里只能简略地概述一下马克思的分析,对此问题详细的梳理见拙文《"思维着的人"的思索与"愚人船"的命运——重温马克思"1842—1843 年通信"及其意义》,《哲学动态》,2016 年第 10 期。
② Karl Marx, An Arnold Ruge (erste Hälfte Mai 1843), *Marx-Engels Gesamtausgabe*, Ⅲ/1, Dietz Verlag, Berlin, 1975, S.48;《马克思恩格斯全集》第 47 卷,北京:人民出版社,2004 年,第 57 页。
③ Karl Marx, An Arnold Ruge (erste Hälfte Mai 1843), *Marx-Engels Gesamtausgabe*, Ⅲ/1, Dietz Verlag, Berlin, 1975, S.49;《马克思恩格斯全集》第 47 卷,北京:人民出版社,2004 年,第 57 页。译文有改动。

这里的"政治动物"有两方面的含义：一是指在这样的社会中不管是什么职业、什么阶层的人都关注政治,政治是国家、社会生活的焦点和中心；二是指在政治的统帅和辖制下,每个人都分为不同的等级,形成严格的差序格局、规则和制度,而"非人化"就成为这种制度的原则和特征。

统治者与被统治者是相互影响、相互造就的。众所周知,普通的德国人为人处事是非常审慎和现实的,愿望、志趣和思想都超不出其局促而贫乏的生活范围。在国家生活中,他们是被统治者,而统治他们的则是一个完整的官僚科层体系,从基层的普通军官和乡村容克,直至上层的世袭贵族和君主。尽管这些统治者也比较实在,同样没有特别的思维能力乃至作为人的尊严,但他们可以利用和"塑造"普通大众；统治者的统治造成的是国家中大多数人像动物一般无头脑或非理性地崇拜,而统治者在接受普通人的敬意并俯视这些芸芸众生时则往往趾高气扬、不可一世。这也再次充分表明专制制度的特征和原则就是轻视人、蔑视人、使人非人化。在统治者眼里,总是把绝大多数普通人看得很低贱,因为他们终生、终日沉陷于庸碌生活的泥沼之中,像癞蛤蟆一样,有时被吞没,有时又露出头来,无论怎样,他们最终都会沉沦下去。

愚蠢的人与愚蠢的制度是相互佐证的。"庸人是构成君主制的材料,而君主始终只是庸人之王。"君主制是对人权的戕害,长期施行的结果必然是："国王就既不可能使他自己也不可能使他的臣民成为自由的、真正的人。"① 更有甚者,国王的"功业"还会加固原有制度的基础,使国家的现代转型更为艰难。当世界已经不是铁板一块,当别的国家已经发生了新的变革,愚蠢的制度和体制在国内外已经失去尊严,马克思更加忧虑德国这艘"愚人船"未来的命运。

马克思以德国的君主专制为剖析重点所完成的对"庸人及其国家"制度的考察、揭露和分析,真可以说淋漓酣畅而又入木三分,由此所引发了一系列观点,诸如人与制度、被统治者与统治者之间的相互影响和塑造,"坏的政治"对哲学思维和思想生态的破坏,沉溺于思辨和自由、一味激进地批判和鲁莽地行事将一无所获的分析,不能满足于现实的"时针的运动"、更在意"分针的

---

① Karl Marx, An Arnold Ruge (erste Hälfte Mai 1843), *Marx-Engels Gesamtausgabe*, III/1, Dietz Verlag, Berlin, 1975, S. 51；《马克思恩格斯全集》第47卷,北京：人民出版社,2004年,第60页。

运动"的筹谋等,均构成其思想发展最精彩的篇章,是他毕生社会批判的价值前提。这些思想既是对启蒙精神的继承,更是一种完善和超越,即使在当代政治哲学体系中它们也是非常重要的卓见和建构。

我们特别注意到,马克思在摆脱了情感因素对理解世界的负面影响后,就开始有意识地训练和培养一种系统而严密的逻辑思维,作为其思考和论述问题的重要手段和工具。马克思毕生注重对社会研究方式、方法的探究与此有密切的关联,而事实上这确实对他以后的社会批判产生了深远影响。

让我们还是通过一个文本细节的考证,来看这种思维是如何展开并在对问题的分析中实现其作用的。

1795年,谢林在《关于独断主义和批判主义的哲学通信》说:"软弱的理性不是那个不认识客观的神的理性,而是那个想要认识神的理性",进而认定"向优秀的人类宣布精神自由并且不能再容忍人类为失去身上的枷锁而悲泣的时候已经到来了"。在另一部著作《论"自我"是哲学的原则》他又写道:"我们假定被规定为客体的神是我们知识的现实基础,那么,在这种情况下,既然神是客体,神本身就进入我们的知识范围之内,因而对于我们来说就不可能是这整个范围所赖以建立的最后根据了。"①这两段话表明,在谢林看来,神不是人的理性做出判断、形成知识体系的基础和根据,而是人认识和讨论的对象。如果不能客观地认识神,那是人的理性暂时的软弱,但力图认识、透视神的现象永远是人的欲求和愿望。而把神置于人的对象的地位,意味着人摆脱了长期以来套在其身上的枷锁——神的羁绊和束缚,那么人的精神自由的时代就到来了。②

站在无神论的立场上,马克思指出,这里实际上涉及的是思想史上"一个几乎已经声名狼藉的题目",即关于神存在的证明。在近代,黑格尔也曾经介入这一题目,但他完全弄颠倒了:以往的证明方式是,"因为偶然的东西是真

---

① 转引自 Karl Marx, Differenz der demokritischen und epikureischen Naturphilosophie, *Marx-Engels Gesamtausgabe*, I/1, Dietz Verlag, Berlin, 1975, S. 89-90;《马克思恩格斯全集》第1卷,北京:人民出版社,1995年,第99—100页。
② 具有讽刺意味的是,尽管1795年谢林已经达到了这样的认识,但他却接受普鲁士政府的延聘去柏林大学讲授宗教神秘主义,消除青年黑格尔派的反宗教思想影响,马克思喟叹道:这"又该怎样说呢?"由此可见,对于哲学家来说,其思想并不会自然地随着其年龄的增长而变得深刻,倒退的情形也非常普遍。

实的存在,所以神存在",这意味着神是偶然世界的保证;但黑格尔的说法却是,"因为偶然的东西不存在,所以神或绝对者存在"。而我们知道,偶然的东西恰是存在的,所以就意味着"神或绝对者不存在"了。据此,马克思认为,黑格尔是以替神"作辩护"的方式推翻了关于神的证明。

那么,马克思如何处理这一问题呢?在作为博士论文《附录》的《评普卢塔克对伊壁鸠鲁神学的论战》中他对此专门做了论述。他认为,从逻辑上讲,"对神的存在的证明不外是空洞的同义反复"[①],例如,本体论的证明是:

  大前提:对于人来说,能够"现实地(实在地)想象的东西",一定是"现实的表象";

  小前提:神是人可以"现实地(实在地)想象的东西";

  结论:神是"现实的表象"。

这里需要甄别的是,"现实地(实在地)想象的东西"和"现实的表象"是什么意思?前者马克思的表述是 wirklich(realiter) vorstellen,根据马克思博士论文中《时间》和《天象》部分的相关论述,可以知道,这里意指这种东西具有双重属性,即既存在于人的观念中,又存在于现实中;至于"现实的表象"(wirkliche Vorstellung),指的是在现实中的存在,即现实存在[②]。所以,马克思这里陈述的关于神存在的本体论证明过程就可以表述如下:

  大前提:既存在于人的观念中又存在于现实中的东西,一定是现实存在的;

  小前提:神既存在于人的观念中又存在于现实中;

  结论:神是现实存在的。

据此,我们就可以理解马克思所说的"空洞的同义反复"的意思,即这一证明从大前提本身就开始违反逻辑了:包含了两种属性的东西一定包含其中的一种;对于神来说,亦是如此,它既是观念也是存在,那么它一定存在——

---

① Karl Marx, Differenz der demokritischen und epikureischen Naturphilosophie, *Marx-Engels Gesamtausgabe*, I/1, Dietz Verlag, Berlin, 1975, S. 90;《马克思恩格斯全集》第 1 卷,北京:人民出版社,1995 年,第 100 页。

② Vorstellen 及其名词形式 Vorstellung 在《马克思恩格斯全集》第 40 卷中都翻译为"表象"了,在中文语境下,这句话的含义是不容易区分的,所以翻译成两个词比较好解释。

这不是同义反复吗？

无独有偶，康德在《纯粹理性批判》中也曾对此做过批判，他以现实中(真正的)100塔勒与想象中(可能的)100塔勒的关系为例进行了辨析，他的思路是：前者是物体，后者是概念，如果物体所包含的意义比概念多①，那么概念就包含不了物体，也就不会与物体相等；但实际情况却是相反，物体既被分析地、更被综合地包含到概念中了。很显然，这与传统的本体论证明的前提是一致的，所以马克思说，"康德的批判也毫无意义"，反而会强化本体论的证明。在他看来，如果有人想象自己有100塔勒，且不是任意、主观的而是有可能的，那么，他就会使这种想象出来的塔勒发挥与现实的塔勒同等价值的作用。但这里的关键还在于，这种想象是否成为"人们普遍的或者毋宁说是共同的表象"，如果不是，那么作用就会失效，而想象永远停留于想象而不会变成现实。比如，"要是你把纸币带到一个不知道纸的这种用途的国家里去，那每个人都会嘲笑你的主观表象。要是你把你所信仰的神带到信仰另一些神的国家去，人们就会向你证明，你是受到幻想和抽象概念的支配"。对于神来说，亦是如此。神是一种想象或者观念性的存在，但它可以发挥现实的影响力，正是基于此，马克思说："一切神，无论异教的还是基督教的神，都曾具有一种实在的存在。"这是就神在现实生活中的影响而言的，比如，"古代的摩洛赫不是曾经主宰一切吗？德尔斐的阿波罗不曾经是希腊人生活中的一种现实的力量吗？"但是同样需要注意的是，神是否能发挥作用与它是否成为"人们普遍的或者毋宁说是共同的表象"有关。一个特定的国家对于外来神就如同反对神的现代理性国家对于一般神一样，神是不存在的，更发挥不了什么作用，比如，若有人把温德人的神带到希腊，那么，对于希腊人来说，它就是不存在的。②

由此可知，包括本体论在内对神的存在的一切证明都证明不了神的真正存在，它实际上应该倒过来获得：由于现实存在缺陷，才需要一个完美无缺的神；现实的世界充满理性，才需要一个非理性的神；人不能独立思考，才需要

---

① 比如，当一个人拥有100塔勒时，其财产就比光有一个100塔勒的概念时多。
② Karl Marx, Differenz der demokritischen und epikureischen Naturphilosophie, *Marx-Engels Gesamtausgabe*, I/1, Dietz Verlag, Berlin, 1975, S. 90;《马克思恩格斯全集》第1卷，北京：人民出版社，1995年，第100—101页。

一个全知全能的神。这就意味着,对神的存在的证明是对一切关于神的观念的驳斥,神实际是人的塑造、理想和自我拯救,是人的自我意识。以本体论的证明为例,马克思将其概括为:"当我们思索存在的时候,什么存在是直接的呢? 自我意识。"①具体证明过程如下:

> 大前提:人对神的思考并不能证明神存在,只能说明人的存在;
> 小前提:自我意识是人的本质、人思考的前提;
> 结论:自我意识存在。

这样,对神的存在的证明获得了另外的价值和意义,尽管证明不了神的存在,但却可以反证作为人的本质的自我意识的存在,或者从逻辑上说明自我意识的存在。从此马克思开始了自我意识的探索征程。

我们看到,这样的讨论具有历史性与前沿性相融通、逻辑推导与实证分析相佐证、具体细节甄别与总体性的思考相结合等特征,正是系统思维的一种体现。原谅笔者如此详尽地甄别这一细节,因为在后来马克思所撰写的《1844年经济学哲学手稿》《德意志意识形态》《哲学的贫困》《1857—1858年手稿》《政治经济学批判(第一分册)》《1861—1863年手稿》《1863—1867年手稿》《工资、价格和利润》《资本论》(第一卷)等著述中,我们经常可以碰到类似的表述方式乃至诸如"塔勒式"的举例,尽管议题早已不再是关于神的本体论证明,而是深入到资本、货币、价值等的分析中,但思考、研究和叙述方式与此的关联却是显而易见的。后来马克思把社会当作"有机体系统"来探究,概括出更为精致的"普照光方法""从后思索方法""人体解剖方法""抽象-具体方法"等,可以说,其源头、端倪和萌芽可以追溯到其思想起源期。

从本文的梳理中我们不难看出,马克思思想是西方源远流长的文化传统哺育和塑造的。对于马克思来说,20世纪国际共产主义的实践发展和理论阐释、资本主义与社会主义的对峙和交流,确实极大地提升了其思想的影响力和知名度,然而,我们又必须说,过分极端化的评价和非理性的态度,也严重地脱离了马克思本人的真实状况。仔细深究起来,导致这种情形最主要的缘

---

① Karl Marx, Differenz der demokritischen und epikureischen Naturphilosophie, *Marx-Engels Gesamtausgabe*, Ⅰ/1, Dietz Verlag, Berlin, 1975, S. 91;《马克思恩格斯全集》第1卷,北京:人民出版社,1995年,第101页。

由恐怕在于,没有将马克思思想的起源及其内涵置于西方文化传统和社会发展的历史链条中来看待,无论是赞成者还是反对者,要么严重误解了二者之间的关联,要么干脆把它从传统中离析出来。马克思往往以一个"激进者""反派者"的姿态独立于思想史和哲学史;或者傲视群雄,历史上的思想家无论做过什么样的贡献都只能是其思想的注脚和论据;或者被贬得一无是处,甚至被逐出思想史、哲学史的序列,成为一种"另例"和"古怪"的存在。就马克思与西方传统关系而言,他的思想发展和建构确实带有强烈的批判成分,但实际上他之批判具有典型的"德国哲学式"的特征,绝不是弃之不顾、彻底打碎、颠覆重来,而是在深刻剖析、反思基础上的扬弃和超越,是在深厚文化积淀基础上的传承和推进,是源自涓涓溪流逐步汇聚而成的滔滔大海,是滥觞之上的勃兴。

The Tradition of Western Culture and the Origin of Marx's Thought

Nie Jinfang

Abstract: The formation and development of Marx's thought would not be well comprehended without the understanding of the tradition of Western culture and social development. In respect of the situation when Marx's thought originated, "The Trier Tradition" and the religious factor within it formed the background of his growth and thought; the classical humanities and works edified him to "observe the humanity and understand the world with emotion"; under the influence of atomism, he went beyond the emotional method and realized a leap in the way of thinking; and the consciousness of Enlightenment and the systematic thought had even become the basic conditions and theoretical qualities of Marx for his profound criticism on society. In the later development and construction of his doctrine, some strong critical features could definitely be found. However, his criticism possesses typical "German Philosophical" characteristics. That means his thought is absolutely not the total abandonment or the thorough obliteration of the tradition of culture, nor is the fresh restart of it, but the sublation and transcendence based on incisive analysis and reflection, the inheriting and promotion grounded on rich cultural accumulation. It is just like a billowy sea converged by trickling rivers. It is the prosperity after the origination.

Key words: Marx, The origin of the thought, Western, The tradition of culture

马克思早期文本中的《精神现象学》因素*
——兼论马克思社会概念的演变

鲁克俭**

提　要：马克思在《1844年经济学哲学手稿》中主要借鉴了《精神现象学》的异化逻辑。《精神现象学》中关于共同体（伦理实体）由个体活动生成并与个体相互作用的思想，在马克思的《穆勒摘要》和《关于费尔巴哈的提纲》中得以初步体现，并在《德意志意识形态》中得到创造性利用。

关键词：马克思早期文本　《精神现象学》因素　社会概念

马克思与黑格尔思想关系问题，是马克思学研究中的老话题。①作者本人也有过青年马克思"三次走进、三次走出"黑格尔的论断。②但是，根据作者近年来对马克思早期文本的进一步研究，青年马克思与黑格尔的关系远比我们迄今所认识到的更为复杂。本文以《精神现象学》为例，对青年马克思与黑格尔的关系作一再考察。

---

* 本文是国家社科基金重大项目（项目号115ZDB001）和北京市社科基金重大项目（项目号17ZDA28）的阶段性成果。
** 鲁克俭，1968年生，北京师范大学哲学学院"马克思主义文本研究中心"主任、教授、博士生导师。
① 参见鲁克俭：《国外马克思学者关于马克思与黑格尔关系的新观点》，《中共天津市委党校学报》，2009年第1期。
② 参见鲁克俭：《〈关于费尔巴哈的提纲〉与历史目的论》，《河北学刊》，2009年第6期。

一 《1844年经济学哲学手稿》中的《精神现象学》因素

马克思在《1844年经济学哲学手稿》(以下简称为《1844年手稿》)中摘录了《精神现象学》最后一章(即"绝对知识"),因此《1844年手稿》无疑与《精神现象学》有思想关联。但具体到《1844年手稿》中哪些思想受到了《精神现象学》的影响,研究者之间尚存在分歧。主流的看法是《精神现象学》"自我意识"章中的"主奴辩证法"直接影响了马克思。科耶夫、萨特、伊波利特、马尔库塞都持这种观点。而英国著名马克思学家阿瑟则将这种论调称为"马克思学的神话"[1]。阿瑟的主要理由是,主奴辩证法涉及的是"物质劳动",而马克思在《1844年手稿》中把黑格尔的"劳动"指认为"精神劳动"。阿瑟的说法并非全无道理。马克思《1844年手稿》中的"劳动辩证法"无疑受到黑格尔"劳动辩证法"的影响,但马克思的"劳动"是"物质劳动"(即感性的对象性活动),而黑格尔的"劳动"是"精神劳动"(即在思维领域兜圈子)。因此马克思的唯物主义"劳动辩证法"是对黑格尔唯心主义"劳动辩证法"的颠倒。而马克思的"物质劳动"并非直接出自黑格尔,而是出自古典经济学。马克思是通过研究古典经济学(特别是斯密和萨伊的经济学著作),才将经济学意义上的"劳动"改造成哲学意义上的"劳动"概念。而黑格尔在耶拿时期也是通过对古典经济学的研究发现"劳动"的关键作用的。可以说,马克思和黑格尔通过古典经济学这一中介,不约而同地从经济学的"劳动"概念走向哲学的"劳动"概念。马克思应该是从黑格尔在《法哲学原理》第189节附释中提到斯密、萨伊和李嘉图[2],天才地猜测到了黑格尔"劳动"概念与古典经济学"劳动"概念的联系:"黑格尔站在现代国民经济学家的立场上。"[3]

即使排除了马克思《1844年手稿》中的"劳动"概念直接受到黑格尔"主奴辩证法"的影响,我们也没有必要像阿瑟那样完全排除黑格尔《精神现象学》的影响而只强调黑格尔《法哲学原理》的影响。毫无疑问,黑格尔《法哲学

---

[1] 参见 C. J. Arthur, *Dialectics of Labour: Marx and His Relation to Hegel*, Basil Blackwell, 1986, pp. 77-92。
[2] 参见《法哲学原理》(《黑格尔著作集》第7卷),北京:人民出版社,2016年,第336页。
[3] 《1844年经济学哲学手稿》,北京:人民出版社,2000年,第101页。

原理》对马克思的《1844年手稿》确实有影响,但《精神现象学》对《1844年手稿》的影响是更为主导性的。

在"对黑格尔的辩证法和整个哲学的批判"中,马克思将"异化"("否定性")看作是贯穿黑格尔《哲学全书》哲学体系的主线。另一方面,马克思又明确指出,在黑格尔那里,"全部外化历史和外化的全部消除,不过是抽象的、绝对的思维的生产史"①,因此黑格尔在《精神现象学》中"把劳动看作是人的本质",把人的自我产生看作是一个过程"抓住了劳动的本质,把对象性的人、现实的因而是真正的人理解为他自己的劳动的结果"②。由于马克思在《1844年手稿》笔记本Ⅲ中像黑格尔一样将"对象化""外化"与"异化"不加区别地交替使用③,于是"异化"就等于"劳动"(因为"劳动"="外化"="设定"="对象化"="对象性活动"="否定"="异化")。于是,马克思就把黑格尔的唯心主义历史-劳动辩证法颠倒为唯物主义历史-劳动辩证法。当然,马克思并没有像黑格尔那样"把劳动看作是人的本质"④。马克思所谓黑格尔"把劳动看作是人的本质"中的"人",应该指的是"自我意识"。换句话说,在马克思看来,黑格尔所谓的"人的本质"是自我意识(精神),而自我意识(精神)的本质是"否定",是"活动",即"人的外化"。这显然是费希特的思路。费希特关于"自我的活动"喜欢用"设定"一词。黑格尔也有使用,马克思在摘录《精神现象学》"绝对知识"章时就特别强调自我意识的"设定"活动⑤。因此,马克思这里所说的黑格尔的"劳动",指的是自我(意识)的活动。就马克思自己来说,在《1844年手稿》中特别强调"全部人的活动迄今为止都是劳动"⑥。他直

---

① 《1844年经济学哲学手稿》,北京:人民出版社,2000年,第99页。
② 同上书,第101页。根据MEGA2/Ⅰ/2的注释,这句话与主奴辩证法有关,而且还有黑格尔《哲学史讲演录》作为佐证。显然,马克思这里出现了逻辑跳跃,从抽象的精神劳动跳到了具体的物质劳动。这也是困惑阿瑟的关键点。可以说,抽象的精神劳动是马克思对《精神现象学》乃至黑格尔辩证法的独特解读,马克思甚至说"黑格尔唯一知道而承认的劳动是抽象的精神的劳动"(同上书,第101页)。马克思这里所说的"抽象的精神的劳动"指的是"外化"或"思考外化(denkende entäußerte)"。或许这种解读是马克思受到黑格尔在《精神现象学》《法哲学原理》《美学讲演录》中强调物质劳动作用的启发而产生的灵感。
③ 当然,马克思在笔记本Ⅲ中,仍然有像笔记本Ⅰ那样使用异化概念。
④ 马克思是把人的"自主活动"看作是人的本质。
⑤ 马克思把"设定"理解为"设定行动":"这一行动在一瞬间把自己的能力作为产物固定下来,使它表面上具有独立的、现实的本质的作用。"(《1844年经济学哲学手稿》,北京:人民出版社,2000年,第105页)
⑥ 《1844年经济学哲学手稿》,北京:人民出版社,2000年,第88页。

接使用"人的本质力量的对象化"的说法来指代"劳动",尽管劳动是异化形式的"人的本质力量的对象化"。工业和私有财产的运动和历史,就是对象化的人的本质力量的异化形式。于是,马克思的"劳动"(异化劳动)就与黑格尔的否定(异化)活动具有了共同点,即对象化(外化)。

众所周知,马克思在《1844年手稿》笔记本Ⅰ的最后,对私有财产的起源问题产生了困惑,笔记本Ⅰ也到此中断。笔记本Ⅱ只有四页流传下来,从流传下来的四页内容来看,马克思通过对经济史的考察,进一步明确了私有财产关系中最重要的两个要素①——资本与劳动的关系,即"资本＝积累的劳动＝劳动"(p.72),因而劳动是"国民经济学的唯一原则"(p.66),劳动就成为"财富的源泉"(p.71)。于是,在笔记本Ⅲ的开头,马克思就把私有财产的本质归结为劳动。② 在马克思看来,国民经济学把劳动看作是财富的唯一源泉③是对人的贬低,但它对财富的主体本质的强调,却启发马克思从"人的本质力量"的角度来考察财富的起源,把财富(包括"工业")看作是人的本质力量的对象化。④ 私有财产也就是人(人格)对财富占有(所有)的权利关系。一旦劳动被看作是财富的源泉,私有财产的起源也就被归结为劳动,归结为人的本质力量的对象化(异化),"私有财产的运动——是人的实现"(p.82)。于是,人的本质力量的异化和异化的扬弃,就成为人性复归的共产主义历史运动过程。⑤ 到此为止,马克思关于私有财产起源的新观点,都是通过对国民经济学的研究和思考而得出的。但马克思很快意识到,这一思路与黑格尔《精神现象学》的思路是高度吻合的。于是马克思先是作了《精神现象学》"绝对知识"章的摘录,后来又扩展思路,将精神现象学与黑格尔整个《哲学全书》以"精神"("宇宙精神"特别是"哲学精神")的异化为主线联系起来。以"精

---

① 现代地租不同于封建地租,是资本的一种特殊形态:"作为土地的土地,作为地租的地租,就失去自己的等级的差别而变成毫无意义的,或者毋宁说,只表示货币意义的资本和利息。"(《1844年经济学哲学手稿》,北京:人民出版社,2000年,第67—68页)
② "私有财产的主体本质,——就是劳动。"(《1844年经济学哲学手稿》,第73页)
③ 国民经济学"十分片面地,因而也更加明确和彻底地发挥关于劳动是财富的唯一本质的论点"(《1844年经济学哲学手稿》,第74页)。
④ 工业是"一本打开了的关于人的本质力量的书"(《1844年经济学哲学手稿》,第88页)。
⑤ "共产主义作为私有财产的扬弃就是要求归还真正人的生命即人的财产。"(《1844年经济学哲学手稿》,第112页)

神"的异化来解读《精神现象学》,可以说是马克思的独特思路。①

特别值得注意的是,马克思强调黑格尔把"自然界的以及历史所创造的自然界的属人性",把"宗教、财富"看作是"抽象精神的产品"(p.100),强调黑格尔把宗教看作是"外化的人的自我意识"(p.110)。这和费尔巴哈把宗教看作人的本质的外化是一样的。唯一的区别是费尔巴哈对"人的本质"的规定不同于黑格尔,增加了"心"(与感性即人的肉体相关)这一唯物主义因素。而马克思对人的本质的规定在费尔巴哈基础上又进了一步,强调"感性的活动"。所谓"人的本质力量"的外化(对象化),指的是人的自主活动能力从潜能变成现实。这是劳动的过程,作为劳动过程的结果,财富、工业、私有财产、宗教、国家等就以历史的、文化(物质文化)的形态出现。

当马克思说私有财产是人的生命、人的本质力量的对象化时,私有财产指的不是具体个体对财富的占有(拥有),而是作为类的个体的私有财产(即私有财产的社会存在)。康德的私有财产是先从个体(体现为自由意志)对财富的占有出发,然后通过社会契约(法律),个体的私有财产得到相互承认。在《黑格尔法哲学批判》中,马克思也是采取从"占有"到"所有"的进路。② 直接从人的本质推出私有财产,这是黑格尔《法哲学原理》的进路。③ 在黑格尔那里,个体的人(自我意识)直接就是类。作为类的自我意识,作为主观精神,其对象化、异化、外化的产物包括私有财产、家庭、市民社会、国家、宗教、艺术等,黑格尔将其称为客观精神。当费尔巴哈在《基督教的本质》中将宗教说成是人的本质的异化时,他并没有超出黑格尔的《精神现象学》。费尔巴哈1839年的《黑格尔哲学批判》针对的是黑格尔的《逻辑学》,而1841年的《基督教的本质》显然是受了黑格尔《精神现象学》的影响。费尔巴哈甚至在1843年的《未来哲学原理》中有"艺术,宗教,哲学或科学,只是真正的人的本质的现象

---

① 一般的解读是以"自我意识"的异化为主线来解读整个《精神现象学》,鲍威尔的"自我意识哲学"就是这种进路。显然,尽管马克思在《1844年手稿》中也强调"自我意识"是《精神现象学》的核心概念("人的本质,人,在黑格尔看来 = 自我意识",《1844年经济学哲学手稿》,第102页),但却有意识地将黑格尔的自我意识(精神)与鲍威尔的自我意识区别开来。
② 马克思此时的私有财产思想应该是受了他的大学老师、法的历史学派代表人物萨维尼的影响。
③ 参见陈浩:《无私有财产,无相互承认——试论黑格尔〈精神现象学〉的理论困境》,《世界哲学》,2014年第3期。

或显示"①的说法。1841年前后,鲍威尔正在建构"自我意识哲学",显然也是从《精神现象学》吸取灵感。因此鲍威尔当时把费尔巴哈看作是同路人。为此,费尔巴哈不得不澄清人们对于《基督教的本质》的误解,强调其唯物主义特征。从唯物主义角度借鉴《精神现象学》,也是马克思《1844年手稿》的进路:"我们既要说明这一运动在黑格尔那里所采取的抽象形式,也要说明这一运动在黑格尔那里同现代的批判即同费尔巴哈的《基督教的本质》一书所描述的同一过程的区别。"②需要指出的是,在《精神现象学》中黑格尔把全部精神(客观精神)都看作是自我意识异化的产物。不但如此,黑格尔还详细考察了自我意识异化的具体机制(即辩证法),并把自我意识的异化看作是人的自我发展和自我实现的必要和必然的环节。这是被马克思关注而被费尔巴哈忽视的方面。因此马克思对于费尔巴哈的超越,除了"感性的活动",还在于历史性维度的引入。③

在《1844年手稿》中,马克思明确把"人化的自然界(感性)"、工业、私有财产看作是人的本质力量的对象化,看作是"人的产品"④。至于"宗教、家庭、国家、法、道德、科学、艺术等等",马克思认为"都不过是生产的一些特殊的方式,并且受生产的普遍规律的支配"⑤。马克思的言外之意是,它们也是人的本质力量的对象化。显然,从"人化的自然界(感性)"、工业、私有财产到宗教、家庭、国家、法、道德、科学、艺术等等,存在着逻辑的跳跃,后来的《德意志意识形态》有意识地解决从前者到后者的逻辑联系。而《1844年手稿》时的马克思之所以在这个问题上含含糊糊,根源于马克思直接借用了《精神现象学》从主观精神(自我意识)到客观精神的逻辑。区别在于,私有财产并非《精神现象学》关注的重点,而马克思《1844年手稿》中则以私有财产为枢纽,向前联系"人化的自然界"、工业,向后联系着宗教、家庭、国家、法、道德、科学、艺术等等。

---

① 《费尔巴哈哲学著作选集》上,北京:三联书店,1962年,第184页。
② 《1844年经济学哲学手稿》,第97页。
③ 参见鲁克俭:《唯物史观"历史性"观念的引入——马克思〈1844年经济学哲学手稿〉中"异化"概念新解》,《哲学动态》,2015年第6期。
④ 《1844年经济学哲学手稿》,第100页。
⑤ 同上书,第82页。

马克思在《1844年手稿》中关于"人直接地是自然存在物"的一大段论述①，表面上依据的是费尔巴哈②，但也明显有黑格尔《精神现象学》第二部分"自我意识"的印记，那里谈到了欲望、享受和激情等唯物主义和感性的东西③。其中关于人的本质力量对象化的论述，有费尔巴哈的影响，但更多来自黑格尔，因为费尔巴哈的"对象化"只是一种结果描述，缺乏活动性（比如黑格尔强调的否定、设定、劳动等），也就是缺乏对象化得以产生的具体机制。

二 《穆勒摘要》和《关于费尔巴哈提纲》中的《精神现象学》因素

尽管后来的《德意志意识形态》批判了青年黑格尔派（具体来说是费尔巴哈）"人"的概念，但马克思在《1844年手稿》中的理论阐述却是以"人"为基础的。而在《1844年手稿》时期的马克思看来，"人"就是作为类的人，就是社会。《1844年手稿》中的"社会"思想主要是受费尔巴哈的影响。④ 马克思赞扬费尔巴哈"创立了真正的唯物主义和实在的科学"，因为费尔巴哈使"人与人之间的"社会关系成了理论的基本原则。⑤ 但马克思在《1844年手稿》中关于"人与人之间的社会关系"的理解还是非常简单的，仅仅把"社会"与"类"画等号。这恰如后来在《关于费尔巴哈的提纲》第六条批判费尔巴哈时说的那样，本质只能被理解为"类"，理解为一种"内在的、无声的、把许多个人自然地联系起来的共同性"。比如在《1844年手稿》笔记本Ⅲ"私有财产和共产主义"这一部分，马克思就写道："首先应当避免把'社会'当作抽象的东西同个体对立起来——人的个体生活和类生活不是各不相同的，尽管个体生活的存在方式是——必然是——类生活的较为特殊的或者较为普遍的方式，而类生活是较为特殊的或者较为普遍的个体生活。""人是一个特殊的个体，并且正

---

① 《1844年经济学哲学手稿》，第105—107页。
② 参见《1844年经济学哲学手稿》尾注82。需要指出的是，该注释基本沿自《马克思恩格斯全集》中文版第一版第42卷的尾注76，MEGA2/Ⅰ/2并没有对此加注。《马克思恩格斯全集》中文版第一版第42卷的母版是《马克思恩格斯全集》俄文版第二版第42卷，编辑者此处的注释对读者有很大的误导性。
③ 从黑格尔和马克思的这些论述，我们甚至可以看到霍布斯的影子。
④ 马克思把费尔巴哈的"类"与"社会"画等号。参见马克思1844年8月11日致费尔巴哈的信。
⑤ 《1844年经济学哲学手稿》，第96页。

是他的特殊性使他成为一个个体,成为一个现实的、单个的社会存在物,同样,他也是总体,观念的总体,被思考和被感知的社会的自为的主体存在,正如他在现实中既作为对社会存在的直观和现实享受而存在,又作为人的生命表现的总体而存在一样。""可见,思维和存在虽有区别,但同时彼此又处于统一中。"①在具体论述这一点时,马克思强调"他的个体的一切器官,正像在形式上直接是社会的器官的那样器官一样"②,"眼睛成为人的眼睛","需要和享受失去了自己的利己主义性质","别人的感觉和精神也成为我自己的占有"。③ 马克思的以上论述,直接来自费尔巴哈:"人本身,既是'我',又是'你';他能够将自己假设成别人,这正是因为他不仅把自己的个体性当作对象,而且也把自己的类、自己的本质当作对象。"④但费尔巴哈的类概念也是来自黑格尔,包括《逻辑学》和《精神现象学》,尽管费尔巴哈对其作了唯物主义改造。比如黑格尔在《精神现象学》中就有类似的说法:"一个个体的所作所为,作为全部个体的普遍技能和普遍伦常存在着。"⑤"我在他人那里直观到,我和他人组成了一个自由的统一体,这个统一体既依赖于我,也依赖于他人。——他人就是我,我就是他人。"⑥

在"社会"问题上,马克思在随后的《穆勒摘要》中开始接近黑格尔的《精神现象学》。黑格尔将家庭、市民社会、国家等内容都列入伦理实体(共同体)的范畴。在《精神现象学》中,黑格尔一方面强调个体(自我意识)与类(自我意识)的统一,另一方面强调个体自我意识与类自我意识的双向互动。在黑格尔那里,自我意识并非像在康德哲学中那样的先验存在,而是像在费希特哲学中那样生成的。⑦ 在《精神现象学》"自我意识"章考察主奴辩证法时,黑

---

① 《1844年经济学哲学手稿》,第84页。
② 同上书,第85页。
③ 同上书,第86页。
④ 《费尔巴哈哲学著作选集》下,北京:三联书店,1962年,第27页。
⑤ 《精神现象学》(《黑格尔著作集》第3卷),北京:人民出版社,2013年,第217页。
⑥ 同上书,第218页。
⑦ 黑格尔的类概念显然受到了卢梭和康德关于个人道德(良心)"可普遍化"思想的直接影响,从而"既是个体的又是类的"才成为可能。"可普遍化"作为一种逻辑推演,既蕴含了人与人之间的交往关系(即人的社会性),又弱化了人们对人的社会性的关注。但黑格尔在《精神现象学》中并不满足于就个体与类的关系做逻辑推演,而是强调个体与类的历史性生成与相互作用。这无疑是受了费希特的影响。

格尔强调了个体自我意识得以产生的两个维度:一个是奴隶与自然的关系,奴隶通过劳动在自己的作品中看到了自我;另一方面是主人与他者的关系,是人与人之间的承认关系。实际上,每个个体身上都有主人和奴隶两个维度,一方面个体要与自然打交道,另一方面个体要与其他个体打交道。缺少其中一个维度,自我意识就无法真正形成。而自我意识一旦形成,个体与类就具有统一性("我"就是"你")。

如果说"主奴辩证法"所展示的个体自我意识(即原子式个人)形成的历时性维度,那么黑格尔在《精神现象学》"理性"章"合乎理性的自我意识自己实现自己"和"个体性认识到自己实际上是一个自在且自为的存在"这两节,则强调了从个体到共同体兼具历时性和共时性维度(个体并非直接就是类,而是要经历一个过程和运动)。

首先是个体与"伦理实体"(现实性、秩序等)的辩证关系(也就是从个别意识到普遍的、客观的意识)。这里有必要较多引用黑格尔的相关论述:"所谓伦理,无非是指众多独立的、现实的个体在本质上形成一个绝对的精神性统一体。"①"它们意识到,惟有献出自己的个别性,把这个普遍的实体当作是它们的灵魂和本质,它们才有可能作为一些个别的独立的本质存在着。同样,这些个别的本质的行动,还有它们制造出来的作品,也是这个普遍者。"②"意识在现象中分裂为两个东西,一边是既有的现实性,另一边是它通过扬弃这个现实性而达到的目的,或者说一个取而代之的现实性。"③"个体从一个活生生的存在转变为一个无生命的必然性","抽象的必然性就被看作是一种纯粹否定的、捉摸不定的普遍性势力,它把个体性碾为粉碎。""意识知道必然性就是它自己——这个自身反映是一个新的意识形态。"④"一方面看来,这种现实性也是一个规律,它压迫着个别的个体性,作为一个强制性的世界秩序,与心的规律相矛盾;另一方面看来,它又是一种遭受着这个世界秩序折磨的人性,不是遵循着心的规律,而是遵循着一个陌生的必然性。在我们看来,此前的那个运动之所以与这个新的形态相对立,是因为后者来自于前者,而前者

---

① 《精神现象学》(《黑格尔著作集》第3卷),北京:人民出版社,2013年,第216页。
② 同上书,第217页。
③ 同上书,第221页。
④ 同上书,第225页。

因此成为后者的一个必不可少的环节。但是这个环节在新的形态看来是一个既有的东西,因为新的形态不知道自己的起源,反而以为它的本质在于成为一个自为存在,换言之,以为它的本质在于否定那个肯定的自在体。"①"在个体性自身的范围之内,个体性和必然性直接合为一体。""那个大权在握的神性秩序和人性秩序已经脱离了心,正因如此,心把它们看作是一种假象,认为它们应该失去手里掌握的那些东西,亦即强权和现实性。""个体于是实现了它的心的规律。心的规律转变为一个普遍的秩序,快乐转变为一个自在且自为的合乎规律的现实性。但在这个实现过程中,心的规律实际上已经摆脱了个体,直接转变为一个本应遭到扬弃的关系。心的规律在得以实现之后恰恰不再是心的规律。因为它在这个过程中保留了存在的形式,如今转变为一个普遍的势力,与这一个心漠不相干,而这样一来,个体在建立起它自己的秩序以后,却发现这个秩序跟它毫无关系。"②"通过自己的行为,个体把自己设定在'存在着的现实性'这一普遍因素之内,或确切地说,把自己设定为这样一个普遍因素,而它的行为就其意义而言理应包含着一个普遍的秩序。但这样一来,个体已经释放了自己,它作为一个自为存在着的普遍性不断成长起来,清除了自身的个别性。"③"在自我意识看来,在心的规律得以实现之后,那个普遍有效的秩序已经转变为它自己固有的本质和它自己固有的现实性。"④"各种持存的规律在一个个体的规律面前得到捍卫,因为它们不是一个无意识的、空洞的、僵死的必然性,而是一个精神性普遍性和一个精神性实体,它的现实性来自于各个个体,而个体则因此获得生命和自我意识。这样一来,尽管个体也会抱怨这个秩序与一个内在的规律相悖,并用心的各种意谓来反对它,但实际上个体以及它们的心都依附于这个秩序,以之为本质,而且,如果它们失去或摆脱了这个秩序,它们也就失去了一切。在这里,公共秩序的现实性和势力是屹立不倒的,因此它显现为一个自身一致的、具有普遍生命的本质,而个体性则显现为它的一个形式。""既然公共秩序是所有的心的一个规律,既然全部个体都直接是这个普遍者,那么公共秩序作为一个现实性

---

① 《精神现象学》(《黑格尔著作集》第 3 卷),北京:人民出版社,2013 年,第 226 页。
② 同上书,第 227 页。
③ 同上书,第 228 页。
④ 同上书,第 229 页。

就完全依赖于一个自为存在着的个体性或心。"①"当前的普遍者仅仅是一场一切人对一切人的普遍抗争,每个人都想确立他自己的个别性,却又做不到这一点,因为他的个别性遭遇到同样的反抗,与别人的个体性一起同归于尽。所谓的公共秩序也是这样一场普遍的斗争,每个人都尽可能地为自己捞取好处,一边指责别人的公正带有个别性,一边树立他自己的公正,但他的公正同样由于别人的指责而消失了。这个秩序就是世界进程,表面上风平浪静,但实际上仅仅是一个意谓中的普遍性而它的内容则是个别性在建立和瓦解之间的一场无关本质的游戏。"②

其次看个体与作品、"事情本身"三者之间的辩证关系,特别是作品与"事情本身"的相互联系和转化。"个体无论在什么背景情况下都必须直接开始,作出一个行为,而不去考虑什么开端、中介和终点。它的本质和它的自在存在着的本性是一中之全,囊括了开端、中介和终点。"③个体基于"兴趣"和"利益"而活动,"天赋通过中介代表着行动方面,而兴趣代表着内容方面,双方都隶属于个体性,表现为一个贯穿着存在和行动的运动"④。"作品被抛到外面,成为一个持存,通过这个持存,原初本性的规定性实际上凸显出来,与另外一些特定的本性一边相互对抗,一边相互贯穿,并作为一个转瞬即逝的环节消解在这个普遍的运动里面。"⑤"当个体看起来只想关心它自己的事情和它自己的行动时,它实际上关心的反而是一般意义上的事情或一个始终自在且自为存在着的现实性。"⑥"实际上,当初他们急急忙忙赶来援助,其意图仍然不过是为了看到并表现他们自己的行动,而不是为了事情本身。""但是那些人又错了,他们以为意识和他们是一般见识,但意识早就另有打算。意识所关心的事情不是它的这一个个别的事情,而是一个对任何人都有效的普遍者,亦即事情本身。"⑦"真正说来,事情的实现就是把每个人自己的东西陈列在一个普遍的因素里面,只有这样,每个人自己的东西才会并且一定会转变为全

---

① 《精神现象学》(《黑格尔著作集》第 3 卷),北京:人民出版社,2013 年,第 231 页。
② 同上书,第 232 页。
③ 同上书,第 243 页。
④ 同上书,第 244 页。
⑤ 同上书,第 246 页。
⑥ 同上书,第 252 页。
⑦ 同上书,第 253 页。

人类的事情。"①"意识通过经验得知,在那些环节里面,没有哪一个环节堪称主体,毋宁说它们全都已经消解在一个普遍的事情本身之内。个体性的各个环节都曾经先后被这个漫不经心的意识当作是主体,而现在它们聚集为一个单纯的个体性,即是这一个个体性,同时本身又是一个普遍的个体性。在这种情况下,事情本身与谓词不再有任何关系,也不再是一个无生命的、抽象的普遍性,而是转变为一个贯穿着个体性的实体。如今,事情本身既是一个主体(因此个体性既是这一个个体性也是全部个体),也是一个普遍者(它的存在仅仅表现为全人类的行动和每一个人的行动),同时还是一个现实性(每一个意识都知道这既是他自己的个别的现实性,也是全人类的现实性)。"②

根据黑格尔的论述,个体从心、兴趣出发,个体的行为得到实现,变成持存着的、活生生的秩序,现实性和事情本身,成为对所有个体都具有普遍性的现实性和事情本身。而现实性和事情本身作为既有的势力和秩序,对个体具有约束,甚至对个体形成压制。现实性和事情本身就是作为伦理实体的共同体。于是个体的本质通过活动生成作为关系的共同体,而共同体也反过来塑造个体行为。这是一个不断重复的运动。恩格斯晚年的历史"合力论",显然也是受了黑格尔《精神现象学》的启发。

人的概念,作为各种特殊规定性的总体,其本质的规定性包括两个维度,一是个体与其他个体的同一性,二是个体自身的同一性。前者是人的类本质,涉及身份认同(同一性);后者是人的个体本质,涉及人格同一性。前者是共时性的,后者是历史性的。黑格尔《精神现象学》从人的个体本质入手,走向人的类本质。在人的个体本质方面,黑格尔强调人的本质的自我生成;在人的类本质方面,由于人的类本质是由个体本质在其现实化中生成,并与人的个体本质双向互动,人的类本质就是作为伦理实体的共同体。这样,人就在历史过程中逐渐自我实现,这就是《精神现象学》的主题,即人的奥德赛精神史过程。显然,黑格尔所呈现的人的类本质是动态的、历史的、辩证的,而费尔巴哈的类本质则是静态的、生物学意义上的抽象普遍性。马克思在《1844年手稿》中的"类本质"概念,更多是受了费尔巴哈的影响,马克思还进

---

① 《精神现象学》(《黑格尔著作集》第 3 卷),北京:人民出版社,2013 年,第 254 页。
② 同上书,第 254—255 页。

一步把类与社会画等号。① 因此,《1844 年手稿》中的社会概念仍然是抽象的、空洞的,"我"的本质力量也就是"你的",从而是"类的"即"社会的",因此社会存在物不过是感性的类存在物的原子式集合或简单共同性,社会尚未成为有机的存在物。

在《穆勒摘要》中,我们可以发现马克思的社会概念已经从费尔巴哈明显向黑格尔的伦理实体(共同体)偏移。于是马克思有如下与《精神现象学》语气很接近的论述:"当人的本质作为人的真正的共同本质时,人是在积极实现自己本质的过程中创造、生产人的共同本质、社会本质的,而社会本质不是一种同单个人对立的抽象的一般的力量,而是每个人单个人的本质,是他自己的活动,他自己的生活,他自己的享受,他自己的财富。因此,上面提到的真正的共同本质并不是由反思产生的,它是由于有了个人的需要和利己主义才出现的,也就是个人在积极实现其存在时的直接产物。"②在告别对费尔巴哈的迷信之后,马克思承接《穆勒摘要》关于人的个体本质及个体本质生成和创造社会的新认识,在《关于费尔巴哈的提纲》第六条明确指出:"费尔巴哈把宗教的本质归结于人的本质。但是,人的本质并不是单个人所固有的抽象物。在其现实性上,它是一切社会关系的总和。费尔巴哈没有对这种现实的本质进行批判,所以他不得不:(1)撇开历史的进程,把宗教感情固定为独立的东西,并假定有一种抽象的——孤立的——人的个体。(2)所以,本质只能被理解为'类',理解为一种内在的、无声的、把许多个人自然地联系起来的共同性。"

三 《德意志意识形态》中的《精神现象学》因素

如果说《穆勒摘要》和《关于费尔巴哈的提纲》中的社会概念更多是强调

---

① 应该是受了赫斯的启发和影响。
② 参见《1844 年经济学哲学手稿》,第 170—171 页。译文有改动,前面一句话原文是"Indem das menschliche Wesen das wahre Gemeinwesen der Menschen, so schaffen , produciren, die Menschen durch Bethätigung ihres Wesens das menschliche Gemeinwesen, das gesellschaftliche Wesen, welches keine abstrakt-allgemeine Macht gegenüber dem einzelnen Individuum ist, sondern das Wesen eines jeden Individuums, nur eigne Thätigkeit, sein eignes Leben, sein eigner Genuß, sein eigner Reichthum ist."(MEGA2/Ⅳ/2,S.452)

人与人之间的交往联系,那么《德意志意识形态》中的社会更多论述了人与自然关系的方面,并以人对自然的关系("人对自然的改造")来统摄人与人的关系。① 为此,马克思以逻辑方法②建构了一个基于人与自然关系的"原初社会"③的理论模型。所谓"原初社会",由原初的历史活动的四个环节(或者四个维度)构成。这四个环节以"生活④生产"(或生命维持)为原点生发而成。具体来说,"生活资料的生产"是直接的物质生产,其成果就是生产力;在满足了最根本的生存需要⑤之后,人会产生的新需要⑥,这涉及人的生活与动物的区别⑦;家庭是最初的社会关系,涉及"他人生命的生产";"生产过程中的社会关系"即生产关系,是指许多个人的共同活动⑧。马克思的"原初社会"理论蕴涵了一个前提,即"需要"是人的活动以及历史发展的最终动力。⑨ 在"原初社会"基础上,产生了一系列社会副现象,如语言、宗教、哲学、道德等意识的各种不同理论产物和形式,以及法律、阶级、国家等。人们常说的"市民社会决定国家","经济基础决定上层建筑",就是在"原初社会"意义上说的。⑩

《1844年手稿》也有大量关于人与自然关系的内容,特别体现在"人化的自然"思想方面。但当时马克思是把社会看作是人与人之间未异化的交往关系(即人的社会),而把自然界看作是人与人之间的中介。表面上看,《德意志意识形态》论述的内容与《1844年手稿》有许多重合,但《德意志意识形态》的重心已经发生变化。基于主客二分的异化逻辑(即以人的本质力量的异化来解释一切社会历史现象)已经让位于超越主客二分的实践逻辑,生活(感性的活动)成为解释社会和历史的逻辑起点。与此同时,马克思从"人的感性活动"出发,以"原初社会"的逻辑建构为基础,再辅之以"分工"理论,推演出了

---

① 关于人与人的关系,马克思更多是指生产之外(包括商业以及战争等)个体之间的交往关系。
② 当然,逻辑方法与历史方法具有一致性。
③ 马克思称之为"原初的、历史的关系"(ursprünglichen, geschichtlichen Verhältnisse)。
④ Leben,或译为生命。
⑤ 相对于霍布斯的自我保存的需要。
⑥ 这是马克思的需要层次理论。
⑦ 动物的需要是固定不变的。
⑧ 马克思指出,"至于这种活动在什么条件下、用什么方式和为了什么目的而进行,则是无关紧要的。"(《MEGA:陶伯特版〈德意志意识形态·费尔巴哈〉》,南京:南京大学出版社,2014年,第26—27页)
⑨ 可以说,"需要"取代了《1844年手稿》中"人的本质(力量)"的地位。
⑩ 原初社会才是社会的基础。

生产力与交往形式的矛盾,并对历史过程和社会现象做了更细致、更有说服力的解释。马克思认为,生活生产必然体现为"分工",而"分工"本身就是"活动":"分工和私有财产是相等的表达方式,对同一件事情,一个是就活动而言的,另一个是就活动的产物而言的。"①这样,《关于费尔巴哈的提纲》还是较为抽象的"实践"概念,在《德意志意识形态》中越来越具体化为"生活""生活过程""分工"等。特别是马克思以分工来解释私有财产,进而解释阶级和国家的形成以及作为意识形态的精神生产,就成为《德意志意识形态》有别于《1844年手稿》的一条重要线索。

　　需要指出的是,以往人们非常重视唯物史观理论中的"生产关系"概念,而忽视了"关系"在马克思那里是更基础的概念。因为忽视"关系"的概念,比"生产关系"更一般的"物质关系"(materiellen Verhältnisse)特别是"生活关系"(Lebensverhältnissen)的概念从未进入人们的视野。生活关系包括物质生活的关系(如人对自然的关系、财产关系等)、社会生活的关系(如交换关系)以及政治生活、精神生活过程中的关系。马克思在《德意志意识形态》中明确说,"各个人过去和现在始终是从自己出发的。他们的关系是他们的现实生活过程的关系。为什么会发生这样的情况:他们的关系会相对于他们而独立?"②对照《德意志意识形态》中"以一定的方式进行生产活动的一定的个人,发生一定的社会关系和政治关系"的表述,与1859年《政治经济学批判》序言中"人们在自己生活的社会生产中发生一定的、必然的、不以他们的意志为转移的关系,即同他们的物质生产力的一定发展阶段相适合的生产关系"的表述,显然马克思在《德意志意识形态》中是在用"关系"的概念来统一指代黑格尔《精神现象学》中"秩序""事情本身""必然性"等不同的说法。③

　　马克思在《德意志意识形态》中接续《关于费尔巴哈的提纲》,强调人对环境的改变(人对自然的改造)与人的改变(人的自我改造)统一于实践(感性的

---

① 《MEGA:陶伯特版〈德意志意识形态·费尔巴哈〉》,南京:南京大学出版社,2014年,第29页。
② 同上书,第82页。
③ 马克思虽然在《德意志意识形态》中大量使用了"生产关系"概念,但强调的是生产力与交往形式(而非生产关系)之间的矛盾(马克思也有"现存的社会关系与现存的生产力发生了矛盾"以及"上述三个因素即生产力、社会状况和意识彼此之间可能而且一定会发生矛盾"的说法。同上书,第28—29页)。显然,交往形式(或交往手段、社会关系、社会状况)比生产关系更接近黑格尔《精神现象学》中的"秩序""事情本身""必然性"等概念。

活动)。在此基础上,马克思把社会(共同体)看作是"共同关系"(gemeinschaftliche Verhältniß),而非现实个体及各种社会现象的简单集合和加总。人的个体本质是以个体为中心辐射而出的各种社会关系①的总和,而社会就是个体之间交往互动而形成的相对稳定的共同关系。如果说《1844年手稿》中的"社会"是社会唯名论,那么《德意志意识形态》中的"社会"就是社会唯实论(社会实在论)②。比如马克思指出,"共同利益不是仅仅作为一种'普遍的东西'存在于观念之中,而首先是作为彼此有了分工的个人之间的相互依存关系存在于现实之中"③。"从前各个人联合而成的虚假的共同体,总是相对于各个人而独立的"④,"在历史发展的进程中,而且正是由于在分工范围内社会关系的必然独立化"⑤,"一切共同的建制(gemeinsamen Institutionen)都以国家为中介,都获得政治形式"⑥。"社会"由个体的交往活动而生成,但反过来又成为凌驾于个体之上的力量和势力。对于新一代的个体而言,社会代表着既定的秩序和必然性。个体与社会的冲突,以及由此引发的社会秩序和必然性的不断重构,构成了历史的运动。

另一方面,以往人们比较关注《德意志意识形态》中关于生产力与交往形式关系的论述,忽略了马克思还进一步强调,"生产力与交往形式的关系就是交往形式与个人的行动或活动的关系"⑦,强调交往形式是"个人的自主生活的条件","在这些条件下,生存于一定关系中的一定的个人独立生产自己的物质生活以及与这种物质生活有关的东西"⑧。总之,在马克思那里,个人的自主活动作为先于主客二分的感性活动,是"生产力与交往形式关系"中起枢纽作用的因素,生产力和交往形式实际上都是人的活动的产物,是一种客体化的、异己的物质力量:"社会活动的这种固定化,我们本身的产物聚合为一种统治我们、不受我们控制、使我们的愿望不能实现并使我们的打算落空的

---

① gesellschaftlichen Verhältniß,包括历史中的关系和现实中的关系。马克思在《德意志意识形态》中就提到了"个人之间历史形成的关系"(《MEGA:陶伯特版〈德意志意识形态·费尔巴哈〉》,第36页)。
② 与社会唯实论类似,也存在阶级唯实论。
③ 《MEGA:陶伯特版〈德意志意识形态·费尔巴哈〉》,第30页。
④ 同上书,第64页。
⑤ 同上书,第65页。
⑥ 同上书,第78页。
⑦ 同上书,第69页。
⑧ 同上。

物质力量,这是迄今为止历史发展的主要因素之一。"①"生产力表现为一种完全不依赖于各个人并与他们分离的东西,表现为与各个人同时存在的特殊世界,——这些力量只有在这些个人的交往和相互联系中才是真正的力量。"②从历史的发展来看,生产力和交往形式都产生于人的活动,最后都落脚于"个人本身力量的发展"③和"个人才能的发挥"④。这一点与《1844年手稿》的思路一致,不过基于主客二分的"人的本质力量"的异化逻辑已经让位于超越主客二分的"人的感性活动本身"。

总之,生产力决定交往形式(或生产关系)、市民社会决定国家(或经济基础决定上层建筑)固然是《德意志意识形态》所阐发的唯物史观的基本原理,但《德意志意识形态》所阐发的唯物史观更基本、更核心的思想是个体与社会双向互动的辩证法,其中社会的核心内容是物质生活的关系。如果说《穆勒摘要》和《关于费尔巴哈的提纲》还只是零星体现了马克思对《精神现象学》思想资源利用的新方向,那么《德意志意识形态》则是这种新方向的集中体现。

四 进一步的结论

马克思在博士论文中有"在政治领域里,那就是契约;在社会领域里,那就是友谊"⑤的说法,是将"社会"与"政治"相对。尽管此处使用的是英文"Social"一词,让人联想到霍布斯⑥,但马克思应该是在黑格尔市民社会意义上使用"社会"一词的。而且这种用法可以在《莱茵报》时期政论文章中马克思多次使用德文词"Gesellschaft(社会)"的情况得到验证。市民社会是黑格尔《法哲学原理》重点考察的内容之一。马克思在《黑格尔法哲学批判》《论犹太人问题》《〈黑格尔法哲学批判〉导言》中都对市民社会的异化作了批判。⑦

---

① 《MEGA:陶伯特版〈德意志意识形态·费尔巴哈〉》,第30页。
② 同上书,第74页。
③ 同上书,第70页。
④ 同上书,第75页。
⑤ 同上书,第38页。
⑥ 马克思在《关于伊壁鸠鲁哲学的笔记本》中有对霍布斯"一切人反对一切人的战争"思想的关注。参见《马克思恩格斯全集》第40卷,北京:人民出版社,1982年,第123页。
⑦ 国家、宗教、利己主义都是人的类本质在市民社会发生异化的表现。

在《1844年手稿》中，马克思把"社会"与费尔巴哈的"类"画等号，体现了马克思在"社会"概念使用上从黑格尔到费尔巴哈的偏移。

马克思很快又向黑格尔接近。但这不是接近黑格尔的市民社会，而是对"市民社会"概念加以改造，赋予其新的内涵。《德意志意识形态》中的市民社会不再仅指商业社会或资产阶级社会，而是指"过去一切历史阶段上受生产力制约同时又制约生产力的交往形式"①，"市民社会包括各个人在生产力发展的一定阶段上的一切物质交往。它包括该阶段的整个商业生活和工业生活"，"市民社会这一名称始终标志着直接从生产和交往中发展出来的社会组织"②。1859年《政治经济学批判》序言又进一步将市民社会称为"物质的生活关系的总和"。实际上，"物质的社会关系的总和"更接近于《德意志意识形态》中"初始社会"的逻辑建构，是马克思唯物史观视阈下"社会"概念的真正规定性③。不能撇开"社会"谈"经济基础"，因为"经济基础"④是"社会经济结构"，它并非实体性存在⑤。马克思所谓的"社会"，是从社会经济结构方面来看的，其核心内容是生产关系⑥，因此"社会形态"必然是"经济社会形态"。因此，作为实体存在并与上层建筑的实体性存在相对应的"基础"，是"市民社会"（"社会"），是"经济社会形态"（"社会形态"）。

---

① 《MEGA：陶伯特版〈德意志意识形态·费尔巴哈〉》，第32页。
② 同上书，第77页。
③ 马克思在《资本论》第3卷中说："社会生产过程既是人类生活的物质生存条件的生产过程，又是一个在历史上经济上独特的生产关系中进行的过程，是生产和再生产着这些生产关系本身，因而生产和再生产着这个过程的承担者、他们的物质生存条件和他们的互相关系即他们的一定的社会经济形式的过程。因为，这种生产的承担者对自然的关系以及他们互相之间的关系，他们借以进行生产的各种关系的总和，就是从社会经济结构方面来看的社会。"（《马克思恩格斯全集》第46卷，北京：人民出版社，2003年，第927页）
④ 经济基础也就是经济关系的总和，包括生产关系（财产关系）和交换关系。
⑤ 阿尔都塞对《资本论》所作结构主义的马克思主义的解读，就是很好的例证。
⑥ 从而有别于黑格尔主要从需要的体系即交换关系来界定的市民社会（其实质是斯密的商业社会）。

Elements of Hegel's *Phenomenology of Spirit* in Marx's Early Texts

Lu Kejian

Abstract: In his *Manuscripts of 1844* Marx mainly borrows the logic of alienation from Hegel's *Phenomenology of Spirit*. Hegel's idea of community being outcome of actions by individuals and of interaction between individual and community is primarily embodied in Marx's *Comments on James Mill* and *Theses On Feuerbach*, and is utilized creatively in *The German Ideology* by Marx.

Key words: Marx's Early Texts, Elements of Hegel's *Phenomenology of Spirit*, Concept of Society

书讯

《被动综合分析》

〔德〕埃德蒙德·胡塞尔著,玛格特·费莱舍尔编,李云飞译

北京:商务印书馆,2017 年

《被动综合分析》是对胡塞尔著名的"发生学的逻辑"讲座的选编,其核心课题是探讨感知、再回忆和期待等直观的意识方式。通过对被动综合的交织物的分析,胡塞尔在被动性内确认了一种低级形态的明见性。但是,在被动性领域内不仅有明见性被给予,而且同样也有变式被给予,也就是说,任何一个自身给予都可能由于与其他自身给予的冲突而失效,而这些其他自身给予重又可能由于与其他自身给予的冲突而失效。真理无疑具有最终有效性,而由于经验可能与经验发生争执,自身给予可能出现变式,似乎"绝不会达到一种最终有效性",因此,真理现在成了问题。在我们谈论一个真实的自身和一个最终得到证实的表象的地方,我们通过再回忆超出瞬间的意识。因此,为了获得绝然的明见性,亦即作为最终有效性的真理,胡塞尔诉诸对再回忆的分析。但问题是,再回忆也可能弄错,事后摆明是幻觉。因此,分析被引向再回忆的自在的构造问题,即再回忆如何辨明自身,它在何种程度上能成为最终有效性的一个源泉。通过对联想现象的描述,尤其是对唤起的分析和对搭叠、融合和再回忆领域内的争执的说明,胡塞尔得以解决意识过去的问题,即指明"内在的曾在系统的真实存在"。最终,《被动综合分析》可归结为关于"真理的起源"问题的发生现象学研究,因而具有重要的学术价值。(文 晗)

社会历史中生成的人的本质与自由*
——关于马克思的哲学人类学的一个研究

方博**

提　要：马克思在早期的文本尤其是《1844年经济学哲学手稿》中阐述了丰富的哲学人类学的思想，对人作为自由的存在者的主张构成了他的整个思想体系的规范性基础。但马克思在此对人的本质的理解已经全然不同于费尔巴哈的人本主义，他虽然对人的本质仍然有一般性的规定和论述，但真正意义上的人的本质和自由并非被预先设定的抽象物，相反，它们的实质内涵只有在以人的生产实践为中介的社会历史进程之中才能逐渐被生成和被揭示出来，这一理解因此与他在《关于费尔巴哈的提纲》中基于对费尔巴哈的批判之上所提出的关于人的本质的新的表述是一脉相承的，在这一节点上并不存在所谓的方法论断裂。

关键词：自由　人的本质　社会性　对象性关系　历史性

哲学，尤其是确立了主体性原则之后的近代哲学，归根结底是基于对"人是什么"及"人应该是什么"这样的哲学人类学问题的回答之上所展开的对人所生活于其中的世界图景的系统性理解，这一点在康德关于哲学自身的澄清中得到了最为精练的表达："在世界公民的意义上哲学的领域可以通过如下问题来划分：1. 我能够知道什么？2. 我应该做什么？3. 我可以期待什么？

---

* 本文为国家社科基金重大项目"基于MEGA2的马克思早期文本研究"（项目批准号：15ZDB001）子课题阶段性成果。
** 方博，1983年生，北京大学哲学系助理教授。

4. 人是什么？形而上学回答第一个问题，道德回答第二个，宗教回答第三个而人类学回答第四个。但根本上人们可以将以上所有问题都归入人类学，因为前三个问题都与最后一个问题相关。"①但关于哲学人类学的问题在马克思思想的阐释中却是极具争议的议题，主要原因在于马克思虽然在早期的文本尤其是《1844年经济学哲学手稿》（以下简称为《1844年手稿》）中阐述了丰富的哲学人类学的思想，但这一思想在一种流行的阐释模式中却被认为是马克思主义诞生之前的哲学残余，这在阿尔都塞的"认识论断裂"的解读范式中得到了最为直观和激进的呈现。② 而在此之前，萨特在1960年的《辩证理性批判》中也已基于不同的理论意旨提出了马克思主义哲学的"人学空场"的批评。③

阿尔都塞的"认识论断裂"已经遭受到了来自多方面的越来越多的批评，关于马克思的哲学人类学的研究文献也已经数目可观，但关键性的问题一直仍然是：马克思的哲学人类学思想能否与他的历史唯物主义相兼容？本文对此持一种兼容论的立场，但并不打算在此全面论述这一问题，而将主要关注"人作为自由的存在者"这一古老的命题在马克思的思想中所获得的新的意义。借此我们也将看到，虽然在《1844年手稿》中仍然使用了费尔巴哈的"类本质"概念，但马克思在此对人的本质的理解已经全然不同于费尔巴哈的人本主义。马克思虽然对人的本质仍然有一般性的规定和论述，但真正意义上的人的本质和自由并非被预先设定的抽象物，相反，它们的实质内涵只有在以人的生产实践为中介的社会历史进程之中才能逐渐被生成和被揭示出来，这一理解因此与他在《关于费尔巴哈的提纲》中基于对费尔巴哈的批判之上所提出的关于人的本质的新的表述是一脉相承的，至少在这一节点上并不存在所谓的方法论断裂。

一 自由与人的本质

青年时期的马克思明显持有一种本质主义的思想，这一点仅仅从他在

---

① Immanuel Kant, *Kants Gesammelte Schriften*, hrsg. von der Preußischen Akademie der Wissenschaften, Berlin, 1902-, Bd. IX, S. 25. 本文对康德的引用皆出自此版本的全集，因此以下只标明卷册和页码。
② 阿尔都塞：《保卫马克思》，顾良译，北京：商务印书馆，1984年，第14页以下。
③ 萨特：《辩证理性批判》第1卷，林骧华等译，合肥：安徽文艺出版社，1998年，第2页。

"博士论文"和《莱茵报》时期的文章中对概念的使用便可以看得极为清楚。在马克思青年时期的文本中,直接源自于黑格尔的本质与现象、概念与存在被作为对立的范畴交相出现,这在"博士论文"中就已现端倪:"正是批判根据本质来衡量个别的存在,根据理念来衡量特殊的现实。但是,哲学的这种直接的实现,按其内在本质来说是充满矛盾的,而且它的这种本质在现象中取得具体形式,并且给现象打上自己的烙印。"①而对本质的优先性的这种主张在《莱茵报》时期的文章中变为更为频繁。比如在《评普鲁士最近的书报检查令》一文中,马克思就明确将理性视为"按照事物的本质特征去对待各种事物的那种普遍的思想自由"②。在《关于新闻出版自由和公布省等级会议辩论情况的辩论》一文中他也表明了同样的观点:"在衡量事物的存在时,我们应当用内在观念的本质的尺度,而不能让片面和庸俗的经验使我们陷入迷误之中,否则任何经验、任何判断都没有意义了:所有母牛都是黑的。"③在马克思这个时期的文章中,诸如"新闻出版自由的本质""法律的本质""国家的本质"之类的论述时常出现,而同样构成马克思此时的重点思考主题之一的就是"人的本质"。比如在以上所引的同一篇文章中,马克思就对"自由是人的本质"的命题做出了明确的论述:"自由确实是人的本质,因此就连自由的反对者在反对自由的现实的同时也实现着自由;因此,他们想把曾被他们当作人类本性的装饰品而摒弃了的东西攫取过来,作为自己最珍贵的装饰品。没有一个人反对自由,如果有的话,最多也只是反对别人的自由。可见,各种自由向来就是存在的,不过有时表现为特殊的特权,有时表现为普遍的权利而已。"④从马克思自身的思想发展的角度来看待这些关于人的本质的论断,我们不得不承认,那个时候的马克思仍然是以一种近乎抽象的和纯粹应然的视角去看待人的本质的,而以上这段引文中对自由的辩护即使从一种本质主义的视角来看也仍然停留在比较表面的现象的层次,这的确体现了一种思想的不成熟。但这并不意味着,马克思在他思想的成熟时期就会彻底抛弃本质主义的思考方式,相反,这种思考方式贯穿了他思想发展的始终,只是在很多时

---

① 《马克思恩格斯全集》第 1 卷,北京:人民出版社,2002 年,第 75 页。
② 同上书,第 111—112 页。
③ 同上书,第 165—166 页。
④ 同上书,第 167 页。

候,他通常采取了另外一种表达方式,即用"真正的"这一定语来表达事物的本质,比如"真正的民主制""真正的共同体",以及虽未在措辞上直接使用,但仍然明确地表达出来的对"真正的人"和"真正的历史"的主张。

对"自由是人的本质"的主张在《黑格尔法哲学批判》和《论犹太人问题》中继续构成了马克思对黑格尔和布鲁诺·鲍威尔的批判的规范性基础,而且从这些批判之中可以看出的是,马克思比起《莱茵报》时期已经赋予了自由这一概念以更多的实质性内涵,因为他与作为他的批判对象的黑格尔和鲍威尔的区别并不在于是否接受"自由是人的本质"这一论断,而在于如何理解真正的人的真正的自由。但马克思为人的自由提供一个哲学人类学的详细论证的工作还要到《1844年手稿》才真正开始。

在这部未完成的著作中,马克思对人的本质和自由的关系的理解从这样一个论述开始:"人是类存在者,不仅因为人在理论和实践上都把类——他自己的类以及其他物的类——当作自己的对象;而且因为——这只是同一种事物的另一种说法——人把自己当作当下的、有生命的类来对待,人把自己当作普遍的因而也是自由的存在者来对待。"①对于这段话可以有不同的解读角度,但是基本上无可争议的是,马克思首先是从人自身的行动的性质或人的"生命活动的特质"来理解人的自由的,人的自由首先关涉的是人如何看待自身及如何行动的问题。而马克思在这里用以分析这一问题的方法与亚里士多德早就使用的方法几无二致,都是从人与动物的本质区别开始,而分析的结果则直接指向了人的行动之中所蕴涵的自我意识和意向性。"动物和自己的生命活动是直接统一的。动物不把自己同自己的生命活动区别开来。它就是自己的生命活动。人则使自己的生命活动本身变成自己意志的和自己意识的对象。他具有有意识的生命活动。这不是人与之直接融为一体的那种规定性。有意识的生命活动把人同动物的生命活动直接区别开来。正是由于这一点,人才是类存在者。或者说,正因为人是类存在者,他才是有意识的存在者,就是说,他自己的生活对他来说就是对象。仅仅由于这一点,他的活动才是自由的活动。"②在其他文本中,马克思还试图从其他方面去区别人

---

① 《马克思恩格斯全集》第3卷,北京:人民出版社,2002年,第272页。
② 同上书,第273页。

与动物,正如埃尔斯特所总结,其中包括语言、使用工具、制造工具和合作,①但除了最后一点指向人的社会性行为之外,其他几点事实上归根结底都是人的自我意识和意向性的进一步的表现形式。自我意识和意向性构成了马克思所理解的人的自由的最基本的特质或人之自由成为可能的最基本的条件。而且马克思并不是仅仅在早期才对人持有这样一种认识,在《资本论》中他就再次将意向性行为称为"专属于人的那种形式的劳动"并由此引出了那个著名的关于蜜蜂和建筑师的对比:"蜘蛛的活动与织工的活动相似,蜜蜂建筑蜂房的本领使人间的许多建筑师感到惭愧。但是,最蹩脚的建筑师从一开始就比最灵巧的蜜蜂高明的地方,是他在用蜂蜡建筑蜂房以前,已经在自己的头脑中把它建成了。劳动过程结束时得到的结果,在这个过程开始时就已经在劳动者的表象中存在着,即已经观念地存在着。他不仅使自然物发生形式变化,同时他还在自然物中实现自己的目的,这个目的是他所知道的,是作为规律决定着他的活动的方式和方法的,他必须使他的意志服从这个目的。"②

虽然自我意识和意向性都是哲学分析的重要概念,但仅仅断定人的行为是包含有自我意识和意向性的,这即使可以构成一个哲学命题,也并不足以将其与经验人类学的或生物学的命题区别开来。埃尔斯特在他的著作中在"哲学人类学"的章节标题之下所探讨的那些诸如地理决定论这样的问题在根本上都没有超出这一层次,而停留在这个层次之上所能理解的自由当然无法像上面的引文所清楚表达出来的那样与普遍性联系起来:人是普遍的因而也是自由的存在者。马克思当然没有像其他哲学家那样,对自我意识的结构和意志自由的可能性做进一步的形而上学的分析,但他对人的自由本质的理解很显然并不仅仅局限于描述性的范围之内,而是进一步将规范性的维度纳入其中,这直接涉及他对构成人的自由的核心要素的自主性的理解。如果我们可以用自主性这一概念去概括马克思的这一思想的话,那它在马克思的语境之内至少包含有两个方面的内容:目的的自主性和行动的自主性。

自主性所包含的第一层意思是目的的自主性,但它所指的并非人为自己的行动设定目的的能力,因为这种能力作为自主性的一个前提已经被包含在

---

① 埃尔斯特:《理解马克思》,何怀远等译,北京:中国人民大学出版社,2016年,第61页。
② 《马克思恩格斯文集》第5卷,北京:人民出版社,2009年,第208页。

行为人的自我意识和意向性之中了。我们在这里所谓的目的的自主性指的是,在规范性的意义上人应该构成人自身的最高目的。这是一个具有很鲜明的康德哲学意味的命题,马克思也如康德一样将其称为一个"绝对命令",它是宗教批判和政治批判之后的一个顺理成章的结论:如果上帝与国家对于人而言都不能构成更高的目的,那只有人自身才能构成人的最高目的。在《〈黑格尔法哲学批判〉导言》中,马克思已经明确表达了这一点:"理论只要说服人[ad hominem],就能掌握群众;而理论只要彻底,就能说服人[ad hominem]。所谓彻底,就是抓住事物的根本。但是,人的根本就是人本身。德国理论的彻底性从而其实践能力的明证就是:德国理论是从坚决积极废除宗教出发的。对宗教的批判最后归结为人是人的最高本质这样一个学说,从而也归结为这样的绝对命令:必须推翻那些使人成为被侮辱、被奴役、被遗弃和被蔑视的东西的一切关系。"①而在《1844年手稿》中,马克思再次证明捍卫了人在目的上的自主性:"人不仅是自然存在物,而且是人的自然存在物,就是说,是自为地存在着的存在物,因而是类存在物。他必须既在自己的存在也在自己的知识中确证并表现自身。"②即使到了《资本论》,马克思也在第三卷中同样表达了人的能力的发展作为自我目的的意思:"在这个必然王国的彼岸,作为目的本身的人类能力的发挥,真正的自由王国,就开始了。"③

而行动的自主性所指的并不仅仅是内在于行为的自我意识和意向性,而是在与自然的关系之中现实地(而非仅仅在意识和意志之中)摆脱肉体需要的片面性和生活环境的偶然性的束缚,从而普遍地自主安排自己的生命活动的现实可能性。这样一种自由因此不再仅仅包含有消极的意义,同时已经具有了更为积极的意义。正如马克思在《1844年手稿》中所说的:"动物只生产它自己或它的幼仔所直接需要的东西;动物的生产是片面的,而人的生产是普遍的(universelle);动物只是在直接的肉体需要的支配下生产,而人甚至不受肉体需要的影响也进行生产,而且只有不受这种需要的影响才进行真正的生产;动物只生产自身,而人再生产整个自然界;动物的产品直接属于它的肉

---

① 《马克思恩格斯全集》第3卷,北京:人民出版社,2002年,第207—208页。
② 同上书,第326页。
③ 《马克思恩格斯文集》第7卷,北京:人民出版社,2009年,第929页。

体,而人则自由地面对自己的产品。"①人的普遍性因而是人的进一步的自由就体现在行为的这种普遍的可能性和与之相对应的对象的普遍的可能性之上。但这种自由或普遍性生产的前提是人自身的物质需求已经得到了充分的满足,由此人才有可能真正摆脱直接的肉体需求的束缚,真正自主地进行生产。在这一点上,马克思对自由的理解直接超越了古典自由主义的消极的行为自由,而具有了一种更为积极的内涵。在马克思看来,自由并不仅仅意味着人在形式上获得了能够与他人的同等自由共存的行为的消极自由,因此现代国家即使能实现这种意义上的自由,但在人的现实生活中,尤其是在物质生产过程中,以物为中介的人对人的支配和奴役关系依然存在,甚至是愈演愈烈。而在高度分工的现代化生产中,人的生命活动被限制在流水线的某个单一的环节之中,从而被片面化到了动物的水平。在这样的状态中,人的行动事实上无任何普遍性可言,正如马克思在《德意志意识形态》中更为明确指出的:"他们同生产力并同他们自身的存在还保持着的唯一联系,即劳动,在他们那里已经失去了任何自主活动的假象,而且只能用摧残生命的方式来维持他们的生命。"②

因此对于马克思而言,人作为人的最高目的并不像在康德那里一样,仅仅意指在与他人的关系中在内在的-道德的意义上被作为人而尊重,或在外在的-权利的意义上指向一个合乎理性的权利秩序,而是在一种更为积极的意义上指向人的本质能力的全面发展。而更为关键的是,人的本质能力在马克思看来也并非亚里士多德和康德所理解的理性,而是人的与外部自然直接关联的感性能力,因为"感性必须是一切科学的基础",而"人不仅通过思维,而且以全部感觉在对象世界中肯定自己"。③因此人的自我实现最终必然会指向人的感性能力的全面解放,由此人得以以一种合乎美的规律的方式去改造自然以满足自身的物质的和精神的需求。这正是马克思的人类学意义上的自

---

① 《马克思恩格斯全集》第3卷,北京:人民出版社,2002年,第273—274页。中译本将里面的一句译为"而人的生产是全面的",这虽然在语义上可以直接与"片面的"相对立,但可能会使得读者忽略掉马克思的这一句话与"人作为普遍的因而是自由的存在者"这一命题之间的关联,而且还可能会误导读者将这种普遍的生产与马克思在《德意志意识形态》中所提到的"全面的(allseitige)生产"(《马克思恩格斯文集》第1卷,北京:人民出版社,2009年,第542页)混淆起来。
② 《马克思恩格斯文集》第1卷,北京:人民出版社,2009年,第580页。
③ 《马克思恩格斯全集》第3卷,北京:人民出版社,2002年,第305、308页。

由概念里所包含的第四种规定性,即人的自由自觉的行动之中所可能包含的审美的合规律性,因为美是直接与人的感性能力相关的。也正是在人自主地依据美的规律所进行的创造性活动之中,自由的其他的规定性(自我意识、意向性和自主性)都得到了最大限度的发挥,其也因此构成了人之区别于动物的最终极的标志:"动物只是按照它所属的那个种的尺度和需要来构造,而人懂得按照任何一个种的尺度来进行生产,并且懂得处处把内在的尺度运用于对象;因此,人也按照美的规律来构造。"①人并非在道德的-政治的行动之中而是最终在艺术的-审美的活动中实现自己的自由,这样一种思想当然不是由马克思所首创的,而是在德国古典哲学中首先是通过席勒对康德的《判断力批判》的创造性阐释而阐发的,并在谢林的艺术哲学中得到了更为系统的阐述,但正如我们下面将要指出的,马克思赋予了这一命题以更多的社会历史意义。

但不管是自主性还是合规律性,在此意义上的自由很显然都不再仅仅是描述性的了,而是具有了规范性的意义,因为它所表达的并非人的一种现实的能力或现实的生活状态,而是指向了一种应然的状态和只有在这一状态之中才能被发展出来的人的能力。它的彻底实现需要具备的条件远远高于迄今为止的全部历史所曾提供的条件,而这些条件的成就并不仅仅涉及人与自然的关系,同时甚至是更为重要的,还涉及人与人之间的社会关系。

二 人的本质与社会性

虽然首先是在人与自然的关系中去论述人的自由,并因此将人视为自然的存在者,但马克思在不同的文本中都多次强调人是社会的存在者。比如在《1844年手稿》中他就直接断言:"个体是社会的存在者。"②在《资本论》第一卷中他也表达了同样的观点:"人即使不像亚里士多德所说的那样,天生是政治动物,无论如何也天生是社会动物。"③马克思在早期文本中所经常使用的

---

① 《马克思恩格斯全集》第3卷,北京:人民出版社,2002年,第274页。
② 同上书,第302页。
③ 同上书,第379页。

类本质或类存在者的概念,因为直接来自于费尔巴哈而屡遭诟病,但其实际上无非是社会存在者的同义词,从他在不同文本中对同一个命题的表述所使用的概念之上就可以清楚看出这一点。比如在《黑格尔法哲学批判》中,马克思在批判市民社会与政治国家的分离所导致的人自身的二重化之时就指出:"只有在这里,他作为国家的成员,作为社会存在者的规定,才表现为他的人的规定;因为他在市民社会中的其他一切规定,对于人,对于个体,都表现为非本质的、都表现为外在的规定。"[1]而同样的命题在《论犹太人问题》中则被表述为:"在国家中,即在人被看作类存在者的地方,人是想象的主权中虚构的成员;在这里,他被剥夺了自己现实的个人生活,却充满了非现实的普遍性。"[2]这两段引文清楚地表明,马克思是在同样的意义上使用类存在者和社会存在者的概念的。而且相比于仅仅短暂地使用过类存在者的概念,马克思在其早期和后期文本中都更愿意使用社会存在者这一概念,甚至仅仅在《1844年手稿》的笔记本三中,后者事实上也在修辞上再次取代了前者。因此仅仅从概念的使用上并不能简单地将马克思在《1844年手稿》中所阐述的哲学人类学的思想完全归结为费尔巴哈的人本主义,虽然我们并不能否认在马克思思想发展的这个时期,费尔巴哈的确对他产生了巨大的影响。当然更为重要的是,"人作为社会存在者"这一命题在马克思这里并非一个简单的独断论的设定或未经反思地从他人那里直接借鉴过来的观念,而是有着完全不同于费尔巴哈的论证思路。当马克思断言"人天生是社会的动物"的时候,其中所首先隐含的意思可能是,人作为社会存在者这一命题是可以从人作为自然存在者这一命题之中推导出来的,换言之,关于人的自然规定里面就已经包含了对人的社会性的必然要求。这在马克思的语境中直接涉及人的自由的实现的必要条件如何可能被满足的问题,而构成这一逻辑转换的至关重要的环节的则是马克思关于对象性的思想。

在《1844年手稿》中,马克思揭示了人作为自然的存在者身上所具有的能动性和受动性的双重品格:"人直接地是自然的存在者。人作为自然存在者,而且是有生命的自然存在者,一方面具有自然力、生命力,是能动的自然存在

---

[1] 《马克思恩格斯全集》第3卷,北京:人民出版社,2002年,第101页。
[2] 同上书,第173页。

者;这些力量作为天赋和才能,作为欲望存在于人身上;另一方面,人作为自然的、肉体的、感性的、对象性的存在物,同动植物一样,是受动的、受制约的和受限制的存在物,就是说,他的欲望的对象是作为不依赖于他的对象而存在于他之外的;但是,这些对象是他的需要的对象,是表现和确证他的本质力量所不可缺少的、重要的对象。"① 因此说人是自由的存在者并不意味着人是或者应该是不受限制的无条件者,不管是自我意识还是意向性都仅仅反映了人的行动中的某些能动的要素,但人作为自然的存在者还同时受到肉体和感性的制约和限制。人虽然应该是自主的,但并不是作为单一的个体独立于一切外在条件而自足无待地生活,而是任何时候都必须以外在于自身的东西作为满足自己的需求的对象,因此对象的存在及其存在的方式就构成了或确证或限制人自身的本质能力的直接而又必要的载体和条件。正是这一非自足性或有限性决定了人必然是对象性的存在者,他与外在于自身的他者始终处于对象性的关系之中,他在他的存在和实践之中以他者作为对象,自己同时也构成了他者的对象。这样一种普遍的和交互的对象性关系不仅仅是人的存在方式,甚至是世间万物的存在方式,因为世上并不存在无条件的绝对者。正如马克思在《1844 年手稿》中接着指出的:"一个存在物如果在自身之外没有自己的自然界,就不是自然存在物,就不能参加自然界的生活。一个存在物如果在自身之外没有对象,就不是对象性的存在物。一个存在物如果本身不是第三存在物的对象,就没有任何存在物作为自己的对象。就是说,它没有对象性的关系,它的存在就不是对象性的存在。非对象性的存在物是非存在物[Unwesen]。"②

基于对象性的关系去理解世间万物与人自身的存在的思想不仅构成了对以实体概念为中心的传统的形而上学的批判,同时也构成了对费尔巴哈的直接批判。马克思在《关于费尔巴哈的提纲》中对费尔巴哈的著名的批判正是基于将人与对象的存在都理解为对象性的存在和将人的实践理解为对象性活动之上。"从前的一切唯物主义(包括费尔巴哈的唯物主义)的主要缺点是:对对象,即现实、感性,只是从客体的或者直观的形式去理解,而不是把它

---

① 《马克思恩格斯全集》第 3 卷,北京:人民出版社,2002 年,第 324 页。
② 同上书,第 325 页。

们当做感性的人的活动,当做实践去理解,不是从主体方面去理解。因此,和唯物主义相反,唯心主义却把能动的方面抽象地发展了,当然,唯心主义是不知道现实的、感性的活动本身的。费尔巴哈想要研究跟思想、客体确实不同的感性客体,但是他没有把人的活动本身理解为对象性的活动。"①可以说,马克思在《1844年手稿》中就已经基本奠定了在"提纲"中对费尔巴哈的这一批判的理论基础,而这种批判思路在《德意志意识形态》中也得到了延续:"费尔巴哈特别谈到自然科学的直观,提到一些只有物理学家和化学家的眼睛才能识破的秘密,但是如果没有工业和商业,哪里会有自然科学呢?甚至这个'纯粹的'自然科学也只是由于商业和工业,由于人们的感性活动才达到自己的目的和获得自己的材料的。这种活动、这种连续不断的感性劳动和创造、这种生产,正是整个现存的感性世界的基础,它哪怕只中断一年,费尔巴哈就会看到,不仅在自然界将发生巨大的变化,而且整个人类世界以及他自己的直观能力,甚至他本身的存在也会很快就没有了。"②这充分表明,至少从《1844年手稿》开始,马克思在根本的方法论立场上就已经与费尔巴哈分道扬镳了,这种立场在他接下来的著述中都得到了延续,而且正如我们接下来还将继续指出的,这与他对人的本质和自由的理解是直接相关的。

这样一种对象性的关系当然不仅仅存在于人与自然之间,还存在于人与他人之间。这不仅因为他人本身就构成了单个人的欲望和需求的对象,还因为只有通过与他人的相互协助,单个人才有可能对抗自然所强加给人的灾难和束缚,才有可能生存并在此基础上进一步发展出更高的需求及其满足的条件,与他人的协作关系因此构成了人的自主性意义上的自由得以可能的必要条件。但在严格的意义上,仅仅是对象性关系并不足以使得人成为社会的存在者,虽然我们有的时候的确也将诸如蜜蜂之类的动物称为社会动物,但是当我们说人是社会存在者或类存在者的时候,这一概念的运用之中显然已经包含了某种极为不同的规范性意义,即对人的自由的某种规定和期待。而正如上面已经指出的,同样作为社会动物,人与蜜蜂的本质性区别在于人的行动之中所包含的自我意识和意向性,而这一点也同样构成了作为社会存在者

---

① 《马克思恩格斯文集》第1卷,北京:人民出版社,2009年,第499页。
② 同上书,第529页。

的人与人的关系与蜜蜂的群居活动的本质性区别。正因为人是具有自我意识和意向性的,他才得以将他自己的生活作为对象,有意识和有计划地生产自己的生活方式,包括与他人的关系。蜜蜂虽然也过着群居的生活,但是蜂群的组织形式和行动模式是始终受到自然必然性的严格支配的,所以除非外在的自然环境发生了巨大的变化,这种生活方式可以千年如一日大致保持不变。而人的生产虽然仍然受到外在环境和既定的社会历史条件的限制,但他仍然可以通过自己的意向性行为去有限度地改变自己与他人的关系,并因此重新塑造自己的生活方式,跟蜜蜂比起来,人的生活世界始终处于变动不居之中。人的行动之中所包含的这一能动的方面正是使得人的行动可以被称为实践的最为重要的原因,也正因为这一点,人与人之间的对象性关系才能区别于物与物之间的对象性关系可以被称为社会关系。这就是马克思所说的"全部社会生活在本质上是实践的"①这一命题所具有的内涵之一,社会生活归根结底都是由人通过实践所塑造出来的,而实践是感性的人的一种自由自觉的(即包含有自我意识和意向性的)对象性活动。

　　社会关系作为一种对象性的关系不仅意味着人与人的社会关系是相互的,人在社会中与他人处于对象性的关系之中,以他人作为对象,自身同时也构成了他人的对象。同时还意味着人与社会的关系也是相互的,人通过自己的实践生产了人所生活于其中的社会关系,而这一关系反过来又塑造了每一个个体的现实的存在方式,包括物质的和精神的存在方式。这就是马克思在《1844年手稿》中所说的:"正像社会本身生产作为人的人一样,社会也是由人生产的。"②如果人与人之间的协作关系构成了每个现实的个体满足其需求并实现其自由发展的必要的条件,那这一关系在现实生活中的具体的形态将现实地决定每个个体是否能以及在多大程度上能实现自己的自由。对于每个个体而言,真正重要的不是他作为人拥有什么样的抽象的本质规定或是应当拥有什么样的目的规定,而是他实际上作为一个什么样的人处于什么样的生活状态之中,而这一点并不仅仅取决于他自身,而归根结底是由他所身处其中的社会关系所决定的。现实的社会关系不仅决定了人将以什么样的方式

---

① 《马克思恩格斯文集》第1卷,北京:人民出版社,2009年,第501页。
② 《马克思恩格斯全集》第3卷,北京:人民出版社,2002年,第301页。

以及多大程度上满足自己的物质需求,还将塑造人的精神存在的方式。现实的个人的意识的内容、他对生活的理解、对未来所可能拥有的期望等等,在根本上都受制于他所现实地生活于其中的社会关系。在此意义上,真正构成每一个个体的现实的本质并由此使之区别于他人的,就不再是使得人与动物相区别的自我意识和意向性,而是个体所身处其中的现实的社会关系,社会关系对于每个个体的现实本质而言是构成性的。也正是在此意义上,马克思在《关于费尔巴哈的提纲》中才会特意指出:"人的本质不是单个人所固有的抽象物,在其现实性上,它是一切社会关系的总和。"①这样一种思想当然不是在这里才初次形成的,而是正如上面已经指出的,它与马克思在《1844 年手稿》中对人与社会的关系的理解是一脉相承的,而在与《1844 年手稿》同时期的《詹姆斯·穆勒〈政治经济学原理〉一书摘要》中,马克思事实上就已经明确表达了与后来的"提纲"极为类似的思想:"因为人的本质是人的真正的社会联系,所以人在积极实现自己本质的过程中创造、生产人的社会联系、社会本质,而社会本质不是一种同单个人相对立的抽象的一般的力量,而是每一个单个人的本质,是他自己的活动,他自己的生活,他自己的享受,他自己的财富。"②

而且对人的本质的这种理解实际上与马克思从自由的角度去理解人的本质并不矛盾,而只是代表了两种不同的视角。马克思在这里对人的本质的理解的确采取了另一种视角,他不再是在与动物相区别的意义上去理解作为类的人的本质,而是在个体与个体相区别的意义上去理解每一个个体(单个人)的现实的本质。但这并不意味着前一种意义上所理解的人的本质就失去了意义。当马克思说"人的本质不是单个人所固有的抽象物"的时候,并不意味着他否认人与人之间的确存在某些共同的特质,比如自我意识和意向性。而是正如我们上面已经指出的,马克思在《关于费尔巴哈的提纲》中对实践的理解恰恰是基于对人的这一能动的方面的认可之上的,而到了《资本论》他仍然坚持通过这一点去理解人与动物的区别。

更为重要的是,即使是在《关于费尔巴哈的提纲》中,马克思也并没有彻

---

① 《马克思恩格斯文集》第 1 卷,北京:人民出版社,2009 年,第 501 页。
② 《马克思恩格斯全集》第 42 卷,北京:人民出版社,1979 年,第 24 页。

底放弃规范性的视角,这最为清楚地体现在第十条提纲之中:"旧唯物主义的立足点是市民社会,新唯物主义的立脚点则是人的社会或社会的人性(die menschliche Gesellschaft oder die gesellschaftliche Menschheit)。"[①]中译本将这一条提纲的末尾的两个短语翻译为"人类社会或社会的人类",但这一翻译可能会使得马克思的这句话所包含的规范性意义被遮蔽了。首先,正如第六条提纲所表明的,马克思在这里显然并不打算像费尔巴哈一样从类的角度去抽象地理解人的本质,而主要关注每个个体(单个人)的本质,因此翻译为人类是与马克思的这一理论意图相违背的。其次,在提出第十条之前,马克思在提纲的第九条中刚批评旧唯物主义"至多也只能达到对单个人和市民社会的直观"[②],这意味着,旧唯物主义不能超越单纯的直观上升到对每一个作为个体的真正的人和真正的社会的认识。最后,只有从一种规范性的意义去解读作为定语的"人的"和"社会的",市民与真正的人或市民社会与真正的社会的区别,因而是旧唯物主义与新唯物主义的实质区别才能被揭示出来,在纯粹描述性的意义上是无法把握到市民社会与人的社会的区别的。而市民与真正的人以及市民社会与真正的共同体的区别正是马克思从《黑格尔法哲学批判》开始就一直关心的核心议题。因此当马克思在此强调市民社会与人的社会的差别的时候,这与他在《1844年手稿》中所理解的真正的人是一脉相承的:"人以一种全面的方式,就是说,作为一个完整的人,占有自己的全面的本质。"[③]可以说,马克思在《关于费尔巴哈的提纲》中所关心的仍然是"人向自身、向社会的即合乎人性的人(gesellschaftlichen, d. h. menschlichen Menschen)的复归"[④]是如何可能的问题。"改变世界"之所以比"解释世界"更为重要,恰恰是因为只有通过改变世界,人才有可能改变自身以成为真正的人,环境的改变与人的自我改变是相一致的。马克思在这里实际上同时表达了对以康德为代表的启蒙哲学家将人的自我启蒙的可能性归结为"勇敢去认识"的一个直接的批判。

而相对于在《黑格尔法哲学批判》中将理想的秩序称为"真正的民主制",

---

① 《马克思恩格斯文集》第1卷,北京:人民出版社,2009年,第502页。
② 同上书,第502页。
③ 《马克思恩格斯全集》第3卷,北京:人民出版社,2002年,第303页。
④ 同上书,第297页。

马克思在《德意志意识形态》中则更为直接和准确地表达了他对"真正的共同体"的理解:"只有在共同体中,个人才能获得全面发展其才能的手段,也就是说,只有在共同体中才可能有个人自由。在过去的种种冒充的共同体中,如在国家等等中,个人自由只是对那些在统治阶级范围内发展的个人来说是存在的,他们之所以有个人自由,只是因为他们是这一阶级的个人。从前各个人联合而成的虚假的共同体,总是相对于各个人而独立的;由于这种共同体是一个阶级反对另一个阶级的联合,因此对于被统治的阶级来说,它不仅是完全虚幻的共同体,而且是新的桎梏。在真正的共同体的条件下,各个人在自己的联合中并通过这种联合获得自己的自由。"[①]而当马克思在1859年的《〈政治经济学批判〉序言》中将资本主义社会称为"人类社会的史前时期"[②]的最后的社会形态的时候,所依据的仍然是同样的逻辑:真正的人的历史尚未开启,因为在迄今为止的历史中,人都未曾作为真正的人而现实地生活过。

三 自由的历史生成性

因此最为关键的问题仍然是:马克思在《1844年手稿》中对人的自由的理解是否基于对人性或人的本质的一种抽象的理解之上,或者就像近代以来的自然权利学说那样是一种独断的设定?或者更进一步说,我们是否有可能基于马克思后来所明确主张的历史唯物主义的立场为他对人的自由的理解作辩护?从马克思的自由概念所包含的多个层次来看,首先对自我意识和意向性的主张是可以免于抽象人性的批评的,因为它们可以是直接来自经验观察的结论。即使当代的脑神经科学大都倾向于否认人的自由意志,但关于自我意识和意向性的主张在当代哲学中仍然可以有一种基于自然主义立场的辩护,以往关于历史唯物主义的所谓的科学阐释模式也不会去否认人的这样一种规定性。因此问题的关键在于,在马克思关于人的自由的理解中具有规范性意义的自主性和合规律性是否是基于对人的本质的抽象理解之上的纯粹应然的期待,还是有可能得到一个历史唯物主义的解释?

---

① 《马克思恩格斯文集》第1卷,北京:人民出版社,2009年,第571页。
② 《马克思恩格斯文集》第2卷,北京:人民出版社,2009年,第592页。

在承认人的行动之中包含有自我意识和意向性的前提下，问题的争议焦点将不再是我们是否可以抽象地将人理解为一种自由的存在者，而在于我们该如何去理解自由的实质内涵。在这一问题上，如果我们回过头去看马克思所身处其中的整个德国古典哲学的传统的话，可以说，从康德到黑格尔，并没有哪个代表性的哲学家会仅仅在纯粹抽象的意义上去理解人的自由，相反，那个时期的德国哲学家已经开始以一种历史性的眼光去看待人的自由及其实现。当然，人的自由的问题一开始在康德那里的确呈现出一种复杂的两面性。一方面，康德所理解的人的外在行为的自由的确具有一种先天性的品格，即人的这种自由是能够被先天地认识到的。康德认为每个人仅仅基于其作为理性存在者的本质规定就应该拥有一种作为自己的主人（sui iuris）的自主性，而这一自主性在外在行为的领域就表现为一种天赋的自由："自由（对他人的强制的意愿的独立性），只有其与每个人的自由依据一条普遍的法则可以共存，就是这唯一的、原初的、每个人凭借其人性即被赋予的权利。"①康德的整个法哲学体系的建构就是基于对人的自由的这样一种先天的设定之上展开的，这一消极的行为自由也同时构成了政治秩序以及历史发展的最终目的，因此康德所理解的真正合乎人性的理想秩序是这样的："其拥有最大限度的自由，同时在其成员之间虽然存在着普遍的对抗但也有着对自由的界限的最为精确的规定和保障，由此这一自由才能与他人的自由共存——因为只有在这里，大自然的最高的意图，即它的所有禀赋的发展，才能在人类身上得到实现。"②这代表了基于自然权利进路的古典自由主义对理想的社会秩序的最高的理解。但另一方面，康德又认为人的自由的实现只能是历史性的。因为我们虽然能够先天地获知人的天赋自由，但是这一自由在经验之中得以实现的具体的条件却是无法先天获知的，它需要人通过对理性和判断力的运用将先天的原则与具体的经验条件结合起来。但理性和判断力对于每一个现实的个体和世代而言都不是现成的业已成熟的能力，而是始终需要通过持续的启蒙才能逐渐发展出来的。同时，人的自由要在其中实现自身的世界的经验又具有无限的杂多性。这就意味着，人的自由在经验世界中的实现只能是

---

① Immanuel Kant, Bd. VI, S. 237.
② Immanuel Kant, Bd. VIII, S. 22.

一个持续和缓慢的历史过程。我们不可能先于经验或脱离经验就能获知在经验情况之中能够进一步实现人的自由的具体条件,而只能在变动的经验世界之中通过与新的经验条件的结合持续拓展我们对于合乎理性的政治秩序的认识。在《纯粹理性批判》中,康德清楚地阐明了自由所同时包含的先天性和历史性的维度:"即使这种情况可能永远都不会出现,但这一理念仍然是完全正确的,它把这一极限作为蓝本提出来,以便按照这一蓝本促使人类的法律宪章始终持续地接近可能的最大完善性。因为人性必须停留于其上的那个最高的程度将是什么,因而在理念及其实施之间必然留下的那道鸿沟会有多大,这是任何人都不能也不应当加以规定的,这也正因为它就是自由,而自由是可以超出任何被给定的界限的。"①

康德的自由思想之中所包含着这种历史性虽然并没有被他的后继者们所直接意识到,但费希特在其后期思想中还是独立于康德之外发展出了一整套关于人的理性和自由社会地和历史地发展的理论,这一点也昭示了后来的黑格尔的方向。② 而黑格尔显然也并没有意识到康德思想中存在着这样一种历史性的维度,不管是在早期的"自然法论文"还是后来的《法哲学原理》中,他都坚持在空洞无力的形式主义这一点上去批判康德的道德哲学和法哲学。但从思想自身来看,黑格尔很显然会赞同康德所主张的自由之实现的历史性。即便如此,两人之间仍然存在着重大的差异,那就是:黑格尔认为不仅自由的实现是历史性的,人们关于自由的理解本身也是历史性的。也就是说,不仅仅是自由之实现的可能性条件,就是自由自身所应该采取的形式和它所应该具有的实质内涵也只有在历史之中才能逐渐地展现出来,因此人们不可能超出现实历史的发展,而像康德所主张的那样先天地认识到人的自由所应当具有的终极形态。自由的自我展现与自由的现实化本身就是同一个过程,正是在此意义上,黑格尔才会说:"凡是现实的,就是合理的;凡是合理的,就是现实的。"③人们在特定的历史阶段所接受的自由观仅仅反映了自由在特定的历史条件下所展现出来的最高形态。康德的主观自由相较于古代世界的

---

① Immanuel Kant, Bd. III, B 374.
② 贝克:《费希特和康德论自由、权利和法律》,黄涛译,北京:商务印书馆,2015 年,第 12 页。
③ G. W. F. Hegel, *Grundlinien der Philosophie des Rechts*, Hamburg: Felix Merner Verlag, 1999, S. XIX.

自由代表了自由的更高的形态,但其仍然是历史性的,而非先天性的。黑格尔在《法哲学原理》中对柏拉图的理想国的评论最为清楚地表明了这一点。在黑格尔看来,柏拉图的理想国的确存在着一个重大的缺陷,即他排除了个人意愿的特殊性和主观自由的原则,但这并不是柏拉图个人的错误,而是整个希腊世界自身的发展还没达到能够在城邦之中恰当地安置个人的主观自由的程度,柏拉图因此不可能先天地认识到这样一种自由的合理性。① 所以从根本上来讲,黑格尔对近代自然权利学说的批判主要是在方法论的层面,他实际上并不否认自然权利论者所主张的天赋自由和自然权利所具有的合理性,他在法哲学之中所要做的一个重要的工作恰恰是要在近代以来已经变化了的社会历史条件下为这一合理性给予一个哲学的解释。②

马克思很显然是接受了黑格尔关于自由的历史性的理解,但两者之间仍然存在一个根本性的差异,即马克思并不赞同黑格尔将历史理解为合理化即绝对精神的自我展开的过程。在马克思看来,推动历史运动并进而塑造人类社会的现实形态的根本动力并非已经展现了自身的理性或绝对精神,而是现实的人的现实的物质生产活动。这就是马克思的唯物史观的核心思想,正如他在《德意志意识形态》中所概括的:"这种历史观就在于:从直接生活的物质生产出发阐述现实的生产过程,把同这种生产方式相联系的、它所产生的交往形式即各个不同阶段上的市民社会理解为整个历史的基础,从市民社会作为国家的活动描述市民社会,同时从市民社会出发阐明意识的所有各种不同的理论产物和形式,如宗教、哲学、道德等等,而且追溯它们产生的过程。这样做当然就能够完整地描述事物了(因而也能够描述事物的这些不同方面之间的相互作用)。"③ 从这样一种历史观出发,各个不同的历史阶段上的人们所能设想的自由的最高的现实可能的形态以及他们所能现实地享有的自由的具体内涵并不取决于绝对精神在社会历史过程中已经展现出来的合理性,而归根结底是由人们的物质生产活动所决定的。这就意味着,每一个历史阶段的人们所理解的自由都是他们在与特定的生产力相适应的生产关系以及更

---

① G. W. F. Hegel, 1999, S. 166-167 (§185).
② Jürgen Habermas, *Hegels Kritik der Französischen Revolution*, in ders.: Theorie und Praxis, Frankfurt/M, 1971, S. 133.
③ 《马克思恩格斯文集》第1卷,北京:人民出版社,2009年,第544页。

为宽泛的物质交往关系中所能设想到的自由的最高的现实可能的形态,这种自由观预设了这些物质生产和交往关系的超历史的合理性,并因此从根本上来说也是为这些关系的继续存在提供证成和辩护的理论形式。

但自由的历史性同时也意味着我们当下关于自由的最为合理的理解在未来的历史中都必然会被超越,这一点不管在黑格尔还是在马克思那里都是如此。正如马克思在《资本论》第二版的"跋"中所指出的:"辩证法在对现存事物的肯定的理解中同时包含对现存事物的否定的理解,即对现存事物的必然灭亡的理解,辩证法对每一种既成的形式都是从不断的运动中,因而也是从它的暂时性方面去理解;辩证法不崇拜任何东西,按其本质来说,它是批判的和革命的。"①而这种进一步超越的可能性依据唯物史观最终仍然取决于生产力自身的发展。从生产力的角度来看,自由主义的消极自由代表了物质资源相对稀缺的社会历史条件下人们所能设想的自由的最高的现实可能性。但随着生产力的进一步发展,资本主义所创造出来的巨大的物质财富使得我们终于可以去设想自由的另一种更高的并且的确现实可能的形态,即人真的有可能摆脱直接的物质需求的束缚去完全自主地安排自己的生命活动,这是人们可以拥有对自由的更高理解的现实的物质基础。没有这一物质基础,对人的自由的任何更高的设想都无非是缺乏现实可能性的空想而已。因此正如吉登斯所指出的:"异化的劳动这一概念所表明的并不是'自然人'(没有被异化)与'社会人'(被异化的)之间的张力,而是表明一种特定的社会形式——即资本主义——所蕴含的潜力与这种潜力实现之不可能性之间的张力,把人与动物分开的并不仅仅是由于人与其他物种之间存在生物性的差异,而是人类社会长期进步所创造出来的文化成就。"②马克思在《1844年手稿》中的确构建了一个从人的本质到本质的异化再到本质的复归的一个人本主义的逻辑,但作为整个逻辑运动的起点的人的本质并非是被抽象设定的,而是在资本主义的生产力条件之下被现实地揭示出来的人的自由的更高的可能性。马克思对人的自由的这样一种理解的确也暗合于他在《黑格尔法哲

---

① 《马克思恩格斯文集》第5卷,北京:人民出版社,2009年,第22页。
② 吉登斯:《资本主义与现代社会理论》,郭忠华、潘华凌译,上海:上海译文出版社,2013年,第21—22页。

学批判》中对人的自由尚不太清楚的理解,但很显然,它已经被置于一个全新的理论基础之上了。可以说,马克思对人的自主性的主张正是建立在对社会历史条件的这种自觉的认识之上,而合规律性无非是基于这一自主性的自然而然的推演结果,这也构成了他所理解的共产主义与其他类型的共产主义的本质区别。

在《1844 年手稿》中,马克思已经明确指出了人的本质和自由的这样一种基于物质生产运动的历史生成性:"工业的历史和工业的已经生成的对象性的存在,是一本打开了的关于人的本质力量的书,是感性地摆在我们面前的人的心理学。"[1]这清楚地表明,人的本质并非任何被预先设定的抽象物,而是在人自身的物质生产活动的历史运动之中被生成和被揭示出来的,马克思在《1844 年手稿》中对人的自由的更高形态以及对共产主义的设想全都建立在资本主义的发展所揭示出来的这样一种更高的现实可能性之上。"通过私有财产及其富有和贫困——或物质的和精神的富有和贫困——的运动,正在生成的社会发现这种形成所需的全部材料;同样,已经生成的社会,创造着具有人的本质的这种全部丰富性的人,创造着具有丰富的、全面而深刻的感觉的人作为这个社会的恒久的现实。"[2]而这种可能性之所以是现实的以及终将会转化为现实性,并不是因为它的合理性已经在历史中被揭示了出来并因此已经被现实的人在思想中所把握到,而是最终仍需取决于现实的物质生产的运动,取决于生产力的进一步发展及更进一步发展的需要。如果说马克思在《1844 年手稿》中所建构的理论仍有青涩和不成熟之处的话,这主要表现在他虽然通过对政治经济学的初步研究和对现实的社会历史条件的洞察揭示出了人的这样一种更高形态的自由的现实可能性,但对于这一可能性在资本主义社会之中是如何会转化为现实性的具体机制事实上仍不甚明了,这正是促使他在接下来的人生岁月中花费最大的时间和精力去研究资本主义的起源、历史和运行逻辑的最主要原因。这样一种研究相比较而言当然是更为实证的,但这并不等于说马克思后来就放弃了他在《1844 年手稿》中就已经达到的对人的自由的更高的现实可能性的认识,这最为清楚地表现在他在《1857—

---

[1] 《马克思恩格斯全集》第 3 卷,北京:人民出版社,2002 年,第 306 页。
[2] 同上。

1858年经济学手稿》中对"自由个性的社会"和在《资本论》第三卷中对"自由王国"的论述之中。特别是在"57—58手稿"中,马克思通过对人类社会的三种形态的分析,在他所有的文本之中最为直观地展现了人的自由是如何因应于现实的物质生产活动的需要在历史之中生成以及将被生成的,这也是历史唯物主义视角下人的自由的生成历史。也正是在这里,自由的历史生成性得到了最为精确的表述:"全面发展的个人——他们的社会关系作为他们共同的关系,也是服从于他们自己的共同的控制的——不是自然的产物,而是历史的产物。要使这种个性成为可能,能力的发展就要达到一定的程度和全面性,这正是以建立在交换价值基础上的生产为前提的,这种生产才在产生出个人同自己和别人相异化的普遍性的同时,也产生出个人关系和个人能力的普遍性和全面性。"①

The Essence and Freedom of Man Generated in the Society and History
—A Research on Karl Marx's Philosophical Anthropology

Fang Bo

Abstract: In his early texts, especially in the *Economic and Philosophic Manuscripts of 1844*, Marx elaborated the rich philosophical-anthropological thinkings, and his claim of man as free being constituted the normative foundation of his entire theory. However, Marx's understanding of the essence of man here is totally different from that of Feuerbach. Although he still has general settings and expositions about the essence of man, it is not any precon-

---

① 《马克思恩格斯全集》第30卷,北京:人民出版社,1995年,第112页。

ceived abstraction. On the contrary, it can only be gradually generated and revealed in the process of social history mediated by human material practice. Therefore, this understanding is basically consistent with the other statements of the essence of man in the *Theses on Feuerbach*, there is no so-called methodological break at this time.

Key Words: Freedom, Essence of Man, Sociability, Objective Relation, Historicity

早期经典中的历史叙事

——以传世文献及北大竹书《周驯》中的"大王去邠"为例

崔晓姣[*]

提　要：《诗经》《孟子》《庄子》《淮南子》《吕氏春秋》《史记》《说苑》等文献均记载了"大王去邠"这一历史事件，然而，基于不同的学派倾向和思想关切，各家的记述在细节处不尽相同。在近期公布的北京大学藏西汉竹书《周驯》[①]一篇中，我们看到了与"大王去邠"情节近乎相同的历史叙事，所不同之处在于，故事的主人公"古公亶父"被替换为了"楚昭王"。透过不同经典记述这一事件时细节处的差异，我们不仅能够窥得中国早期经典中历史叙事的独特形态与特征，同时亦不难从中看到不同文献各自的问题关怀与思想旨趣。

关键词：早期经典　历史叙事　北大竹书《周驯》　大王去邠

引　言

在西方哲学中，思想的构建、发展与传承往往依托于某些特定的思想观

---

[*] 崔晓姣，1985年生，北京大学中文系博士后。
[①] 关于北京大学藏西汉竹书《周驯》一篇的基本情况介绍，可参看阎步克：《北大竹书〈周驯〉简介》，《文物》，2011年第6期；韩巍：《西汉竹书〈周驯〉若干问题的探讨》，载《北京大学藏西汉竹书（叁）》，上海：上海古籍出版社，2015年。

念或理论议题。怀特海说,整部西方哲学史都可看作是柏拉图哲学的注脚。从某一侧面来看,怀氏之言道出了西方哲学建构的特定方式:"理念""是"(being)等一些主要的思想观念贯穿于西方哲学发展之终始,是不同时期的哲学家们进行理论建构的思想背景或理论基石。在这样一个"思想观念"或"概念"始终占据主导地位的世界中,"历史"本身或某些具体历史事件的角色在哲学思想体系的建构中可能自然会是相对边缘或弱化的。反观中国古代哲学之理论建构与发展,情形则大不相同——历史在中国古代的思想建构中始终占有一席之地,思想观念往往蕴涵或"编织"[①]在对历史事件的叙述或不断重构中。孔子之"作《春秋》"即是其中最为经典的例证。通过笔削历史事件,孔子为后世传递了特定的政治理念与政治理想,"表面上是'述而不作',其实'作'就在'述'中"[②]。可以说,在早期中国的思想世界中,历史叙事与经典之创作、思想之建构是密不可分的:一方面,思想家通过历史叙事[③]来传递思想观念。在中国古代的经典之中,历史叙事的展开方式往往不是纪实性质的,或者说,不是以记录史实、保存史料为主要目的。毋宁说,历史叙事与不同文献或不同思想家的思想倾向、论说宗旨密不可分;另一方面,思想建构或经典创作也不断改变着历史事件所呈现出的具体样貌。思想家或论说者往往会依据其特定的思想旨趣而对历史事件进行"改写"或"重构"。也就是说,某一历史事件可能有一个固定的情节梗概或所谓的"深层结构"[④],各家在此基础之上,加之以不同的细节陈述,乃至转换事件的主角或事件发生的时间,以呈现其想要传递的思想。

本文所要考察的"大王去邠"之事即是其中极为典型的例证。《诗经·大雅·緜》一篇为目前所见最早记述"大王去邠"的文献,也是后来文献的故事原型或素材。随后,《孟子》《庄子》《淮南子》《吕氏春秋》《史记·周本纪》

---

① 王博:《说"喻作于编"》,《中国哲学史》,2006 年第 1 期。
② 王博:《中国儒学史·先秦卷》,北京:北京大学出版社,2011 年,第 83 页。
③ 需要澄清的是,我们这里所说的"历史叙事"不同于史实陈述或历史考据。笼统说来,后者的目的显然更偏向于还原、呈现或探究历史事实。而在前者那里,历史事实主要作为某种"素材"或"框架"而存在,其功用在于承载或表现记述者的个人思想意图或思想旨趣。
④ 美国汉学家艾兰(Sarah Allan)亦曾依据列维-施特劳斯有关神话分析的理论讨论古代传说的深层与表层结构,详见 Sarah Allan, *The Heir and the Sage*, San Francisco: Chinese Materials Center, 1981, pp. 11-12。

《说苑》等文献均记述了与"大王去邠"相关的内容。其中,《史记》和《说苑》的记述基本同于《孟子》,而《淮南子》和《吕氏春秋》则更像是转录《庄子》之文。近期公布的北京大学藏西汉竹书《周驯》①一篇同样记载了与"大王去邠"情节极为相似的内容,然而,事件的主角却由"古公亶父"转换为了"楚昭王",事件的主干也由狄人伐邠而太王迁居岐下变为了阖闾伐楚而昭王奔隋②。

  大致说来,《诗经·緜》篇所记述的情节较为简单,其主要创作意图在于赞颂古公亶父率领周人由豳迁居岐下,开疆创业。《孟子》《庄子》与竹书《周驯》的记述重点则集中于太王与狄人之间的冲突,并由此呈现政治哲学中的某些主要问题。另外,《孟子》与《庄子》的记述看似一致,究其细节,却颇有可值得分辨与探究之处。竹书《周驯》虽然转换了故事的主角,但其中的具体语句与《庄子》之记叙颇有相似之处。笔者认为,《诗经·緜》篇的记述可看作是"大王去邠"之历史叙述的故事原型,《孟子》《庄子》与竹书《周驯》中的相应内容则相当于该事件的三种变体。通过观察与比较"大王去邠"之故事原型与其变体的异同,我们将会发现,中国早期经典中的历史叙事往往蕴涵着某种"深层结构",而在此基础之上,记述者会依据不同的记述目的或思想旨趣,在不改变历史事件深层结构的前提下,对其进行改编或重构,从而形成种种变体。由此,早期经典中的历史叙述也就同时呈现出了某种"流动性"。

一 "大王去邠"的故事原型:《诗经·大雅·緜》

  如前所述,《诗经·大雅·緜》篇乃是目前所见最早记述古公亶父由豳迁居岐山之下的文献,其文曰:

---

① 据整理者推测,基于北大竹书《周驯》内容及文体的多样性与复杂性,其成书"绝非出自一人之手,也非一时一地之作,而有可能是从不同来源逐渐汇集到一起的"。其中,竹书《周驯》所引述的历史人物,年代最远的是秦献公,主人公周昭文公和共太子主要活动于公元前4世纪后期,"因此其最初文本的形成年代不会早于公元前4世纪末"。而从《周驯》记载的史事以及文字、用词、语法各方面的特征看来,其成书年代应该在战国晚期。详见韩巍:《西汉竹书〈周驯〉若干问题的探讨》,载《北京大学藏西汉竹书(叁)》。
② 有趣的是,除竹书《周驯》外,《新书·谕诚》《淮南子·泰族训》中同样记载了阖闾伐楚而昭王奔隋之事。所不同之处在于,竹书《周驯》的情节叙述及其所使用的语句非常接近于《庄子》书中对"大王去邠"一事的论述,而颇有别于《新书》与《淮南子》对"昭王奔隋"的记载,下文将会提到。

緜緜瓜瓞。

民之初生,自土沮漆。

古公亶父,陶复陶穴,未有家室。

古公亶父,来朝走马。

率西水浒,至于岐下。

爰及姜女,聿来胥宇。

周原膴膴,堇荼如饴。

爰始爰谋,爰契我龟。

曰止曰时,筑室于兹。

乃慰乃止,乃左乃右,乃疆乃理,乃宣乃亩,自西徂东,周爰执事。

乃召司空,乃召司徒,俾立室家。

其绳则直,缩版以载,作庙翼翼。

捄之陾陾,度之薨薨,筑之登登,削屡冯冯,百堵皆兴,鼛鼓弗胜。

乃立皋门,皋门有伉。

乃立应门,应门将将。

乃立冢土,戎丑攸行。

肆不殄厥愠,亦不陨厥问。

柞棫拔矣,行道兑矣。

混夷駾矣,维其喙矣。

虞芮质厥成,文王蹶厥生。

予曰有疏附,予曰有先后,予曰有奔奏,予曰有御侮。

《緜》篇所记述的主要内容为,古公亶父避狄之难,疾走其马,东行而至于岐山之下。岐下土地肥沃,古公亶父于是契龟而卜、筑室于岐下,进而开地置邑,以居其民,"乃为之疆场,乃分其地理,乃教之时耕,乃治其田亩"①。民既得安止,古公亶父又令司空、司徒各有所掌,"使之立公卿之室家之处位也"②。而后,民众作庙筑墙,疆业逐渐开辟,民众皆欢欣鼓舞。最终,文王继承了古公

---

① 郑玄注,孔颖达疏:《毛诗正义》,北京:北京大学出版社,1999年,第986页。
② 同上。

亶父之道,"太王始生王业,文王增而长之,使王业益大也"①。不同于后来文献记载的是,关于狄人如何侵伐、古公亶父如何迁居的过程,《绵》篇并未给出任何细节描述。而较之于《绵》,在后文中我们将会看到,无论是《孟子》还是《庄子》,"大王去邠"之历史叙事的重点都由"大王去邠"之后的情形转变为了对"大王去邠"之具体过程的描述——亦即,狄人屡次侵伐,太王事之以皮帛、犬马、珠玉皆不能免。太王不忍百姓遭受疾苦,便欲去邠而徙于岐山之下,百姓皆从之②。竹书《周驯》的情形亦大致如此,虽然转换了故事主角,但其描述重点同样在于楚昭王如何受到阖闾之侵伐,遂决定去郢而奔隋,郢人皆从之。

直观地说,《孟子》《庄子》和竹书《周驯》在《绵》篇之故事原型的基础上,添加了故事情节并丰富了其中的内容,使得"大王去邠"这一历史事件显得更加鲜活具体。在增加情节的同时,如前文所述,上述几部文献同时转换了关注与叙述的重点。在狄人的侵伐下,太王何以决定"去邠"而百姓何以皆从之,这一内容成为它们共同重点描述的情节。当然,若从思想的角度来分析,这种转变或增益显然不仅仅是出于某种叙述性的旨趣或文学性的目的。毋宁说,它体现并承载了《孟子》《庄子》与竹书《周驯》对"大王去邠"这一历史事件所承载的思想意涵、政治意义的理解,而它们的理解显然已经与《绵》篇所要表达的思想主旨有所区别。关于《绵》篇的思想主旨,《毛诗》谓"《绵》,文王之兴,本由大王也",孔颖达《正义》申发之曰:

> 作《绵》诗者,言文王之兴,本之于太王也。太王作王业之本,文王得因之以兴。今见文王之兴,本其上世之事,所以美太王也。

也就是说,在《毛诗》和孔颖达看来,《绵》篇的作者记述"大王去邠"之事的主要目的在于追溯并赞颂"文王之兴"的根源——太王所作之"王业",并最终歌颂文王之德业。基于《绵》的主体内容,可以说,确如《毛诗》与孔颖达所言,《绵》篇在叙述了太王如何带领百姓开辟疆土、安居乐业之后,最终笔锋一换,

---

① 郑玄注,孔颖达疏:《毛诗正义》,北京:北京大学出版社,1999年,第987页。
② 当然,正如文章开头部分所提到的,《孟子》与《庄子》的叙述看似极其相似,实则颇可分辨。而透过二者之间的差异,我们可以看到《孟子》与《庄子》截然不同的政治哲学理念,后文将详细论述之。关于这一点,亦可参看丁四新:《仁民与尊生:"古公迁岐"的儒道解释》,《江淮论坛》,2012年第3期;以及拙作《从"大王去邠"看儒、道政治哲学之分途》,《武汉科技大学学报》,2016年第3期。

将叙述收束于文王,论述了文王之时"所服已广,民众兵强"①,使得混夷惧之,并平复了虞、芮二国之讼,其对文王之德的赞颂由此可见一斑。

总之,《緜》篇的主要内容在于记述和赞颂古公亶父由邠迁至岐下之后,如何带领民众开辟疆土,并授民以时耕之技,使得民众皆得以安居乐业,古公亶父因此而深得民心。文王继承其德业并发扬之,并由此慑混夷、平虞芮。其全诗对于太王及文王的赞颂可谓跃然纸上,而太王与狄人的冲突以及文王对混夷的征伐则被一笔带过。有趣的是,《緜》所忽略或简述的这部分内容,在《孟》《庄》以及竹书《周驯》等之后的文献中恰恰成为了历史叙事的重点。可以说,通过转换叙述重点、详细描述政治冲突,这些文献意欲呈现并邀请读者思考的是政权之合法性来源何处、政治的终极目标为何等政治哲学中的根本问题,而并非仅仅是要让读者领略太王以及文王之德。当然,《孟子》《庄子》与竹书《周驯》的记述又不尽相同,可看作是《緜》之故事原型的三种"变体"。这些"变体"一方面呈现了上述文献不同的人文价值取向,同时也彰显了中国早期经典中历史叙事的特点。

二 两种变体:《孟子》与《庄子》

如上文所言,在《孟子》《庄子》以及北大竹书《周驯》等文献中,《緜》篇关于"大王去邠"的简略记载被详细扩充为情节极为完整的历史事件,其中既包括对狄人征伐过程的描述,也论及了太王如何最终决定去邠而迁岐的"心路历程",另外还详细记述了民众的态度与抉择。这些内容不仅构成了鲜活生动的历史叙事,更为重要的是,其中体现了对某些政治哲学之重要问题的关切与思考。当然,不同于《孟子》和《庄子》的是,竹书《周驯》在相同的故事情节中冠以了不同的故事主角,可进一步单独考察。在此一部分中,我们将首先考察《孟子》与《庄子》中的叙述。为方便展开论述,不妨亦先列举相应之原文如下。《孟子·梁惠王下》中有:

> 滕文公问曰:"滕,小国也,竭力以事大国,则不得免焉。如之何

---

① 郑玄注,孔颖达疏:《毛诗正义》,第995页。

则可?"

　　孟子对曰:"昔者大王居邠,狄人侵之,事之以皮币,不得免焉;事之以犬马,不得免焉;事之以珠玉,不得免焉。乃属其耆老而告之曰:'狄人之所欲者,吾土地也。吾闻之也,君子不以其所以养人者害人。二三子何患乎无君,我将去之。'去邠,逾梁山,邑于岐山之下居焉。邠人曰:'仁人也,不可失也。'从之者如归市。或曰:'世守也,非身之所能为也,效死勿去。'君请择于斯二者。"

《庄子·让王》篇谓:

　　大王亶父居邠,狄人攻之,事之以皮帛而不受,事之以犬马而不受,事之以珠玉而不受,狄人之所求者,土地也。大王亶父曰:"与人之兄居而杀其弟,与人之父居而杀其子,吾不忍也。子皆勉居矣。为吾臣与为狄人臣,奚以异?且吾闻之,不以所用养害所养。"因杖策而去之,民相连而从之,遂成国于岐山之下。夫大王亶父可谓能尊生矣。能尊生者,虽贵富不以养伤身,虽贫贱不以利累形。今世之人居高官尊爵者,皆重失之。见利轻亡其身,岂不惑哉!

除却上文所列举的这些内容,《史记·周本纪》《吕氏春秋·审为》《淮南子·道应训》《说苑》等文献中也记载了相似的历史情节。如引言部分所提到的,《史记》和《说苑》的记述与《孟子》相类,而《吕氏春秋》和《淮南子》则更接近于《庄子》。

　　首先,从思想史的角度来看,同一历史事件以不同形式在诸多文献中反复出现,这显然不能简单归之于某种"巧合"。一方面,这可能与早期文献之间的传承或相互影响相关。更为重要的是,"反复传抄"这一行为本身或许即暗示了"大王去邠"这一历史事件蕴涵着某些极为重要的思想意义。而在本文看来,这一思想意义即在于对政权合法性之终极依据、政治的最终目标等政治哲学根本问题的呈现与追问。同时,这样的关切或"思想意义"也构成了"大王去邠"这一历史事件的"深层结构",以这一"深层结构"为基础,各家展开了各不相同的历史叙事,使得这一事件呈现出了某种"流动性"。

　　如文章第一部分所论及的,较之于《緜》篇,《孟子》《庄子》、竹书《周驯》等文献转换了叙述重点,详细描述了太王与狄人之间的冲突,乃至"大王去邠"的具体情节。狄人侵袭邠地,太王事之以皮帛、犬马、珠玉而皆不能免,太王为保全臣民遂决定去邠而徙至岐山之下,民众知之皆从之而徙。相较于太王,狄人似乎武力强盛、势不可挡,然而,凭借着"仁民"的德行(《孟子》)或"尊生"的理念(《庄子》),太王最终履险如夷、不战而胜。这里,"力"与"德"这两种截然不同的政治要素以及二者之间的"交锋"被鲜明地呈现了出来。无论是在《孟子》还是在《庄子》中,对狄人和太王之冲突不厌其烦的描述都共同指向了一个问题:政治的终极保障或政权合法性的根本依据究竟是什么?是狄人所代表的外在的武力,还是太王所代表的某种内在的政治理念或信念?无论《孟子》和《庄子》在细节处的叙述有何不同,乃至对政治的理解有何根本差异,这一问题始终可以看作是潜藏于"大王去邠"这一历史事件背后的、一以贯之的人文动机或价值关怀。而也正是基于这样的人文动机或价值关怀,《緜》篇中一带而过的历史情景被扩充为了极为详尽的历史叙事。

在《历史的观念》一书中,柯林武德曾极富洞见地区分了历史事件的"内部"与"外部":"所谓事件的外部,我是指属于可以用身体和它们的运动来加以描述的一切事物;如凯撒带着某些人在某个时刻渡过了一条叫作卢比康的河流,或者凯撒的血在另一个时刻流在了元老院的地面上。所谓事件的内部,我是指其中只能用思想来加以描述的东西:如凯撒对共和国法律的蔑视,或者他本人和他的谋杀者之间有关宪法政策的冲突。历史学家……的工作可以由发现一个事件的外部而开始,但决不能在那里结束。"[①]在这里,柯林武德敏锐地指出了历史事件所具有的复杂性,历史事件不仅包括构成其"外部"的具象的"身体和它们的运动",更蕴涵着构成其"内部"的抽象的"思想"。而正是后者使历史事件得以与思想史发生关联,并通过思想家们的反复"叙事"而在现实进程中留下思想印记、在生活世界或政治世界中产生实际影响。具体到本文的研究,柯林武德所言之历史事件的"内部"正相当于我们在前文中曾多次提及的"大王去邠"所蕴涵的"深层结构",在《緜》篇中,它主要表现为对太王与周公德业的称颂;而在《孟子》和《庄子》那里,则是对政权合法性、政治的终极目标等问题的追问。而正是由于《孟子》《庄子》与《緜》篇在"内部"或"深层结构"层面存在的差异,方使得《緜》篇故事原型之"外部"发生了

---

① 〔英〕柯林武德:《历史的观念》,何兆武等译,北京:北京大学出版社,2010年,第211页。

改变,最终呈现为《孟子》与《庄子》书中的两种变体。

另外,需要补充的是,正如前文所提及的,《孟子》与《庄子》的叙述看似极为相近,若深入考察之,二者之间的差异却是不容忽视的。《孟子》和《庄子》皆试图呈现政治世界中"力"与某种政治理念或哲学观念的冲突与较量,且都认为政权合法性不可诉诸外在武力。然而,在《孟子》那里,百姓之所以跟从太王而去邠,原因在于太王是"仁人",能够施行仁政而保全民众。所谓"先王有不忍人之心,斯有不忍人之政矣。以不忍人之心,行不忍人之政,治天下可运之掌上"①,只要统治者能够发明善端、推行仁政,人心必将归向,天下亦可得而王之。但在《庄子》那里,百姓对太王的赞许在于太王"能尊生",亦即是说,太王懂得尊重和爱惜生命、看重个体生命本身所具有的价值。在个体生命与政治权力之间,庄子显然比孟子或先秦其他各家更近了一步,不仅认为"力"不足以维系政权,面对生命本身的价值,甚至连政治世界都是微不足道的。退一步来说,在庄子那里,如果一定要设立某一"理想政治",那么,它必定是以尊重人的个体生命、保全和安顿人之"自然"为归旨的。

三 变体之三:北大竹书《周驯》

与《孟子》《庄子》中的记载不同的是,北大竹书《周驯》保留了故事的主体情节,但转变了故事主角,将狄人侵伐而"大王去邠"变为了阖闾伐楚而昭王奔隋。然而,竹书《周驯》的文字又颇接近于《庄子·让王》篇,其文曰:

> 维岁四月更旦之日,恭大子朝,周昭文公自身敕之,用兹念也。曰:昔吴攻郢,昭王垂泣以辞其民曰:"与人之兄处而杀其弟,吾弗忍也。与人之父居而殄其子,吾何以国为?为他人臣与为吾臣,岂有以异?……吾将去汝,往适远方。"……夜半,郢人求君弗得,师若失亲,莫不浟浟。于是乃挂幼扶老……以从昭王。谓昭王曰:"以众则楚不如吴,以勇则吴不如楚。民请还,为致勇之寇。"乃反至于邗王之所,令吴阖闾一夜未尝不三徙卧。阖闾……乃复归郢,若其始也。昭王有失郢之行,而无德于

---

① 《孟子·公孙丑上》。

民,其乏祀必矣,岂又尚得为君?此《诗》所谓"怀德为宁"者也。人君其胡可以毋务怀德?①

《史记·楚世家》②《新书·谕诚》③和《淮南子·泰族训》④中也有对昭王去郢的记载。相较而言,《史记》中的记载更偏向于史实记录,其主要内容与竹书《周驯》颇有出入。而《新书》和《淮南子》的记述则与竹书《周驯》不无相似之处。但比较《庄子·让王》对"大王去邠"的描述,不难发现的是,竹书《周驯》虽然似乎是在讲述另外一个故事,但却与《庄子》的记述存在着某种密切的文本关联。首先请看下表:

《庄子·让王》	北大竹书《周驯》
大王亶父曰:"与人之兄居而杀其弟,与人之父居而杀其子,吾不忍也。"	昭王垂泣以辞其民曰:"与人之兄处而杀其弟,吾弗忍也。与人之父居而殄其子,吾何以国为?"
为吾臣与为狄人臣,奚以异?	为他人臣与为吾臣,岂有以异?

《庄子》与竹书《周驯》的记述不过都只有短短数百字,但《庄子》中"太王"对"民"所说的话与竹书《周驯》中昭王之言却几乎一样,二者的故事情节亦完全一致,这样的相似当然不应被轻易忽视。美国汉学家艾兰教授在讨论各类早期文献关于世袭与禅让的记载时曾提到,"中国古代文献中传说性的文献常常是很难断代的,因为它们经常由一个文本翻抄成另一个文本。文献自身也经常由来源不同的资料杂糅编辑在一起,或者由多个作者而不是仅仅某个作

---

① 文中异体字据韩巍《周驯》释文改。具体可看韩巍:《〈周驯〉释文注释》,载《北京大学藏西汉竹书(叁)》。
② 《史记·楚世家》谓:"十年冬,吴王阖闾、伍子胥、伯嚭与唐、蔡俱伐楚,楚大败。吴兵遂入郢,辱平王之墓,以伍子胥故也。吴兵之来,楚使子常以兵迎之,夹汉水阵。吴伐败子常,子常亡奔郑。楚兵走,吴乘胜逐之,五战及郢。己卯,昭王出奔。庚辰,吴人入郢……"
③ 《新书·谕诚》谓:"楚昭王当房而立,愀然有寒色,曰:'寡人朝饥馑时,酒二酣,重裘而立,犹愀然有寒气,将奈我元元之百姓何?'是日也,出府之裘以衣寒者,出仓之粟以赈饥者。居二年,阖闾袭郢,昭王奔隋。诸当房之赐者请还,至死之寇。阖闾一夕而十徙卧,不能赖楚,曳师而去。昭王乃复,当房之德也。"
④ 《淮南子·泰族训》谓:"阖闾伐楚,五战入郢,烧高府之粟,破九龙之钟,鞭荆平王之墓,舍昭王之宫。昭王奔随,百姓父兄携幼老而随之,乃相率而为致勇之寇,皆方命奋臂而为之斗。当此之时,无将卒以行列之,各致其死,却吴兵,复楚地。"

者写就"①。这里,竹书《周驯》和《庄子·让王》的情况很可能即是如此。竹书《周驯》全篇采取"周昭文公"训诫"共太子"的形式,"周昭文公"向"共太子"讲述了很多关于治国理政的历史故事,这些历史故事"上起尧舜,下至战国中期的秦献公"②,除却不见于传世文献中的记述,其他历史叙事多见于诸如《淮南子》《吕氏春秋》《说苑》等具有文献汇编性质的典籍中。基于竹书《周驯》以及这些文献的性质和内容,彼此之间的"翻抄"或"杂糅"当然是非常可能的。而据竹书《周驯》的整理者推测,其成书年代应在战国晚期,和《庄子·让王》篇所属的《庄子》"杂篇"诸章成书年代应当相差不远。那么,同一历史时期内某些典籍间的相互交流与影响,以及某些历史事件及观念的传播与讨论都是极为可能的。

再者,竹书《周驯》的整理者将其归类为"黄老道家"③,另有学者亦详细探讨了竹书《周驯》中的"黄老学思想"④。的确,竹书《周驯》阐发了身国一体、君臣相分、赏罚分明等与黄老道家密切相关的思想观念,诸如"苟能身治,国家亦治""夫天之与地相去远矣,而为人君与为人臣之相远也,又远于天之去地也""为人君者,赏罚不可以不当,赏罚不当则毋以使民"等等。由此,将竹书《周驯》归类为黄老道家是大抵不错的。而我们知道,《庄子》外、杂篇中的部分篇章亦与黄老学派有着密切的思想关联,那么,竹书《周驯》与《庄子》之间的文本相似性似乎就更加"顺理成章"了。

而关于《周驯》中历史叙事之主角的转换,则正如文章在一、二部分所提到的,早期经典中的历史叙事往往在"深层结构"的基础上呈现出某种"流动性",由此而形成了种种"变体"。与《孟子》和《庄子》关于"大王去邠"的论述相同的是,竹书《周驯》所关注的同样是政权之合法性、政治的终极目的等问题,周昭文公向共太子讲述的历史故事也多与此相关。而历史叙事的作用即在于呈现这一"深层结构",并通过"变体"的形式传达叙述者的观点。由此,《孟子》《庄子》等文献所载之"大王去邠",与竹书《周驯》《新书》《淮南子》等文献所载之"昭王奔隋"可看作是一组"文本群",究其实质,它们皆意欲展现

---

① 〔美〕艾兰:《世袭与禅让——古代中国的王朝更替传说》,余佳译,北京:商务印书馆,2010年,第10页。
② 详见《〈周驯〉说明》,载《北京大学藏西汉竹书(叁)》。
③ 同上。
④ 袁青:《论北大汉简〈周驯〉的黄老学思想》,《中国哲学史》,2017年第3期。

不同政治势力之间的冲突,从而呈现并探讨政治哲学中的某些重要问题。而就"文本群"中的各个具体文献来说,"文献中的'历史'——至少在一定范围内——是可以被转换的,而且古代的知识分子正是利用这种转换来表达他们的政治见解和社会态度"①。

四　小结

通过对《诗经·緜》中"大王去邠"之故事原型,及其三种变体——《孟子》《庄子》与竹书《周驯》——的案例考察,我们已不难窥见早期经典中历史叙事的形态与特点。不同于史实记录的是,历史叙事往往是可转化的,转化的依据与目的当然在于表述叙述者的特定立场或思想旨趣。而在转化所形成的种种"变体"之下,我们又仍然得以审视到历史事件本身所具备的、一以贯之的"深层结构",这一"深层结构"主要表现为根植于历史叙事背后的核心价值观念或人文动机。在特定的历史时期,某些价值观念或人文动机往往会显得极为突出或紧迫,例如,战乱频仍、政局混乱或政权更迭之时,政权合法性的问题便不得不成为思想家们关注的焦点,如"世袭与禅让""大王去邠"等与之相关的历史叙事也就相应地成为思想家们以各种形式反复论述的对象,并由此而形成形态各异的种种叙事"变体"。通过这些内容,历史叙事得以与思想史相关联,并在思想的进程中产生影响。

---

① 〔美〕艾兰:《世袭与禅让——古代中国的王朝更替传说》,余佳译,第4页。

A Historical Narrative from Early Classics: The Example of the Case of the "Zhou King Moving from Bin to Mount Qi" in Transmitted Classics and the Peking University Bamboo Slips of *Zhou Xun*

Cui Xiaojiao

Abstract: *The Book of Songs, Mencius, Zhuangzi, Sayings of Master Huainan, The Spring and Autumn Annals of Lü, The Book of History,* the *Shuo Yuan* and other texts all record the historical event of "the Zhou King moving from Bin to Mount Qi." However, based on the different inclinations of thought in different philosophical systems, each school of thought describes the details of this event in different ways. In the recently published Peking University bamboo manuscript of the *Zhou Xun* from the Western Han dynasty, we can see an identical historical narrative with the plot of the Zhou King moving from Bin to Mount Qi. However, the crucial difference is that the main protagonist King Tai of Zhou was replaced to King Zhao of Chu. Through the account of this event in different classics we find that there are discrepancies in the details. Not only can we glimpse into the distinct patterns and features of historical narratives in Early Chinese scriptures, but we can also gain a sense of the different concerns of issues and ideological intentions in different documents.

Key Words: Early Classics, Historical Narratives, Peking University Bamboo manuscript of *Zhou Xun*, the case of the Zhou King moving from Bin to Mount Qi.

书讯

《帝国主义与依附》(修订版)

〔巴西〕特奥托尼奥·多斯桑托斯著
杨衍永、齐海燕、毛金里、白凤森译
北京:社会科学文献出版社,2017年

  特奥托尼奥·多斯桑托斯(Theotonio dos Santos)是20世纪巴西著名学者,被誉为"世界级知识分子"和反抗帝国主义的斗士。他于青年时期受到了马克思主义的影响。在1970年,他发表了《依附的结构》一文,并因此被学界视为"新依附论"的代表人物。其主要著作有:《社会主义还是法西斯主义:依附的新特点和拉丁美洲的两难境地》《社会主义策略和战术——从马克思和恩格斯到列宁》《依附理论:总结与观点》《马克思主义和社会科学:批判性修正》等。

  本书深入讨论了帝国主义时代的全球经济依附关系,是对当代资本主义积累运动在不发达国家的特殊表现形式的系统研究。作为依附理论的主要代表作之一,本书对依附的概念、形式和结构做了较为系统的阐述,反映了依附理论形成初期的思想,为后来学者更加深入具体地研究依附问题打下了方法论基础。在内容上,多斯桑托斯从依附理论出发,站在捍卫和发展马克思主义的立场上,对新殖民主义下的"依附"情况进行分析,并对第三世界国家的自主发展给予了深切关注,不仅在方法和观点上发展了马克思主义,而且增强了马克思主义对新的历史现实的解释能力。在结构上,本书分为帝国主义的矛盾、帝国主义的危机、依附与革命三个部分。在连续的方法论循环中,从抽象层面的全球技术和经济集中化的影响,到具体地分析美国政府的反垄断政治立场和意识形态立场与美国在全球一体化进程中推行垄断之间的矛盾,最后讲述了依赖于世界体系,并处在世界体系边缘的经济和社会力量。这为认清当代资本主义总危机的性质和影响,特别是不发达国家在其中所处的地位以及如何走出困境,提供了一种方法,具有一定的理论意义和现实意义。(郭清飞)

"亲亲相隐""窃负而逃"与伦理关系中的相互成就[*]

盛 珂[**]

提 要：现有对于亲亲相隐问题的讨论，几乎都将其解释为由不同的伦理身份的冲突带来的道德困境。在本文看来，儒家对于伦理问题是将其置于伦理关系之中加以理解的，由此可以有两条原则，其一，伦理关系中的一方应该以成就关系中的另一方的道德意义为最合理选择；其二，身处伦理关系中的另一方也应该承担相应的道德责任。这样来看待亲亲相隐问题，则"隐"也许不是为了简单的逃避，而是保持故事结局的开放性，在这一开放性中，对于故事本身中缺席的父亲有所期待。而我们之所以在解读过程中某种程度上忽视了这一思路，是因为我们已经熟习了西方现代性的自我观念。如果试图超越类似的已经被我们习焉不察的现代性观念，真正回归中国哲学，那么某些基于形而上学立场上的反省大概是必不可少的。

关键词：亲亲相隐 伦理关系 相互成就 个人主义

---

[*] 本文系首都师范大学科技创新平台项目"21世纪儒学研究"（项目编号：PXM2017_014203）阶段性成果。
[**] 盛珂，1978年生，首都师范大学哲学系副教授。

一　不同的立场,类似的逻辑

十几年前,关于儒家思想中的"亲亲相隐"问题,曾经在学者之间引起过一场论战。论战的焦点在于儒家的亲亲相隐原则是否构成了腐败的根源。① 其实,单纯就这个问题而言,情形并不复杂,如果我们能够抛开由立场的不同带来的对于儒家的偏见,体会儒家思想在这一问题上的初衷,则儒家学者的回应基本上已经说明了这个问题。也许我们可以以陈壁生的表述为代表:"父子之间的'隐'恰恰体现出'直',就是因为,当子面对'其父攘羊'的时候,'证'与'隐'不是一种理性的选择,理性的选择需要利弊的权衡。事实上,当子知道父攘羊,对此作出理性分析之前,父子之间的血缘亲情早已判决:隐。这是一种心理的直觉,这种直觉基于父子关系是生命的源和流这样一种事实。"②孔子试图为人伦之间的道德寻找到一个坚实的基础,在孔子看来,这一基础只能建立在人的真实情感的基础之上,唯有如此,道德才是真实的、必然的。因此,儒家以父子相隐为直,看作基本的道德原则,就不难理解。

但是,令我觉得有趣的是,在接下来的论述中,我们可以看到,某种程度上陈壁生同样接受或承认了某些儒家批评者的思路,他说:"当直躬去证父攘羊的时候,他扮演的是国之'民'的角色而泯灭的是家之'子'的角色。如果这样的行为居然成立,那么每个人将赤裸裸的面对'国',在这样的政治秩序中,统治者便成为立法者,道统便被政统所吞并。并且,一种通过对父子亲情的扼杀来维持的政治秩序,必然是反道德、反社会正义的政治秩序。"③比较一下批评者们的论述逻辑,好像差别并不太大。二者都将父子相隐的问题看作是

---

① 参见郭齐勇主编:《儒家伦理争鸣集——以"亲亲互隐"为中心》,武汉:湖北教育出版社,2004年。
② 陈壁生:《经学、制度与生活》,上海:华东师范大学出版社,2010年,第56页。
③ 同上书,第57—58页。

不同身份或是不同的社会角色之间的伦理冲突。① 即使是罗蒂的论述,也几乎接纳了同样的逻辑:"从这个观点来看,道德两难不是理性和情感冲突的结果,而是两个不同自我、两个不同自我描述、给予某人生活以意义的两种不同方式冲突的结果。非康德主义者认为,我们并不因为自己在人类中具有成员资格而具有一个核心的、真正的自我——一个响应理性召唤的自我。相反,他们可以赞成丹尼尔·丹尼特的见解:自我是一个叙事重心。在一些非传统社会里,大多数人都有数种这样的叙事,任由自己处理,因此具有数个不同的道德同一性。在这样的社会里,正是同一性的多样性才构成了大量道德两难,产生了许多道德哲学家和心理小说。"②所谓的两个不同自我,两个不同的自我描述其实指的就是如何理解自我的意义,是将自己作为"国"之"民",还是首先作为"父"之"子"而存在。因此,虽然罗蒂觉得自己摆脱了所谓理性与情感的冲突,但是,他对于这一道德困境的描述,仍然强调的是人在社会中身处不同身份时将会发生的冲突。

可见,三者之间的差别在于他们对于何为政治、何为良好的政治,在面对人类的道德困境时,何种原则应该优先的看法有所不同,却几乎同样都认为"亲亲相隐"作为一个具有思想史意义的事件③,为我们展示了人类的某种道德困境,而这一困境的根源是人的不同社会身份之间的冲突,或者是人的不同"自我描述""自我认同"之间的冲突。同样的问题理解和判断也延伸到被看作是表现了同样或者是更加直接地表现了这一困境的舜"窃负而逃"的故事。舜作为天子的身份与作为儿子的身份在这一极端情境中产生了冲突。无论上述对于冲突的描述是什么,问题都可以看作是作为"子"的个体在面对道德冲突时应该遵循何种道德秩序,以作出个体选择的问题。儒家伦理是否一定遵循这样的思路,"亲亲相隐"和"窃负而逃"的故事是否为我们展示的就

---

① 参见刘清平文:"更严重的是,一旦在'仁'与'孝'之间发生冲突、以致出现二者不能两全的局面,依据儒家伦理的基本精神,人们还应该不惜放弃派生从属的社会公德,以求维系本根至上的家庭私德。……在私德与公德'不可得兼'的情况下,按照'事亲为大'的儒家精神,人们也只应该'舍仁以取孝',而不应该'舍孝以取仁'。结果,尽管孔孟本人的自觉意愿的确是试图在家庭私德的本根基础之上实现社会公德,亦即以儒家的方式将私德与公德统一起来,但事与愿违的结局却恰恰是:在出现冲突的情况下,他们最终会凭借家庭私德否定社会公德,从而导致儒家伦理陷入一个难以摆脱的深度悖论。"刘清平:《儒家伦理与社会公德》,载《儒家伦理争鸣集》,第899页。
② 罗蒂:《作为较大忠诚的正义》,载《儒家伦理争鸣集》,第782页。
③ 参见陈少明:《什么是思想史事件》,载氏著:《经典世界中的人、事、物》,上海:上海三联书店,2008年。

是这样一种逻辑,且让我们重新回到故事,看看是否可以有新的解读。

二 重读故事:缺席的父亲

如果我们将两个故事放在一起审视,可能会有些新的启发:

> 叶公语孔子曰:"吾党有直躬者,其父攘羊,而子证之。"孔子曰:"吾党之直异于是。父为子隐,子为父隐,直在其中矣。"(《论语·子路》)

> 桃应问曰:"舜为天子,皋陶为士,瞽瞍杀人,则如之何?"孟子曰:"执之而已矣。""然则舜不禁欤?"曰:"夫舜恶得而禁之? 夫有所受之也。""然则舜如之何?"曰:"舜视弃天下,犹弃敝屣也。窃负而逃,遵海滨而处,终身䜣然,乐而忘天下。"(《孟子·尽心上》)

在"亲亲相隐"和"窃负而逃"的故事里面,有一个最重要的问题被视而不见,即我们都看不到作为伦理关系的另一方的父亲的出场。父亲这个在伦理关系中身处相互牵连的双方之间的一方,在此消失了,或者说,是彻底被动的一方,完全听命于主动方的儿子的个人选择。问题也许就出在这里,此时,儒家伦理的情境变成了身为儿子的个体的个人选择问题。无论这个选择被看作是两种身份叙事之间的选择(罗蒂),还是遵从公德和私德之间的抉择(刘清平)。然而,这种谈论问题的方式,是否符合儒家对于伦理问题思考的脉络,或者说,是否是儒家应有的谈论问题的方式。

这里我们就会发现一个问题,当我们叙述儒家伦理的构成时,其实是从伦理关系的双方来谈论这个问题的。如孔子所谓的"君君、臣臣、父父、子子"。在儒家那里,人本质上不是作为一个孤独的个体存在于世上,或者首先不是作为独立的个体存在于世的,而是身处于伦理关系之中。并且,各种所谓的德性以及德行,其起点和完成都有赖于身处关系之中,在相互的牵连和给予以及成就中才能够得以实现。孔夫子之所谓"仁",首先即不是要成就西方近代意义上的个体自我,而是在感通之中,"参赞化育",物各付物,在成就世界的过程中,才是真的成就自我。而在父母与子女之间的孝亲关系,相较于人在世的其他伦理关系,最能充分地尊重与自身相遇的他者。在父母与子女之间的这种关系,(理想的状态下)无论是父母一方,还是子女一方,尊重对方的存在超过了对于自我的存在的期待和渴望,期待更好地"成就"对方的存在。在这一关系中,个体自我在存在论上的优先性往往并不出现,出现的恰恰是充分尊重对方存在论上的优先性。

这一点对于儒家学者来说其实并不陌生,我们在积极地或是正面地谈论儒家伦理时,常常会意识到这一点,如父子之间的关系需要父慈子孝。到了近代梁漱溟的叙述中,就更加彰显,梁漱溟表述为,儒家伦理是义务先于权利。对于儒家的君子来说,成就自我,是需要首先尽其义务,并非是首先指向现代性意义上的"自我"的自我成就,而恰恰是在成就伦理关系中的"他者"时成就自我,更好地使得他者能够成为符合儒家伦理的道德标准的行为和抉择,才是真正地完成自我道德的行为和抉择,也才是真的值得作出的抉择。然而,在如同"亲亲相隐"或"窃负而逃"这样消极地或者是相对负面地面临儒家伦理困境时,我们却常常忽略了儒家伦理赖以存在的这种关系或牵连,将其仅仅看作是一种个体的选择。如果我们能够把儒家对于道德的理解彻底延续下来,做一个更加儒家化的解读,那么故事本身其实还有很多值得讨论的地方。例如,"亲亲相隐",对于牵涉到伦理关系之中的被动的一方是否是最好的选择,即"隐"这种选择是否能够使得违背伦理的一方获得更好的道德意义上的自我;或是,在这一伦理关系中,作为被动的一方是否能够应承自己的伦理责任,作出良好的呼应。也许,故事并没有这么简单,或者故事不该被解读得这么简单。

三 另外的故事:另一种叙事

其实,在历史上的叙事中,我们还可以看到另外的一些故事,在我看来好像更能展现儒家的伦理境遇。类似的故事应该有很多,姑且举出三个较为典型的故事:

1. 曾子耘瓜,误斩其根。曾晳怒,建大杖以击其背。曾子仆地而不知人久之。有顷,乃苏,欣然而起,进于曾晳曰:"向也,参得罪于大人,大人用力教参,得无疾乎?"退而就房,援琴而歌,欲令曾晳而闻之,知其体康也。孔子闻之而怒,告门弟子曰:"参来,勿内。"

曾参自以为无罪，使人请于孔子。子曰："汝不闻乎，昔瞽瞍有子曰舜。舜之事瞽瞍，欲使之，未尝不在于侧；索而杀之，未尝可得。小棰则待过，大杖则逃走，故瞽瞍不犯不父之罪，而舜不失烝烝之孝。今参事父，委身以待暴怒，殪而不避。既身死而陷父于不义，其不孝孰大焉？汝非天子之民也？杀天子之民，其罪奚若？"

曾参闻之，曰："参罪大矣。"遂造孔子而谢过。①

2. 苏轼，字子瞻，眉州眉山人。生十年，父洵游学四方，母程氏亲授以书，闻古今成败，辄能语其要。程氏读东汉《范滂传》，慨然太息，轼请曰："轼若为滂，母许之否乎？"程氏曰："汝能为滂，吾顾不能为滂母邪？"②

3. 先生疾革，知县左某以医来，门人进曰："疾不可为也。"先生曰："须尽朋友之情。"饮一匙而遣之。③

三个故事分别出自《孔子家语》《宋史》和《明儒学案》，都可以看作是贯彻了儒家基本原则的文本，而这三个文本在我看来某种程度上消解或者至少是延宕了由个体身份的冲突带来的伦理困境。

第一个故事里，出场的是孔子和曾子。然而，故事其实是发生在曾子和他父亲之间；并且，父亲虽然没有作为直接人物出场，但是，在孔子考虑和判断曾子的行为中，父亲恰恰是作为考虑的重要一环出现的。在这个故事中，曾子以为自己完全服从父亲，完全实现父亲的意志，就算是尽到了孝道。然而，在孔子看来，这恰恰是不孝的表现。因为，如果完全遵从父亲的意志，就有可能使父亲陷入不义的境地，不能使得父亲成就为一个君子，不能实现父亲自身的道德价值。所以，在孔子的考量中，曾子真正的孝的行为，是在成就父亲中实现的，而这种对于父亲的成就，也不是实现或完成父亲的意志，而是期待父亲也成为一个君子。所以，对于身处伦理关系中的儿子来说，真正的完成自我的道德行为，正是帮助同样身处伦理关系的另一端的父亲能够实现其自身成为君子的那些行为。

第二个故事，则向我们展现了在伦理关系中的双方都应当承担的责任，

---

① 杨朝明、宋立林主编：《孔子家语通解》，济南：齐鲁书社，2013年，第181、182页。
② 《宋史》，卷三百三十八，列传第九十七，《苏轼传》。
③ 黄宗羲：《明儒学案》，卷五，《白沙学案》上。

或者是在真正的儒家理想状态下,伦理关系中的双方如何处理伦理困境的问题。苏轼有感于范滂的事迹,希望自己能够成为一个真正的君子,但是,如果依照解读者解读亲亲相隐问题的逻辑,此处伦理困境出现了。因为,范滂的故事是一个忠孝不能两全的故事:

> 建宁二年,遂大诛党人,诏下急捕滂等。督邮吴导至县,抱诏书,闭传舍,伏床而泣。滂闻之,曰:"必为我也。"即自诣狱。县令郭揖大惊,出解印绶,引与俱亡。曰:"天下大矣,子何为在此?"滂曰:"滂死则祸塞,何敢以罪累君,又令老母流离乎!"其母就与之诀。滂白母曰:"仲博孝敬,足以供养,滂从龙舒君归黄泉,存亡各得其所。惟大人割不可忍之恩,勿增感戚。"母曰:"汝今得与李、杜齐名,死亦何恨。既有令名,复求寿考,可兼得乎?"滂跪受教,再拜而辞。顾谓其子曰:"吾欲使汝为恶,则恶不可为;使汝为善,则我不为恶。"行路闻之,莫不流涕。时年三十三。
>
> 论曰:李膺振拔污险之中,蕴义生风,以鼓动流俗,激素行以耻威权,立廉尚以振贵势,使天下之士奋迅感概,波荡而从之,幽深牢破室族而不顾,至于子伏其死而母欢其义。壮矣哉。子曰:"道之将废也与,命也。"①

范滂为了道义,自愿受死,但是,此一死却使得他不能尽孝。因此,乞求母亲原谅,而范母则颇为豪迈地说:"汝今得与李、杜齐名,死亦何恨。"论者因此不禁大呼壮哉,因"子伏其死而母欢其义"。苏轼即是有感于此,请问其母曰,如果我有心做范滂,母亲可否允许。苏轼母亲的回答在我看来实现了儒家伦理最理想的状态。程氏曰:"汝能为滂,吾顾不能为滂母邪?"苏轼设定了一个情境,他为了能够成为君子,成就自我,需要放弃自己的生命。这里牵涉到两个问题,其一,对于苏轼来说,真正的自我成就正是在极端的情景之下,放弃生命才能够实现;然而,其二,放弃生命则意味着放弃了对于母亲所应承担的责任。在这里,身为君子的苏轼和身为儿子的苏轼发生了道德原则的冲突。苏轼起初仍然是把这一冲突看作自我的选择,并且几乎给出了自己的选择,只是询问母亲是否能够允许自己放弃其所应承担的责任。而身处母子这一伦理关系另一端的母亲,深深地被牵连在将要产生的这一道德抉择之中的

---

① 《后汉书》,卷六十七,《党锢列传》。

母亲,则立刻承担起其相应的责任。这里的责任是指,身处伦理关系中的另一端,其最美好的德行和抉择就是那些使得苏轼能够成为君子的抉择,那些能够真正成就苏轼的抉择。因此,程氏不但没有加深这一困境,反而以其抉择,消解了苏轼的困境。如果你能够成为范滂,我最应该做的,就是帮助你成为范滂。这样,在这种伦理关系中,其实身处两端的双方都成就了自我,成为了更好的自我。

第三个故事则是明初大儒陈白沙在生命尽头的故事。读到这里的时候,我确实被儒家深切的对于人情的体味所感动。陈白沙面临的是朋友之谊。在其危殆之际,朋友依其自我期许,找来医生,希望能尽到朋友的情谊。在白沙门人看来,白沙已经病入膏肓,医生已然无用,此时自然不必再劳动病人做一些无谓的行为。然而,在白沙那里,此时的医生,并不仅仅意味着医生身份而已,其中蕴涵的更多的是朋友之谊。他身为一个儒者应该做的,就是成全朋友的美意,以自己的行为成就朋友之所以为朋友,完成这一相互牵连的伦理关系。所以,白沙仍然接纳了医生的探望,并且饮一匙。以这一充满人情味的行为,完成了朋友这一伦理关系。

至此,如果我们希望能够将儒家在伦理关系中看待道德行为或道德意义的视角延续下去,应该至少从两个方面考虑这一问题。其一,是身处伦理关系中的一方,在面临道德抉择的时候,真正应该考虑的是如何更好地成就对方。这种成就不仅仅是保全对方的生命之类的"现实性"的考量,更多的应该是"理想性"的考量,应该是成就一个儒家道德意义上的对方,这才是真正的成就对方,并且自我在这一行为抉择中的道德意义,也在这种对于对方的成就中真正实现出来,自我也得以成就,这就是儒家所谓的"成己成物";其二,伦理关系中的被动的一方,也并非没有任何责任,而同样应该承担其身处关系之中所应承担的责任。这里的责任即是指,他也承担着要成就对方的责任。他应该积极主动地替面临道德困境的主动方解困,消解困境,并且是朝向更加道德方向的,帮助陷于困境中的抉择者作出更加道德的抉择,或者干脆直接就把道德困境向着对于抉择者来说更加道德的方向加以解决。如果要举一个例子的话,例如西方伦理学中常用来描绘道德困境的例子。一列失控的火车,可以奔向一个人或五个人。在此,身处伦理困境的是那个可以扳动道岔,决定火车走向的人。在西方的语境中,他不得不陷入了几种道德原则之间的冲突,并且是没有答案的冲突。如果依照彻底理想化的儒家伦理原则,那个身处其中的、火车有可能朝向的那个人,无论如何已经被牵连在这一伦理关系之中,他其实可以站出来,承担其所应该承担的责任,作出某种表示,使得抉择者可以作出朝向他的抉择。这里,其实并没有所谓的伦理原则之间的冲突,有的是身处伦理关系中的每一方,都勇敢地承担相应的或者是更多的责任。当然,这是纯粹理想状态下的某种设想。我这里是希望用这个例子,能够在某种程度上跳脱出早已习以为常的思考模式。

四 故事的开放与封闭

带着我们上面讨论的结果,即我们指出的两个方面的考量,重新再看"亲亲相隐"和"窃负而逃"的故事时,情形就不太一样了。

"亲亲相隐"和"窃负而逃"的故事中,如果基于前面讨论的第一条原则,对于子来说,应该考虑的就不是如何使父亲能够逃脱法律的裁定,而是如何更好地使父亲成为一个君子。这是第一点,基于这一点,究竟是"隐"还是"证"能够更好地实现这一点呢。"隐"意味着什么,仅仅是表明,"子"的情感的直接性吗? 或者是"子"的一方,因为感情的驱使,在"子"与"民"的身份中首先选择了作为一个"子"? 或者舜的窃负而逃究竟意味着什么,仅仅是因为舜为了保全父亲的性命作出了放弃天下的选择吗? 放弃天下是否就能够使得父亲更好的成为一个君子? 其次,这两个故事中,难道身处伦理关系另一端的父亲,不应该同样被考虑进来吗? 父亲在此时应该作出什么样的抉择,应该如何应对,才能够更好地成就儿子,才能够更好地使得儿子成为一个君子? 原本的故事难道都没有考虑我们所说的这两点吗? 或者,原本的故事是否能够容纳我们所指出的这两点。如果答案是否定的,那么只能说明,我前面谈到的这两点是不成立的。既然《论语》和《孟子》都不支持这一说法,那么,是否真的不能容纳呢?

在我看来,问题的关键恰恰在于"隐"和"逃"。在攘羊的行为中,子所面临的选择是"证"或者隐"。如果选择"证",则最简单的结果就是,故事至此就结束了。父亲被确定为一个攘羊的小人,触犯的无论是刑律也好道德也好,总之是彻底地成为道德上的失败者,彻底地无法成就自我。而与此同时,儿子也因其"证",不得不背负不孝的责任,也无法成为一个君子。那么,恰当的选择恰恰是"隐"。因为,正是"隐",使得故事还没有讲完,还保持着各种可能性,朝向各个方向发展的可能性。在这种可能性里面,父亲还保有能够成为君子的可能。我们可以设想,在接下来的发展中,子可以劝诫父亲,可以进谏。① 从第一点来说,这是真正的孝,是子的真正充满道德意义的抉择。

其次,从第二点来说,父亲其实在"隐"中被期待着,被期待着能够勇敢地承担起作为父亲的责任。身处关系之中的各方都在伦理关系中承担着相应的责任,具体到这里就是,伦理关系中的一方作为子,有其自身所面临的抉择,应当在恰当的时机作出恰当的抉择,但是,这并不是这个伦理事件的结束,在这个故事中,还有更为重要的一方,即仍然作为君子而被期待的父亲。父亲同样是一个被期待的君子,而非是伦理行为中彻底不变的对象。某种程度上,在故事中,如果父亲切身地考虑到自己所身处的情境,意味着,父亲同样对子有其深刻的爱。这牵扯到很多问题,比如,我们常常谈论儒家的父子亲情,孝亲原则。这是儒家的情感道德问题的来源。但是,具体谈论的时候,我们更多的是在讨论孝,即在儒家的语境中,孝因为父子之间关系并非绝对平等,因此处于弱势一方的子,承担着更多责任,在为了彰显道德抉择的困难时,儒家当然很自然自觉地将自己置于"子"的一方来思考这个问题。但是,当我们运用自己的生存体验,回到自己的生活状态中,考察这一问题时,也许会发现,具体的情境下,更容易彰显的、更加无条件的,可能不是孝,而恰恰是慈,是上一代人对下一代人彻底的无私的爱。所以,回到我们的问题,在"攘羊"的过程中,父亲其实承担着更多的爱,我们可以期待父亲的角色有更多的爱,在伦理关系中承担更多的责任。此处,父亲的爱的最佳表现,就是令"子"能够成为一个君子,能够成为一个坦荡的君子。在这个意义上,父亲应该承担起自我抉择的责任。

《论语》中的这则故事,也许并没有讲完,回到《论语》的具体语境,在某种程度上孔子是在一个话语逼迫的情境下说出这番话的。"子"是用自己的隐的方式来尽到自己的义务,以后的事情,或者结束这一伦理关系的事情应该是"父","父"应该以其行为完成"子"的君子人格。在这一伦理关系之中,实

---

① 《论语·里仁》:"事父母几谏。见志不从,又敬不违,劳而不怨。"

现双方的相互成就。"子"如果此时不隐,去告发父亲,其实同时将两个人都陷入了不义的境地,使得二人同时都无法成就为君子。"子"因其不孝,因其不直而无法成为君子,而与此同时,因其使父亲成为无法重新抉择、无法自守的状态而使得原本开放的故事就此画上的句点,就此结束。而一旦"子为父隐"了,故事就一直是开放的。父亲有充分的选择的权利,使得双方都能够成就为君子。父亲可以过则无惮改,而"子"可以不必背负不孝的行为。

"窃负而逃"的故事同样如此。故事展现的是舜通过逃的行为,作出了最恰当的抉择,延宕了故事的终结,使得故事永远保持一个开放状态,永远都还有互相成就的可能。

五 摆脱现代性的自我

讨论至此大概可以结束了,但是,换一个角度来看,也许问题才刚刚露出端倪。本文对于儒家处理伦理问题原则的推演,某种程度上可以看作是一次思想试验,笔者希望通过这种有些极端的方式,彰显儒家原则相对于西方伦理的独特性。虽然,本文总结出的两条基本原则,未必能在真实的日常经验世界中解决道德困境,但是确实可以看作是儒家基本原则的推扩,是延续着儒家精神提出的原则设想。其中的关键在于,尽可能地回到伦理关系之中,在伦理关系的相互牵连和成就中,观察和思考每一个道德行为。这至少在理论上,解开了那种对于个体道德意志决断的纠结。

此时,新的问题出现了,为什么此前的讨论,虽然都在彰显不同的立场,但是,却好像采取了同一套逻辑,这种一致性的背后又隐含着什么原因?

也许这牵扯到我们今天如何研究中国哲学的问题。近些年来,中国哲学研究比较注重回归中国哲学本身,不断地批驳那种在与西方的简单比附中进行的研究。然而,我们的反省是否已经足够深刻了。由"亲亲相隐"的问题来看,讨论的双方之所以会采取类似的逻辑,都把"亲亲相隐"问题看作是某种个体道德选择的问题,根源在于大家其实都已经不自觉地采取了个体主义的立场。这里面包括把道德问题看作是个体道德意志选择的问题,把道德的意义看作是个体行为的赋予,把人理解为先于伦理关系存在的个人。而这里所谓的个体意义上的自我,作为道德选择主体的自我,恰恰是西方现代性带给我们的。查尔斯·泰勒（Charles Taylor）在谈到现代性的隐忧时，提出的第一个问题就是个体主义："忧虑的第一个来源是个人主义。当然个人主义也被许多人冠以现代文明的最高成就之名。我们生活在这样一个世界中，人们有权利为自己选择各自的生活方式，有权利以良知决定各自采纳哪些信仰，有权利以一种他们的先辈不可能控制的一整套方式确定自己生活的形态。这些权利普遍地由我们的法律体系保卫着。原则上，人们不再受害于超越他们之上的所谓神圣秩序的要求。"①

以这种个体主义的原则来看待"亲亲相隐"问题，最基本的立场就是，将个体从其身处的伦理关系之中抽离出来。个体在任何情境之下都是首出的，伦理关系则无论如何不能称为决定个体本质的因素。因此，个体是谁，个体是否是道德的，与你身处何种伦理关系之中并没有太大关联，关键在于个体的道德意志在面临道德困境时，依据某个普遍性的道德原则作出抉择。这样一种思考伦理问题的方式，恰好可以把我们前面讨论的，依照儒家原则所可能提出的两点考量给遮蔽掉。因为每个人都有选择自己生活方式的权利，因此，即便是身处于伦理关系中的父子之间，也没有权利相互干涉。因此，"子"没有权利去期待父亲应该成为君子，我们仅能抉择我们自己应该成为何人，而无法进一步决定别人应该成为何人。即便是亲密如父子之间，在现代性的洗礼之下，也逐渐以权力的方式理解这种期待，而不是理解成人在伦理关系中的本质性的存在。期待别人如何成为自己，不再被看作是美好的道德意义上的相互成就，而是变成了对于他人的威权压迫。同样的，"子"也没有权利要求父亲在伦理关系中承担起其应该承担的责任。个体唯一有权利的就是决定自己该如何做，他人尽可以是一个不道德的存在，他人是否决定承担伦理责任，取决于他人自身的道德意志。也许，回到社会性层面，我们还可以以维护人类共同体良好存在的理由，要求他们承担起道德责任。然而，这是在社会的层面，以社会为主体提出的要求。在纯粹的个体层面，我们身为一个现代社会中的个人，则基本上被取消了要求他人承担道德责任的权利。因此，儒家语境中原本相互牵连的伦理关系，就变成了个体在不同身份之间的抉择和冲突，就变得不那么儒家了。正如前面指出的，当我们面对积极地或

---

① 查尔斯·泰勒：《本真性伦理》，程炼译，上海：上海三联书店，2012年，第2页。

者是相较而言更加正面地讨论儒家伦理时,我们比较容易贯彻儒家的原则。但是,一旦我们开始讨论某些消极的或者是负面的儒家伦理困境时,早已经深入人心的种种现代性观念,还是会不自觉地会影响着我们的思路。

因此,真正回到中国传统的意义上研究中国哲学,或者,如果真正希望能够彰显出中国哲学之特质,就需要对于西方现代性以来种种已经深入人心的观念加以足够的反省,其中最重要的也许就是彻底反省现代性的自我观念。由此才可能进一步反省建立在这一自我观念之上的种种理论,例如社会契约理论、正义理论等等。某些时候,这些问题可能都不是中国语境中的问题,或者当我们谈论儒家思想与这些理论的契合时,其实恰恰陷入了西方的逻辑之中,遮蔽了儒家的本色。更进一步说,在某种程度上这也使得我们对于儒家的研究还离不开形而上学式的研究,如若不然,就无法跳脱出现代性的思维方式。

"Concealing between the Relatives" and The Mutually Fulfilling in Ethical Relationship

Sheng Ke

Abstract: Almost all the discussions about the problem of concealment of kin have been interpreted as the moral dilemma caused by the conflicts of different ethical identities. In my opinion, a Confucian ethical problem should be comprehended in the ethical relations, so there are two principles, first, one party of the ethical relationship should be based on the moral significance of achievement in relation to the other party for the most reasonable choice; second, the other party in the ethical relationship should bear the moral responsibility. In this way, the "hidden" may not be simply to escape, but to maintain the openness of the ending of the story. In this openness, the story itself is expected of the father's action. The reason why we ignore this idea in the process of interpretation is that we have been familiar with the self-concept of Western modernity. If you try to surpass these modern ideas which we got used to and accepted, truly return to Chinese philosophy, then some reflections on the modern metaphysics are necessary.

Key words: Concealing Between the Relatives, ethical relationship, mutually fulfilling, individualism

鬼神与祭祀及儒佛之辨
——道学派对"鬼神"问题的回答,以朱子为中心

陈建美*

提　要:"鬼神"的问题在中国古代文化中源远流长,在儒学传统中主要涉及祭祀问题。佛教传入中国后,用中国固有的鬼神观念为轮回学说张本,"鬼神"自此与生死、儒佛之辨相关联。如何既解释清楚"鬼神"问题,对抗佛教,又不动摇祭祀活动的合理性,成为后代儒家学者的任务。在道学派中,二程和张载正式开启了用气化说明鬼神的理论方向,但在祭祀问题上所论有限。朱子继承了二程和张载的讨论,并且讨论更加完备、系统。

关键词:鬼神　祭祀　儒佛之辨　道学　朱子

一　鬼神与祭祀传统及轮回观念

鬼神观念在中国古代文化中源远流长。根据考古发现,良渚文化的神灵气息相当浓厚,甲骨文、金文中有"神""示"这些表示神灵、神明的文字。可见,神灵观念至晚产生于新石器时代。而在甲骨文、金文所在的商周时期,神祇已经是有特定文字指代的成熟观念了。陈来先生《古代宗教与伦理》一书

---
* 陈建美,1990年生,四川大学公共管理学院博士后。

认为,中国上古的巫术文化曾经很发达,到商周时代,巫术文化逐渐向祭祀文化转变。在这一过程中,鬼神观念更加成熟。殷商卜辞中出现的神灵分散多样,周代的鬼神类型更加收敛整齐。基于周代礼制重构而成的《周礼》甚至总结出"天神""地祇""人鬼"三种鬼神的类型。① 可以说,在孔子创立儒家学派之前,鬼神观念已经非常成熟,而且与祭祀传统紧密联系。②

孔子对于固有的信仰传统相当尊重,对于鬼神则似有较新的见解。《论语》中屡见"天""命",多为感慨、发誓、悲伤等极端情绪之下的自然流露,可见孔子将自己的生命置于传统信仰体系中。孔子对于鬼神则显出理性化的理解倾向。《论语》言及鬼神者有三条:

> 季路问事鬼神,子曰:"未能事人,焉能事鬼?"曰:"敢问死?"曰:"未知生,焉知死?"(《论语·先进》)③

> 祭如在,祭神如神在。子曰:"吾不与祭,如不祭。"(《论语·八佾》)④

> 子曰:"务民之义,敬鬼神而远之,可谓知矣。"(《论语·雍也》)⑤

"未能事人,焉能事鬼?"孔子认为,与人事相比,鬼神之事是第二位的。这并不表示鬼神之事不重要。孔子非常重视祭祀,"祭神如神在",他认为祭祀者必须心怀诚敬,至于神是否真的存在则并未明说。"敬鬼神而远之",话语之间承认了鬼神的存在,"敬"和"远"则明确了孔子对于鬼神的态度,这也成为后世儒者面对鬼神有无问题时的典型态度。

《礼记》延续了孔子对待鬼神的态度,并深入而系统地讨论祭祀问题对于社会文化的意义。《礼记·檀弓》引孔子之语:"之死而致死之,不仁而不可为也。之死而致生之,不智而不可为也。"⑥如果认定人死无知,尽可以对死者"焚之亦可,沉之亦可,瘗之亦可,露之亦可,衣薪而弃诸沟壑亦可"(《列子·

---

① 《周礼·春官宗伯第三》:"大宗伯之职:掌建邦之天神人鬼地示之礼,以佐王建保邦国。"杨天宇撰:《周礼译注》,北京:中华书局,2004 年,第 274 页。
② 陈来:《古代宗教与伦理》,第四章"祭祀",北京:三联书店,1996 年,第 95—146 页。
③ (宋)朱熹撰:《四书章句集注》,北京:中华书局,1983 年,第 125 页。
④ 同上书,第 64 页。
⑤ 同上书,第 89 页。
⑥ 杨天宇撰:《礼记译注》,上海:上海古籍出版社,2004 年,第 83 页。

杨朱篇》）①，《礼记》认为这样是不仁的。如果认定死后有知，要以对待生人的方式对待死者，则是不智的。因此取其中，祭神如神在，敬鬼神而远之，可以说既仁且智。《礼记·祭统》有言："凡治人之道，莫急于礼。礼有五经，莫重于祭。"②礼乐生活是每个人的理想生活，礼乐政治是理想秩序的来源，祭礼作为礼乐体系的核心，是君子修养德性、教化百姓、敦厚风俗的重要途径。

佛教传入中国后用鬼神观念，准确而言是用神的观念证成轮回学说，使得鬼神问题更为复杂。佛教于东汉传入中国，至魏晋南北朝时期发展到第一个高峰。东晋时期，长居庐山的高僧慧远为了证明佛教的生死轮回学说，主张神不灭：

> 火之于传薪，犹神之于传形。火之传异薪，犹神之传异形。前薪非后薪，则知指穷之术妙；前形非后形，则悟情数之感深；惑者见形朽于一生，便以为神情俱丧。犹睹火穷于一木，谓终期都尽耳。③

形如薪，神如火，薪尽而火传，如形体死亡而神进入下一个形体，亦即轮回流转。薪火的说法，佛典中也有④，但是用薪火比喻形神关系，更著名的例子是桓谭《新论·形神》。慧远借助一般士人熟悉的比喻揭示佛教的道理。

约略同时的《理惑论》⑤更是引《孝经》《尚书》所言鬼神之事为佛教的生死学说辩护：

> 问曰：佛道言，人死当复更生，仆不信此之审也。牟子曰：人临死，其家上屋呼之，死已复呼谁？或曰：呼其魂魄。牟子曰：神还则生，不还神，何之呼？曰：成鬼神。牟子曰：是也，魂神固不灭矣。⑥

---

① 杨伯峻撰：《列子集释》，北京：中华书局，1979 年，第 223 页。
② 杨天宇撰：《礼记译注》，第 631 页。
③ （晋）释慧远：《沙门不敬王者论·形尽神不灭第五》，《弘明集》卷五，日本校订《大藏经》第二十八套撰述部。
④ 《沙门不敬王者论》言："火木之喻，原自圣典。""圣典"即佛典。然而佛典中主要用"薪尽火灭"比喻涅槃。如《大般涅槃经》言："如来舍此苦身入于涅槃，如薪尽火灭。"《杂阿含经》言："于有得寂灭，大悲入涅槃。如薪尽火灭，毕竟得常住。"
⑤ 关于《理惑论》的作者，《隋书·经籍志》以来的史志认为是东汉牟融所作，近代以来关于此书的真伪多有议论。吕澂先生经过分析史料及总结前人的考察，推测其是晋宋之间的伪作。详见吕澂《中国佛学源流略讲》，北京：中华书局，1979 年，第 24—27 页。
⑥ 《牟子理惑》，《弘明集》卷一，日本校订《大藏经》第二十七套撰述部。

> 问曰:孔子云,未能事人焉能事鬼,未知生焉知死,此圣人之所绝也。今佛家辄说生死之事,鬼神之务,此殆非圣哲之语也。……牟子曰:若子之言,所谓见外未识内者也。孔子疾子路不问本末,以此抑之耳。孝经曰:为之宗庙以鬼享之。春秋祭祀,以时思之。又曰:生事爱敬,死事哀戚。岂不教人事鬼神,知生死哉。周公为武王请命曰:旦多才多艺,能事鬼神。夫何为也?佛经所说生死之趣,非此类乎?①

人死后招魂称为"复",是丧礼的一部分,多见于礼书。《孝经》云云引自《孝经·丧亲章第十八》,周公为武王请命的典故出自《尚书·金縢》。事实上,这里的比附十分粗浅,佛教的生死轮回观念与中国固有的鬼神观念并不相同。佛教内部对于轮回有更深入的理解,轮回的主体是否存在,亦有争论。然而,一般人较少进行精深的思考。在名相丰富且极具理论深度的佛教传入中国并吸引大量信徒的情况下,孔子所持的"敬鬼神而远之"的态度似乎已经不足以为儒家争得理论吸引力了,儒佛鬼神观的辨别工作有待思想家着手从事。

从事儒佛之辨的一个例子是范缜。范缜曾作《神灭论》批驳佛教的轮回报应之说。

> 神之于质,犹利之于刃;形之于用,犹刃之于利。利之名非刃也,刃之名非利也。然而舍利无刃。未闻刃没而利存,岂容形亡而神在?②

> 问曰:"知此神灭,有何利用邪?"答曰:"浮屠害政,桑门蠹俗……又祸以茫昧之言,惧以阿鼻之苦,诱以虚诞之词,欣以兜率之乐。"③

范缜用刃利之喻替代薪火之喻解释形神关系。形为质,神为用,质用不相分离,如同没有刀刃就没有刀的锋利一样。范缜直言《神灭论》针对佛教。阿鼻即阿鼻地狱,属于六道中的地狱道,阿鼻地狱是佛教所言八大地狱的最底层。兜率即欢喜天,属于六道中的天道。范缜认为,佛教用轮回观念吸引信众,如果说清形神关系,便可攻破轮回学说。可见,神的观念,或大略而言的鬼神观念,在佛教东传以后具备了儒佛之辨的新意义。

---

① 《牟子理惑》,《弘明集》卷一,日本校订《大藏经》第二十七套撰述部。
② 《神灭论》,《弘明集》卷九,日本校订《大藏经》第二十八套撰述部。
③ 同上。

问题的复杂之处在于,轮回报应似乎和中国传统的鬼神观念捆绑在一起了。如何既批评佛教的学说,又不动摇祭祀和礼乐生活方式的合理性,是后世儒家学者不得不面对的问题。

二 二程与张载的鬼神观

到了宋代,蕴涵着儒佛生死观和生活方式之辨的鬼神问题变得更加突出。二程明确指出,鬼神在佛教传入之前主要是在说祭祀问题,《程氏遗书》载:"古之言鬼神,不过著于祭祀。"① 佛教传入后,对鬼神问题的说明兼有辟佛的意义。《程氏遗书》有言:

> 有问:"若使天下尽为佛,可乎?"其徒言:"为其道则可,其迹则不可。"伯淳言:"若尽为佛,则是无伦类,天下却都没人去理;然自亦以天下国家为不足治,要逃世网,其说至于不可穷处,佗又有一个鬼神为说。"②
> 世人所惑者鬼神转化。③
> 佛学只是以生死恐动人。④

佛教主张断绝人伦关系,出家修行。如果天下人都出家,人类生活和生命的延续都将不可能。大程子认为"天下尽为佛"的荒谬之处显而易见,并不是佛教最大的害处。佛教最现实的害处在于对人心的消极影响,让人"以天下国家为不足治",为人逃避社会责任找借口。换言之,佛教对士大夫阶层的影响是最有害的。而且,佛教理论体系复杂而深入,"其说至于不可穷处",尤其是"鬼神转化"之说,对于士大夫特别有吸引力。所谓"鬼神转化"之说即为佛教的轮回转世之说,轮回之说具体地解答了世人焦虑的生死问题,大程一针见血地指出:"佛学只是以生死恐动人。"

同样深入思考这一问题的还有张载。张载说:

> 浮屠明鬼,谓有识之死受生循环,遂厌苦求免,可谓知鬼乎?以人生

---

① (宋)程颢、程颐:《二程集》,王孝渔点校,北京:中华书局,1981年,第52页。
② 《二程集》,第25页。
③ 同上书,第37页。
④ 同上书,第3页。

为妄见,可谓知人乎？天人一物,辄生取舍,可谓知天乎？孔孟所谓天,彼所谓道。惑者指游魂为变为轮回,未之思也。大学当先知天德,知天德则知圣人,知鬼神。今浮屠极论要归,必谓死生转流,非得道不免,谓之悟道可乎？悟则有义有命,均死生,一天人,惟知昼夜,通阴阳,体之不二。①

张载从"不知鬼""不知人""不知天"三个方面指出了佛教的理论问题。而若以《周易》中的"游魂为变"为佛教轮回之说张本,则是"惑者"的做法。他指出,佛教理论之极处在于"死生流转",即所谓轮回之说,进而借用轮回学说导出"悟道"的修养方法,即顿悟以超出轮回,涅槃寂灭。认为人死进入轮回,是不知鬼;以人生为虚妄,以涅槃为真实,是不知人;抛弃人生,希求悟道("孔孟所谓天,彼所谓道"),不知天人一物,是不知天。张载和二程都认为佛教理论的极致和极害均在于轮回学说。与二程不同的是,张载指出轮回学说的目的在于涅槃,他的批评重点在涅槃。

二程和张载都在他们的理学体系中重新解释了"鬼神",破除佛教在固有的鬼神之说与轮回理论之间建立的关联。小程子《程氏易传》解释《周易》经文中所涉及的"鬼神"说：

经文：乾：元,亨,利,贞。(乾卦)

夫天,专言之则道也,天且弗违是也；分而言之,则以形体谓之天,以主宰谓之帝,以功用谓之鬼神,以妙用谓之神,以性情谓之乾。②

经文：鬼神害盈而福谦。(谦卦)

易传：鬼神谓造化之迹。盈满者祸害之,谦损者福祐之,凡过而损,不足而益者,皆是也。③

经文：日中则昃,月盈则食,天地盈虚,与时消息,而况于人乎？况于鬼神乎？(丰卦)

易传：……鬼神谓造化之迹,于万物盛衰,可见其消息也。④

---

① (宋)张载：《张载集》,章锡琛点校,北京：中华书局,1978年,第64页。
② 《二程集》,第696页。
③ 同上书,第774页。
④ 同上书,第984页。

> 聚为精气,散为游魂。聚则为物,散则为变。观聚散,则见"鬼神之情状"。万物始终,聚散而已。鬼神,造化之功也。(《程氏经说·易说·系辞》)①

"以功用谓之鬼神",鬼神指称天造化万物的那个层面,是天造化万物的具体运用。比"功用"更典型的表达是"鬼神谓造化之迹",鬼神是天造化万物留下的痕迹,比如,由万物之盛衰推知的天地之消息,盈满者有祸,谦损者有福,都是天造化万物的痕迹,都属于鬼神。所谓造化并不是某种神秘不可知的力量,小程子以"精气为物,游魂为变"一句为资源,对造化、鬼神做了理性化的说明。"聚为精气,散为游魂。聚则为物,散则为变。"天造化万物的方式是气的聚散,气聚则物生,气散则物死。这在思想史上是一个重要的转变,《礼记》的传统以鬼为人鬼,以神为天神,属于与现实生命隔阂的神圣领域,而小程子此言把鬼神解释为普遍的气化过程,是与现实生命息息相关的。解释清楚鬼神,佛教所言死后的轮回自然成为虚妄之谈。

张载对"鬼神"有更加系统的说明。张载的"鬼神"和"神"是两个层面的概念,他对鬼神的定义是:"鬼神者,二气之良能也。"②"良能"出自《孟子》:"人之所不学而能者,其良能也;所不虑而知者,其良知也。"③良能是人的天生本有之能,故而,鬼神是阴阳二气的本有之性能。张载又说:

> 鬼神,往来、屈伸之义,故天曰神,地曰示,人曰鬼。神示者归之始,归往者来之终。④

> "精气为物,游魂为变",精气者,自无而有;游魂者,自有而无。自无而有,神之情也;自有而无,鬼之情也。自无而有,故显而为物;自有而无,故隐而为变。显而为物者,神之状也;隐而为变者,鬼之状也。⑤

鬼神是气的往来,鬼神这两种作用是互为终始的,神是来,同时又为归(鬼)之始,鬼是往,同时又为来(神)之终,往来、屈伸是不会穷尽的。张载同

---

① 《二程集》,第1028页。
② 《正蒙·太和》,《张载集》,第9页。
③ 《孟子·尽心上》,《四书章句集注》,第353页。
④ 《正蒙·神化》,《张载集》,第16页。
⑤ 《横渠易说·系辞上》,《张载集》,第183页。

二程一样,非常重视《周易》"精气为物,游魂为变"之论。精气为物是从无形到有形,从物的生灭看"来"是产生的过程,此乃神之情状;游魂为变是从有形到无形,是物散亡的过程,此乃鬼之情状。

总结而言,二程关于"鬼神"的经典表达是"造化之迹",张载的表达是"二气之良能",他们都将鬼神与气化相联系,并借助《周易》"精气为物,游魂为变"的说法,将鬼神用于解释万物的生死问题。

虽然方向上是一致的,但由于根本的哲学架构不同,二程与张载论"鬼神"的差异也很大。张岱年先生曾概括张载的哲学为"气一元论"①,张载的"鬼神"是在气一元论下的气之良能。张载言:"太虚不能无气,气不能不聚而为万物,万物不能不散而为太虚。"太虚是气的纯一状态,无形而有象。万物由气聚而成,散而归于太虚,如是循环,没有"无"的状态。二程斥之破了佛教的小轮回,建立了一个大轮回。②

二程和张载的议论中有一个潜藏的危险:在否认佛教以鬼神说轮回的同时,也破坏了《礼记》所言"天神、地祇、人鬼"的系统。即便称不上"破坏",至少他们应当在自己的哲学系统中对此作出说明。二程与张载关于祭祀的讨论也没有达到讨论"鬼神"时的哲学高度。张载认为要做好"接鬼神之道",首先要在礼数上做到完备,因而他讨论很多具体的祭祀仪节问题。③ 二程虽然也没有系统化地讨论祭祀,但捻出了祭祀的核心精神——诚④,对于理学的发展具有指向性意义。

故而,对于道学而言,处理鬼神问题的完备工作是:一方面说清楚鬼神的概念,在理论上斥破佛教生死轮回观念;另一方面,在新的理论基础上解释传统的祭祀活动,延续传统的礼乐生活。这一任务是由朱子完成的。

---

① 张岱年:《关于张载的思想和著作》,《张载集》,第 2 页。
② 详见杨立华:《气本与神化——张载哲学述论》第二章第六节"生死",北京:北京大学出版社,2008 年。
③ "古人因祭祀大事,饮食礼乐以会宾客亲族,重专杀必因重事。今人之祭,但致其事生之礼,陈其数而已,其于接鬼神之道则未也。祭祀之礼,所总者博,其理甚深,今人所知者,其数犹不足,又安能达圣人致祭之义!"《经学理窟·祭祀》,《张载集》,第 294 页。
④ "只是一个诚。天地万物鬼神本无二。"《二程集》,第 83 页。

三 鬼神是气的两种根本性能

在朱子的时代，鬼神问题依然与儒佛之辨和生死、祭祀问题紧密扭结，因而是不得不解决的问题。朱子关于"鬼神"的理论继承了二程和张载，并使之更加全备和系统化。

朱子在不同的意义上使用"鬼神"和"神"，这一点钱穆先生已有说明①，本文讨论的是"鬼神"并言的情况。《朱子语类》载：

> 鬼神只是气，屈伸往来者也。天地间无非气，人之气与天地之气常相接，无间断。②
>
> 神，伸也；鬼，屈也。如风雨雷电初发时，神也；及至风止雨过，雷住电息，则鬼也。③

可见朱子是在一种广泛的意义上定义"鬼神"的：鬼神是对气的屈伸往来性能的称谓。具体而言，神者伸也，是气的"伸"和"来"，对应着气的生成、张扬；鬼者归也，是气的"归"和"往"，对应着气的消散、收敛。"天地之间无非气"，天地之间的万事万物都是气的不同样态，那么鬼神就不限于称谓与活着的人不同的更高的存在（神）和死后的状态（鬼），因而更加普遍和基本。

鬼神可以用以说明万物的生成和消亡。如，风雨雷电的发生是气的生成伸展，是"神"，风止雨过，是气的消亡收敛，是"鬼"。人的生死也以此解释：

> 鬼神者，造化之迹。神者，伸也，以其伸也；鬼者，归也，以其归也。人自方生，而天地之气只管增添在身上，渐渐大，渐渐长成。极至了，便渐渐衰耗，渐渐散。④

人从出生而到壮年，气不断壮大，是"神"；壮年而老年，气不断衰耗，是

---

① 钱先生引用《朱子语类》中的话并论述曰："语类又曰：鬼神者造化之迹。神者伸也。鬼者归也。言鬼神，自有迹者而言之。言神，只言其妙而不可测识。（六三）此处分鬼神与神两言之。气之由伸而归，由归而伸，言其迹，则曰鬼神。言其迹之妙而不可测者则曰神。"引自钱穆：《朱子新学案》（第一册），台北：三民书局，1971 年，第 300 页。
② （宋）黎靖德编：《朱子语类》卷第三，王星贤编，北京：中华书局，1986 年，第 34 页。
③ 《朱子语类》，第 34 页。
④ 同上书，第 1548 页。

"鬼"。然而,这只是大略的讲法,鬼和神并不截然对立,不能把人生分成"神"和"鬼"两段。气无时不有鬼和神两种性能,只是有以何者为主的不同。朱子曰:

> 二气之分,实一气之运。故凡气之来而方伸者为神,气之往而既屈者为鬼;阳主伸,阴主屈,此以一气言也。故以二气言,则阴为鬼,阳为神;以一气言,则方伸之气,亦有伸有屈。其方伸者,神之神;其既屈者,神之鬼。既屈之气,亦有屈有伸。其既屈者,鬼之鬼;其来格者,鬼之神。天地人物皆然,不离此气之往来屈伸合散而已,此所谓"可错综言"者也。①

我们常常讲"阴阳二气",事实上,阴阳不是不同属性的两种气,它们根本上是一气。气无时无刻不在屈伸往来,当气以伸(神)为主,称之为"阳气",当气以屈(鬼)为主,称之为"阴气",然而阳气和阴气都有屈伸。因此,在分析的意义上,可以说有"二气",并大略地说"阴为鬼,阳为神",只有这样,才可以理解"神之神""神之鬼""鬼之鬼""鬼之神"的表达。鬼神需对待而言,生人有其神,有其鬼,当生死相对时,活着为神,死则为鬼。朱子言:

> 天地之间,只是此一气耳。来者为神,往者为鬼。譬如一身,生者为神,死者为鬼,皆一气耳。②

> 精,魄也;耳目之精英为魄。气,魂也;口鼻之嘘吸为魂。二者合而成物。精虚魄降,则气散魂游而无不之矣。魄为鬼,魂为神。③

> 魂阳而魄阴,故魂之尽曰散。散而上也。魄之尽曰降。降而下也。④

朱子也很重视《周易》"精气为物,游魂为变"的提法,并利用精气解释生,用游魂(魂的游散)解释死。精气合而成物,气属神,精属鬼。"魂魄是精气之精英",魂是气之所以能动的原因,魄是精之所以静而能灵的原因,魂属鬼,魄属神。人死以断气为标志,气散则魂也向上游散,魂魄分离,魄也失去活力,

---

① 《朱子语类》卷第六十二,第1549页。
② 同上。
③ (宋)朱熹:《晦庵先生朱文公文集》卷四十七答吕子约,刘永翔、徐德明校点,《朱子全书》,上海:上海古籍出版社、合肥:安徽教育出版社,2002年,第2169页。
④ 《晦庵先生朱文公文集》卷四十七答吕子约,《朱子全书》,第2180页。

向下徂落散去。

接下来的问题是，"死者为鬼"是怎样的情状，气散了是否就什么都没有了？按照《语类》和《文集》的记载，朱子认为人死后气最终是会散尽的。然而这使得祭祀成为问题：如果人死气散，什么都没了，那么为何还要"事死如事生"？祭祀时供奉酒食的做法岂不是很可笑？这便要进入对相感之理的讨论。

朱子也讨论了"天神"和"地祇"，此二者与"人鬼"共同构成祭祀的三个主要对象。朱子曰：

> 所以道天神人鬼，神便是气之伸，此是常在底。①
>
> 僩问："'天神地祇人鬼。'地何以曰'祇'？"曰："'祇'字只是'示'字。盖天垂三辰以着象，如日月星辰是也。地亦显山川草木以示人，所以曰'地示'。"②

天地之中的物象有生有灭，如风雨有止，沧海会变桑田，然而天地作为一个整体是常在的，在这个意义上，天地没有屈（鬼），只有伸（神），就天是"常在底"这个特点，它被称作"天神"。地称"地祇"，取其"示"之意，表示它"显山川草木以示人"。总而言之，天地也都是一气之运化，与个别的人鬼相比，天地整体之气常在，不会散尽。

整体而言，朱子继承了二程和张载以气化言鬼神的方向，在一种更普遍的意义上定义鬼神。他也重视《周易》"精气为物，游魂为变"的说法，用鬼神解释生死问题。与二程张载相比，朱子的讨论更加详尽、细致。此外，朱子很好地在气化系统中说明了天神、地祇、人鬼的形成原理，为祭祀问题的展开提供了理论空间。

四　祭祀的理论基础是相感之理

祭祀的理论基础是相感之理。朱子对"感"的使用也有多重性，此处只讨

---

① 《朱子语类》卷三，第49页。
② 同上书，第39页。

论祭祀这种特殊情况。相感之理的基础要从气说起:

> 问:"鬼神以祭祀而言。天地山川之属,分明是一气流通,而兼以理言之。人之先祖,则大概以理为主,而亦兼以气魄言之。若上古圣贤,则只是专以理言之否?"曰:"有是理,必有是气,不可分说。都是理,都是气。那个不是理?那个不是气?"问:"上古圣贤所谓气者,只是天地间公共之气。若祖考精神,则毕竟是自家精神否?"曰:"祖考亦只是此公共之气。此身在天地间,便是理与气凝聚底。天子统摄天地,负荷天地间事,与天地相关,此心便与天地相通。不可道他是虚气,与我不相干。如诸侯不当祭天地,与天地不相关,便不能相通。圣贤道在万世,功在万世。今行圣贤之道,传圣贤之心,便是负荷这物事,此气便与他相通。如释奠列许多笾豆,设许多礼仪,不成是无此姑谩为之!人家子孙负荷祖宗许多基业,此心便与祖考之心相通。"①

弟子试图从气和理两个角度说明感的问题。朱子批评了弟子的思考方式,正确的表达是:"有是理,必有是气,不可分说。都是理,都是气。"祭主与鬼神的相感,也就是气的相感,对此的说明也就是相感之理。说清楚相感之理,祭祀便是自然的、当然的。

天地之间只是一气,天、地、山川都是一气,我与祖先、圣贤也是一气。就可能性而言万物都可以相感。然而祭主与天、地、山川、祖先、上古圣贤相感的"分理"有所不同。天子祭天地,诸侯祭山川,大夫祭五祀②:天子负担着管理天地间整体事务的责任,与天地相关,其心与天地相通,方可感;诸侯管理一国,大夫管理一家,以此类推。打破这个秩序则不行,诸侯不能感得天地之气,因为诸侯不治理天下,"与天地不相关",没有感通之理,他的气也不与天地相配,故不得感。后代继承祖宗基业,其心与先祖通,因此可感;行圣贤之道者,传圣贤之心,因此可与圣贤感。可见,在具体的分位之中处得恰当,便能与相应的祭祀对象相感。

在具体的分位之中是否处得其当,朱子以心为判断。以天子祭祀天地为

---

① 《朱子语类》卷三,第47页。
② 《礼记·月令》:"[孟冬之月]天子乃祈来年于天宗,大割祠于公社及门闾,腊先祖五祀。"郑玄注:"五祀,门、户、中溜、灶、行也。"五祀是一家之内的五个家神。

例,天子是位,就具体的个人而言,有些有德,有些无德,有些治理天下很好,有些对待百姓很坏,这皆因他们的心不同,因此,他们对天地精神的理解程度也不同。真正做到"此心与天地相通",应该如天地覆载生成万物一样善待百姓。具体到祭祀的场合,祭主应洁净精神,保持此心的诚敬,天神地祇才会感格歆享。此处需再次说明的是,朱子认为不存在人格神,"只阴阳和,风雨时,便是百神享之"①。

这个道理对"人鬼"而言也是一样。朱子非常欣赏上蔡所说的"祖考精神,便是自家精神",这不仅因为后代身上流着祖宗的血,还因为后代继承了祖宗的事业,理解和拥有祖宗的精神。祖宗精神并非一家的私欲,也是天下公理,家家如此。祖宗的气也并非一家私气,人的生,本就是禀得天地之气而生,人死后,其气也自然散去,自然得如同天地间的一草一木。朱子曾用鱼的肚里之水与体外之水做喻,表明人生活于天地之间的状态。从某种意义上说,人反而因为形体的徂落,更鲜明地展现了自我与天地的关系。所以,当弟子用"公共之气"和"自家精神"区分古代圣人和祖考时,朱子予以了否定。只要同时也只有继承了祖考和古代圣贤的精神,诚敬祭祀,我们便能与他们相感通。

最后,需要讨论在鬼气散尽的情况下的相感之理的问题。天地作为整体,其气常在,不会散尽;山川之气比较持久,而祖先和圣贤是个人,他们死后气会散尽。一旦散尽了,人如何感得?朱子曰:

> 死虽终归于散,然亦未便散尽,故祭祀有感格之理。先祖世次远者,气之有无不可知。然奉祭祀者既是他子孙,必竟只是一气,所以有感通之理。②

那些世系较远的祖先,虽不知道他们的气散没散尽,但是子孙与祖先有血缘,其气相类,亦有感通之理。子孙与祖先似乎因为血气的联系而具有极强的相感可能性。"气之有无不可知"是一个暧昧的表达,如果我们继续追问下去,似乎应追溯到"理生气"的问题。"有是理,便有是气",真正与圣贤、祖

---

① 《朱子语类》卷五十八,第1360页。
② 《朱子语类》卷三,第37页。

先心意相通,具有感应之理,即便气已经散尽,或许也能从虚空中生出来。而"理生气"的具体机制比较复杂,本文限于篇幅问题不再讨论。①

五 总结

"鬼神"观念与祭祀传统有密切的联系。孔子之前已经有成熟的鬼神观念,孔子重视祭祀问题,但对鬼神问题本身持存而不论的态度。《礼》中"鬼神"一词出现频率较高,但主要作为祭祀的对象被提及,较少议论鬼神本身。佛教传入中国后,用中国固有的鬼神观念为轮回学说张本,"鬼神"自此与生死、儒佛之辨相关联。如何既解释清楚"鬼神"问题,对抗佛教,又不动摇祭祀活动的合理性,成为儒家学者的重要任务。二程和张载正式开启了用气化说明鬼神的理论方向,但在祭祀问题上所论有限。朱子继承了二程和张载的讨论,并更加完备、系统地解答了这个问题。朱子从阴阳二气的角度理解鬼神,并将祭祀传统所理解的鬼神纳入自己的哲学体系。

朱子通过对"鬼神"概念的重新诠释和对相感之理的详细说明,完成了关于祭祀问题的理性化处理。鬼神是对气的屈伸往来性能的称谓,天神、地祇、山川、人鬼,是鬼神之气的具体类别。朱子对鬼神的这种定义受到了程颐和张载的影响。程张言鬼神,都已经到达了哲学的、普遍的意义。程颐言"鬼神者造化之迹",鬼神是万物生化过程中那些可见的痕迹,钱穆先生认为,朱子对这个说法的采用,表明他将鬼神归于形上形下区分中的形下者。但是,朱子认为伊川的表述过粗,相比之下,他更欣赏张载"鬼神者,二气之良能"的说法,张载不但把鬼神与气直接关联起来,而且指出鬼神指气的两种本有的、内在的性能,这和"神,伸也;鬼,归也"非常接近。

朱子对鬼神的重新诠释,在一定程度上是为了对抗佛家的生死观。佛教认为,人死后有灵魂,它会投入下一个肉体,如此轮回不断。只有修行佛法,才有可能超脱轮回之苦,涅槃寂灭。二程和张载都批评佛教的这种生死观,张载以气一元论批评寂灭,二程则认为佛教理论的症结不在寂灭,而在轮回,

---

① 关于"理生气"的问题,可以参看杨立华《宋明理学十五讲》(北京:北京大学出版社,2015 年),以及北京大学哲学系赵金刚博士毕业论文《天理视域下的历史》。

他们甚至因张载的气一元论像一个大轮回而批评张载。二程的宇宙模式是"生生"的,即,气不断产生,不断消散,此时的消散正是彼时的新生的逻辑环节。朱子也站在彰显天地生生之理的立场上批评佛教的轮回观。因此,虽然朱子赞赏并跟从张载对"鬼神"的解释,然而在整个宇宙模式上,同时也是在更根本的意义上,他继承了二程。

朱子的时代人物不仅仅是对抗佛家的生死观,而是要全面承担起重新为儒家生活方式奠定理论基础的任务。祭祀是"礼之大者",是儒家传统生活方式的重要一环,朱子对鬼神的理性化解释并未取消祭祀的合法性与必要性,相反,朱子对相感之理的成功阐释,表明祭祀不但在道理上是自然的,更是理想社会的应有之仪。这在哲学的高度论证了儒家生活方式的合理性。

Gui Shen, Sacrificing and the Distinction between Confucianism and Buddhism: The Neo Confucianists' Discussion on Gui Shen, Centered on Zhu Xi

Chen Jianmei

Abstract: The concept of Gui Shen, which has a long history in ancient China, is mostly correlated with sacrificing within the tradition of Confucianism. When Buddhism was introduced into China, Buddhists defended the Buddhism concept of reincarnation by relating it to the concept of Gui Shen, which was since then made closely related to the inquiries into life and death, and the distinction between Confucianism and Buddhism. It became an important task for later Confucianists to reinterpret the concept of Gui Shen, in order to distinguish Confucianism from Buddhism, as well as to continue to be compatible with the custom of sacrificing. The Neo Confucianists Cheng Hao, Cheng Yi and Zhang Zai reinterpreted the concept of Gui Shen within the theory of Qi, but they did not say much about sacrificing. It was Zhu Xi who inherited the spiritual heritage of the Cheng brothers and Zhang Zai, and made it more complete and systematic.

Key words: Gui Shen, Sacrificing, Distinction Confucianism and Buddhism, the Neo Confucianism, Zhu Xi

"勿忘勿助"与"必有事"

——湛甘泉与王阳明晚年工夫论之争

马 寄*

提　要：有明中叶，湛甘泉与王阳明分主教席，共同掀起"心学"思潮。晚年湛甘泉、王阳明思想的碰撞、冲突主要体现于工夫领域。王阳明从自己的根本工夫法门——"致良知"出发，批评湛甘泉的工夫法门——"勿忘勿助"无先体认之功，导致涵养的对象和内容不明。面对王阳明对其工夫法门的批评，湛甘泉自我辩白，说明只有经"勿忘勿助"才能涵养出"天理"。王阳明去世后，面对学界一些人对"心学"的非议，湛甘泉又主动调整与阳明之学的冲突，以调和两家之学。

关键词：湛甘泉　王阳明　必有事　致良知　勿忘勿助　体认涵养

有明中叶，湛甘泉、王阳明两人分主教席，共同掀起明中后期"心学"思潮。早年甘泉、阳明共倡"心学"，志同道合，相契无间。①随着思想的成熟，中

---

* 马寄，1972年生，福建闽南师范大学马克思主义学院副教授。
① 甘泉、阳明的早期交往可参见《阳明学的形成与发展》相关章节。钱明：《阳明学的形成与发展》，南京：江苏古籍出版社，2002年。

年甘泉、阳明各树一帜，主要围绕"格物"展开辩论。① 进入晚年，两人在工夫论上发生碰撞、冲突。王阳明去世后，面对学界一些人对"心学"的非议，湛甘泉又主动调整与阳明之学的冲突，以调和两家之学。关于早年中年甘泉、阳明之间的交涉，学界已有论述。而对两人晚年相争又调和的复杂情势，学界至今尚无专文涉猎。本文将笔端投向这一论题，重点论述这一复杂情势如何反映湛、王对孟子思想的不同阐发，"心学"内部的思想裂缝和派别之争，外部对心学的挑战和回应，以及这场论争对"心学"后来发展的影响。

在正式进入这一论题之前，首先要明确甘泉、阳明晚年工夫论。早年甘泉以"随处体认天理"教诲门人，然而"随处体认天理"只是其为学宗旨，并没有坐实具体的工夫法门。甘泉晚年的工夫法门可以归纳为"勿忘勿助"。"勿忘勿助"源于孟子对"集义"的阐述："必有事焉而勿正，心勿忘，勿助长也。"（《孟子·公孙丑上》）甘泉主张借"勿忘勿助"工夫以体察"天理"。

阳明晚年工夫论可以归纳为"致良知"。"是年先生始揭致良知之教。"② 这里"是年"指的是正德十六年（1521），时阳明年五十。阳明这样评述"致良知"：

> 吾"良知"二字，自龙场已后，便已不出此意，只是点此二字不出。与学者言，费却不少辞说。今幸见出此意，一语之下，洞见全体，真是痛快，不觉手舞足蹈。③

早在"龙场"悟道之后，阳明便体悟到"良知"，只是无法以明确的言语来表达。宸濠、忠泰之变，阳明动其心、忍其性，"本然心性"又一次触然而动。这一情境中，多年欲语而又无从说起的"良知"终于脱口而出，由此正式标示自家教义的核心为"致良知"。"致良知"的提出，意味着阳明思想的最终成熟

---

① 就笔者所及，目前仅有一文专门关涉阳明与甘泉"格物"之辩：马寄：《湛若水、王阳明"格物"之辩》，《贵阳学院学报》，2014 年第 4 期。不过在阐述阳明或甘泉"格物"思想时，不少学者亦留意到两人的"格物"之辩。如钱明在阐述阳明、甘泉思想的异同时，涉及两人的"格物"之辩。参见《阳明学的形成与发展》相关章节。陈来在解析阳明"格物"思想时，关注到两人这一论辩。参见：《有无之境——王阳明哲学的精神》相关章节（陈来：《有无之境——王阳明哲学的精神》，北京：北京大学出版社，2013 年）。王文娟在论述甘泉"格物"思想时，亦论及这一论辩（王文娟：《湛甘泉的格物说》，《哲学门》第二十四辑，北京：北京大学出版社，2011 年）。
② 钱德洪：《年谱》（二），《王阳明全集》卷三十四，上海：上海古籍出版社，1992 年，第 1411 页。
③ 钱德洪：《刻文录叙说》，《王阳明全集》卷四十一，第 1747 页。

以及工夫论的最终定型。阳明将"致良知"定位为"圣门正法眼藏"①,这就意味着揭示"致良知"之教后,阳明以"致良知"为天下之正教、学之正统,他教、他学皆不入其法眼。在此自负的情绪下,阳明依据"致良知",批评甘泉的工夫法门——"勿忘勿助"。当此之时,甘泉思想已趋于成熟,"勿忘勿助"工夫法门亦臻于完善。对于阳明的批评,甘泉自然不能认同,奋起为自己的工夫论辩护。

如上所述,"勿忘勿助"源于孟子对"集义"的阐述:"必有事焉而勿正,心勿忘,勿助长也。"(《孟子·公孙丑上》)在这一语境下,"致良知"相应于"必有事"。因此,甘泉、阳明晚年之争便围绕着"勿忘勿助"与"必有事"("致良知")而展开。

一 相争的缘起与"致良知"为主导的体认工夫论

"勿忘勿助"与"必有事"之争源起于王阳明致聂文蔚的一封信函:

> 来书所询,草草奉复一二:近岁来山中讲学者,往往多说"勿忘勿助"工夫甚难。问之,则云:"才着意便是助,才不着意便是忘,所以甚难。"区区因问之云"忘是忘个甚么?助是助个甚么?"其人默然无对,始请问。区区因与说我此间讲学,却只说个"必有事焉",不说"勿忘勿助"。"必有事焉"者,只是时时去"集义"。若时时去用"必有事"的工夫,而或有时间断,此便是忘了,即须"勿忘"。时时去用"必有事"的工夫,而或有时欲速求效,此便是助了,即须"勿助"。其工夫全在"必有事焉"上用,"勿忘勿助"只就其间提撕警觉而已。若是工夫原不间断,则不须更说"勿忘";原不欲速求效,即不须更说"勿助"。此其工夫何等明白简易!何等洒脱自在!今却不去"必有事"上用工,而乃悬空守著一个"勿忘勿助",此正如烧锅煮饭,锅内不曾渍水下米,而乃专去添柴放火,不知毕竟煮出个甚么物来。吾恐火候未及调停,而锅已先破裂矣。近日,一种专在"勿忘勿助"上用工者,其病正是如此。终日悬空去做个"勿忘",又悬空去做个

---

① 钱德洪:《年谱》(二),《王阳明全集》卷三十四,第1411页。

"勿助",奔奔荡荡,全无实落下手处;究竟工夫,只做得个沉空守寂,学成一个痴騃汉,才遇些子事来,即便牵滞纷扰,不复能经纶宰制。此皆有志之士,而乃使之劳苦缠缚,担阁一生,皆由学术误人之故,甚可悯矣!

夫"必有事焉"只是"集义"。"集义"只是"致良知"。说"集义"则一时未见头恼,说"致良知"即当下便有实地步可用功。故区区专说"致良知",随时就事上致其良知,便是"格物";著实去致良知,便是"诚意",著实致其良知而无一毫意必固我,便是"正心"。著实致真知,则自无忘之病;无一毫意必固我,则自无助之病:故说格、致、诚、正则不必更说个忘助。孟子说忘助,亦就告子得病处立方。告子强制其心,是助的病痛,故孟子专说助长之害。告子助长,亦是他以义为外,不知就自心上"集义",在"必有事焉"上用功,是以如此。若时时刻刻就自心上"集义",则良知之体洞然明白,自然是是非非纤毫莫遁,又焉有"不得于言,勿求于心,不得于心,勿求于气"之弊乎?孟子"集义""养气"之说,固大有功于后学,然亦是因病立方,说得大段,不若《大学》格、致、诚、正之功,尤极精一简易,为彻上彻下,万世无弊者也。①

该信函撰于嘉靖七年(1528)十月,②此信距阳明去世仅一月余。在此意义上,海外阳明学大家陈荣捷将其定位为"绝笔之书"③。

信函开端,阳明谈到有从外地前来求学者,向其抱怨"勿忘勿助"工夫甚难。阳明询问缘由。求学者说道,才有意做之,就是"助";才不用心,便"忘";所以难以下手。阳明并未直接回答,而是反问:"忘是忘个甚么?助是助个甚么?"求学者讶然,不知如何应答。阳明这才正式回应诸人所问:我闲时所教之法,只说"必有事",而不说"勿忘勿助"。在"必有事"工夫中,时或间断,便是"忘",此时须"勿忘";若欲求速效,有所期待,便是"助",此时须"勿助"。所以只要在"必有事"上用功便可,所谓"勿忘""勿助"工夫,只是于这一工夫过程中须臾提撕警觉而已。假若"必有事"工夫未尝间断,那么就不必提"勿忘";"必有事"工夫未尝求速效,那么亦不必提"勿助"。"必有事"工夫何等

---

① 王阳明:《答聂文蔚》(二),《王阳明全集》卷二,第93—95页。
② 参见钱德洪:《年谱》(三),《王阳明全集》卷三十五,第1460页。
③ 陈荣捷:《王阳明〈传习录〉详注集评》,重庆:重庆出版社,2017年,第214页。

简洁明了!在"必有事"与"勿忘勿助"两者之间,阳明显然强调"必有事",他认为"勿忘勿助"只是对"必有事"必要的补充。为了说明"必有事"工夫的重要性,"勿忘勿助"工夫的可有可无,阳明用了一个形象比喻:烧锅煮饭,锅内未曾放水下米,却去添柴烧火。恐怕火候未调停好,锅已被烧裂。近日专在"勿忘勿助"用功者,其病正如此。在阳明看来,整天悬空做"勿忘"工夫,或整天悬空做"勿助"功夫,均漭漭荡荡,实未曾有所得。一遭遇现实,便纷扰困惑不已,不能应事裕如。尽管从事"勿忘勿助"者可谓有志之士,然而不免劳顿一生,一事无成。此皆空头学术误人,可怜可悲!

阳明以"致良知"诠释孟子之"必有事"。在此诠释下,原本一时未见头脑的"集义"便有凿实可用功之处。阳明还用"致良知"来诠释"格物""诚意""正心"诸概念,将诸种工夫归纳于"致良知"法门之下,由此便可克服"忘""助"之病。所以说"格、致、诚、正"就可,而不必画蛇添足,再说"忘""助"。于此,阳明对"勿忘勿助"的不满转化为对孟子"集义""养气"思想本身的质疑。在阳明看来,孟子之所以提及"忘""助",是就告子义外之病所开之药方而已。孟子"集义""养气"之说,固然有功于后学,然而因为是因病立方之说,强聒多句,尚不如《大学》"格物、致知、诚意、正心"简易明了,彻上彻下,万世无弊。

批驳完"勿忘勿助",阳明继而批评聂文蔚为学未能专一。意犹未尽,阳明再次指出:"近时悬空去做勿忘勿助者,其意见正有此病,最能担误人,不可不涤除耳。"①

对"勿忘勿助"的訾议非阳明一时兴起,实有感而发,有所针对。他所针对的"山中讲学者"不是别人,就是曾经的志同道合者——湛甘泉。前来求学者可能曾就学于甘泉门下,甘泉教之以"勿忘勿助",学无所得乃转学于阳明门下,并有上述之问。阳明定凤闻甘泉"勿忘勿助"之教,故对聂文蔚才有此番议论。

这一时期,除了在致聂文蔚的信函中,阳明还在致弟子邹守益的信函中,再次主动提及甘泉工夫法门——"勿忘勿助"。在该信函中,阳明将其工夫法门"致良知"与甘泉工夫法门"勿忘勿助"进行了比较:"随处体认天理,勿忘勿

---

① 王阳明:《王阳明全集》卷二,第98页。

助之说,大约未尝不是,只要根究下落,即未免捕风捉影。纵令鞭辟向里,亦与圣门致良知之功尚隔一尘。若复失之毫厘,便有千里之谬矣。"①在整体认同甘泉"随处体认天理""勿忘勿助"工夫法门的同时,阳明亦指出甘泉"随处体认天理""勿忘勿助"未能把握到为学的根究处,因此未免捕风捉影。为学的根究处,在阳明看来,便是知是知非的"良知"。从"致良知"的向度来审视,"随处体认天理""勿忘勿助"固然向内用功,然而与阳明为学的根究处——"致良知"之学还是有着细微的差别。正是由于这一细微的差别,"随处体认天理""勿忘勿助"才与"致良知"分道扬镳,成为两种工夫法门。

约言之,王阳明在确立了"致良知"工夫主旨后,将儒家诸理论皆纳入"致良知"体系来阐释。"必有事焉而勿忘勿助"亦不外乎此。"必有事"乃"致良知"的另一种表达法,根本工夫法门还是"致良知"。直下体认"良知"后,"一是百是"②,故无所谓"忘",亦无所谓"助"。在"致良知"的视域下,"勿忘勿助"多此一举,并可能由此误导后学。将"必有事焉而勿忘勿助"置于宋明理学体认、涵养工夫脉络来审视,"必有事"属于"体认"一脉,"勿忘勿助"则属于涵养一脉。"致良知"是就"体认"而言,阳明以"体认"主导、引领涵养,"良知"之体认乃是第一位的,"良知"之涵养则等而次之。作为涵养方式的"勿忘勿助"自然不入阳明法眼,不被阳明所重视亦在情理之中。

二 以"勿忘勿助"为主轴的涵养工夫论

尽管阳明是在致弟子的私人信函中表达其对甘泉工夫法门——"勿忘勿助"的不满,然而不论聂文蔚还是邹守益,均与甘泉时有书信往来,互通讯息。通过聂文蔚、邹守益,甘泉必然知悉阳明对"勿忘勿助"的不满。对此不满,甘泉必然要有所回应。

在具体阐述甘泉回应之前,还是先审视甘泉"勿忘勿助"工夫法门的来源。

---

① 钱德洪:《年谱》(三),《王阳明全集》卷三十五,第1461页。
② 王阳明:《王阳明全集》卷一,第39页。

甘泉"勿忘勿助"工夫法门源于其业师陈白沙。①《孟子》在有宋升格为儒学基本经典之一,"集义"随之进入学人的视野。不过其时学人多言"必有事",唯程明道语及"勿忘勿助"。至明中叶,白沙承明道之绪,倡言"勿忘勿助":"舞雩三三两两,正在勿忘勿助之间。"②甘泉早年就学于白沙门下,白沙曾以《孟子》"必有事"一节相授。甘泉得悟"必有事"一节之奥秘,从而揭示"随处体认天理"之工夫法门。白沙"深然之":"著此一鞭,何患不到古人佳处也",并以衣钵相授。③早年甘泉以"随处体认天理"为自己的工夫法门,并经此工夫,优入圣域。可是"随处体认天理"毕竟只是为学的大头脑,至于如何具体体认"天理",尚待"勿忘勿助"作为工夫法门。假若"必有事"落实为体认,那么"勿忘勿助"则落实在涵养。随着时间的推移,思想的成熟,甘泉愈来愈着意于"勿忘勿助",希冀于从容不迫中涵养出个"天理"。在此过程中,"必有事"逐渐淡出甘泉思虑的中心地带,而他的工夫论围绕着"勿忘勿助"而展开。对于"勿忘勿助",甘泉信心满满,以之为圣学不二工夫法门。风闻阳明訾议"勿忘勿助"工夫法门,甘泉一再为自己辩白。

阳明在劳顿的旅途中,基于其工夫法门"致良知",对昔日同志甘泉工夫法门"勿忘勿助"未免訾议。甘泉其时为宦于南畿,南畿远离政治中心,多是闲职。闲暇之余,甘泉讲学于新泉书院。阳明对甘泉"勿忘勿助"的訾议发酵于新泉书院,甘泉与弟子不断就"必有事"与"勿忘勿助"进行探讨。

弟子王元德受阳明影响,从阳明之立意诘问甘泉:

> 本体功夫,只是一真切,如乍见孺子入井,怵惕恻隐之心,□□良知良能之心,是其真也,随处只是一个天□本来真切之心,随感而发而存存焉,[过]了一毫便不可,忽了一毫便不可,此之谓勿忘勿助之间,乃真切之至也。今之为勿忘勿助之学者,吾惑焉!率不得真切之体,而徒漫焉为之,是恶得为勿忘勿助之学?愚欲以是箴时弊,可否?④

---

① 陈献章(1428—1500),字公甫,广东新会白沙里人,学人多称其为白沙先生。
② 陈献章:《与林郡博》(七),《陈献章集》卷二,北京:中华书局,1987年,第217页。
③ 湛若水:《答问》,《甘泉先生续编大全》卷二十八,第7页。本文所用《泉翁大全集》(明嘉靖十五年刻,万历二十一年修补本)及《甘泉先生续编大全》(明嘉靖三十四年刻,万历二十三年修补本),台湾"国家图书馆"藏,钟彩均点校整理成电子文档。
④ 湛若水:《新泉问辩续录》,《泉翁大全集》卷七十四,第24页。

王元德的思路一如阳明,认为为学当先体认,后涵养。体认得真切,然后以"勿忘勿助"涵养之。若体认不到真切之"天理",茫然为之,"勿忘勿助"之学怎能成立?王元德认为唯此才能规诫为学之时弊。

面对王元德的诘问,甘泉如是辩解:

> 须于勿忘勿助之间停停当当,乃见真切,真切即天理本体也。今乃反于真切上求勿忘勿助之功,则所谓真切者,安知不为执滞之别耶?安知不为助长耶?吾非不传,子自不习,于勿忘勿助、体认天理之功,尚未见真切,未见得力,乃欲以箴时之弊,是反戈也。①

于"勿忘勿助"之间,坦坦荡荡,自能体认真切,而真切就是"天理"。可是今日一些学人却于真切上反求"勿忘勿助"之效,真切因而滑落为执滞。可能不知不觉中就犯了助长之弊。甘泉不禁感慨,其学非其不传授,而是王元德自己未曾习得。针对王元德自信地认为先体认、后涵养可规诫为学之时弊,甘泉指出王元德未能真切地把捉到"勿忘勿助""体认天理"之三昧,而欲规诫其时为学之弊,此可能适得其反。

当然,亦有不少弟子赞同甘泉观点,门人津如是说:

> 鸢飞鱼跃,活泼泼地,学者用功,固不可不识得此体。若一向为此意担阁,而不用参前倚衡的功夫,终无实地受用,须是见鸢飞鱼跃的意思,而用参前倚衡功夫,虽用参前倚衡的功夫,而鸢飞鱼跃之意自在,非是一边做参前倚衡的功夫,一边见鸢飞鱼跃的意思,乃是一并交下,惟程明道谓:"必有事焉而勿正心,勿忘勿助长,未尝致纤毫人力。"最尽。②

津认为其时学人多沉溺于鸢飞鱼跃之生意,从而无视参前倚衡之随处工夫。在津看来,正确的工夫法门,乃在用参前倚衡随处之工夫的同时,亦不忘鸢飞鱼跃之生意。这就是说,用参前倚衡之随处工夫,鸢飞鱼跃之生意便宛然而在。二者是同时并进、交互影响的关系。此间交互关系,明道之"必有事焉而勿正心,勿忘勿助长,未尝致纤毫人力"说得最为妥帖。

津不反对鸢飞鱼跃之生意流行于心间,而是警惕沉溺于此生意就可能导

---

① 湛若水:《新泉问辩续录》,《泉翁大全集》卷七十四,第 24 页。
② 湛若水:《新泉问辩录》,《泉翁大全集》卷六十九,第 8—9 页。

致认欲为理。故津提倡在生意流行于心间的同时,亦不忘参前倚衡的工夫。

对于津的观点,甘泉深以为然,进而如是评述:

> "鸢飞鱼跃"与"参前倚衡"同一活泼泼地,皆察见天理功夫,识得此意而涵养之,则日进日新,何担阁之云?不可分为二也。所举明道"必有事焉勿正,勿忘勿助,元无丝毫人力"之说最好。勿忘勿助中间,未尝致丝毫人力,乃必有事焉之功夫的当处。朱传"节度"二字最好,当此时节,所谓"参前倚衡",所谓"鸢飞鱼跃"之体自见矣。阳明谓勿忘勿助之说为悬虚,而不知此乃所有事之的也,舍此则所有事无的当功夫,而所事者非所事矣。①

在整体赞同津的观点基础上,甘泉进行了部分修正,主要体现在将鸢飞鱼跃从工夫后的效应下降至工夫层面,这便与参前倚衡处于同一层面。假若说参前倚衡就身边的伦常而言,那么鸢飞鱼跃是就周遭的自然而言。在甘泉看来,周遭的自然与身边的伦常均流淌着生生之意,就此便可体察到生生之"天理"。在体察到生生之"天理"后,当继而涵养之,人之德性方能日进日新。若如此用功,则不会存在所谓识欲为理的问题。这就是说,在甘泉看来,工夫的全幅内涵包涵体认、涵养。在指出工夫全幅内涵后,甘泉亦在提示体认与涵养不可截然二分,而应一时俱在。甘泉肯认津所引用明道"必有事焉勿正,勿忘勿助,元无丝毫人力"以表述体认与涵养的一时俱在性,不过津引用此句后便戛然而止,甘泉则从中捻出"勿忘勿助",继而发挥之。"勿忘勿助"之妙处,在于未尝致丝毫之力,亦达"必有事"之功。在这一表述中,甘泉以"勿忘勿助"将体认、涵养打并为一,进而甘泉赞同朱熹以"节度"来诠释"勿忘勿助"。在"勿忘勿助"这一为学过程中,所谓"参前倚衡""鸢飞鱼跃"之体澄然呈现于心间。在表彰"勿忘勿助"之功后,阳明对其"勿忘勿助"的訾议又一次浮上心头,甘泉亦不忘对此作出回应。阳明以"勿忘勿助"为虚悬高蹈,却不知"勿忘勿助"正是"所有事"之功。舍"勿忘勿助","所有事"无恰当之工夫,则所事者不知所事何事。

津意识到,为学宗旨与为学具体法门之间有着内在关联,这就是明道的

---

① 湛若水:《新泉问辩录》,《泉翁大全集》卷六十九,第8—9页。

"必有事焉而勿正心,勿忘勿助长,未尝致纤毫人力"。对于津之体悟,甘泉表示认同。与此同时,甘泉抓住津言而又止的明道之语,简练为"勿忘勿助"。在"勿忘勿助"中,达"所有事"之功,识生生之意。

假若说津从反面阐述若无"勿忘勿助",则会有发生怎样的后果,那么子嘉则从正面阐明若从"勿忘勿助"出发,则有何效益,并以此就教于甘泉:

> 程子曰:"勿忘勿助之间,乃是正当处。"正当处即天理也,故参前倚衡与所立卓尔,皆见此而已。必见此而后可以语道。或以为勿忘勿助之间乃虚见也,须见天地万物一体,而后为实见。审如是,则天地万物一体与天理异矣。人惟不能调习此心,使归正当,是以情流私胜,常自扞格,不能体天地万物而一之。若能于勿忘勿助之间,真有所见,则物我同体在是矣。或于此分虚实者,独何与?故图说曰:"性者,天地万物一体者也;心也者,体天地万物而不遗。"舍勿忘勿助之间,何容力乎?①

子嘉从明道"勿忘勿助之间,乃是正当处"说起,认为"勿忘勿助"间便可至"正当"处,此"正当"处便是"天理",这与参前倚衡、所立卓尔,异曲同工。可有些学人并不认同"勿忘勿助"这一工夫法门,以之所见为虚,认为体察到天地万物为一体才可谓实有所见。子嘉不敢苟同于这一所见,认为若如是,则将天地万物一体与"天理"判然为二。子嘉还是坚持以"涵养"之法趣于"天理"。这里,子嘉采用的是正反两面的论证方式。从反面而言,若未能调习此心,使之归于正,是以情意流肆而私欲流行,心存扞格,世间万物自不能纳于一心之内。从正面而言,若于"勿忘勿助"间能体认真切,则物我浑然。子嘉不禁感慨:涵养以趣于"天理",何虚之有?结束处,子嘉再次申明舍"勿忘勿助之间",无用力之处。

接着子嘉的话语,甘泉继续发挥:

> 惟求心必有事焉,而以勿助勿忘为虚,阳明近有此说,见于与聂文蔚侍御之书,而不知勿正勿忘勿助,乃所有事之工夫也。求方圆者必于规矩,舍规矩则无方圆,舍勿忘勿助,则无所有事而天理灭矣。下文"无若宋人然","非徒无益而又害之",可见也。不意此公聪明,未知要妙,未见

---

① 湛若水:《新泉问辩录》,《泉翁大全集》卷六十九,第 10—11 页。

此光景,不能无遗憾。可惜!可惜!勿忘勿助之间,与物同体之理见矣,至虚至实须自见得。①

甘泉心知肚明是自己昔日的"同志"——阳明以"必有事"为实、而以"勿忘勿助"为虚,并且亦知其出处。甘泉自不会认同阳明对其訾议,坚持认为"勿正勿忘勿助"即是"必有事"之工夫。这就是说,在甘泉看来"勿忘勿助"并非如阳明所云为虚见。为了证明"勿忘勿助"工夫实有所见,甘泉从规矩的向度来加以回护。欲求方圆,必有规矩,舍规矩则无方圆。同理,舍"勿忘勿助"则"必有事"不知何向,"天理"亦不知何求。于是甘泉不禁感叹:阳明此等聪慧者,竟亦未知"勿忘勿助"之要妙,未能领会"勿忘勿助"之光景,不能不有所遗憾。"勿忘勿助之间",浑然与物同体,体会于此,虚与实之间自能辨析。

甘泉将"勿忘勿助"定位为工夫之规矩,这不无意味着循"勿忘勿助",才实有用力之处;舍"勿忘勿助",则无所着手之处。在此意义上,"勿忘勿助"是"必有事"的不二法门。

"必有事"与"勿忘勿助"始终横梗于心间,在与弟子周道通的闲谈中,甘泉主动如是教诲:

> 必有事焉,乃吾终日所谓随处体认天理;勿正心勿忘勿助长,乃所有事之功夫规矩也,亦吾所谓体认天理之功夫规矩也。若舍勿忘勿助之功,而求必有事焉,则所事或过不及,不中不正而非天理矣。近日或有主必有事焉,而非勿正勿忘勿助之功也,不亦异乎?求有事于天理者,必勿忘勿助,譬之为方圆者,必以规矩。是方圆非规矩,可乎?②

甘泉将"必有事"等同于自己的工夫宗旨"随处体认天理"。"勿忘勿助"是"必有事"的规矩,"必有事"即"随处体认天理",于是"勿忘勿助"亦成为甘泉"体认天理"的规矩。在此前提下,甘泉具体诠释了"勿忘勿助"为"必有事"规矩的内涵。"必有事",所"事"可能过,可能不及,过抑或不及则远离所"事"之宗旨——"天理"。这就是说,只有在"勿忘勿助"的指引下,所"事"才能趣于中正,从而发明"天理"。在阐明"勿忘勿助"是"必有事"之规矩后,甘

---

① 湛若水:《新泉问辩录》,《泉翁大全集》卷六十九,第10—11页。
② 同上书,第23页。

泉不禁忿然于有学人主"必有事",转而则訾议"勿忘勿助"。为了进一步阐明"勿忘勿助"是"必有事"之规矩,甘泉重述求方圆必以规矩,求有"事"必以"勿忘勿助",进而反诘:舍规矩而求方圆,可得乎?

为阐明"必有事"之先在性,阳明列举了"烧锅煮饭"之例。为了回应阳明这一事例,甘泉亦举了相似的例子:

> 必有事焉,此吾丹头真种子也;勿正勿忘勿助,乃吾之火候也。无火候是无丹也,非勿正勿忘勿助,是无所事也。①

甘泉将"烧锅煮饭"转换为道家之炼丹。"必有事"恰如炼丹之真种子"丹砂","勿忘勿助"则对应着火候。无恰当火候,"丹砂"不可炼成;若舍"勿忘勿助",所"事"亦不可成。

阳明利用"烧锅煮饭"以强调当先有米,有米才可"煮饭"。在炼丹之例中,除了如阳明般强调丹砂之"真种子"外,甘泉还着意于炼丹之火候。这就是说,在体认"天理"层面,阳明与甘泉并无分歧,在体认"天理"后,阳明与甘泉则趋于不同的路径。阳明认为体认"天理",致己之"良知"后,则"一是百是";甘泉则以为体认"天理"后,不可能"一是百是",体认到的"天理"亦可能失去,故体认"天理"后还应涵养之。

弟子刘心赞成甘泉涵养工夫法门,并将自己的理解语之于甘泉:

> 人心与天地万物为一体,是则然矣。但学者用功只当于勿忘勿助上著力,则自然见此心虚明之本体,而天地万物自为一体尔,故曰"立则见其参于前也,在舆则见其倚于衡也",曰"古人见道分明",曰"已见大意",曰"见其大",皆指见此心本体言之尔。若为学之始,而遽云"要见天地万物为一体",恐胸中添一天地万物,与所谓守一中字者不相远矣。未知是否?②

在刘心看来,为学之宗旨固然是达成与万物浑然一体的境界。不过欲臻于这一境界,当于"勿忘勿助"中用功。"勿忘勿助",本然"心体"趋于虚明,于此际万物便呈之于心。古圣所云"古人见道分明""已见大意","见其大",

---

① 湛若水:《新泉问辩录》,《泉翁大全集》卷六十九,第23页。
② 湛若水:《新泉问辩录》,《泉翁大全集》卷七十,第18—19页。

皆指示众人于此用功。为学假若遽然以体察天地万物一体之意为入手处,恐是胸中横着数物,这与为学心中守一"中"殊途同归。

对于刘心为学所体,甘泉由衷赞同,说道:"吾意正是如此。"接着刘心之话头,甘泉继续加以发挥:

> 勿忘勿助,心之中正处,这时节天理自见,天地万物一体之意自见。若先要见,是想像也。王阳明近每每欲矫勿忘勿助之说,惑甚矣。①

甘泉认为"勿忘勿助"是趋于万物浑然一体境界的不二工夫法门,若于此工夫法门前先立个万物浑然一体之意,便不免陷入想象之窠臼。阳明对这一工夫法门却时时訾议,此可见阳明为学之惑。

甘泉将"勿忘勿助"视为自己独特的工夫法门,在"勿忘勿助"从容不迫的涵养中体察到"天理",这显然有别于阳明直契心体、当下即是的"致良知"工夫法门。

直契式工夫法门,阳明自诩乃圣门聪慧者法门。针对这一言论,甘泉在教诲弟子周克道时,故意以"聪明"作为话头,说道:

> 聪明圣知,乃达天德,故入道系乎聪明。然聪明亦有大小远近浅深,故所见亦复如此。曾记张东所谓"定性书静亦定、动亦是定,有何了期?"王阳明近谓:"勿忘勿助,终不成事。"夫动静皆定,忘助皆无,则本自然,合道成圣,而天德王道备矣。孔、孟之后,自明道之外,谁能到此?可知是本习经历。二君亦号聪明,亦止如此。故人之聪明,亦有限量。②

甘泉基本上还是认同基于聪明,便可上达天德,与万物为一。尽管聪明圣知者可能有大小远近浅深之别,然而所见无外乎此。无疑上达天德的方式是"勿忘勿助"。为了维护"勿忘勿助"这一工夫法门,甘泉将阳明对"勿忘勿助"的指责,比拟为自己同门张东所对明道"动亦定,静亦定"的指责。明道在《定性书》中倡导"动亦定,静亦定"。基于其"自然"工夫法门,张东所认为"静亦定、动亦是定,有何了期?"同样基于自己的"致良知",阳明认为甘泉"勿忘勿助"终不会上达天德。基于为学经历,甘泉认为,孔、孟之后,唯明道能上

---

① 湛若水:《新泉问辩录》,《泉翁大全集》卷七十,第18—19页。
② 同上书,第21—22页。

达天德。然而如张东所、阳明这等聪颖者却仍然徘徊于明道工夫之外。在此意义上,对一己之私智,甘泉还是持保留态度。

晚年,甘泉、阳明工夫论定型,二人之间的交涉便围绕工夫论展开。阳明之工夫法门可言之为"致良知",甘泉之工夫法门可谓之为"勿忘勿助"。阳明认为工夫的机枢在于致心中一点"良知"、信心中一点"良知",致而信心中一点"良知",世间染污、心性尘埃则冰消雪融。甘泉并不否定致而信心中一点"良知",只是认为"良知"可致,亦可失,故工夫的关键在于体认而涵养之。涵养的具体方式便是"勿忘勿助",在从容不迫地涵养中,"生意"便畅然于心间。在此意义上,甘泉的"勿忘勿助"并非如阳明所指责的那般悬空做工夫。日本学者东正纯亦不禁为甘泉打抱不平:"甘泉岂悬空讲勿忘勿助者乎?"①

三 甘泉暮年:主动调和

天妒英才,嘉靖七年(1528)十一月,阳明病逝。对于昔日同志的病逝,甘泉十分悲伤,越明年三月撰《奠王阳明先生文》②,深情款款地追忆其与阳明交游、论学的一幕幕。与此相应,甘泉亦意识到尽管阳明与其学术观点不尽相同,然与己同道者唯阳明而已,于是一改与阳明相诤之风,转而主张调和两家学说。

嘉靖十一年(1532),阳明弟子钱绪山赴苏州任教授,就"教学之道"叩问于甘泉。有学人对此深表不解,认为钱绪山就学于阳明门下,深得阳明"良知"之说,又何必再就教于甘泉,且甘泉之学乃"天理"之学,与阳明"良知"之说不免有出入之处。面对此种谤议,甘泉如是回应:

> 无所安排之谓良,不由于人之谓天,故知之良者,天理也,孟氏所谓爱敬之心也,知良知之为天理,则焉往而不体?故天体物而不遗,理体天而不二,故良知必用天理,天理莫非良知,不相用不足以为知天。良知必用天理,则无空知;天理莫非良知,则无外求。③

---

① 转引自陈荣捷:《王阳明〈传习录〉详注集评》,第215页。
② 湛若水:《奠王阳明先生文》,《泉翁大全集》卷五十七,第15—17页。
③ 湛若水:《赠掌教钱君之姑苏序》,《泉翁大全集》卷二十二,第17页。

甘泉从"自然"来沟通己之"天理"与阳明之"良知"。在"自然"的语境下,"良知"即"天理",两者相互依存。"良知"依之于"天理",则"良知"所知非空知;"天理"依之于"良知",则本心自足,无待外求。在"天理""良知"的相互依存中,甘泉尽量淡化分歧,在求同存异中处理二者的关系。

甘泉之所以调整与阳明学的策略,与当时的政治背景不无关联。阳明甫一去世,朝廷旋即有人谤议之,明世宗竟听从小人之谤议,嘉靖八年(1529)宣布阳明为伪学。① 这就意味着"心学"岌岌可危。唇亡齿寒,甘泉亦感到压力,与王学"抱团",共同抵抗谤议,这也许是"心学"赖以生存的最佳方式。

薛侃与阳明亦师亦友,与甘泉时通音讯,其向甘泉抱怨天下时人哓哓于甘泉"天理"之说,甘泉如是安慰:

> 前者良知之学亦已遭此,今日天理之学何怪其然?凡横逆之来,在我能善用之,反为进德之地。他山之石,可以攻玉,以玉攻玉,其能成之乎?静言思之,自反自责,大抵在吾同志尚有未协者,何怪乎其它?夫道至一无二者也,认得本体,则谓之良知亦可,谓之良能亦可,谓之天理亦可。②

在甘泉看来,时人非议其"天理"说,一如昔日时人訾议阳明之"良知"说,何足为怪。横逆之来,无动于心,反以之为进德之地,则横逆之来有助于吾辈成德成仁。甘泉进而反省,同道中人尚未能协同一致,他人非议又何以为怪?"道"一而已,若真能体认,则谓之"良知"亦可,谓之"良能"亦可,谓之"天理"亦可。面对外来非议,甘泉更强调阳明"良知"之说,己之"天理"说本同为一"道",谓之"良知",抑或"天理",本无不可。

不实的非议,使甘泉倍感压力,有时不禁追忆起阳明的担当精神:

> 盖此学如线几绝,得一人如阳明公焉,出而担当之,虽在孔门门路,所由者众矣。哓哓非之,如同舟之人不奋舟楫之力,而互相非哄,其不为自败乃载乎?③

---

① 王阳明心学被訾为伪学,详见左东岭《王学与中晚明士人心态》相关章节(左东岭:《王学与中晚明士人心态》,北京:商务印书馆,2014年)。
② 湛若水:《答薛尚谦》,《泉翁大全集》卷十,第18—19页。
③ 湛若水:《与桂阳欧平江太守》,《甘泉先生续编大全》卷八,第15页。

文中"此学"指的就是甘泉与阳明所共倡的"心学","心学"其时虽如履薄冰,却亦不绝如缕,这多有赖于阳明当初勇于承担的精神。面对时人之哓哓,甘泉指出若同志间相互攻讦,则自招失败,因此同道之人,当同舟共济。

在此意识下,甘泉在致友人的信函中反省其与阳明为学之辩:

> 盖两家之学,善用则同,不善用则异。故吾区区之心念初与阳明公共起斯文。虑晚学或失其初,而每与之明辨。如韶州讲良知良能一章,忠于阳明者至也。且不图十余年乃有诸君今日之终合。人有因御外侮而兄弟忘其阋墙之私者,非一家之福乎?幸各示同志为大同,谁敢侮之?……二家若以大同为公,何患斯道之不兴乎?执事以兴起斯文为心者,幸自以为功,遍告同志察见天理,真为良知,默而成之,不言而信,闇然日章焉,天下后世斯文幸甚。①

在甘泉看来,湛门之学、王门之学并不存在绝对的同或异,善用则同,不善用则异。当初甘泉与阳明一见定交,以共倡斯道为己任。只是担忧后学不明本然"心体",故每每与阳明争辩。尽管如此,然在甘泉看来,其与阳明所讲亦无不相合,如于韶州讲"良知良能"一章,与阳明同出一辙。不期十余年后与王学又相契相合。甘泉一再强调,共御外辱,应忘阋墙之私。若两家之学趋于一致,则谁敢非之?信末,甘泉还念念叨叨,希望两家能以趋同为己意,以兴斯道为己任。

于此,甘泉尽量弱化自己与阳明之间曾经的争辩,而着意于起初、终究处与阳明的同倡圣学。可以这么说,到了暮年,面对外在强大的谤议,甘泉还是回到起点,期待与王门后学共倡圣学,以使天下共趋斯道。

---

① 湛若水:《再答戚黄门秀夫》,《泉翁大全集》卷十,第20—21页。

"Keeping in Mind but Not Promoting" and "Applying Conscience": The Differences in Cultivation Strategies between Zhan Ganquan and Wang Yangming

Ma Ji

Abstract: During the middle age of the Ming Dynasty, the Confucian Mind School had two branches, whose leaders were Zhan Ganquan and Wang Yangming. In the later years of Zhan Ganquan and Wang Yangming, their main contradiction lay in the field of cultivation strategy. Based on his own strategy of "Applying Conscience", Wang Yangming criticized Zhan Ganquan's strategy of "Keeping in mind but not promoting". Facing the criticism of Wang Yangming, Zhan Ganquan argued that one must experience the process of "Keeping in mind but not promoting", before one could figure out the "heavenly principles". After the death of Wang Yangming, when Zhan Ganquan was faced with criticisms from the Mind School of other scholars, he chose to alleviate his conflict with Wang Yangming to reconcile two schools of thought.

Key Words: Wang Yangming, Zhan Ganquan, cultivation strategy, Applying Conscience, Keeping in mind but not promoting

书讯

《分配正义论》

〔美〕约翰·E. 罗默著，张晋华、吴萍译

北京：社会科学文献出版社，2017年

约翰·E. 罗默（John E. Roemer）曾任教于加州大学戴维斯分校，现任耶鲁大学政治经济学教授。同时也是计量经济学会成员、美国文理科学院院士、英国科学院通讯院士。在经济学和政治哲学领域，罗默的著作都独出心裁、别具一格。譬如 A General Theory of Exploitation and Class, Free to Lose, A Future for Socialism, Equality of Opportunity 等。

本书是对社会或团体应该如何在具有竞争性需求的个体之间分配稀缺资源及成品的理论研究成果的介绍。在内容上，本书是以"修正时序法"（modified chronological order）展开的，即介绍完一种观点之后，并不直接转向下一个观点，而是随后附上最新的进展，然后再转向下一个观点。基于这一方法，罗默在本书中综合了经济学家和哲学家们在过去五十年间关于分配正义的研究成果，系统介绍了肯尼思·阿罗（Kenneth Arrow）的不可能定理（impossibility theorem）、约翰·纳什（John Nash）公理化方法、功利主义、平等主义和新洛克学派，并吸纳了诸如约翰·罗尔斯（John Rawls）、阿玛蒂亚·森（Amartya Sen）、罗伯特·诺齐克（Robert Nozick）及罗纳德·德沃金（Ronald Dworkin）等思想家的观点。总结来说，他综合了形式化的分析和其对政治哲学的尊重与深层次理解，不但从哲学视角评判了经济学家们所理解的正义观，还从经济学角度透视了哲学中的分配正义理论。罗默这一综合性作品有助于对分配正义理论感兴趣的政治哲学家和更广泛意义上的社会科学家们在研究上碰撞出思想的火花。（郭清飞）

焚香与"闲赏"生活
——明代中期吴门文人的焚香雅事

刘 耕

提 要：本文从明代中期吴门文人生活及其诗画作品中常见的焚香雅事入手，探讨焚香与以"闲赏"为旨趣的文人生活方式间的关系。总体来说，对于明代中期的吴门文人而言，焚香不仅是一种感官享受，也是一种审美体验。吴门文人将焚香视作自己心灵的陪伴和慰藉。焚香和园林风景、书画器物等，一起构成了文人闲赏生活的内容。焚香参与营造出一种"闲静"的意境，文人融身此意境中，获得精神的颐养和禅的参悟。对焚香的喜好，揭示出吴门文人对一种审美化人生的追求。

关键词：焚香 闲赏生活 审美体验 闲静 禅悟

明代中期的吴门文人，在政治失意之余，往往寄情于一种闲赏的生活，在艺术和审美中获得生命的慰藉。在这种生活中，焚香是一件常见的雅事。文人多好焚香室内，营造一种幽香弥漫的氛围，在其中吟诗作画，烹茶煮酒。对于焚香的记载和描绘，在吴门诗画中随处可见。

焚香作为吴门文人普遍的喜好，不止是一种感官愉悦的追求，而是包含着更丰富的精神性诉求。它和"闲赏"的人生旨趣间，有着深层的关联。本文就吴门文人诗画中焚香这一雅事入手，探讨它在闲赏生活中的意义；希望通

---

* 本文为国家社科基金项目青年项目，项目编号：16CZX066，项目名称："'文人画'的美学精神及其当代价值研究"。

** 刘耕，1988年生，武汉大学哲学学院讲师。

过这一研究,为明代中后期文人优雅、精致的私人生活提供一些精神性的阐释。

一 焚香之历史及意蕴

中国古人对"香"有着悠久的喜好。这种喜好,既来自香产生的感官愉悦,更来自于香被赋予的丰富意蕴。《诗经》之中已有各种香草和香料的记载。如《唐风·椒聊》道:"椒聊之实,蕃衍盈升。"①这是描绘对花椒这种香料的采集。《周颂·载芟》道:"有飶其香,邦家之光。有椒其馨,胡考之宁。"②这是以食物和香料的馨香来供养宾客和老者。《大雅·生民》道:"卬盛于豆,于豆于登。其香始升,上帝居歆。"③这里香气是祭祀上帝之礼仪的要素。

屈原则开创了中国艺术中"香草美人"的传统。他诗中关于香草的描述比比皆是,品类亦颇为繁多,如江离、芷、兰、蕙、椒、菌桂、留夷、揭车、杜衡、薜荔、胡绳、芙蓉、荪、辛夷等。屈原在艺术中营造了一个充满香的世界:以香为饮食——"朝饮木兰之坠露兮,夕餐秋菊之落英"④;以香为衣饰佩戴——"扈江离与辟芷兮,纫秋兰以为佩"⑤,"制芰荷以为衣兮,集芙蓉以为裳"⑥;以香来修筑居室,迎接神明——"筑室兮水中,葺之兮荷盖。荪壁兮紫坛,播芳椒兮成堂。桂栋兮兰橑,辛夷楣兮药房。罔薜荔兮为帷,擗蕙櫋兮既张。白玉兮为镇,疏石兰兮为芳。芷葺兮荷屋,缭之兮杜衡。合百草兮实庭,建芳馨兮庑门。九嶷缤兮并迎,灵之来兮如云"⑦。《史记》称屈原:"其志洁,故其称物芳。"⑧屈原渴望一个芬芳之国,没有小人之浊臭与丑陋,只有君子之德馨与美好。屈原笔下,"香"是君子高洁品性的象征,是其精神气质的外在流露,是一种理想中的政治和道德风气。

---

① 程俊英、蒋见元:《诗经注析》,北京:中华书局,1991年,第314页。
② 同上书,第981页。
③ 同上书,第807页。
④ 洪兴祖:《楚辞补注》,北京:中华书局,1983年,第12页。
⑤ 同上书,第4—5页。
⑥ 同上书,第17页。
⑦ 同上书,第66—67页。
⑧ 司马迁:《史记》,北京:中华书局,2006年,第505页。

至于焚香,不知起于何时。丁谓在《天香传》中提到:"香之为用从上古矣,所以奉神明,所以达蠲洁。三代禋祀,首惟馨之荐,而沉水、熏陆无闻焉。百家传记萃众芳之美,而萧芗郁鬯不尊焉"①,认为早期焚香的形式主要是焚烧食物,而功能在于祭祀。《礼记》载:"郊血,大飨腥,三献爓,一献孰。至敬不飨味,而贵气臭也。"②祭祀之中,要表达对神明的敬意,最重要的便是香气。女巫则在执掌岁时祓除时,以熏香草药沐浴己身,来表达敬意。《周礼》载:"女巫掌岁时祓除衅浴。"郑玄注曰:"岁时祓除如今三月,上巳如水上之类,衅浴谓以香熏草药沐浴。"③证明当时的礼俗中,已有香熏之举。

扬之水在《香识》中提到:"熏香所用的香料,早期为禾本科的茅香,时称为薰草或蕙草。与薰草配合的熏香器具是炉身很浅的豆式熏炉。"④汉代以降,中国的域外交流越来越频繁。龙脑、苏合等香料传至中土,焚香之方式也发生转变,因为此类香料"不像茅香那样可以直接燃烧,而须在下面承以炭火,与它配合的熏香器具自然要随之变化,于是出现了博山炉"⑤。由如今出土文物中汉代博山香炉之丰富与精良可知,在汉代之日常生活中,焚香已成一种比较普遍的习俗。

汉代以来,焚香一方面继续承担着宗教功能,佛道二教的仪轨中,焚香之礼随处可见;另一方面,则流行于日常生活中。

唐宋之时,香的品类变得更加丰富,有沉水香、龙脑香、檀香、降真香、安息香、苏合香、麝香、迷迭香等,这些香料在诗文中多被提及。制香用香的方法也愈见繁多和精致,有将香制成香饼、香丸、香末的;有以"合香之法",集合多种香料来炮制,"贵于使众香咸为一体"⑥,使焚烧之香气更具韵味;还有将香制成线香、篆香的。篆香亦称印香,是将香粉压于模具内,制成篆字之形。洪刍《香谱》载:"镂木以为之,以范香尘,为篆文,然于饮席或佛像前,往往有至二三尺径者。"⑦篆香还有用来计时的,有一种"百刻香","其文准十二辰,

---

① 陈敬:《新纂香谱》,严小青编,北京:中华书局,2011年,第233页。
② 郑玄注:《礼记》,四部丛刊景宋本,第八卷第1页。
③ 郑玄注:《周礼》,四部丛刊明翻宋岳氏本,第六卷第41页。
④ 扬之水:《香识》,桂林:广西师范大学出版社,2011年,第1页。
⑤ 同上。
⑥ 陈敬:《新纂香谱》,第160页。
⑦ 洪刍:《香谱》,清学津讨原本,下卷第6页b。

分一百刻,凡然一昼夜"①,凭借香上的刻度,和均匀的燃烧速度,来计算时辰。而香的文学意象,则在嗅觉的感触之外,又融入了时间感。如秦观《减字木兰花》词道:"欲见回肠,断尽金炉小篆香。"②炉中篆香已慢慢烧尽,而相思之怅惘仍不得排遣。

此外,熏笼、熏球、香盒、熏炉、香兽等香器也广泛出现于文物和诗文中,从物质的层面,呈现出当时香之市场和生活的繁盛。其中,熏笼是熏衣之物,以竹片制成,下置香炉,上覆衣物。衣物先以热气润湿,然后再以炉香熏染。《陈氏香谱》载:"凡欲熏衣,置热汤于笼下,衣覆其上,使之沾润,取去,别以炉蓺香,熏毕,迭衣入箧笥隔宿,衣之余香数日不歇。"③熏球,亦常被称"香囊",制作工艺高超,球中有承火之香盂。熏球翻转,香盂也不会翻侧倒出香灰,所以可置袖中和被中。香盒为盛放香末之物,有瓷器、漆器等多种形态。

至于熏炉和香兽,则是香炉的不同形制。扬之水提到:"宋代香炉可以大致分作两种类型,其一封闭式,其一开敞式。前者有盖,后者则否。今一般称封闭式的炉为熏炉,开敞式的炉为香炉。""炉盖作成莲花和狻猊,是封闭式香炉中最常见的两种,宋人或称之为'出香'。"④开敞式的香炉,常被制成各种鸟兽植物的形状。它还有一种名称叫"香兽"。洪刍《香谱》载:"香兽以涂金为狻猊麒麟凫鸭之状,空中以然香,使烟自口出,以为玩好,复有雕木埏土为之者。"⑤《陈氏香谱》记香炉道:"香炉不拘银、铜、铁、锡、石,各取其便,用其形,或作狻猊、獬豸、凫鸭之类,随其人之意作。顶贵穿窿,可泻火气,置窍不用太多,使香气回薄则能耐久。"⑥出香或香兽的功能,是缓缓地将焚烧出的香气释放出来。香兽能让香气变得更加幽淡而绵长,它的使用,体现出宋人对于香的趣味。宋人不追求感官的刺激,而在乎一种清新的、恬淡的体验。香兽还为香增添了烟云弥漫室内的视觉美感。赵希鹄《通天清录》载:"东坡小有洞天石,石下作一座子,座中藏香炉。引数窍,正对岩岫间,每焚香,则烟云满

---

① 洪刍:《香谱》,下卷第6页a。
② 秦观:《淮海居士长短句笺注》,上海:上海古籍出版社,2008年,第78页。
③ 陈敬:《新纂香谱》,第163页。
④ 扬之水:《香识》,第54页。
⑤ 洪刍:《香谱》,下卷第6页b。
⑥ 陈敬:《新纂香谱》,第200页。

岫。"①香气产生的烟云缭绕石间,使人恍若神游仙山之中。

唐宋的诗文中,焚香主要发生于三种情境中:佛道教的仪式,闺阁生活情境,文人生活情境。后两种情境更多涉及日常生活,多发生于一个相对封闭的私人空间中。《陈氏香谱》引《香史》道:"焚香必于深房曲室,矮桌置炉,与人膝平,火上设银叶或云母,制如盘形,以之衬香,香不及火,自然舒慢无烟燥气。"②人处在幽深的室内,眼前香云一缕,缓缓倾吐;鼻端幽香绵绵,经久不去,思绪也被香气所牵萦。在安静而封闭的空间中,因为与外部世界隔绝,人们较易关注自己的内心世界。香气对感官和心灵的吸引,也易使人产生复杂的想象和情愫。正因为这些原因,唐宋与焚香相关的诗文,常常诉说着闺中人缠绵的相思之情。如李商隐《无题》诗道:"蜡照半笼金翡翠,麝熏微度绣芙蓉。"③蜡烛的灯光,半笼于绣着金丝翡翠的烛帷中,熏过麝香的芙蓉帐,散发着淡淡的香气。灯光影影绰绰,香气若有若无,如梦一般惝恍迷离,充满了朦胧的美。正是这灯影淡香交织的氛围,将诗人引入一场相思的迷梦中。

然而,香不仅唤起爱情的想象。"香"总是和人品的高洁,心性的纯净联系在一起。这种对香的理解,既延续了"香草美人"的传统,又渗入了道禅哲学的参悟。焚香时宁静的氛围,帮助文人从世俗的烦恼中解脱出来。而香提神醒脑的功效,则又让文人联想到精神的颐养。因此,文人时常在焚香中,体验性灵的超越。白居易《味道》诗道:

> 叩齿晨兴秋院静,焚香宴坐晚窗深。七篇真诰论仙事,一卷坛经说佛心。此日尽知前境妄,多生曾被外尘侵。自嫌习性犹残处,爱咏闲诗好听琴。④

在焚香宴坐中,诗人参读道禅经典,醒悟种种前境,皆为虚妄;人生的种种烦恼,都由外尘的侵扰所起。诗人从妄境和尘劳中解脱,但犹有一腔痴心,系于琴诗之间。

皮日休《寒日书斋即事三首》其二道:"将近道斋先衣褐,欲清诗思更焚

---

① 赵希鹄:《洞天清禄集》,清海山仙馆丛书本,第22页b。
② 陈敬:《新纂香谱》,第162页。
③ 李商隐:《李商隐诗歌集解》,刘学锴、余恕诚注,北京:中华书局,1988年,第1632页。
④ 白居易:《白居易集笺校》,朱金成笺校,上海:上海古籍出版社,1988年,第1577页。

香。"①焚香可以"澡雪精神",为诗歌的创造提供澄洁的心胸。陆游《焚香赋》道:"方与香而为友,彼世俗其奚恤。洁我壶觞,散我签帙。非独洗京洛之风尘,亦以慰江汉之衰疾也。"②与香为友,使文人能超越世俗。京洛之风尘,意指官场的种种烦恼和险恶;江汉之衰疾,则意指颠沛江湖,壮志未酬而老病已至。在这两种生命的困境中,香为文人提供了心灵的洗涤和慰藉。

宋代,还产生了一系列关于香的著作,如丁谓《天香传》、洪刍《香谱》、陈敬《陈氏香谱》、叶庭珪《名香谱》等。它们从名物学上记录种种香料的产地、性质、功能等,并对这些香进行品评,还记录了种种使用香的方式和香的故事。这些著作,为焚香活动提供了理论和知识的指导。

总而言之,在唐宋之时,焚香已成了日常生活中一种常见的习俗,并大量出现于诗文的描绘中。文人为这一习俗,赋予了丰富的情感和精神性的意义,使得"焚香"成了一种"雅事"。

明代,伴随着商品经济的发展,物质文化的丰富,以及文人意识的进一步觉醒,文人越来越追求一种"风雅"的生活,在对物和艺术的审美愉悦中实现生命的价值。新兴的市民阶层也追慕文人之风尚,也纷纷模仿文人的生活方式。焚香亦变得非常普遍。在明人的诗文和笔记中,关于焚香用香的记载随处可见。明代中后期产生了一系列关于文人生活的著作,如《竹屿山房杂部》《考槃馀事》《遵生八笺》《蕉窗九录》《长物志》等著作。它们都指导人们如何在生活中培养正确的审美趣味。它们推崇"雅"趣,而"雅"趣体现在对物的鉴赏和使用上——如何分辨不同物的审美价值,如何选择"雅"物来享受。这些著作几乎都涉及焚香。这意味着,焚香已成为风雅生活不可或缺的内容。

它们对焚香作出了许多符合"雅"的规定。如《竹屿山房杂部》中"焚香"一节道:"宜春冬时,不宜夏秋时,又不宜广厦中。别创小规模室阁,设低几,焚之则烟穗上升,遍化室壁间。""不宜猛使,香味缓蒸,氤氲开绕,鼻观先参,不可使目见其烟之腾拥也。"③这里规定了焚香的时令、处所和方式。它呼应的是恬淡、清新、含蓄的文人趣味。

---

① 陆龟蒙:《松陵集》,清文渊阁四库全书本,第八卷第 14 页 a。
② 陆游:《陆游集》,北京:中华书局,1976 年,第 2496 页。
③ 宋诩:《竹屿山房杂部》,清文渊阁四库全书本,第七卷第 9 页。

可以说,明代的焚香风俗,体现出"模式化"的倾向。其一,焚香参与到一系列雅事之中,共同构成了"风雅生活"的模式。这些雅事包括收藏和鉴赏书画器物、焚香品茗,营造书斋园林等。文徵明,即被后人视作"风雅"的一个典范。何良俊提到:"吴郡衡山文先生……性兼博雅,笃好图书,间启轩窗,拂凡席,爇名香,瀹佳茗,取古法书名画,评校赏爱。终日忘倦。以为此皆古高人韵士,其精神所寓,使我日得与之接,虽万钟千驷,某不与易。遇有妙品,辄厚赀购之。衣食取给而已不问也。"①王世贞、姜绍书等人的记载也都提到了焚香、品茗、赏玩书画等事。文徵明留下了大量的斋室图,描绘文人的风雅生活。这些绘画也具有"模式化"的倾向,煮茶、品画、香炉等图像是这些画中常见的元素。在这些记载和描绘中,文人似乎已形成了关于"风雅生活"之内容的共识。它包含着一种"闲赏"的审美趣味和人生态度。

其二,焚香的器具也出现了某种"模式化"。就器具而言,古代铜鼎和瓷器等逐渐脱离日用,宣德铜炉被提到了最重要的位置。《长物志》认为:"三代、秦、汉鼎彝及官、哥、定窑、龙泉、宣窑,皆以备赏鉴,非日用所宜。惟宣铜彝炉稍大者,最为适用。宋姜铸亦可。"②扬之水提到:"元代……熏染香饼所必需的香合于是与香炉、箸瓶以及箸与香匙结为固定的组合,即所谓'炉瓶三事'。"③明代,该组合中的铜炉主要是宣德炉。绘画和出土文物中屡屡出现"炉瓶三事"的固定搭配,印证着香器的"模式化"。

在焚香成为风雅生活之固定内容的过程中,明代中期,以沈周、文徵明为代表的吴门文人起了重要的作用。他们不仅喜好焚香,更留下了大量关于焚香的诗文与绘画作品。他们影响力是巨大的,后人不仅推崇他们的艺术,更倾慕于他们的生活。而焚香作为吴门文人生活的常见内容,就吸引着更多的人去效仿。

二 吴门文人诗画中的焚香

那么,对于沈周、文徵明等吴门文人而言,焚香这一雅事究竟有哪些深层

---

① 何良俊.:《何翰林集》,明嘉靖1565年刻本,第一卷第9页b。
② 文震亨:《长物志》,重庆:重庆出版社,2010年,第104页。
③ 扬之水:《香识》,第45页。

的意蕴,使得他们将之视作文人生活中相当重要的一种内容？我们可以回到吴门文人的诗画中,去探讨这一问题。吴门文人出现"焚香"这一活动的绘画不在少数。不过,香气往往是不可画的。所以,他们往往通过香炉等物,去暗示画面所呈现的情境中有焚香之活动。

文徵明《吉祥庵图》中,即有香炉的描绘。陆师道的仿作中,也保留了这一部件,绘出一个翠青色的小香炉,有底座和炉盖,形制颇似宣德铜炉。这幅图中,文士据卧榻而坐,与圆凳上的僧人相对交谈,屋角中小方桌上置瓶花与香炉。画虽无声无香,但整幅图似有香气和言语弥漫其中。画中呈现的是一种闲适、清雅的生活状态。文徵明的《真赏斋图》(国博本),画书斋中两个文士隔桌对谈,一旁的方桌上也摆着香炉。该图营造了一种文人生活的理想情境。书斋外种着松柏、梧桐和橘树,还堆叠着一大片千奇百怪的假山;书斋中则摆置着文人喜好的物事——书籍、卧榻、书画、香炉、鼎彝……文人栖居在园林风景中,被种种物所环绕。他在日常生活中时时遭遇这些风景和物,获得丰富的审美体验。在画面中,文人仿佛已消融于这一闲静的意境中,遗忘世俗的搅扰,乃至超越时间的流逝。文徵明在《真赏斋铭》中提到:"徵明雅同所好,岁辄过之,室庐靓深,庋阁精好。燕谈之余,焚香设茗,手发所藏,玉轴锦幖,烂然溢目。"①在清幽精致的居室中,焚香设茗伴随着对书画的品赏,共同为文士提供了审美的享受。

唐寅绘画中,也有不少涉及焚香的场景。唐寅《山水》(现藏台北"故宫博物院")中,一官员身前的方形香几上,摆着花瓶与带红色底座的青色香炉。官员神情专注,似乎在凝神品香。侧室内,童子正持扇在灶前煽火煮茶。焚香与品茗的活动,在诗画和笔记中常常同时出现。在这幅图中,焚香品茗意在突出该官员保持着文人的清雅趣味。唐寅另一幅同样题为《山水》(现藏台北"故宫博物院")的绘画中,也有对焚香的暗示。这幅图中,两个文士正在室内对谈,屏风后的方桌上,摆着香炉和茶碗。画不出的言语和香气,仿佛吸引观画者在想象中置身于画面的情境中,和文士一道,陶醉于这闲适的生活。

不同于绘画的暗示,诗则更直接地描述焚香活动,以及它所引发的感受。

沈周便有大量描写焚香的诗,如他的《雨夜自遣》诗道:

---

① 文徵明:《文徵明集》,周道振辑校,上海:上海古籍出版社,1987年,第1303页。

> 需霶霺霺坐夜长,呼童转烛更添香。澄怀有物嫌诗在,袭耳无闻并雨忘。头上青天终自出,人间白屋暂相当。明朝补漏吾还得,手把黄茅作向阳。①

诗中,沈周在寂寥中长夜独坐,排遣心中的愁思。在焚香所营造的幽静氛围中,他澄净心怀,终于忘却外在的烦扰,获得了达观的心境:此刻虽风雨如晦,但总有云开雨霁,重现青天的一刻。

又沈周《雨中自遣》诗道:

> 生涯牢落髻苍浪,薄薄湖田岁岁荒。未惯向人成俯仰,自须随事作行藏。遥天积雨双沤白,细雨重林一鸟黄。心静日长无所作,瓦炉添火谩焚香。②

这首诗同样是描写雨中排遣愁思。第一句描写诗人的处境:蹉跎生涯,两鬓斑白,微薄的田产,又屡遭荒年,无以安生。第二句,是言明诗人的志向:虽生活艰辛,却不会去奉承逢迎他人,而是要随遇而安,用之则行,舍之则藏。第三句描写雨中之景,第四句,则是描写自己的生活状态。诗人有自己的方式,超越困厄的境遇,获得生命的安顿。这里非常重要的,是"心静"。在心灵的宁静中,诗人不再操持于事务,时间亦似乎变得格外舒缓。但诗人并不是呆坐终日一味趋静,而是悠闲地添火焚香。静中,诗人细细品味香气,获得感官和心灵的愉悦,而不致流于无聊。

沈周关于焚香的诗句还有许多,如《腊月二十八日立春得雨病起漫言》道:"小阁棂窗风自推,手添香炷拨炉灰。"③《八月一日病中即事》道:"旬时惟有药追陪,断不思拈旧酒杯。虑静炉香宜夜坐,眼酸书卷怯朝开。"④《奉和陶庵世父留题有竹别业韵六首》道:"寂寥草座无人伴,自起添香看篆烟。"⑤焚香是沈周的生活中常见的活动。当遭遇雨、贫病、寂寥时,他便好焚香一缕,来安慰自己的心灵,获得宁静。

---

① 沈周:《沈周集》,上海:上海古籍出版社,2013年,第185页。
② 同上书,第146页。
③ 同上书,第185页。
④ 同上书,第149页。
⑤ 同上书,第129页。

唐寅诗中也有许多对焚香的描述。如他的《漫兴十首》诗道："自怨迂疏更可怜，焚香扫榻枕书眠。"①《焚香自坐歌》道："焚香默坐自省己，口里喃喃想心里。"②《夜坐》诗道："竹簝灯下纸窗前，伴手无聊展一编。茶罐煮汤鸣蚓窍，香炉埋炭炙龙涎。"③《为爱竹汤君作小图长句》道："秋来四壁声如雨，帐掩熏炉独自听。"④《正德戊辰灯夕，余访蠡溪发解，留宿数夕，春寒特甚，天意欲雪，因作此图系之以诗用纪时事云》道："十日春闲闭阁眠，铜匜烧尽篆纹烟。"⑤和沈周相似，唐寅诗中的焚香，常常也是对自己心灵的一种慰藉，以闲静来排遣抑郁和无聊。在失落中，他焚香默坐，反省平生；他自怨自怜，焚香扫榻而眠；他独倚熏炉，卧听秋雨……较之沈周，唐寅的身世和遭际更为坎坷，焚香之际的心思也更细腻而敏感。

文徵明关于焚香的诗篇更为丰富。他诗道：

> 拥寒不出户，焚香娱宴清。朝日照盂盎，浮光上虚楹。修竹不受风，时时苍玉鸣。闲情溢眉宇，酒醒诗亦成。⑥

寒冬里，诗人足不出户，焚香一缕，享受清朗明净的天气。在悠闲宁静中，诗人欣赏满目的闲情，诗兴顿起。

他的《暮春斋居即事三首》其二道："芳情经病减，白日废书长。何物供欹枕，紫帘一炷香。"⑦香为他悠长的斋居生活提供了陪伴。他的《独坐》诗道："独坐茅檐静，澄怀道味长。年光付书卷，幽事续炉香。"在他看来，焚香是一种"幽事"。诗人澄怀体验道味，重视日常生活的审美体验；焚香是这种态度的一种体现。他的《五月》诗则道："习静熏炉细，醒烦茗碗深。草堂宾客散，倚枕听幽禽。"⑧这里，焚香又是诗人"习静"的一种工夫。关于焚香与静，笔者在下一节将细致讨论。

吴门其他文人，如祝允明、陈淳、王宠、王穉登等人，也留下了许多描述焚

---

① 唐寅：《唐伯虎全集》，周道振、张月尊辑校，杭州：中国美术学院出版社，2002 年，第 82 页。
② 同上书，第 27 页。
③ 同上书，第 379 页。
④ 同上书，第 386 页。
⑤ 同上书，第 399 页。
⑥ 文徵明：《文徵明集》，第 30 页。
⑦ 同上书，第 72 页。
⑧ 同上书，第 121 页。

香的诗歌。焚香在吴门文人诗画中的大量出现,证明焚香雅事在吴门文人生活中的普遍性和日常性。

三 焚香与闲赏

由上文可知,焚香在吴门人文的生活中颇为寻常。在这种风雅生活中,焚香究竟提供了怎样的意趣,使得吴门文人对这一雅事乐此不疲?焚香与"闲赏"的审美趣味和生活态度,有什么样的深层关联?

"闲赏"这一范畴,学者已多有论及。如台湾学者毛文芳即有《晚明闲赏美学》一书。不过,他们讨论的时代主要是晚明,研究视角则主要集中在消费文化、生活美学等问题上。事实上,正如本文第一节已提到,在沈周、文徵明等人所处的明代中期,文人已开始追求一种"风雅生活",主要内容便是"赏"——对日常生活的审美体验,它的内容包括园林、书画器物、香、茶、食物等。对吴门文人而言,"赏"并不只是对精致物质生活的追求,也包括精神上的超越。在魏晋南北朝时期,"赏"已具有审美的意义,并从人物的品鉴,逐渐扩展到对山水风景的欣赏。唐宋时期,"赏"的对象则进一步扩展到艺术品和更广义的物。它不仅关注物的形式美,亦关注物的形式之外的深远意义。到明清时期,"赏"更被加以相当多的修饰词,如"真赏""幽赏""清赏""闲赏"等。总的来说,赏是一种广义上的审美活动,以及对日常生活的生命体验——这种体验不仅面向具体的事物,也面向物外之意境。

文徵明推崇"真赏"的生命之道。他为华夏作两幅《真赏斋图》,并在《真赏斋铭(有序)》中写道:"岂曰滞物,寓意于斯。迺中有得,弗以物移。植志弗移,寄情则朗。弗滞弗移,是曰真赏。"①"真赏"关系到如何在对"物"的赏玩中,寄托自己的真性情,并领悟生命的真实。

"真赏"和"闲赏"的区别在于,前者更强调"真"。这里"真"涉及五个层次:一是真赝之真,它涉及艺术品的真假;二是喜好之真,收藏艺术品,是出自真实的喜好,还是附庸风雅;三是鉴赏之真,它涉及正确的欣赏方式;四是性情之真,是否将对物的赏,视作自己真性情的寄托,视作生命不可或缺的部

---

① 文徵明:《文徵明集》,第 1305 页。

分。如文徵明《真赏斋铭(有序)》道:"陈列抚摩,推扬探竟,知所赏矣,而或不出于性真,必如欧阳子之于金石,米老之于图书,斯无间然。"知道如何欣赏艺术品是不够的,必须像欧阳修和米芾对待金石图书一般,如痴如癖,以"赏"为人生之志趣;五是存在之真,或生命之真。文徵明在两幅《真赏斋图》中即试图呈现这种真实。朱良志先生在《南画十六观》中即提到:"在千年的古松下,在万岁的枯藤中,在永恒的石的世界中,衡山要表露的是存在的真实。"①

而"闲赏"的"闲",侧重的是主体的状态,既是"身闲",亦是"心闲",身心不被俗事羁绊,所以能投入"赏"的审美活动中。

"真赏"和"闲赏"虽侧重点不同,但"闲"亦是"真赏"得以实现的前提之一。文徵明《真赏斋铭》记述收藏家华夏道:"家本温裕,蓄畜所入足以裕欲,而于声色服用一不留意,而惟图史之癖,精鉴博识,得之心而寓于目。"②正因为华夏既无须为生计而担忧,又不被欲望所纠缠,才能自由地收藏和欣赏艺术品。

生活中,吴门文人也好追求"闲"的状态。如文徵明题《中庭步月图》道:"人千年,月犹昔。赏心且对樽前客。愿得长闲似此时,不愁明月无今夕。"③千年人世变幻,月犹如昔。诗人在生命的闲适中,从当下所对的明月,体悟到永恒的真实——"不愁明月无今夕"。

可以说,吴门文人所追求的"真赏",亦是一种"闲赏"。只不过吴门文人的闲赏,和晚明渐渐流于感官享乐的闲赏有所不同。他们在"闲赏"中,更关注对文人之真性和生命之真实的一种体证。而"焚香",则和他们这种"闲赏"或"真赏"的人生旨趣,有着密切关联。

(一) 焚香与审美体验

焚香所产生的香气,不仅提供了一种感官的享受(除了嗅觉闻到的幽香弥漫,也有视觉看到的云烟弥漫、恍若仙境的效果),更提供了一种独特的审美体验,符合文人"赏"的需求。

在康德看来,审美的愉悦和感官刺激的愉悦之间存在着区别。感官刺激

---

① 朱良志:《南画十六观》,北京:北京大学出版社,2013年,第207页。
② 文徵明:《文徵明集》,第1303页。
③ 同上书,第830页。

的愉悦涉及对象的实存,与利害有关。而审美的愉悦是无利害的,它只关注对象合目的性的形式。从这个意义上,"闻香"并不是一种审美体验,而是感官刺激,因为它必须以"香气"的实存为前提。而格兰·亚伦则认为"美感限于耳、目两种高等感官,至于舌、鼻、皮肤、筋肉、内脏等'低等感官'则不发生美感"①。

然而,在中国古典美学中,对香味的感受恰恰被视作一种美感,加入到对于自然和生活整体的审美体验中。如林逋有名句道:"疏影横斜水清浅,暗香浮动月黄昏。"这里,梅花稀疏的枝条倒影在清浅的水面上,幽淡的香气浮动在朦胧的月光中。疏影和暗香,共同交织成了梅花清幽疏淡的审美意象。中国古典园林中,香成为了构造园林意境的奇妙手段。如拙政园有"雪香云蔚亭""玉兰亭""远香堂""荷风四面亭"等景致。如"荷风四面亭",一六角小亭,坐落于池中小岛上,四面环水,池中遍植绿荷,夏日凉风习习,坐于亭中,四面荷香扑面,整个人仿佛消融于一片幽香中。香气超越了园林外在的形式,超越了空间的阻隔,将整个园林贯通成一个整体。

狮子林的回廊则有"听香"一景。香何以能听?这种说法应是来自于庄子的"心斋"一说:"若一志,无听之以耳而听之以心;无听之以心而听之以气。听止于耳,心止于符。气也者,虚而待物者也。唯道集虚。虚者,心斋也。"②所谓听之以气,就是荡涤自己的心灵,使之保持一种虚灵不昧的状态,超越感官和知识的偏见,来应接万物。香也是一种气,它具有"气"超越有形世界的特点,它是弥漫性的、散发性的。它若有若无,又感人至深。而"听香",则是超越物象之表,谛听有形的园林、绘画等艺术形式中所包含的无形的精神气韵。

在焚香雅事中,对缭绕的烟云和四溢的清香的感受,参与到文人对香茗、美酒和美食的味觉享受,对手中画卷和书卷的审美愉悦,以及文人默然静坐的自我修养,友朋相聚、交谈对弈、赋诗吟咏的生活乐趣中,共同构成了文人对其日常生活的审美体验,构成了"闲赏"的内容。

(二) 焚香与闲静之意境

焚香之香,不仅作为审美体验的内容,亦参与到一种"闲静"意境的营造中。

---

① 朱光潜:《文艺心理学》,北京:三联书店,2005年,第66页。
② 郭庆藩:《庄子集释》,北京:中华书局,2004年,第147页。

文人在"闲赏"中,所欣赏的并不只是单个的事物,如书画、石头等,亦是一种整体的意境。文人融身于此意境中,所遭遇之物莫不显现其意义。香这种弥漫性的、虚虚实实、亦真亦幻的特点,能带引人的心灵从具体的事物中超拔出来,关注物外的虚灵空境,游心太玄,体验到"闲静"的意境。

在"闲静"中,闲意味着摆脱事务和时间的促迫,获得心灵的从容自由。静意味着从世俗的喧嚣中抽身,回归心灵的宁静。"闲静"意味着不再陷溺于利害的思量功名的追逐中,而是关注寻常生活的丰富意蕴,关注当下真实的生命体验。吴门文人多于幽静寂寥,闲来无事之际,焚一缕香,品触滋味。焚香,从形态上,香烟细细,缓缓萦绕室内帘间,仿佛放慢了时间的流逝,而文人的心情亦随之舒缓、悠然。从嗅觉上,香味的持续亦使人忘却光阴,沉浸在一种延续性的体验之中。幽香袅袅,缥缈无形,将诗人的心灵从外物和时间的抵触和催促中解脱出来,带离有形有限的物质世界,超升至一片圹埌寥落,可供悠游往复的境界。正如文徵明《闲居即事》诗道:"地僻尘纷静,重门昼不开。虚亭团竹树,曲径换莓苔。阶下无人过,窗前有鹤来。自焚香炷坐,吟赏谩徘徊。"①诗人闭门静处,焚香独坐,徘徊于对眼下之意境的吟赏中,心灵之体会随香味绵绵不尽。

不过,"静"不只是心灵上的宁静,亦是对生命之真实的追寻。吴门文人在绘画中试图表达一种静境,他们好画《山静日长图》。文徵明说:"我亦世间求静者,久撄尘梦负青山。"②朱良志提到:"文人画所谓静,不是外在环境的安静,也不是心灵的宁静,而是一种超越,在静中但歇一切攀缘,消解一切束缚,将现实人生的种种遭际、脆弱生命的种种拘挛都抛将去,赢得深心中的宁静。"③"静"是超越时间的流逝,超越万物变幻的表象,追求生命永恒的归宿。

焚香是"习静"的一种工夫,它关系到文人的精神修养。如文徵明《题画奉玉池医传》诗:"书几熏炉静养神,林深竹暗不通尘。"④"习静"是宋明理学中重要的工夫。文徵明的"习静",也许受到心学的影响。方闻先生曾注意到陈献章的心学和沈周绘画思想之间的相似。而朱良志先生则在《扁舟一

---

① 文徵明:《文徵明集》,第 877 页。
② 汪砢玉:《珊瑚网》,清文渊阁四库全书本,第三十九卷,第 25—26 页。
③ 朱良志:《南画十六观》,第 207 页。
④ 文徵明:《文徵明集》,第 1011 页。

叶》中更深入地探讨了这一问题。陈白沙的心学很注重静养的功夫,所谓"静中养出端倪"。《编次陈白沙先生年谱》提到他:"遂筑台,名曰春阳,静坐其中。足不出阃者数年。"①在静坐中澄净心灵,不受浊扰,从而呈露出心灵为善的端倪。焚香为静的工夫提供了很好的氛围。陈白沙自己的诗中也提到:"颜衰聊借酒,心远只焚香。"在焚香中获得悠远的心境。

沈周和陈白沙屡有唱和。和陈白沙相似,在生活和绘画中,沈周特别注重静心自悟。他题《幽居诗意图》道:"焚香净扫地,隐几细开编。取足一生内,泛观千古前。风疏黄叶径,霞发夕阳天。物理终消歇,幽居觉自妍。"②焚香扫地,营造出一个清净的氛围,画家在几案前,将心灵在幽居的闲静中所体验到的诗情画境寓诸笔端,并有一种自得之乐。

而王阳明,也颇喜好焚香之趣。如其《山中懒睡四首(其二)》道:"扫石焚香任意眠,醒来时有客谈玄。松风不用蒲葵扇,坐对青崖百丈泉。"③这里,焚香亦与一种从容宁静的心境相关。

不过,理学家和心学家的习静,常常是对未发之心体的涵养,或是对流行之"天理"的体认,这是形而上学和伦理学的诉求;而文徵明的"习静",却更多地关注在静中所获得的审美感受和生命体验。但可以说的是,焚香参与营造的"闲静"之意境,帮助文人在闲赏中获得精神的颐养。

文人时常写书观画等艺术活动前焚香,既是表示敬意,亦是在闲静中澡雪精神,获得适于审美和艺术创作的明澈心灵。董其昌《画禅诗随笔》的一段话,可很好地解释这一现象:

> "虚室生白,吉祥止止。"予最爱斯语。凡人居处,洁净无尘溷,则神明来宅。扫地焚香,萧然清远,即妄心亦自消磨。古人于散乱时,且整顿书几,故自有意。④

在董其昌看来,焚香能使心灵有萧然清远之意,自然除去妄心,从尘世的琐屑与污秽中抽身,远迈至书画艺术的清雅世界。

---

① 陈献章:《陈献章集》,北京:中华书局,1987年,第807页。
② 汪砢玉:《珊瑚网》第三十七卷,第31页b。
③ 王阳明:《王阳明全集》,上海:上海古籍出版社,1992年,第735页。
④ 董其昌:《画禅室随笔》,上海:华东师范大学出版社,2012年,第129页。

(三) 焚香与禅悟

正如上文所说,吴门文人在赏中追求对生命真实的深切体悟,而焚香则恰恰常关联一种禅的参悟。

在佛经中,"香"又是"六尘"之一。"尘"如尘土,可沾染心灵,使人为欲望所蒙蔽。《大般涅槃经》称"六尘"为"六贼",以其能劫夺一切善法。佛教讲要舍却"六尘",不受染著,不生爱欲。

然而,正如前文所言,焚香又是佛教非常重要的仪轨之一,它能祛除环境乃至心灵的污秽。"香"常被用来形容佛国和佛法。如《维摩诘所说经·香积佛品第十》中,维摩诘为诸大众现众香之佛国,显示佛法不可思议之境界。在这片佛土中,万物皆为香作成,散发香气,周流无量世界。而维摩诘则化成菩萨,前往众香界,蒙香积佛赐一钵香饭,复归维摩诘住处。饭香流转普熏三千大千世界,婆罗门、居士、神、欲色界诸天等,均受这香气的吸引,前往维摩诘之舍。而维摩诘则以一钵香饭,供养众生,使诸菩萨、声闻、天人等,"身安快乐",仿佛也成为众香界的一员,连毛孔都散发出美妙的香气。

《维摩诘所说经》中,香是"清净佛法"的一种体现。其时,众香界菩萨渴望往婆娑世界,而香积佛说:"可住,摄汝身香,无令彼诸众生起惑著心。又当舍汝本形,勿使彼国求菩萨者而自鄙耻。又汝于彼莫怀轻贱而作碍想。所以者何?十方国土,皆如虚空;又诸佛为欲化诸乐小法者,不尽现其清净土耳。"① 香积佛说,一切国土尽如虚空,其实并无分别。从这个意义上,"众香界"也不过是虚空中所现起的一种境界。而释迦之所以不为婆娑世界众生现出清净之香界,因为此界众生心性未净,会将香气与美好的外形执着为实,而生"惑著""鄙耻"之心。"六尘"之说,亦是一种方便法门,使众生不至于深陷虚妄的追逐中。维摩诘的"香饭",滋养众生,清净他们的心灵,不再受外尘的染著。因而,他们能和众香界菩萨一样,安享"香"的美妙。

在《维摩诘所说经》的思想中,香并不只是一种需要舍离的外尘。对于"自净其意",悟入"不二法门",安住"不可思议解脱"的维摩诘而言,"香"恰恰是可供歆享的妙有。他早已超越一切分别想,闻香也不会生好恶和染著之心。正如该经提到:"时维摩诘室有一天女,见诸大人闻所说法,便现其身,即

---

① 陈引驰:《维摩诘经新译》,林晓光译注,台北:三民书局,2005年,第175页。

以天华,散诸菩萨、大弟子上。华至诸菩萨,即皆堕落,至大弟子,便着不堕。一切弟子神力去华,不能令去。"①天女散花,片片飞落,不沾菩萨之身。而弟子辈认为"此华不如法",渴望去除花瓣,却无法可施。因为他们已有了分别见,即有了染着,心为花所牵绊,故不可离。

禅宗常常用"香"来形容禅悟的境界。如相州天平山从漪禅师道:"香烟起处森罗现。"②香唤起人心灵的觉性,照见世间的森罗万象。又有僧问澧州钦山文邃禅师道:"如何是和尚家风?"师曰:"锦绣银香囊,风吹满路香。"③香囊配在身,喻自心清净之觉性,"风吹满路香",香囊有香,如觉性中自有清净佛法,如风吹香飘,不劳说教,自然熏染弟子。

沈周《秋夜独坐》诗道:

> 万事萦思独坐中,炉香深处性灵空。药如效世黄金贱,年莫瞒人白发公。疏竹画窗因借月,堕樵惊屋偶乘风。且来拂簟寻高卧,梦境浮生一笑同。④

沉浸在香气中,诗人忽照见性灵之虚寂空明,如香气无色无形。而性灵虽空,却涵藏清净之佛法,如香气熏染万物,又不为外物之污秽所杂染。诗人以空寂之心,看月照疏竹,影落窗上;听风吹木堕,声惊屋内,因而领悟浮生与梦境,俱为空心所现,无须执着分别真幻,不如晏然高卧,梦境与浮生尽付一笑中。

而文徵明《焚香》诗道:

> 银叶荧荧宿火明,碧烟不动水沉清。纸屏竹榻澄怀地,细雨春寒燕寝情。妙境可参先鼻观,俗缘都尽况心兵。日长自展南华读,转觉逍遥道味生。⑤

水沉香清新的香气沁人心脾,碧绿的香烟凝然不动。朴素的居室和清寒的天气,却适宜人澄净心怀,安卧室内。诗人在闲静中参悟妙境。这里,诗人明确提到"鼻观"。"鼻观"超越感观与思虑,隔断俗缘,消尽心中之烦恼,从而

---

① 陈引驰:《维摩诘经新译》,林晓光译注,第 127 页。
② 释普济:《五灯会元》,北京:中华书局,1984 年,第 516 页。
③ 同上书,第 813 页。
④ 沈周:《沈周集》,第 155 页。
⑤ 文徵明:《文徵明集》,第 1031 页。

以虚灵之心,听取香气之妙韵。在焚香中,诗人品读庄子,似乎体会到了逍遥的意味。

《考槃馀事》《遵生八笺》等有一段相似的关于香的精彩言论,都涉及香与禅的问题。而《蕉窗九录》《论香》一段则与《考槃馀事》相同。以出版年代而论,《遵生八笺》之论述或为较早之源泉。其文较长,这里只举其中一部分:

> 高香、生香、檀香、降真香、京线香,香之幽闲者也。兰香、速香、沉香,香之恬雅者也……客曰:"诸香同一焚也,何事多歧?"余曰:"幽趣各有分别,熏燎岂容概施?香僻甄藻,岂君所知?悟入香妙,嗅辨妍媸。曰余同心,当自得之。"一笑而解。①

这一段话,以拟人之法,将香比作"六者"——"幽闲者""恬雅者""温润者""佳丽者""蕴藉者""高尚者"。每一类香,更有其品性,各适合一种生活的情态与意趣。如"幽闲者"适合超然物外之趣。"恬雅者"适合潇洒独立之趣。"温润者"适合笔墨诗书之趣,"佳丽者"适合琴瑟好合之趣,"蕴藉者"适合悠然闲处之趣,"高尚者"适合清空高古之趣等。香之所以能成为这种种生活意趣的佐助,除香祛除邪秽,清醒精神之功能外,更重要的是香和性情之间的关系,所谓"清心悦性""畅怀舒情""熏心热意"等。香可牵引人的爱欲,慰藉人的情感,却又能清净人的心性。对于不同的生活诉求而言,香似乎都能有所裨益。

在上段引文中,高濂提到:"香僻甄藻,岂君所知?悟入香妙,嗅辨妍媸。曰余同心,当自得之。""悟入香妙",将"妙悟"引入"香"的品赏中,以"嗅觉"来辨别美丑。不过,"嗅觉"只可辨别香与臭,如何辨别"美丑"?依照上文,这里的"美丑",其实并非对香味本身是否合乎审美愉悦的判断,而是对香是否与某种生活情境相适合的判断。如兰香、沉香,香气淡雅,夜深之时,独立于残月之下,幽香入鼻,如飘然于尘外。但如果此时用芙蓉、龙涎,香气馥郁,则可能有旖旎之思,少了恬雅中的清心寡欲。嗅辨妍媸,亦是对形式之美的一种超越,不以目视,而以鼻参。鼻所把握的并非形,而是气,似有似无,若隐若现,仿佛某种精神韵致的流露。在"悟入香妙"中,重要的并非美丑的分别,而

---

① 高濂:《遵生八笺》,北京:人民卫生出版社,2007 年,第 495 页。

是心灵的契合。

以"悟"来领会"香"的妙用，涉及上文提到的香与佛教思想的关联。"悟入香妙"，并不是善于分别诸香味，而是拾起自己对生活的信心，唤醒心灵的体验和感受力，于生命的种种可能性中，细细品味其意蕴，而发掘不同的"幽趣"。因而，《遵生八笺》将香归之六类，各有所宜。这是建立在对生活细腻的感受之上的。高濂称："曰余同心，当自得之。"他对香的重视，符合"遵生"之旨。颐养生命之道，更重要的不是寿命的延长，而是生活本身的丰富、有趣与精致，是心灵对当下的真实体验。焚香之中的"悟"，悟入空灵清幽、闲静自在的意境；闲居生活中的种种物事，都呈现出其自身的意义。而这正是生命之真实的体现。

对于服膺儒家思想的文人士大夫而言，生命的意义，主要在于伦理道德上的自我修养和政治上的建功立业。然而，明代中期，由于科举考试的艰难和政治环境的险恶，许多文人无法在政治中实现自我的理想，不得不退处乡里。而理学已然渐渐流于衰敝，许多士人或以理学为进身之术；或整日空谈性理，而实堕于庸碌无趣。而士人遂难以在自修中寻求安顿。沈周、文徵明等吴门文人，在政治失意之外，选择以"闲赏"这种审美化的生活方式来获得心灵的慰藉，实现生命的价值。

焚香在这种生活中，扮演着重要的角色。它为文人提供了嗅觉的审美享受。焚香之中，文人从世俗的尘劳中抽身而出，亦从知识和欲望的追逐中解缚，融身于闲静的意境中。香气不仅涤清心灵的尘秽，更激活了心灵的感受力，使心灵能陶醉于当下的体验中，发现寻常生活中种种物事的意义——书画、茶、月色、枕簟……对焚香的喜爱，其实即是对日常生活之意义的发掘，对自己生命体验的珍视。

因而，焚香虽是明代物质文化和社会生活的一个小部分，但它却也包含着更深的精神追求。它体现出，吴门文人对闲赏生活的喜好，并不是对物质享乐和感官审美的耽乐。事实上，明代文人在其物质生活的许多方面，如书画器物的收藏和把玩，园林的营造，焚香品茗等日常生活的雅事，都并非单纯追求一种感官的享乐，而有着精神修养和生命安顿等方面的意义。理解明代物质生活背后的观念性要素，对于阐释明代物质生活的繁盛，以及明代社会的变迁，有着重要的意义。

不过，随着世风的转变，当焚香这种风俗在社会中继续蔓延时，它也渐渐失去了其丰富的精神意蕴，而成为一种附庸风雅的时尚。袁宏道在《叙陈正甫〈会心集〉》中道："今之人慕趣之名，求趣之似，于是有辨说书画、涉猎古董以为清，寄意玄虚、脱迹尘纷以为远，又其下则有如苏州之烧香煮茶者。此等皆趣之皮毛，何关神情？"①在袁宏道看来，苏州人之焚香不过是"趣"之皮毛，已和性灵之真所产生的"趣"，和高妙的精神境界无关了。

Incense and "Leisurely Life": Incense in Wu School's Poems and Paintings in the Middle Ming Dynasty

Liu Geng

Abstract: This paper starts with the incense in the life of literati in Su Zhou and their poem and painting in the middle Ming Dynasty, and explores the relationship between incense and the lifestyle of literati. In general, incense is not only a kind of sensual enjoyment, but also an aesthetic experience for the literati. Incense and garden scenery, calligraphy and painting artifacts, etc., together constitute the content of the life of literati's leisure life. It involved in creating a "serene" mood. The literati melt into this conception, achieved an understanding of the Zen. The incense preferences revealed the Wu School's pursuit of an aesthetic life.

Key words: Incense, Leisurely Life, Aesthetic Experience, Leisure and Serenity, Zen Contemplation

---

① 袁宏道：《袁宏道集笺校》，上海：上海古籍出版社，2008 年，第 463 页。

王夫之对于邵雍思想的批评检论

李 震*

提 要：王夫之在其著述中对于邵雍思想多有批判。就天地生成而言，王夫之批评邵雍有天无地、有阳无阴，不合一阴一阳的原则。事实上，这一批评出于王夫之对邵雍宇宙观的误读。就运动变化而言，王夫之批评先天图不足以尽神化之妙，指出了其中的机械倾向，但彻底否定先天卦序的做法取消了现象变化的主动性和可能性。就学派归属而言，王夫之将邵雍看作道士与术者，是对邵雍思想的误解，其中可能有着借此以针砭世风的寄寓。

关键词：王夫之　邵雍　有无　神化　道术

王夫之在其《周易内传》《周易外传》等著作中，对前代学者颇有衡论，于邵雍尤多攻驳。其间不少批评是深切邵雍思想而发，但也有一些说法并不合于邵雍学说的真实面貌。细读其文，可知王夫之是从其哲学立场出发，对特定时代背景与传承脉络中的邵雍思想和形象作出评判；除辨章学术的目的而外，似乎也有悬设靶的、别寄怀抱的意味。对相关问题加以检讨，不仅可以澄清邵雍其人其学的历史形象，也有助于理解王夫之含而未发的思考立场。

---

* 李震，1989年生，北京大学哲学系博士研究生。

一　有无

　　有无问题是王夫之批判邵雍的重点之一。这里所谓有无，指造化是否有开端与终结，或宇宙生成论是否成立。

　　王夫之持程颐"动静无端，阴阳无始"①说，反对任何主张宇宙生成的观点。王夫之认为，宇宙生成论之所以有误，在于其必然推出道气相离或阴阳相分的结论，而这与天地之道相悖。所谓道气相离与阴阳相分，都有其具体所指：老子"有道而无天地"②，是为道气相离；邵雍"有天而无地"，是为阴阳相分。这里，我们对后一种批评作简要分析。

　　《周易外传》云：

　　　　呜呼！天地之生亦大矣。未生之天地，今日是也；已生之天地，今日是也。唯其日生，故前无不生，后无不生。"冬至子之半"，历之元也，天之开也；"七日来复"，"冬至子之半"也。如其曰"天昔者而开于子，有数可得而纪，而前此者亡有焉"，则《复》宜立一阳于冲寂无画之际，而何为列五阴于上而一阳以出也哉？然则天之未开，将毋无在而非坤地之体，充牣障塞，无有间隙，天乃徐穴于其下以舒光而成象也乎？不识天之未出者以何为次舍，地之所穴者以何为归余也？③

王夫之所谓"冬至子之半"，指邵雍《冬至吟》："冬至子之半，天心无改移。一阳初起处，万物未生时。"④《先天图》以复卦当一年阳气生发之始，取其一阳来复之意，故复可对应于子。所谓"天昔者而开于子"，指"天开于子，地辟于丑，人生于寅"之说。其说以十二支配一元之十二会：天生于一元一会，配子，地生于一元二会，配丑，万物生于一元三会，配寅；类似地，当其毁灭，则人灭于酉，地闭于戌，天阖于亥。

　　王夫之的思路是：既然复卦对应于子，天又开于子，所以复卦象征天开之

---

① 程颐：《河南程氏经说》卷一，《二程集》（下册），王孝鱼点校，北京：中华书局，1981年，第1029页。
② 王夫之：《周易外传》卷一，《船山全书》（第1册），长沙：岳麓书社，1988年，第823页。
③ 王夫之：《周易外传》卷二，《船山全书》（第1册），第885页。
④ 邵雍：《冬至吟》，《伊川击壤集》卷十八，《邵雍全集》（第4册），郭彧、于天宝整理，上海：上海古籍出版社，2015年，第380页。

时。复卦一阳在下,五阴在上,象征天在下,地在上。而按照"天开于子,地辟于丑",天生时地尚未生,不应有天地并立之象。因此,邵雍之说自相矛盾。

这一推论是否成立?分析可知,所谓邵雍之说自相矛盾的推论中暗含着两个前提。第一个前提是,复卦的"一阳初起"与"天开于子"两说含义相同,描述的都是天之始生的情景。只有这样,复卦卦象才能被用来解说天地始生的情状,得出天地同时而生又不同时而生的矛盾。但事实上,这个前提并不成立。无论是"冬至子之半"诗中所言,还是《先天图》图中所画,复所象征的都只是一年之始,是"今年初尽处,明日未来时"①,而不是历元或整个天地之天的开始;换言之,这里邵雍所关注的是一年中万物之生长收藏,而非宇宙间天地之生灭有无。既然复卦所言并非天地生灭,那么以复卦卦象言说天地情状,自然也就不合邵雍原意。将复卦与天地生灭牵合起来并得出邵雍思想自相矛盾的结论,是王夫之以己意去取其间的结果。

第二个前提是,"天开于子"之说乃是出于邵雍;否则,以此解读邵雍思想就难免存在张冠李戴的嫌疑。"天开于子,地辟于丑"对天地生成的时间先后顺序有明确的表述,如果这确实是邵雍的学说,那么,不管复卦是否象征天地始生,我们都可以从邵雍思想中导出存在有天无地之时的结论。王夫之对于邵雍的批判,正是在认定此说为邵雍思想的前提下展开的。《周易外传》云:

> 乃一阴立而旋阳,一阳立而旋阴,阴阳皆死生于俄顷,非得有所谓"地毁于戌、天毁于亥"也。盖阴孤而不可毁阳,阳孤而不可毁阴。

> 故天地而无毁也。藉有毁天地之一日,岂复望其亥闭而子开,如邵子之说也哉?

> 始无待以渐生,中无序以周给,则终无耗以向消也。其耗以向消者或亦有之,则阴阳之纷错偶失其居,而气近于毁。此亦终日有之,终岁有之,终古有之,要非竟有否塞晦冥、倾坏不立之一日矣。②

《张子正蒙注》亦云:

> 邵子谓天开于子而无地,地辟于丑而无人,则无本而生,有待而灭,

---

① 邵雍:《冬至吟》,《伊川击壤集》卷十八,《邵雍全集》(第4册),第360页。
② 王夫之:《周易外传》卷四,《船山全书》(第1册),第975、976、978页。

正与老释之妄同,非《周易》之道也。①

王夫之在批评中道出其阴阳无始、日消日生的观念,可谓卓识。但以此批评邵雍主张有天无地,却是一种误读,因"天开于子"之说并不见于《皇极经世》,也不见于其他的邵雍著作。从其著作来看,邵雍凡言生化,必然是天地对言,绝无有天无地之语;邵雍虽然承认作为物的天地有其终始,②但从未指出天地生灭有其具体的时间进程,也不曾主张天地生灭有先后之分,更不曾认为天地毁灭之后又有重开之日。王夫之的批判与邵雍在著作中表露出的思想颇为枘凿,其立论的根据何在呢?

　　实际上,王夫之认定"天开于子"乃邵雍之说,并非自出机杼,而是渊源有自。邵雍虽然不曾言天地生灭之期;但就在其身后不久,两宋之际的王湜在其《易学》中已经开启了以十二支解释邵雍终始之说的思路。王湜为邵雍的历史年表配以《皇极经世一元图》,中有开物闭物字样;不过王湜所谓十二支仍然只是就物之生灭而言,并未以子丑对应天地,也没有提及天地生成有先后之别。③ 其后,张行成在《翼玄》中援引刘歆子丑寅对应天地人的三统之说,但也不曾以此解读邵雍的宇宙观。④ 我们习见的、将天开于子判定为邵雍关于天地生灭循环思想的提法,较早见于朱子。《朱子语类》载学生问"天开于子",朱子回答:"此是《皇极经世》中说,今不可知。"学生又问"不知人物消糜尽时,天地坏也不坏",朱子答曰:"也须一场鹘突。既有形气,如何得不坏?但一个坏了,又有一个。"⑤观其意,朱子所谓"天开于子"为《皇极经世》中之说当系称述前人之语,其源已难确考;所谓"一个坏了,又有一个"的天地循环思想,更像是朱子本人的态度。王夫之将"天开于子"的有天无地之论和"亥闭而子开"的天地循环之说认定为邵雍的思想,显然是承继朱子而来。这里,王夫之所批判的与其说是邵雍本人,毋宁说是朱子视野中的邵雍。

　　在澄清了王夫之上述批评中的两个前提的基础上,我们可以对批评本身

---

① 王夫之:《张子正蒙注》卷七下,《船山全书》(第12册),第277页。
② 邵雍云:"《易》之数穷天地终始。或曰:天地亦有终始乎? 曰:既有消长,岂无终始? 天地虽大,是亦形器,乃二物也。"见邵雍:《观物外篇》卷下,《邵雍全集》(第3册),第1234页。
③ 王湜:《易学》,载《景印文渊阁四库全书》(第805册),台北:台北商务印书馆,1986年,第683页。
④ 张行成:《翼玄》卷三,影印上海图书馆藏清乾隆李氏万卷楼刻《函海》本,载《续修四库全书》(第1048册),上海:上海古籍出版社,2002年,第129页。
⑤ 黎靖德编:《朱子语类》卷四十五,王星贤点校,北京:中华书局,1986年,第1155页。

的逻辑作一更加深入的审视。王夫之指出,天地生灭有先后将会导致孤阴孤阳的局面,这与阴阳并立的原则不符,故"阴孤而不可毁阳,阳孤而不可毁阴",由此反证天地生灭有先后的说法之谬。从上引"天地而无毁"等说法来看,王夫之此处是以天地为恒常的存在,或说以天地为阴阳。但王夫之似乎忽略了:在邵雍处,天地并不能等同于阴阳。"天地虽大,是亦形器,乃二物也"①,邵雍显然认为,天地乃有形之物,阴阳则是构成天地的材质;形器虽有成毁,材质却无生灭。将邵雍思想中的天地成毁看作是作为万物质料的阴阳的生灭,是混淆了天地之象与阴阳之体的根本差别。进一步,不仅天地不能等同于阴阳,天地也不能分别与阳和阴绑定。王夫之认为从有天无地必然推出有阳无阴的结论,但与此相反,邵雍却主张"天之大,阴阳尽之矣;地之大,刚柔尽之矣"②。这意味着,天不能等同于阳,地不能等同于阴,天地各有阴阳、柔刚,即使在所谓的有天无地之时,阴阳(刚柔)也是同时存在的。这里,王夫之的批评不仅曲解了邵雍原意,也与自己提出的"天不偏阳,地不偏阴"③的原则相悖。

如朱伯崑先生所言,王夫之的形上学以本体论为基本特征。如果我们不考虑王夫之对于邵雍文本的种种误读,上述批评的实质,乃是王夫之以本体论立场对"邵雍的"宇宙论立场加以驳斥。④ 这一基本态度不仅体现在王夫之关于天地生灭问题的讨论上,也同样贯穿于其关于事物运动变化的思考之中。对此,我们在下文中会得到更加具体的认识。然而,由于所持的论点与批评的对象并不相符,王夫之所针对的与其说是历史上的邵雍本人,不如说是思想史脉络中经过简化和改造的一种邵雍的形象。在王夫之的批评中,邵雍客观上扮演的更多是一个悬设靶的的角色,其作用仅在于引出王夫之关于事物存有与活动的思考。

---

① 邵雍:《观物外篇》卷下,《邵雍全集》(第3册),第1234页。
② 邵雍:《观物内篇》,《邵雍全集》(第3册),第1146页。
③ 王夫之:《周易外传》卷一,《船山全书》(第1册),第822页。
④ 朱伯崑:《易学哲学史》(第4册),北京:昆仑出版社,2005年,第45页。

二 神化

王夫之对于邵雍的另一批判集中于神化问题。所谓神化,指变化是否不疾而速、不行而至,以及易学应当采用怎样的形式来对变化加以合理说明。王夫之的批评主要围绕先天图与先天卦序两个问题展开。这里,我们首先讨论易图问题。

《周易内传发例》指出:

> 其经营砌列为方圆图者,明与孔子"不可为典要"之语相背。而推其意之所主,将以何为? 如方圆图方位次序之饾饤铺排者,……可以通志成务,不疾而速,不行而至耶?
>
> 《本义》绘邵子诸图于卷首,不为之释而尽去之,何也? 曰:周流六虚,不可为典要,易之道,易之所以神也,不行而至,阴阳不测者也。邵子方圆二图,典要也,非周流也,行而至者也,测阴阳而意其然者也。①

《张子正蒙注》亦云:

> 不测者,乘时因变,初无定体。非幽明异致,阴阳分界,如邵子四方八段之说,亦非死此生彼,各有分段,如浮屠之言,明矣。②

在王夫之看来,《周易》神妙万物,"不主故常"③,这就决定了:第一,《周易》所谓变化是不疾而速、不行而至的,没有拘定的时间或次序;第二,《周易》所谓变化是不测的,人不能以确定的形式对其作出说明。王夫之据此批判邵雍先天图在形式上拘定死板,不足以尽变化之道;在内容上私意揣度,不足以通不测之神。换言之,邵雍先天图有常而无变,有迹而无神。

王夫之的上述批评是否合理? 我们可以从三个层面展开思考。第一,常非变,迹非神,不能混淆。从上述批评来看,王夫之对于概念之间的区别是自觉的,其所谓"周流""不测"即神,其所谓"典要""定体"即迹。但王夫之批评

---

① 王夫之:《周易内传发例》,《船山全书》(第 1 册),第 651、668 页。
② 王夫之:《张子正蒙注》卷一上,《船山全书》(第 12 册),第 38—39 页。
③ 王夫之:《周易内传》卷五上,《船山全书》(第 1 册),第 531 页。

先天图有常无变、有迹无神,却又模糊了概念的界限:先天图作为一种图式,属于有形有迹之象,本来就不能与无形无象、周流变化之神等同。责先天图以神变之能,是要求现象具有本体的功用,这显然是不合理的。与王夫之这里的批评不同,对于神与象之别,邵雍有着明确的区分。《观物外篇》云:

> 太极一也,不动;生二,二则神也。神生数,数生象,象生器。
> 太极不动,性也,发则神,神则数,数则象,象则器。①

邵雍哲学中的最高范畴是神或太极,数与象皆在其次。所谓神,指变化本身。先天图作为一种图象,是对变化过程及其中存在的数量关系的可见化表达,其本身必然是迹、是常;先天图中卦象按阴阳消长排列成一定次第,所刻画的对象则是作为变化本原的变或神。邵雍并未以作为变化之迹的先天图充当作为变化本原的神,王夫之的批评当出于对邵雍思想的误解。

第二,常是否尽变,迹是否尽神。换言之,先天图作为一种图象,是否对变化作了足够传神的刻画。应该指出,上述批评中,王夫之的本意并非以象为神,而只是批评先天图之象不能尽神。其所以不能尽神,在于先天图的时间性与次序性过于清晰,表现在图象上,就是通过一阴一阳的法则推出前后秩序分明、处处对待流行的图式。这使得变化中不能以一阴一阳法则归纳的情况被排除在了图式之外,或说是使不疾而速、不行而至的神化落入了时间性、次序性的规定之中。王夫之的这一批判可谓深中肯綮。诚然,先天图本身只是一种象或迹,不必也无法穷尽神化的全部可能;先天图所谓次序,也不意味着事物生化只能以一成不变的方式拘而守之。但不可否认的是,先天图形式的简明性,确实与复杂万状的变化本身相去甚远;事物变化中处处可见的随机性、无规律性,也难以在先天图一阴一阳的原则中得到落实。先天图在以位置固定、次序严格的形式极为简洁地呈现出阴阳对立消长关系的同时,也自然而然地具有了机械论、决定论和简单化的倾向。对于先天图的这些特征,王夫之的批评是极其敏锐的。

第三,如果常不能尽变、象不能尽神,常与象是否还有必要。王夫之的答案是否定的。在王夫之看来,"四方八段""饾饤铺排"的先天图所描述的只是

---

① 邵雍:《观物外篇》卷下,《邵雍全集》(第3册),第1238—1239页。

阴阳之迹,无法揭示《周易》的变动不测,更不足以开物成务,而只能构成对本体之神妙的遮蔽,因此理应"不为之释而尽去之"。王夫之强调本体之神化,却似乎忽视了本体必然表现于现象之中,对于本体的把握也只能通过现象实现。因此,包括先天图在内的常与象所蕴涵的现象及其内部的关联性不仅不能被取消,而且要作为把握本体的途径而得到重视。此即所谓即体成用,即用见体。反之,如果彻底取消了包括先天图在内的常与象,所谓本体之神妙亦难以安顿,这恰恰走上了王夫之所批判的离气言道的路子。对于彻底否定图象所可能带来的危险,王夫之似乎没有充分虑及,否则,当不容此与其"体用胥有而相需以实"①的整体哲学原则相违背。

需要注意的是,王夫之这里的批判并不仅仅针对先天图,而是同样关联到我们前面提到的第二个问题,即对于图式的批评同时指向包括先天卦序在内的各种卦序。王夫之认为:

> (先天卦序)其为说也,抑有渐生而无变化。……《易》参天人而尽其理,变化不测,而固有本矣,奚待于渐以为本末也?如其渐,则泽渐变为火,山渐变为水乎?②

如果说王夫之对先天图的质疑主要在于图象不足以穷神知化,那么,其对先天卦序的批评则更加侧重于诸卦彼此之间的关系问题。王夫之认为,先天卦序所以不合理有两方面的原因:其一在于诸卦之间前后转化的关系不见于经验事实,如先天八卦圆图中兑与离、艮与坎位置相连,象征着"泽渐变为火,山渐变为水",无法在现实中得到解释;③其二在于先天卦序将六十四卦之间彼此转化的关系当作了诸卦产生的根据,这是以不存在的联系取代了变化不测之本,即所谓"待于渐以为本末"。

王夫之所反对的并不仅仅是先天卦序,同样也包含其他卦序。这种态度早有发端。在早年的《周易外传》中,王夫之已经对《序卦传》所解释的《周

---

① 王夫之:《周易外传》卷二,《船山全书》(第1册),第861页。
② 王夫之:《周易外传》卷五,《船山全书》(第1册),第989页。
③ 王夫之将卦序中的前后关系一概解读为物象之间的转化关系,故而有泽变为火之论,这是一种误解。先天卦序中的卦象是对阴阳的刻画,卦象之间的阴阳转化关系不能被等同于所取物象之间的转化关系。

易》卦序有所不满,于是新作了三种卦序以取而代之。① 按照王夫之的说明,这些卦序与《周易》卦序的真正意义都在于"其条理也,非其序也"②,即六十二卦只是乾坤二卦有逻辑、有条理的展开,而不能看作时间性的顺序,彼此之间不是转化相生的关系。到了晚年,王夫之似乎认为《周易外传》对于卦序的否定仍然不够彻底,故而在《周易内传》中对其全部加以扬弃,抛开卦序,直接以六十二卦为乾坤之变现。从自作卦序到抛弃卦序,王夫之在否定卦序的道路上可谓越走越远。

如何理解王夫之对于先天卦序的批评？就易学而言,王夫之的批评根源于其乾坤并建说,之所以否定六十四卦之间前后转化的关系,是为了说明六十二卦皆自乾坤本体而来,而非辗转生成;就哲学而言,王夫之的批评实际上是站在本体的立场上质疑卦序所反映的现象之间存在着运动关联。然而,承认本体的重要性,并不意味着必须否认现象具有运动转化的可能。现象固然是以本体为其存在的根据,如六十二卦皆由乾坤两卦变现而来;但现象之间仍然可以彼此转化,这并不与现象之以本体为根据相悖,如六十二卦虽然皆从乾坤生成,其内部仍然可以存在阴阳进退、转化消长的关系,如复一阳生而为颐,姤一阴生而为大过,这种转化只是现象间的运动,并非现象与本体之间所生与所从生的根据问题。王夫之以乾坤并建彻底否定卦序,在充分突显出现象皆从本体而生的根源性关系的同时,也不得不以牺牲现象的主动性和内部关联的丰富性为代价:在这样的《周易》体系中,我们已经看不到乾坤屯蒙诸卦之间明显的时间和逻辑上的关联,也看不到各卦之间的阴阳消长关系,现象只是各自个别地、孤零零地处在与本体的连接之中。由此所造成的,是一个变化无不源自本体、现象全被机械决定的世界图景。

整体审视王夫之在神化问题上对于邵雍的批评,可以看到:王夫之始终强调本体相对于现象的超越性,即本体变现为现象乃是不疾而速、不行而至;但对于现象的地位与功用,即现象是本体唯一可能的表现方式,以及现象之间内部关联的丰富性与必要性,并未给予足够的重视。而这恰恰是邵雍的特出之处。邵雍哲学对于体用、正变、反易不易等范畴的强调,对于这些转化关

---

① 王夫之:《周易外传》卷七,《船山全书》(第1册),第1096—1110页。
② 同上书,第1094页。

系在《周易》卦象、万事万物和天时治道之中的论述，在根本上都是对于现象的分析，其意都在于呈现出现象之间自然而然的内在关联，而这关联正是本体之神化作用的表现。邵雍试图尽可能细致地对现象结构加以揭示，由此展示出本体所蕴涵的内在丰富性，这种对于现象的重视或许是主要关注本体自身的王夫之卑之无甚高论的。

三 道术

除有无、神化之外，学派归属也是王夫之批判邵雍的重要主题。在王夫之笔下，邵雍具有两重身份：其一是习丹经之术的道教徒，其二是窃阴阳之机的术数家。二者或慕长生，或推利害，概之不出求利二字，而与儒家的道德关怀无涉。两种形象构成了王夫之批判的前提，同时也决定了批判的结论。然而，略作分析即可发现，王夫之提供的邵雍形象并不合于史实，其推理也不无可议之处。以下，我们首先就王夫之的批评略作述论，在辨明邵雍其人其学真实形象的基础之上，再对王夫之的立论用意加以评析。

先来考察第一种形象。王夫之认定邵雍为道教徒，是以邵雍师承为依据。对此，王夫之给出了两种说法。其一以为邵雍之学出于北宋江休复，《周易内传发例》云：

> 至宋之中叶，忽于杳不知岁年之后，无所授受，而有所谓先天之学者。或曰邵尧夫得之江休复之家。[1]

所谓邵雍从其母得江氏藏书之说，见于张耒《续明道杂志》、章渊《槁简赘笔》等；[2]但从江休复传世著作《嘉祐杂志》来看，其书所载皆北宋史谈故事，与邵雍之学全无相关；[3]欧阳修所作《墓志铭》《宋史》本传叙江休复事迹，言其著

---

[1] 王夫之：《周易内传发例》，《船山全书》（第1册），第651页。
[2] 张耒：《续明道杂志》，载宛委山堂本《说郛》卷四十三，《说郛三种》（第5册），上海：上海古籍出版社，2012年，第2004页；章渊：《槁简赘笔》，载涵芬楼本《说郛》卷四十四，《说郛三种》（第2册），第720页。
[3] 江休复：《嘉祐杂志》，载《景印文渊阁四库全书》（第1036册），台北：台北商务印书馆，1986年。

有《唐宜鉴》《春秋世论》,亦不言其与道教有涉。①邵雍得江氏之书云云,可说是无稽之语。事实上,对于这一传闻,王夫之也不甚重视。其所真正持以为据的,是第二种说法,即邵雍学于陈抟之说:

> 或曰陈抟以授穆修,修以授李之才,之才以授尧夫,则为抟取魏伯阳《参同契》之说,附会其还丹之术也无疑。所云先天者,钟离权、吕嵓之说也。②

> 邵子之术,繁冗而实浅,固其不足从,以经考之自见。故读易者以不用先天图说为正,以其杂用京房、魏伯阳、吕嵓、陈抟之说也。③

王夫之的思路是,既然陈抟是道士,邵雍师承陈抟,那么邵雍之学自然属于道教而非儒门。在此基础上,王夫之又将邵雍与魏伯阳《周易参同契》乃至传说中的钟离权、吕洞宾牵连在一起,以邵雍之学为长生炼养之术。事实是否真的如王夫之所描述的那样呢?我们可以从师承和著述两方面来加以分析。

从师承关系来看,邵雍之学主要传自邵古与李之才。邵古素业儒术,为乡教授;④李之才从学穆修,穆李二人皆学儒入仕,其立身行事亦与道教无涉。⑤从著述内容来看,邵雍有《皇极经世》《伊川击壤集》传世,其中无一字论及道教炼养之方,反而直斥长生求仙之非。其诗云:"人言别有洞中仙,洞里神仙恐妄传。若俟灵丹须九转,必求朱顶更千年。"⑥可见邵雍对长生之术持贬斥态度。不仅如此,邵雍更明确以儒者自视。《伊川击壤集序》云:"予自壮岁业于儒术,谓人世之乐何尝有万之一二,而谓名教之乐固有万万焉。"⑦诗

---

① 欧阳修:《江邻几墓志铭》,载《居士集》卷三十四,《欧阳修全集》(第2册),李逸安点校,北京:中华书局,2001年,第500—502页;脱脱等:《宋史》卷四百四十三,北京:中华书局,1985年,第13093页;并参见金生杨:《邵雍学术渊源略论》,《中华文化论坛》,2007年第1期。
② 王夫之:《周易内传发例》,《船山全书》(第1册),第651页。
③ 王夫之:《周易稗疏》,《船山全书》(第1册),第790页。
④ 陈绎:《邵古墓志铭》,载吕祖谦编:《宋文鉴》卷一百四十三,齐治平点校,北京:中华书局,1992年,第1998页。
⑤ 李之才诗文无传,但世传《六十四卦反对图》和《六十四卦相生图》题为李之才所作,见朱震:《汉书易传·卦图》卷一,载《通志堂经解》(第1册),南京:江苏广陵古籍刻印社,1996年,第480页;穆修有《穆参军集》传世,载《景印文渊阁四库全书》(第1087册)。两人行迹,见脱脱等:《宋史》卷四百三十一、卷四百四十二,第12823—12825、13069—13070页。
⑥ 邵雍:《击壤吟》,《伊川击壤集》卷八,《邵雍全集》(第4册),第139页。
⑦ 邵雍:《伊川击壤集序》,《邵雍全集》(第4册),第2页。

中亦云:"自有吾儒乐,人多不肯循。"①其思想宗旨与道教无关,可谓甚明。既然邵雍的著述与直接的师承关系都无法提供任何与道教相干的信息,那么,王夫之认为邵雍得道教炼养之术的说法又是从何而来呢?

与前文"天开于子"的情况相似,这里,王夫之对于邵雍学派的判断同样并非根据邵雍本人的思想与行事立论,而是受了前人论述的影响。邵雍传陈抟之学的说法早有其源。其说最早见于邵雍之子邵伯温,其后经晁说之发展,在朱震《进周易表》中得到了集大成的发挥。但邵伯温等人并未因此而将邵雍学术归于道教。② 最早认为邵雍思想与方术有涉的是朱子。其云:"先天图直是精微,不起于康节。希夷以前元有,只是秘而不传。次第是方士辈所相传授底。《参同契》中亦有些意思相似。"③这便通过陈抟将邵雍与道教《参同契》联系了起来。至于王夫之所谓先天之学与吕洞宾有关的说法,则当是受了《宋史》等所载陈抟与吕洞宾交往事迹的影响。④ 将邵雍著述与《参同契》与钟吕丹法略加比较即可看出,其间差异至为明显,不容混淆。应该说,王夫之这里是又一次将前人记述的邵雍形象当成了历史上的邵雍本人。由此得出的邵雍为道教徒的结论,当然与其真实的历史面貌相去甚远。

以上,我们对王夫之笔下邵雍的第一种形象作了澄清,接下来考察第二种形象。历史上的邵雍本人对卜筮有明确的批判。其诗云:"买卜稽疑是买疑,病深何药可能医。梦中说梦重重妄,床上安床叠叠非。列子御风徒有待,夸父逐日岂无疲。劳多未有收功处,踏尽人间闲路歧。"⑤与认定邵雍为道教徒类似,王夫之指责邵雍为术数家,同样不是根据邵雍本人立说,而是选取在历代解释中已经改造和变形了的邵雍形象。两者之间也有不同:如果说王夫之关于邵雍之为道教徒的判断出于其对邵雍师承的误解,那么,邵雍之为术数家的身份则源于王夫之对于托名伪作的采信。

王夫之所依据的托名邵雍伪作有两种。其一是《一撮金》,《周易内传发

---

① 邵雍:《再答王宣徽》,《伊川击壤集》卷八,《邵雍全集》(第4册),第141页。
② 邵伯温:《易学辨惑》,载《景印文渊阁四库全书》(第9册),第401—412页;晁说之:《传易堂记》,《嵩山文集》卷十九,《四部丛刊续编》景印旧抄本,上海:商务印书馆,1935年,第15页上至第17页上;朱震:《进周易表》,《汉书易传》卷首,载《通志堂经解》(第1册),第1页。
③ 黎靖德编:《朱子语类》卷六十五,第1617页。
④ 脱脱等:《宋史》卷四百五十七,第13421—13422页。
⑤ 邵雍:《闲行吟》,《伊川击壤集》卷七,《邵雍全集》(第4册),第111页。

例》云：

> 故赣之《易林》，诡于吉凶，而无得失之理以为枢机，率与流俗所传《灵棋经》《一撮金》，同为小人细事之所取用，亵天悖理，君子不屑而过问焉。①

所谓《一撮金》，全称《邵康节易数一撮金》，其书假借邵雍之名，以先天卦序查占诗定吉凶，乃诗占之一种，今收于《古今图书集成·卜筮部》之中。这里，王夫之显然是错将托名之书当成了邵雍自著。②

王夫之所采用的第二种伪作，便是著名的《梅花易数》。对于此书，王夫之多有引述。《周易内传发例》云：

> 故圣人作易，以鬼谋助人谋之不逮，百姓可用，而君子不敢不度外内以知惧，此则筮者筮吉凶于得失之几也。固非如《火珠林》者，盗贼可就问以利害。而世所传邵子牡丹之荣悴、瓷枕之全毁，亦何用知之以渎神化哉？③

"邵子牡丹之荣悴、瓷枕之全毁"，指《梅花易数》所记载的邵雍的两则轶闻。所谓"牡丹之荣悴"，《梅花易数》云：

> 巳年三月十六日卯时，先生与客往司马公家共观牡丹。时值花开甚盛，客曰："花盛如此，亦有数乎？"先生曰："莫不有数，且因问而可占矣。"遂占之。以巳年六数，三月三数，十六日十六数，总得二十五数，除三八二十四数，零一数为乾，为上卦。加卯时得四数，共得二十九数，又除三八二十四数，零五为巽卦，作下卦。得天风姤。又以总计二十九数，以六除之，四六二十四，零五爻动，变鼎卦，互见重乾。遂与客曰："怪哉！此花明日午时，当为马所践毁。"众客愕然不信。次日午时，果有贵官观牡

---

① 王夫之：《周易内传发例》，《船山全书》（第1册），第678页。
② （旧题）邵雍：《一撮金》，载陈梦雷编：《古今图书集成》卷五百四十一，北京：中华书局、成都：巴蜀书社，1985年，第56898—56904页。按，《一撮金》另有故宫藏清康熙年间抄本，全名《增补详注六爻一撮金易数》，当系在《古今图书集成》本基础上增订而成。
③ 王夫之：《周易内传发例》，《船山全书》（第1册），第654页。

丹，二马斗啮，群惊花间驰骤，花尽为之践毁。①

所谓"瓷枕之全毁"，亦见于《梅花易数》：

> 一日午睡，有鼠走而前，以所枕瓦枕投击之，鼠走而枕破。觉中有字，取视之："此枕卖与贤人康节，某年月日某时，击鼠枕破。"先生怪而询之陶家。其陶枕者曰："昔一人手执《周易》憩坐，举枕其书，必此老也。今不至久矣。吾能识其家。"先生偕陶往访焉。及门，则已不存矣，但遗书一册，谓其家人曰："某年某月某时，有一秀士至吾家，可以此书授之，能终吾身后事矣。"其家以书授先生。先生阅之，乃《易》之文并有诀例，当推例演数，谓其人曰："汝父存日，有白金置睡床西北窖中，可以营葬事。"其家如言，果得金。先生受书以归。②

两事之外，王夫之《周易内传发例》又提到所谓"观梅之术"：

> 揣其意，不过欲伸康节观梅之术，与京房世应、《火珠林》禄马贵合刑杀之邪妄，以毁圣人而已。③

"康节观梅之术"，即所谓枯枝占，亦见于《梅花易数》。④ 王夫之据牡丹、瓷枕、观梅三事判断邵雍为术士，其据皆出于《梅花易数》。《梅花易数》之为伪书，前人已有论述。早在王夫之以前，明代季本已经指出此书与邵雍之学不同，当为元末之人伪作；⑤今人郑万耕先生考证其成书不可能早于明初。⑥《梅花易数》所载牡丹等事荒诞不经，王夫之不疑其书为伪，反而加以采信，作为判断邵雍身份之根据，则其结论之不可信，可谓不言自明。

由上可见，王夫之对于邵雍两种形象的批判或据前人浮说，或取托名伪作，皆非信实之论。单就文献问题而言，这些批判可谓全是无根之谈。那么，

---

① （旧题）邵雍：《梅花易数》卷一，国家图书馆藏光绪五年书业堂刻本。按，此事在两宋之际的笔记中已有记载，但未详推算之法。见张邦基：《墨庄漫录》卷二，北京：中华书局，2002年，第65页；崔文印：《嬾真子录校释》，北京：中华书局，2017年，第103页。
② （旧题）邵雍：《序》，《梅花易数》。
③ 王夫之：《周易内传发例》，《船山全书》（第1册），第681页。
④ （旧题）邵雍：《梅花易数》卷一。
⑤ 季本：《说理会编》卷十五，载《续修四库全书》（第939册），第58页。
⑥ 郑万耕：《关于〈梅花易数〉的几个问题》，载朱伯崑主编：《国际易学研究》（第3辑），北京：华夏出版社，1997年，第41—46页。

王夫之的批评是否只是出于文献不足而生的误解？似乎不然。关于这一点，我们可以从两个角度略作思考。其一，自明永乐以来，邵雍《观物内篇》《观物外篇》早已随其他北宋四子之书编入《性理大全》，悬为功令，学子信手可得，绝非罕见之书。以王夫之的博学，我们无法想象其不见此书，数十年如一日单凭耳剽立论，也势难认为其对托名之作竟无辨别真伪精粗之能力。其二，将王夫之的批评简单视为一种误解，也无法回答这样一个问题：同属黄冠者流，为何王夫之对于陈抟的攻讦并不多见，且往往只是一笔带过，而将邵雍作为主要的批判对象？这些问题提示我们，王夫之的立言宗旨可能未必全出学理层面，而是有着更为复杂的历史时代关怀。

对于王夫之来说，明清之际天地鼎革、国破家亡的惨痛现实构成了最大的思考背景。《周易外传》等极力张扬乾健正大之精神，批判士大夫柔弱萎靡的精神状况和猥俗偷生的人生态度，正是有惩于明亡之戒而发。一种可能的猜测是，王夫之所以批判邵雍毫不假借，即使张冠李戴亦在所不惜，当有借邵雍的名号作为士大夫追求长生、沉迷卜筮的代表加以猛烈鞭挞之意，以达到针砭世风的目的。这也可以解释为何王夫之着力攻击邵雍，对陈抟却不甚着意：王夫之批判邵雍，是将其作为士大夫群体中之一员看待，批评其不能经纶世务，反而败坏人心；而陈抟只是方外之士，并非士人，不必也不能承担作为儒家人格主体与国家政治主体的责任，故不在王夫之深责之列。其所以借用邵雍而非其他士人之名，则是因为：邵雍身为儒者，其形象却遭到了时人的有意神化，而与术士相近；[1]其后历代道士术者又往往托名邵雍著书立说，眩惑世人。[2] 及至明清之际，邵雍的身份已然经历了多重有意识的建构，流行于世，而与历史上的邵雍本人相去甚远。就邵雍在当时民间所具有的近于巫卜的形象而言，王夫之以之作为批判的代表，确实可谓得其关键。然而，即使在王夫之看来，这样的形象也未必真的等同于邵雍本人：船山之意，原不在苛责邵雍，大抵借之以劝世而已。

---

[1] 对于邵雍的神化从邵伯温已经开始，参见邵伯温：《邵氏闻见录》卷十六至卷二十，李剑雄、刘德权点校，北京：中华书局，1983年，第171—226页。关于北宋士人对邵雍精于推算的记述，参见近人丁传靖的整理。见丁传靖：《宋人轶事汇编》卷十，北京：中华书局，1981年，第457—463页。
[2] 现存托名邵雍著作十数种，绝大多数为占算之书，上文提到的《梅花易数》与《一撮金》只是其中两例。

参考文献

[1] 晁说之:《嵩山文集》,《四部丛刊续编》景印旧抄本,上海:商务印书馆,1935 年。

[2] 程颢、程颐:《二程集》,王孝鱼点校,北京:中华书局,1981 年。

[3] 崔文印:《嬾真子录校释》,北京:中华书局,2017 年。

[4] 丁传靖:《宋人轶事汇编》,北京:中华书局,1981 年。

[5] 黎靖德编:《朱子语类》,王星贤点校,北京:中华书局,1986 年。

[6] 季本:《说理会编》,载《续修四库全书》(第 939 册),上海:上海古籍出版社,2002 年。

[7] 江休复:《嘉祐杂志》,载《景印文渊阁四库全书》(第 1036 册),台北:台北商务印书馆,1986 年。

[8] 金生杨:《邵雍学术渊源略论》,载《中华文化论坛》,2007 年第 1 期

[9] 吕祖谦编:《宋文鉴》,齐治平点校,北京:中华书局,1992 年

[10] 穆修:《穆参军集》,载《景印文渊阁四库全书》(第 1087 册),台北:台北商务印书馆,1986 年。

[11] 欧阳修:《欧阳修全集》,李逸安点校,北京:中华书局,2001 年。

[12] 邵伯温:《邵氏闻见录》,李剑雄、刘德权点校,北京:中华书局,1983 年。

[13] 邵伯温:《易学辨惑》,载《景印文渊阁四库全书》(第 9 册),台北:台北商务印书馆,1986 年。

[14] (旧题)邵雍:《梅花易数》,国家图书馆藏光绪五年书业堂刻本。

[15] (旧题)邵雍:《一撮金》,载陈梦雷编:《古今图书集成》(第 46 册),北京:中华书局、成都:巴蜀书社,1985 年。

[16] 邵雍:《邵雍全集》,郭彧、于天宝整理,上海:上海古籍出版社,2015 年。

[17] 脱脱等:《宋史》,北京:中华书局,1977 年。

[18] 王夫之:《船山全书》,长沙:岳麓书社,1988 年。

[19] 王湜:《易学》,载《景印文渊阁四库全书》(第 805 册),台北:台北商务印书馆,1986 年。

[20] 张邦基:《墨庄漫录》,北京:中华书局,2002 年。

[21] 张耒:《续明道杂志》,载《说郛三种》(第 5 册),上海:上海古籍出版社,2012 年。

[22] 张行成:《翼玄》,影印上海图书馆藏清乾隆李氏万卷楼刻《函海》本,载《续修四库全书》(第 1048 册),上海:上海古籍出版社,2002 年。

[23] 章渊:《槁简赘笔》,载《说郛三种》(第 2 册),上海:上海古籍出版社,2012 年。

[24] 郑万耕:《关于〈梅花易数〉的几个问题》,载朱伯崑主编:《国际易学研究》(第 3 辑),北京:华夏出版社,1997 年。

[25] 朱伯崑:《易学哲学史》,北京:昆仑出版社,2005 年。
[26] 朱震:《汉上易传》,载《通志堂经解》(第 1 册),南京:江苏广陵古籍刊印社,2010 年。

Evaluation on Wang Fuzhi's Critique on Shao Yong's Thoughts

Li Zhen

Abstract: Wang Fuzhi pays much attention in his works to criticizing Shao Yong's thoughts. On terms of cosmology, Wang Fuzhi holds the opinion that Shao Yong's view that the sky (yang) exists before the earth (yin) comes into being is against the simultaneity of yin and yang in *Yi zhuan*. In fact, such an evaluation is not fit for Shao Yong's cosmological theory but out of Wang Fuzhi's misunderstanding. On terms of transformation, Wang Fuzhi criticizes that Shao Yong's *Xiantian tu* is mechanistic and unable to describe the profoundness of Spirit. However, a thorough negation of the *Xiantian* order of hexagrams would lead to an unacceptable conclusion, which rules out all the possibility of the transformation of things. On terms of identity, by considering Shao Yong to be a Daoist and occultist, Wang Fuzhi totally misinterprets Shao Yong's theory. Nonetheless, Wang Fuzhi's misinterpretation might be read as an allegory that is aimed at the popular ethos of his time.

Key words: Wang Fuzhi, Shao Yong, Being and non-being, Spirit and transformation, Veritas and divination

书讯

《什么叫思想?》

〔德〕海德格尔著,孙周兴译

北京:商务印书馆,2017年

  《什么叫思想?》一书是商务印书馆30卷《海德格尔文集》的其中一卷,系《海德格尔全集》的第8卷。本书是马丁·海德格尔1951—1952年间所做的两个讲座。第一个讲座展开为对作为西方形而上学之"完成"的尼采之基本立场的争辩。第二个讲座包含着一种与巴门尼德的存在历史性的对话。前者为"形而上学之完成",而后者为"开端性的思想家"中的标志性人物。两个讲座包含一种根本的关于"什么叫思想"的存在历史性的沉思,取该问题预先确定的双重统一的定向。它们追问思想意味着什么,但它们同时也追问思想历史性地把什么任务交给人。(文　晗)

论《大学》改本问题
——以唐君毅的重订与诠释为中心

陈 昊*

提　要：自朱熹为《大学》作补传以来，南宋董槐等"朱子后学"即提出不同意见，认为《大学》有错简无阙文，合"知止"以下与"听讼"节即致格传文。王阳明古本说，实"折衷"继承此一主张。明儒吴澄等均赞同此说。此外，还有蔡清、崔铣等诸《大学》改本。清人毛奇龄等，又对《大学》改本公案，各有综判。近人唐君毅更参考诸改本，移"知止""物有本末"等四节经文，合"此谓知本"节，重定《大学》致格传文。唐君毅还考察格物诸说，扣紧"格物者即物有本末之物，致知即知所先后之知"的线索，抉发《大学》"致知格物"要义，致知不仅涵摄"知所先后""知本""知至"之义，更贯通"知止""止于至善"之义。"格物"并非朱熹的"即物穷理明理于心"，也不是阳明"致吾心良知之理于事事物物"，而是道德主体置身道德情境，"至物感物""以有其当然的、所以应之感之之行事"。唐解，不仅文从字顺，贴切《大学》本意，更具丰富的学术史支撑，对今日《大学》研究有较大启发。

关键词：《大学》改本　唐君毅　格物致知　朱熹

朱熹《大学章句》风行士林，是《大学》编订与诠解的典范；明代王阳明反

---
* 陈昊，1987年出生，厦门大学哲学系博士研究生。

对朱子"格物说",一返《大学》古本。这都是《大学》研究者熟知的话头,却远非《大学》诠释史的全幅景象。围绕《大学》文本结构及其义理诠释,众说纷纭,《大学》改本的源流始末,远比已知研究更为广大复杂。

在《大学》文本结构方面,朱子认为《大学》有阙文而作补传。其身后不出百年,南宋末期理学家董槐、车若水、王柏等就提出了不同意见(考其学术源流,均源出朱子,可谓"朱子后学")。他们认为,"大学有错简而无阙文"、去朱子格物补传、"就本文略作移易而其义已备",并主张合"知止""物有本末"两节与"听讼""此谓知本"两节,即为致格传文。明儒吴澄、顾宪成、方孝孺、刘宗周及顾炎武等,对此均表赞同,某种意义上,王阳明返回古本之说(《大学》既无阙文也无错简,当一仍古本),也不出此派改本主张的"折衷"与继承。此外,还有蔡清、季本、崔铣、高攀龙、葛寅亮等改本。中间,更有《大学》石经本的歧出与辨正。有清一代,毛奇龄、胡渭、朱彝尊、李光地等学人,均对"大学改本"公案做了各自综合述评。

另一方面,朱子以后,围绕《大学》诠解的关键性问题"格物说",同样意见纷呈。《宋元学案》所谓"程门支流"、南宋"黎山学派"黎立武,提出与朱子"即物穷理"大相径庭的解说。他扣紧"格物者即物有本末之物,致知即知所先后之知"的线索,凸显《大学》用力先后的要义,合"知所先后""知止"诸"知"义,通解"致知格物"的义理内涵。这一主张还为"阳明后学"王艮继承发挥。此外,还有罗念庵、蒋道林、李见罗、顾宪成、高攀龙、李二曲、阮元等诸家"格物说"。

20世纪60年代,唐君毅就此两方面问题展开研究。他综合历代改本,重理《大学》古本,证其本无阙文、朱熹"大学补传"不必补。遵照"最少对原本之牵动"的编订原则,唐君毅引经文"知止""物有本末"四节,合传文首节"此谓知本,此谓知之至也",重定为《大学》"致知格物"传文。这样一来,《大学》之致知,既是"知止""知止于至善",属道德主体应对具体道德情境,知"止于一一之当然之正道";也指主体察知"物之本末,事之终始",其道德行事由"知所先后"与"知本",而达至"知之至"。《大学》诸知义,贯通为一。"格物"不再是朱熹的"即物穷理",也不是阳明的"致良知",而是道德主体置身道德情境,面对道德对象(物之至)来接来感者,"皆加以度量,而依类以有其当然的、所以应之感之行事而不过之谓"。

一 检讨朱熹编订:大学无阙文、补传不必作

唐君毅对《大学》古本的还原,始于对朱熹《大学》编订及其补传的检讨。其关键在于,所谓"大学阙文",实出于朱熹大幅调整古本"人为制造"。取消朱熹对诚意章所作大幅改动,不仅可依《大学》文理,对古本诚意章获得通畅理解,更避免出现阙文,从而不必再作格物补传。

朱熹对《大学》古本的改订,《晦庵先生朱文公文集》卷八十一《记大学后》曾予以说明:

> 右《大学》一篇,经二百有五字,传十章。今见于戴氏《礼》书,而简编散脱,传文颇失其次。子程子盖尝正之,熹不自揆,窃因其说,复定此本。盖传之一章释"明明德",二章释"新民",三章释"止于至善"(以上并从程本,而增《诗》云"瞻彼淇奥"以下),四章释"本末",五章释"致知"(并今定),六章释"诚意"(从程本),七章释"正心修身",八章释"修身齐家",九章释"齐家治国①平天下"(并从旧本),序次有伦,义理通贯,似得其真,谨第录如上。其先贤所正衍文误字,皆存其本文而圈其上;旁注所改,又与今所疑者并见于释音云。②

朱熹据先秦两汉著作常见的"以经附传"文体惯例,划分出《大学》经、传两部分。③ 经文中,朱熹将"在亲民"之"亲"字改订为"新"。此一改动,沿袭程伊川,且《大学》本身有较强文本证据,唐君毅亦表赞同。剧烈的文本调整,出现在朱熹所谓《大学》传文部分,集中于第一章至第六章,按笔者重标的传文节数,即传文第 1 节到第 18 节。④

---

① 陈来:《朱子哲学研究》,北京:三联书店,2010 年,第 320 页。陈来认为,"九章释'齐家治国'"字下,遗"十章释治国(平天下)"五字,其说得之。括号内为朱熹自注小字。
② 《晦庵先生朱文公文集》卷八十一《记大学后》,《朱子全书》第 24 册,上海:上海古籍出版社、合肥:安徽教育出版社,2010 年,第 3829—3830 页。
③ 梁涛指出,朱熹分《大学》为经传的说法,值得重新考虑。《大学》所谓传文,与汉式传注并不相类,更接近对"经文"主旨的发挥解释。参见梁涛:《〈大学〉早出新证》,《中国哲学史》,2000 年第 3 期。
④ 《大学》古本原无章节。为说明方便,一方面以朱熹所作章节划分而标示朱熹改本次序,记为 Z1、Z2 等;同时,依照古本顺序,另做一编号,以字母 G 为标识,记如 G1、G2 等。二者并从"传文"部分,重新计数。

朱熹在传文部分做了四个大幅改动。改动一:将"《康诰》曰克明德"至"与国人交止于信"一段,移至传文之首,即古本"G8-G17"10个小节,成为"Z1-Z10"。改动二:移动原属诚意章的"诗云瞻彼淇澳"至"此以没世不忘也"一段,附之"与国人交止于信"后。即将古本 G6、G7 两节,变成 Z11、Z12,使之与 Z8、Z9、Z10 共 3 节("诗云邦畿千里……与国人交止于信"一段),共 5 小节,构成传三章,释止于至善。改动三:"子曰听讼……此谓知本"一节,移至"此以没世不忘也"后。即古本 G18,调整为 Z13,朱熹认为,这是传四章,释本末。改动四:古本"传文"首节"此谓知本,此谓知之至也",被"轮替"至"子曰听讼……此谓知本"节后,即 G1 调整为 Z14,由此,两"此谓知本"顺序相接,朱熹承伊川之意,谓 Z14"此谓知本"为衍文;朱熹既删去"此谓知本",又认为"此谓知之至也"一句,"之上别有阙文,此特其结语耳。"朱熹既定位 Z14 为传五章,"释格物、致知之义,而今亡矣。"①遂作格物补传。朱熹所作改动,如图1所示:

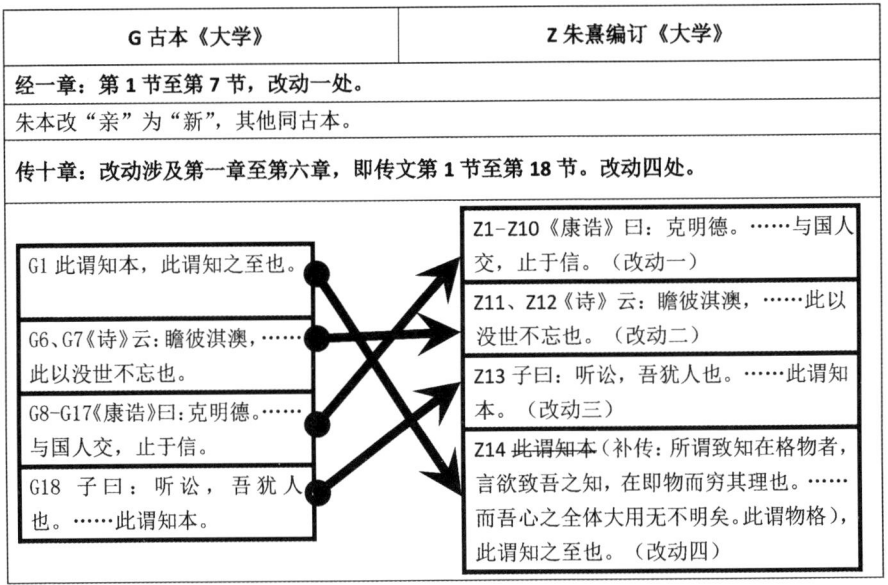

图1

唐君毅总结,"按朱子所编章句,移动古本之次序者三,改字一,删字

---

① 《大学章句》,《朱子全书》第6册,第20页。

四,新作补传,共百三十四字。此于原文之改动,不可谓不大,而使人不能无疑。"①对朱熹的改动编订,唐君毅既有赞同之处,如将"亲"改"新"与传文改动一(即"康诰曰克明德"一段前移);更多则表质疑反对,包括传文改动二、改动三,尤其不同意改动四。唐君毅认为,"此谓知本"成为衍文、"此谓知之至也"前所谓阙文,均由朱熹章句重订(直接来自于改动三、四)而"人为制造",同时,大学古本原文自可贯通理解,朱熹大学补传不仅不必要,且补传与《大学》原意并不贴切。

朱熹认为,"诗云瞻彼淇澳"至"此以没世不忘也"一段,当在"诗云邦畿千里……与国人交止于信"一段后,两部分共5小节为传第三章,释止于至善;且必移动"听讼"节附后,谓之传第四章,释本末。然而,在唐君毅看来,"诗云邦畿千里……与国人交止于信"一段(即Z8、Z9、Z10小节),已释"止于至善"。且"诗云瞻彼淇澳"以下、"听讼"两部分,按古本属诚意章,文理并无不通,因此,朱熹实无理由必拆分诚意章,使之前移属传三、四章。古本诚意章,分节略引如下:

G2 所谓诚其意者,毋自欺也。如恶恶臭,如好好色,此之谓自慊。故君子必慎其独也!

G3 小人闲居为不善,无所不至,见君子然后厌然,掩其不善,而著其善。人之视己,如见其肺肝然,则何益矣。此谓诚于中,形于外,故君子必慎其独也。

G4 曾子曰:"十目所视,十手所指,其严乎!"

G5 富润屋,德润身,心广体胖,故君子必诚其意。

G6《诗》云:"瞻彼淇澳,菉竹猗猗。有斐君子,如切如磋,如琢如磨。瑟兮僴兮,赫兮喧兮。有斐君子,终不可諠兮!"如切如磋者,道学也。如琢如磨者,自修也。瑟兮僴兮者,恂慄也。赫兮喧兮者,威仪也。有斐君子,终不可諠兮者,道盛德至善,民之不能忘也。

G7《诗》云:"於乎,前王不忘!"君子贤其贤而亲其亲,小人乐其乐而利其利,此以没世不忘也。

---

① 唐君毅:《中国哲学原论·导论篇·原格物致知:大学章句辨证及格物致知思想之发展(上)》,北京:中国社会科学出版社,2014年,第185页。

(G8—G17"《康诰》曰克明德"至"与国人交止于信"一段已前移)

G18 子曰:"听讼,吾犹人也。必也使无讼乎!"无情者不得尽其辞。大畏民志。此谓知本。

唐君毅认为,诚意章前面4节(G2—G4)所讲,正是由"毋自欺""慎独"之工夫,诚中形外,而达到"德润身,心广体胖"的效验。相应的,"《诗》云瞻彼淇澳"以下,全是释诚意之功。其中,道学自修,正对应慎独修德之事;恂慄威仪,正是德润及身、心广而体于貌之相。进一步而言,盛德至善、民不能忘,及"君子贤其贤"等,正表彰"君子诚意之功,至于充内形外,则其所知、所止之至善,亦充内形外,而足感人化民,使民不能忘,而君子之风,乃化及小人"[①]。这一解说,见诚意章前后文相发明之意,义理通畅完备。

同样的,"听讼"节仍依古本,在诚意章内亦可得通畅解说。"人能诚意至于盛德,至善,而化民,则人之无实而兴讼者,亦不敢尽其欺罔虚诞之辞,而不敢不诚。"此解说文辞所依据章句训释,与郑注、朱注大旨无别。唐君毅并引《朱子语类》卷十六"大畏民志者,大有以畏服斯民自欺之志",以证朱熹正结合诚意章"毋自欺"工夫线索,来解释听讼节。由此,结合诚意章前文,可见"听讼"一节,与"小人闲居为不善,见君子而后厌然,掩其不善而著其善",同为诚意之效验。"有如孟子之言君子'所过者化',中庸之言'至诚而能化',实文从字顺者也。"[②]

以上,唐君毅详辨古本诚意章内容自可贯通,"朱子无必须加以移置之理由"。其"诗云"以下、"听讼"两段文字不必移动,"即不见大学原文,在文理上之有阙文,亦无必须另为之作补传之理由"[③](今按,即不存在"此谓知本"四字衍文与"此谓知之至"前有阙文的情况)。

尽管如此,朱熹既已调整文本,认为存在阙文而作补传,唐君毅则进一步指出,朱子所作补传内容,与《大学》本文不相贴切。据《大学》"所谓……在……者"的行文惯例,朱熹补传聚焦于"致知在格物",却轻忽了诚意与致知关系,使"欲诚其意者先致其知""所谓诚意在致其知者""知至而后意诚"等

---

① 唐君毅:《中国哲学原论·导论篇·原格物致知:大学章句辨证及格物致知思想之发展(上)》,第187页。
② 同上。
③ 同上书,第188页。

均无细致说明。这也正是后来阳明不满朱子,遂扣紧诚意、而说致知为"致良知"之紧要关节。

唐君毅认为,大学本文所谓"欲明明德于天下者,必先治其国;……欲正其心者,必先诚其意;欲诚其意者,必先致其知"其中明显存在先后顺序,《大学》亦处处意图说明,何以必有此先后顺序。相应的,《大学》"所谓平天下在治其国者""所谓治国在齐其家者""所谓齐其家在修其身者""所谓修身在正其心者",各为一章之起始句。据《大学》此一行文特征与结构逻辑,即便认为大学有阙文、当作补传,"则朱子首当补释'所谓诚意在致其知者',以明大学所谓'欲诚其意者先致其知'之义,而不当只补释'致知在格物'之义"。① 也就是说,朱熹当作"诚意致知补传",而无须作"格物致知补传"。因为致知格物,朱子自身亦屡屡强调,二者虽二名而实为一事②,"诚意致知补传"既解释了"欲诚其意者必致其知",也就包含对"致知在格物"的解说。

更为重要的是,朱熹所作格物补传"未尝贴切于(《大学》)原文"。唐君毅分析朱熹补传要点:"朱子言知,首谓'人心之灵,莫不有知',其言物也,则曰'天下之物,莫不有理';遂谓惟于'理有未穷',故其'知有不尽'。至穷理致知之效,则朱子言其在'豁然贯通',以使'众物之表里精粗无不到,吾心之全体大用无不明'。"③在此种解释下,朱熹的致知效验,所谓"吾心之全体大用无不明",仅可说是正心之始,而非诚意之始。朱熹补传未扣紧"致知"与"诚意"关联,并无说明"人必知理而后意诚""惟其理有未知,故其意有不诚"。这样一来,《大学》八条目,正心诚意致知(格物)的中间环节——诚意遭到忽略,相邻次第的条目之间出现脱节。此外,朱熹解格物,"不直以物为所对,而以物所自有之理为所对",其补传"心(知)—物(理)"的格物致知节目中,关键一环"物"被略过,直接被替换为"物之理"。而在《大学》本文,物事对言清晰

---

① 唐君毅:《中国哲学原论·导论篇·原格物致知:大学章句辨证及格物致知思想之发展(上)》,第188、189页。
② 《大学》言"致知在格物",未尝言"欲致其知者,先格其物。"朱熹认为,"盖致知便在格物中,非格之外别有致处也"(《朱子语类》卷十八)。朱熹还明确说,"致知、格物,只是一个"(《朱子语类》卷十五)。"致知、格物,只是一事,非是今日格物,明日又致知。格物,以理言也;致知,以心言也。"(《朱子语类》卷十八)
③ 唐君毅:《中国哲学原论·导论篇·原格物致知:大学章句辨证及格物致知思想之发展(上)》,第189页。

可见,致知先后及用力次第,正依据于物事的本末终始。如此,朱熹《大学》补传及其格物说,均脱离《大学》文义,非原文所有之义理则明矣。

尽管在多个地方,如集中记录于《朱子语类》卷十五、卷十六,朱熹就致知与诚意关系多有补充说明,试图将脱节之处予以贯通。但知至与意诚(真知与力行)、"知而不行"的知行脱节,实由《大学章句》训释而产生,终究难令人全然信服。直到阳明,释致知(格物)为致良知,较针对性地说明了"知至而后意诚"及"欲诚其意者必先致其知"二语。尽管如此,在朱子则谓"即物穷理",冒过物而径言"物(事)理";在阳明则认为,就意之所在(事)而为善去恶是格物。二人均未能明确物事之分,其背离《大学》文理,释物为事、混物事为一则同。

二 还原《大学》:重定"致知格物传文"、重理"致知"诸义

唐君毅据《大学》文本与义理,论朱熹编订,既有极赞成者(经文改亲为新、传文改动一),更反对拆分诚意章、移听讼节为释本末等改动。唐君毅更揭示了,"大学阙文"是朱熹大幅移动文本所致,据《大学》本身,并无"致知格物传文"缺失的问题,故朱熹大学补传不必作。上节辨析可见,《大学》最应予以说明的致知与诚意关系(传文所谓"欲诚其意者必先致其知"),在朱子反无解说,此其失一。朱熹释"致知在格物",冒过物而扣紧物(事)之理言格物,使《大学》强调致知先后次序的要义(据物之本末与事之终始,而"知所先后""知本")遮蔽不显,此其失二。

总之,在唐君毅看来,朱熹补不必补之"致知格物传文",却无"诚意致知补传",所作补传文义又不贴切《大学》原文与义理。这样一来,《大学》古本并不缺失的"致知格物传"具体涵盖哪些文本?致知义既非朱熹所释"穷理于外致知于心",应如何理解"致知"才贴合《大学》的本义?下文详述。

唐君毅首先打破朱熹划分的经传界限,重新编订《大学》古本。唐君毅认为,古本经文 7 小节中,有 4 小节(J2、J3、J6、J7)当属传文。调整后的《大学》经文,大为精简,如下页图 2。① 唐君毅认为,《大学》综述三纲八目及其次第的经文,仅有 3 节,即调整后的 j1、j2、j3。

---

① 依上文例,古本经文节序标号为 J,唐本经文标为 j。古本传文标序冠以 G,唐君毅改本传文冠以 T。

G 古本《大学》	T 唐君毅编订《大学》
经文变动：古本第 1 节至第 7 节，改动一字（依朱熹改亲为新）、经中 4 节移后成为传文。	
J1 大学之道，在明明德，在亲民，在止于至善。 J2 知止而后有定，定而后能静，静而后能安，安而后能虑，虑而后能得。 J3 物有本末，事有终始，知所先后，则近道矣。	j1 大学之道，在明明德，在新民，在止于至善。
J4 古之欲明明德于天下者，先治其国。……欲诚其意者，先致其知；致知在格物。 J5 物格而后知至，……国治而后天下平。 J6 自天子以至于庶人，壹是皆以修身为本。 J7 其本乱而末治者否矣。其所厚者薄，而其所薄者厚，未之有也。	j2 古之欲明明德于天下者，先治其国。……欲诚其意者，先致其知；致知在格物。 j3 物格而后知至，……国治而后天下平。
传文变动，实际仅两处：一为沿袭朱子（康诰曰克明德一段前移，下图半虚线所示）；二为 4 节经文移后、合"此谓知本"节，作为"致知格物"传文（实线）。其他传文段落，一仍古本自然顺序（虚线）。	

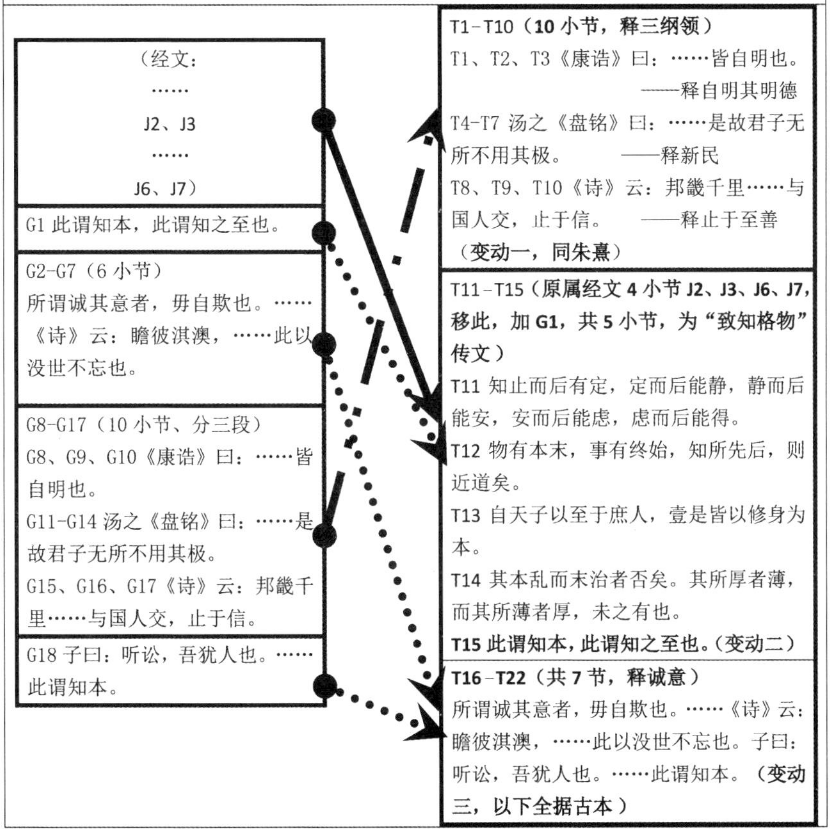

```
┌─────────────────────────┐   T1-T10（10 小节，释三纲领）
│     （经文：            │   T1、T2、T3《康诰》曰：……皆自明也。
│       ……              │          ──释自明其明德
│     J2、J3              │   T4-T7 汤之《盘铭》曰：……是故君子无
│       ……              │   所不用其极。    ──释新民
│     J6、J7）            │   T8、T9、T10《诗》云：邦畿千里……与
├─────────────────────────┤   国人交，止于信。    ──释止于至善
│ G1 此谓知本，此谓知之至也。│   （变动一，同朱熹）
├─────────────────────────┤   
│ G2-G7（6 小节）          │   T11-T15（原属经文 4 小节 J2、J3、J6、J7，
│ 所谓诚其意者，毋自欺也。…… │   移此，加 G1，共 5 小节，为"致知格物"
│《诗》云：瞻彼淇澳，……此以 │   传文）
│ 没世不忘也。             │   T11 知止而后有定，定而后能静，静而后
├─────────────────────────┤   能安，安而后能虑，虑而后能得。
│ G8-G17（10 小节，分三段）│   T12 物有本末，事有终始，知所先后，则
│ G8、G9、G10《康诰》曰：……皆│   近道矣。
│ 自明也。                │   T13 自天子以至于庶人，壹是皆以修身为
│ G11-G14 汤之《盘铭》曰：……是│   本。
│ 故君子无所不用其极。     │   T14 其本乱而末治者否矣。其所厚者薄，
│ G15、G16、G17《诗》云：邦畿千│   而其所薄者厚，未之有也。
│ 里……与国人交，止于信。   │   T15 此谓知本，此谓知之至也。（变动二）
├─────────────────────────┤   T16-T22（共 7 节，释诚意）
│ G18 子曰：听讼，吾犹人也。│   所谓诚其意者，毋自欺也。……《诗》云：
│ 此谓知本。               │   瞻彼淇澳，……此以没世不忘也。子曰：
└─────────────────────────┘   听讼，吾犹人也。……此谓知本。（变动
                              三，以下全据古本）
```

图 2

以上可见,唐君毅既遵从朱熹的一些调整,如将"康诰曰……与国人交止于信"一段,即 G8—G17 的 10 个小节,提前作 T1—T10,分作三段分释三纲领(上图变动一)。又取消了朱熹对诚意章"诗云瞻彼淇澳"2 节的拆分移动,使仍循古本,G18 听讼节亦仍属诚意章(上图变动三)。最关键在于,"致知格物"传文的重新定位。唐君毅认为,原错杂于经文的 4 小节(J2、J3、J6、J7),与"此谓知本,此谓知之至也"(古本传文首节 G1),共 5 个小节,即为释"致知格物"之传文(上图变动二)。所见文本变动,实际仅有一处出自唐君毅人为改动(即变动二)。其他变动,均属段落顺序"自然位移"。如此,则"此谓知本"不为衍文,《大学》传文并无阙文,不必如朱熹大费周章作"格物补传"。

经由"最少对原本之牵动"的编订原则①,唐君毅固然重新定位《大学》"致知格物"传文,问题在于,此传文是否符合《大学》文理? 在唐君毅看来,理解"致知格物"传文及三纲八目旨趣,关键在如何理解《大学》所谓"知":"致知之'知',乃包涵'知止'之'知','知所先后'之'知',及'知本''知至'之'知',此皆同为一'知'。"②

一方面,致知之知(《大学》之知),即"知止""知止于至善"。这即是道德主体应对道德对象与具体情境,知"皆止于一一之当然之正道而不移"。如"为人君,止于仁;为人臣,止于敬;为人子,止于孝"之类,其中:知与止,是道德主体或道德的主观方面;而君臣父子等,则为道德事件与情境所牵涉针对的对象(物);"至善,即主观之当知、当止之'对客观对象之物之当然之道也'"③。据此,"知止而后有定,定而后能静,静而后能安,安而后能虑,虑而后能得"当相应理解为:"主观对一一之对象,皆止于一一之当然之正道而不移,则定、静、安、虑之功,于是乎见。"④在唐君毅看来,原错杂于古本经文的 J2 小节,其意义重心既落实于"知止"之"知",且《大学》致知的要点,正在于能知此"止",从而知止至善,如此,则本节当调整归为"致知格物"传文之一无疑。

另一方面,"就吾人所对之客观之物之不同,而知其本末,因而于吾人之

---

① 唐君毅:《中国哲学原论·导论篇·自序》,第 4 页。
② 唐君毅:《中国哲学原论·导论篇·原格物致知:大学章句辨证及格物致知思想之发展(上)》,第 194 页。
③ 同上书,第 195 页。
④ 同上。

应物之事,亦当就其连贯,而知其终始,乃先其本始者,后其末终者。人能知先事其本,后事其末,是谓'知本',而达于'知之至'矣①。由于道德事件与情境所牵涉对象(物),乃各个不同,其间存在本末先后;于是,致知之知,即是知物与事的本末终始,即是知所先后。原属经文的 J3 节"物有本末,事有终始。知所先后,则近道矣",其意义重心落于因物事本末终始而重"知所先后",则同为致知所涵摄,其文也当为"致知格物"传文的一部分。

特别值得注意的是,致知涵盖"知所先后",此一《大学》关键意蕴的抉发,关键在分辨"物"与"事"。相比之下,朱熹、王阳明则均忽略物事分辨,释物为事,从而丢失《大学》"知所先后"之要义,这是二人"误解"《大学》的根源。唐君毅指出,如天下、国、家、身,及君臣父子之类,皆为物;而物有本末,如天下之本在国,国之本在家之类。相应的,"事之终始",如修身、齐家、治国、平天下之类为"事",治国为平天下之始(平天下为治国之终);齐家为治国之始(治国为齐家之终)……诚意为正心之始(正心为诚意之终)。由此,所谓"知本"与"知之至",仍归结于"知之致"。具体说,便是知"物之本末,事之终始,并知所先后,由本而末,由始而终,由近及远,由小而大,以自明其明德,而明明德于天下"②。"此谓知本,此谓知之至"一句,语义不再挂空,仍应归于"致知格物"传文。

唐君毅既重理《大学》古本原文所备的致知格物传文,诸知义统一于"致知",则仍有一至要关节,即"致知在格物""物格而后知至"所牵连之"格物"问题。也就是说,如何理解《大学》所谓"格物"? 格物与致知是什么关系?

在唐君毅看来,"致知在格物",其意为:"知之致"当求之于"接物应事"。"接于天下、国、国中之君、臣、国人、家、家中之父子等物,明其分别与本末之序,而后方知吾人所以应之之'修、齐、治、平,以及事父、事君、与国人交'之正道(即当止之至善之道)。"③ 与此同时,"格"字之多种含义,皆有其可通,如朱熹训至、郑玄训来,格还可训感通、量。唐君毅并援引《礼记·缁衣》"言有物而行有格",认为这是古籍中唯一"物""格"相连之句,此"格"为"比式","行

---

① 唐君毅:《中国哲学原论·导论篇·原格物致知:大学章句辨证及格物致知思想之发展(上)》,第 195 页。
② 同上。
③ 同上。

有格"为"行有类"之义。"合此格之诸义以言,则格物者,即吾人于物之至,而来接来感者,皆加以度量,而依类以有其当然的所以应之感之之行事而不过之谓。……物来接来感者,有其本末之序,吾人应感之行事,乃依其先后,各有当然之正道,为吾人所知。故曰物格而后知至也。"①

上文曾指出,《大学》传文最应说明的"欲诚其意者必先致其知",朱熹补传却放过了。这导致朱熹的《大学章句》,致知与诚意关系含混脱节。那么依唐君毅所立"致知格物"新义("物来接感则度量,各有当然正道应感行事"),致知与诚意、致知与正心等其他条目之关系能否密切紧凑?

"吾人既能于一一之物,知所以应之感之之正道——即至善之道,而又止于此正道后,即使之真实内存于中,而自诚其意;真实为主于中,而自正其心;乃见于身行,而得实修其身;以进而为一一齐家治国平天下之事……斯可谓能新民而明明德于天下矣。"②也就是说,依照唐君毅"致知格物"新解,不仅八条目贯通一致,更由此"止于至善"作为"格物致知"的核心义理,而串联"明德""新民"纲领。唐君毅谓之"大学之言致知格物,实与其整个思想系统,及前后文之文理,丝丝入扣,而无待乎增损"③。

上文可见,唐君毅还原《大学》文本义理,奠基于对朱熹诠释的检查反省。唐君毅指出,朱熹作大学补传,源于大幅调动篇章"人为制造"的"大学阙文"假象。而其源头,又在于朱熹未分辨物与事、物事互训,使物字落空,遂脱落"物之本末事之终始",将蕴涵先后次序的"知所先后"一义看轻(在朱熹,反将"听讼"节提前释本末)。实际上,"知所先后"与"知止(于至善)",同为《大学》本文要义所在;致知之知,正当统摄"知止""知所先后(物事)""知本""知至"诸义而言。如此,不仅"致知格物"传文有着落,《大学》不待增补,且致知格物与诚意正心等条目义理流畅而贯通,如此,《大学》方为"序次有伦,义理通贯"之作。

---

① 唐君毅:《中国哲学原论·导论篇·原格物致知:大学章句辩证及格物致知思想之发展(上)》,第195页。
② 同上书,第195—196页。
③ 同上书,第196页。

三 朱子以后《大学》改本与格物诸说

唐君毅的《大学》编订诠解,获文本内在义理支撑,较朱熹编订为优胜。尽管如此,唐氏重订《大学》,非孤明独照,而自有源流传统。清人周中孚《郑堂读书记》谓"自北宋以迄国初,大学改本可考见者已几二十本,自康熙以迄乾隆,改本又增"[1]。唐氏不仅继承历代《大学》改本方案,重新定位"致知格物"传文;也综合了诸儒"格物之说",既特别着重"格物者即物有本末之物,致知即知所先后之知"之意,强调"物有本末"的先后之序,从而分辨物与事,以物来感应、接之应之以至善之道言"格物"更使致知兼涵"知止""知本"与"知所先后"诸义。

朱子以后,《大学》改本迭出,据清代毛奇龄《大学证文》,王柏、董槐、车若水、叶梦鼎、吴澄等学者均有改本,此可归为同一种改本意见:《大学》有错简而无阙文,去朱子格物补传,"就本文略作移易而其义已备"[2]。其核心调整在于,合经文"知止""物有本末"两节与"听讼"一节(进一步细节处理则有不同,或如朱子删去传文首节"此谓知本,此谓知之至也"之"此谓知本"四字,或将听讼节末"此谓知本"移至"则近道矣"后),以为致知格物传文。这一调整,最早可追溯到南宋董槐与车若水。宋末黄震《黄氏日抄》载董槐之说:

> 辛酉岁,见董丞相槐《行实》载此章,谓经本无阙文,此特错简之厘正未尽者耳。首章明德新民至善,三句纲领之下,即继以欲明明德以下条目八事之详,此经也。"知止而后有定,定而后能静,静而后能安,安而后能虑,虑而后能得。物有本末,事有终始,知所先后,则近道矣。此谓知本。子曰:听讼,吾犹人也。必也使无讼乎,无情者不得尽其辞,大畏民志,此谓知本,此谓知之至也。"右正系释致知格物,不待别补,今错在首章三句之下。[3]

---

[1] (清)周中孚:《郑堂读书记》卷十三经部七之下,民国吴兴丛书本,第191页。
[2] (清)毛奇龄:《大学证文》卷四,清文渊阁四库全书本,第29页。或出于政治避祸,毛奇龄略去了同样主张此说的方孝孺。
[3] 黄震(1213—1280),南宋庆元慈溪人(今浙江慈溪东南),字东发,号文洁,人称于越先生。(宋)黄震《黄氏日抄》卷二十八,《读礼记》,元后至元刻本,第664页。

王柏《鲁斋集》卷九有《大学沿革论》①，则指车若水亦启此说：

> 咸淳己巳(今按 1269 年)，得黄岩玉峰车君书，报予曰：致知格物传未尝亡②也。自"知止而后有定"以下合"听讼"一章，俨然为致格一传。于时跃然为之惊喜，有是哉！异乎吾所闻也。苟无所增补而旧物复还，岂非追亡之上功乎？③

上引当为王柏初闻车玉峰《大学》改本主张，即合并"知止""物有本末"两节与"听讼"节，并合"此谓知之至也"，恢复大学致知格物传文之说。此后，《鲁斋集》卷八《答车玉峰》一书，对车说赞誉有加，且引程明道改本"八条目"前先杂入传文，以证"知止"节可为传文：

> 外蒙赐谕大学致知章不亡尤见，洞照千古，错简纷纠，不能逃焉已。经二程朱子，各有定本，而尤未尽，甚矣考古之难也。某亦尝见人说"听讼章为致格传"，不敢以为然，今若合此一段共为一章，却自分明。程伯子改本，亦以"知止"接"至善"，但首章三传亦在前，次方及八目。以此观之，"知止"为传词亦是一证。④

其中，"某亦尝见人说'听讼章为致格传'"，或即卷十《大学沿革后论》所谓"自董矩堂以来已有是言"：

> 一日闻大学致格章不亡，不特车玉峰有是言也，自董矩堂以来已有是言矣。考亭后学，一时尊师道之严，不察是否，一切禁止之。此言既出，流传渐广，终不可泯。乃欲以首章"知止"至"近道矣"一段充之，未免跃如其喜。是喜也，若为新奇而，然其意非喜其新，而喜其复于旧；非喜其奇，而喜其归于常。以其不费词说之追补，而经传俨然，无有亡缺，岂

---

① 董槐(？—1262)，字庭植，号矩堂，濠州定远人。车若水(1210—1275)，字清臣，号玉峰山民，黄岩人。王柏(1197—1274)，字会之，婺州金华人。号长啸、鲁斋。今所引王柏《鲁斋集》，录《大学沿革论》与《大学沿革后论》为王柏之作，然考朱彝尊《经义考》则列车若水《大学沿革论》一卷。当为王车二人各有同名之作，车作今不传。参见(清)朱彝尊:《经义考》卷一百五十七《礼记》，清文渊阁四库全书本，第 1366 页。
② 今按，据是书前文"惟有致知格物一传独亡，自汉儒以来未尝言其亡也"等语，原本之"忘"字当为"亡"。
③ (宋)王柏:《鲁斋集·大学沿革论》，民国续金华丛书本，第 122 页。
④ (宋)王柏:《鲁斋集·答车玉峰》，第 106 页。

非后学之大幸？仆尝作沿革论，而犹有所未尽……①

据此看，朱子身后，虽然后学弟子尊奉师说，不越雷池一步。然而《大学》补传终不免引发质疑，并使后学做出纠正。值得注意者，先持此说数人，董槐先后受学于叶雍、辅广；车若水师承杜范，杜范则可算朱熹三传门人。王柏拜何基为师，何基从黄榦得朱熹之传。② 三人皆可视为宽泛意义上之"朱子后学"，却都主张《大学》自有"致知格物"传文，只有错简而无阙文，遂去朱子补传。从朱子学与阳明学对立的传统观点来说，这岂不是"祸起萧墙"？

除毛奇龄外，清人朱彝尊《经义考》、胡渭《大学翼真》均综述《大学》改本诸家，涉及这一改本流派本末各有详略。《经义考》录方孝孺之说及黄震《黄氏日抄》记载，正与胡书、毛书可相参证：

> 方孝孺曰：……董文清公槐、叶丞相梦鼎、王文宪公柏，皆为传未尝阙，特编简错乱，而改定者失其序。遂归经文"知止"以下至"则近道矣"以上四十二字，于"子曰听讼吾犹人也"之右，为传第四章，以释致知格物，由是大学复为全书。车先生清臣，为书以辨其说，可信矣。

> 《黄氏日抄》载董丞相之说，谓经本无阙文，……此正释致知有格物，不俟他补。后黄岩车若水，著《大学沿革论》，其见与董氏合，王鲁斋是之，谓洞照千古之错简，本朝大儒如宋学士、方正学，其见亦同。③

明儒顾宪成亦谓"董叶诸君子，表章格物章最为有见"。顾宪成既肯定董叶诸人之说，又进一步提出文本调整的质疑："但'自天子'以下二条，正发'物有本末'之义，不合遗却？'知止'一条，明系'止至善'，又不合混入？"④ 其后

---

① （宋）王柏，《鲁斋集·大学沿革后论》，第 126 页。
② （清）朱彝尊：《经义考》卷一百五十七《礼记》，第 1366 页。"王逢曰：清臣师杜清献公范，贾似道再聘入史馆，辞不受。有《重证大学章句》。"考杜范（1182—1245），字成之、成己，仪甫，号立斋，南宋时人，台州黄岩人。杜范"少从其从祖烨、知仁游，从祖受学朱熹，至范益著"。见脱脱等著：《宋史·杜范传》，中华书局，1985 年，第 12279 页。《宋史·董槐传》谓"槐心愧，乃益自摧折，学于永嘉叶师雍。闻辅广者，朱熹之门人，复往从广，广叹其善学。嘉定六年，登进士第，调靖安主簿。"（脱脱等著：《宋史·董槐传》，第 12428 页）
③ （清）朱彝尊：《经义考》卷一百五十七《礼记》，第 1366 页。
④ 转引自（清）胡渭：《大学翼真》卷三，清文渊阁四库全书本，第 39—40 页。

顾亭林《日知录》亦引董说而谓"其说可从"①。综上可见,以董槐、车若水等为代表的改本,可谓《大学》改本第一派主张,其改动最为精悍有力。其要点:去朱子格物补传,移动"知止""物有本末"两节经文,合"听讼"一节,并以传文首节"此谓知本,此谓知之至"之"此谓知本"为衍文,综合构成格致传文。事实上,这也构成了唐君毅改本的核心。唐本还综合了其他改本意见,如不移动"听讼"节,使之仍属诚意章;更"大胆"移动古本经文"自天子"以下两节作为传文等。其中,也继承了朱熹改本的若干主张,如改亲民为新民、将"康诰曰"等节提前等。

尽管如此,后儒并非一概同意这种改本意见。前述胡渭即视其移动经文为"剜肉为疮"②;又如以王阳明为代表的"复古"派,对董王之说加以折衷,一方面认为《大学》无阙文去朱子补传,另一方面又否认《大学》有错简故遵循古本。此说为高攀龙、刘宗周等东林人士继承,有较大影响。此外,明代蔡清改本,可认作第一派改本的混合增订版。③ 其第四章格物致知传文为:"所谓致知在格物者,物有本末……则近道矣。知止而后有定……虑而后能得。子曰听讼……此谓知本。(今按,此处同朱子删'此谓知本'四字衍文)此谓知之至也。"④其改本合并"知止""物有本末"与"听讼"两部分,然而,"与朱氏改本并同增'所谓致知在格物者'七字、删'此谓知本'四字",且"物有本末"节在"知止"节前。

综合毛奇龄《大学证文》、胡渭《大学翼真》所述,尚有季本、崔铣⑤、高攀龙、葛寅亮诸人的《大学》改本。其中,高攀龙初信奉阳明古本,后见崔铣本而崇信之:

> 高氏景逸攀龙,讲学东林,即以古本大学授人。山阴刘氏蕺山,曾受古本大学于东林书院是也。是时所授者,即阳明先生刻本,故称古本。

---

① 顾炎武:《日知录》卷八,清乾隆刻本,第144页。
② (清)胡渭:《大学翼真》卷三,第40页。
③ 蔡清,字介夫,号虚斋,福之晋江人。黄宗羲:《明儒学案》卷四十六,北京:中华书局,2008年,第1094页。
④ (清)毛奇龄:《大学证文》卷四,第29、30页。
⑤ 季本,字明德,号彭山,越之会稽人。阳明弟子,有《季彭山先生文集》。崔铣,字子钟,一字仲凫,号后渠,河南安阳人。《明儒学案》谓"其诋阳明不遗余力,称之为霸儒。"二人一为阳明弟子,一为阳明批评者。

后见崔后渠名铣者,更有改本,而高氏信之,遂重阐其说于书院,以为准则。然人不知有崔氏本,第称曰高氏改本,今其文列高忠宪集卷首。

"大学之道"至"此谓知之至也"。"诗云瞻彼淇澳"至"此谓知本"。"所谓诚其意者"至"故君子必诚其意"。"所谓修身"至"以义为利也"。①

崔本、高本的核心,则主张《大学》古本"诗云瞻彼淇澳"至"与国人交止于信"一段,仅需从诚意章中分离出来提前,即是格物致知传文。崔高二氏,且谓"克明德"一段,"汤之盘铭曰苟日新"一段,"邦畿千里,为民所止"一段,皆视为释格物致知。唐君毅认为,这是将三纲释文,与格物致知混为一事。② 遂不取。

实际上,如何贴切《大学》原意,理解"格物致知"?其义理线索还在于,明物事之分,强调"物有本末"先后之序,这是唐君毅改定《大学》的关键之一。"格物者即物有本末之物,致知即知所先后之知",此说最早可追溯至程门支流"兼山学派"的黎立武③:

> 黎氏大学,其诠格物致知云:格物,即物有本末之物;致知,即知所先后之知。盖通彻物之本末、事之终始,而知用力之先后耳。夫物,孰有出于身心家国天下之外者哉?天下之本在国,国之本在家,家之本在身,身之主在心,心之发为意,此物之本末也。诚而正,正而修,修而齐,齐而治,治而平,此事之终始也。本始先也,末终后也。而曰知所先后者,其究在乎知止而已。其后,心斋王氏亦云:格物者,格其物有本末之物;致知者,致其知所先后之知。心斋虽为姚江之学,而其论格物,与师说殊不知(今按,知当为和),语本于黎氏也。④

"泰州学派"王艮心斋虽为阳明后学,其格物说却与阳明"致良知"之说不同,据朱彝尊,则是王艮本于黎立武。不仅王艮,唐君毅同样也是抓住"物事

---

① (清)毛奇龄:《大学证文》卷四,第30页。
② 唐君毅:《中国哲学原论·导论篇·原格物致知:大学章句辨证及格物致知思想之发展(上)》,第193页。
③ 黎立武,字以常,自号寄翁,学者称所寄先生。新喻(余)人。所谓"程门支流"传学谱系为:程颐伊川——郭忠孝兼山——谢谔艮斋——黎立武所寄。据黄宗羲著、全祖望补《宋元学案》,北京:中华书局,1986年,第1044页。《四库总目提要》列黎立武著《大学发微》一卷、《大学本旨》一卷。
④ (清)朱彝尊:《经义考》卷一百五十七《礼记》,第1365、1366页。

之分"的义理关键,据"物有本末""事有终始",而言"知所先后",抉发《大学》用功先后次第的要义。同时,《大学》致知格物,不仅涵摄"知所先后"要义,更贯通"知本""知至"等义,归根结底,又在于"知止(于至善)"。据此,唐君毅释格物为"吾人于物之至,而来接来感者,皆加以度量,而依类以有其当然的所以应之感之之行事而不过之谓"。释知至为"物来接来感者,有其本末之序,吾人应感之行事,乃依其先后,各有当然之正道,为吾人所知",亦未尝不脱胎于黎氏之说。当然,唐君毅实际上综合考察了阳明以后八大类"格物说",并较其异同得失,而各有取舍焉。列其要如下:

(一)泰州学派王心斋"淮南格物说"。"其以天下、国、家、身为物,亦格物之物之所指,则固的然而无疑,同于吾人之说,以异于朱子、阳明之以物为事者也。"(二)江右学派罗念庵。"其分物与事,并重'知所先后'之义,以物为所感,则与本文上之所陈,若合符契。"(三)楚中阳明学者蒋道林之说。"蒋氏亦以大学之物,指身、家、国、天下等。又谓大学之格物,重在格知身之为本,皆与本文之意同。""其谓格知身、家、国、天下之浑乎一物,乃同于上述王心斋之言,及下述之李见罗之言……"(四)不契阳明"致良知"之说而以"止修"标宗的李见罗。"见罗以'知'即在格、致、诚、正、修、齐、治、平之中,而另无'知'之说,及其以知亦是物之说,与大学之致知格物无传之说;虽皆与本文之说不契;然其以家、国、天下、身、心、意等为物,并言知止至善之一义,则固与本文所论者同也。"(五)明末儒者顾宪成、高攀龙,不满阳明"无善无恶即至善"之说,而标著《大学》"止于至善"一义,主张"知止"当联系"止于至善"作解,且认为"自天子以至庶人,壹是以修身为本"两节,正发明"物有本末"之义。唐君毅均有所取。"顾高二氏之言,乃谓于物格其至善而止之,为格物,以释'致知在格物'一语,此亦正大体上与本文之说相类。"然而,"不可径以格物为格至善,以格物即致知也。唯可言知止至善与行之之序,在于格物。即所谓'致知在格物'也"。(六)李二曲《四书反身录》述其格物说:"大学本文,分明说物有本末,事有终始,其用功先后之序,层次原自井然。古之欲明明德于天下,与物有本末,是一滚说。后儒不察,昧却物有本末之物,将格物物字,另作的解,纷若射覆,争若聚讼,竟成古今公案。今只遵圣经,认定身、心、意、知、家、国、天下之物,从而格之。格物原以明善。大人之学,原在止至善,故先格物以明善。"唐君毅谓"二曲之言,与上引李见罗之言,若合符节,亦与高、顾之言相类。盖由诸人各自同见得此义"。并引《大学》物事对文,证事之正心、诚意,对物之心、意。然唐君毅不同意以"知"为物。(七)唐君毅由戴望《颜氏学记》引黎立武《大学发微》之说:"格物,即物有本末之物,致知即知所先后之知。"唐君毅说:"此言亦与本文之意合,唯吾人论致知,除知所先后之知外,兼摄知止至善之知耳。"(八)阮元《研经堂集》之格物说。"阮氏谓格物即知止,止至善,并以物字兼包诸事。吾人虽以为不须如此广泛说,当说格物是事而物非事,又当说知止至善是致知,非即格物。今若更略变其文曰:格物,即于国家天下五伦之物,亲至其处而履之。则与本文之说格物为至物而感物之说,亦相通矣。"①

四 结语

粗览《大学》诠释史,无论移动经文,重订"致知格物"传的文本调整;以及分辨物事,凸显"本末终始"的用力先后次序,以及兼摄"知所先后"与"知止(于至善)",贯通诠解《大学》致知格物说,等等。唐君毅就《大学》编订诠解此一千年公案,可算做出了一种决定了断。其中,唐君毅对朱子改本、补传及其格物说,多有去取。然而,唐君毅一再声明,对朱王的摘评,乃出于还原诠解《大学》原文义理的目的,并无意否定朱王二人《大学》诠释所作"新义"发挥及其思想史意义。同样的,本文也意在借唐君毅的《大学》编订诠释,窥探《大学》原意,追溯朱子以来《大学》诸改本与格物诸说源流变化及其间与异同去取。应当引起我们重视的是,在朱本、王本(古本)外,还有许多改本意见及其演变互动,亟待进入今日《大学》研究视野。

参考文献

[1] 陈来:《朱子哲学研究》,北京:三联书店,2010 年。
[2] (宋)朱熹:《朱子全书》,上海:上海古籍出版社、合肥:安徽教育出版社,2010 年。
[3] 梁涛:《〈大学〉早出新证》,《中国哲学史》,2000 年第 3 期。

---

① 此八种格物说及其评析,参见唐君毅:《中国哲学原论·导论篇·原格物致知:大学章句辨证及格物致知思想之发展(上)》,第 198—201 页。

[4] 唐君毅:《中国哲学原论·导论篇》,北京:中国社会科学出版社,2014年。
[5] (清)周中孚:《郑堂读书记》,民国吴兴丛书本。
[6] (清)毛奇龄:《大学证文》,清文渊阁四库全书本。
[7] (宋)黄震:《黄氏日抄》,元后至元刻本。
[8] (清)朱彝尊:《经义考》,清文渊阁四库全书本。
[9] (宋)王柏:《鲁斋集》,民国续金华丛书本。
[10] 脱脱等著:《宋史》,北京:中华书局,1985年。
[11] (清)胡渭:《大学翼真》,清文渊阁四库全书本。
[12] 顾炎武:《日知录》,清乾隆刻本。
[13] 黄宗羲:《明儒学案》,北京:中华书局,2008年。
[14] 黄宗羲著、全祖望补:《宋元学案》,北京:中华书局,1986年。
[15] 李纪祥:《两宋以来大学改本之研究》,台北:学生书局,1988年。
[16] 刘勇:《变动不居的经典——明代〈大学〉改本研究》,北京:三联书店,2016年。

The Study on the Rearrange of "The Great Learning"—Centered on Tang Junyi's Revision and Interpretation

Chen Hao

Abstract: After Zhu Xi's rearrange of The Great Learning, Dong Huai and other Zhu Xi's followers hold an different view, which had influence on Wang Yangming's opinion of going back to the old edition of The Great Learning. And there were so many assentients such as Wu Cheng and so on. In addition, Cai Qing and other scholars provide other kinds of edition and appraise, until Tang Junyi. Tang's edition and interpretation of the text is quite different and convenient than before. He considered "To get knowledge" should include both "knowing which first and important" and "knowing aim at absolute perfection/arrive at supreme goodness".

Key words: to get knowledge, aim at absolute perfection/arrive at supreme goodness, Zhu Xi, The Great Learning, Tang Junyi

书讯

《日本佛教史：思想史的探索》

〔日〕末木文美士著，涂玉盏译

上海：上海古籍出版社，2016年

  本书对自6世纪中叶以来，经过圣德太子、最澄、空海、明惠、亲鸾、道元和日莲等数位精英、高僧的诠释、修改，跨越战争与时代变迁而形成的日本佛教的本质进行了深刻细致的讨论。作者尽可能不受特定宗派所拘泥，从自由且宽广的视点来描述不同于中国的日本独自的佛教思想及其发展，深入探讨被视为是日本佛教特征的本觉思想、葬式佛教、神佛关系等问题。全书共分为七章，分别是"圣德太子与南都的教学""密教与圆教""末法与净土""镰仓佛教的诸相""近世佛教的思想""神与佛""日本佛教一瞥"。

  末木文美士是东京大学文学博士，曾任东京大学大学院人文社会系研究科教授、国际日本文化研究中心教授、综合研究大学院大学文化科学研究科国际日本研究专攻教授，治学领域以日本佛教史与东亚思想史为主，著作颇丰。其中《日本佛教史》是末木先生在日本畅销不衰的一部作品。（马卓文）

论柏拉图晚期思想中的混合型幸福观

——一个基于《菲丽布》的探究

张波波*

提 要：如何理解柏拉图的幸福观、快乐观以及二者之间的关系，这在柏拉图思想研究领域中历来是非常重要且极具争议的难题。区别于以往常见的概论式介绍，本文通过对柏拉图晚期对话录《菲丽布》这一文本及相关对话录的文本分析和研究，试图证明柏拉图晚年在幸福与快乐问题上提出了新见解、新观点。他不再像前期大多数作品中那样一概认定快乐是一种干扰、诱惑、必要的恶，而是认为快乐本质上是对人性状态之匮乏的填补，是对和谐或平衡的恢复，因而好的生活应该包含一些快乐，尤其是伴随美德而产生的快乐和由纯粹的对象所引起的快乐。尽管晚年柏拉图对于幸福及其构成要素快乐的理解仍旧带有强烈的精英主义与理智主义色彩，但他对于幸福的总体看法较之前更切合实际，更接近大众，因此也更容易引起大多普通人的共鸣。

关键词：幸福 虚假快乐 知识 理智 《菲丽布》

---

* 张波波，1987年生，浙江财经大学马克思主义学院研究所讲师。

引 论

自西奇威克(H. Sidgwick)①以降,几乎所有研究古希腊哲学的学者都不仅一致认为 eudaimonia(幸福)②是西方古代所有伦理体系的核心目标,而且强调这一概念标志着古今伦理学研究重心的不同。这种区别具体在于,现代伦理学著作优先关注的是责任、义务、职责、权利,而古希腊哲学家则认为伦理学的核心问题并不是一个人在道义上应当做什么或不应做什么,而是何为 eudaimonia。因此,很多学者从各方面假定,古希腊伦理中的理性个体总是把追求自身的好视为自己的至高目的,而对于幸福论(eudaimonism)的承诺则是一个把古代伦理反思与自巴特勒(Butler)主教以来的现代人的伦理反思区分开来的最重要的特征。不管这一判断是否被古希腊哲学家所认同,eudaimonia 在当今已被广泛认为是古希腊伦理理论和政治哲学中一个至关重要的核心概念,以至于一些学者称古希腊伦理是一种幸福伦理(an ethic of eudaimonia)③或幸福道德(the morality of happiness)。④

假如 eudaimonia 问题的确是古希腊哲学家的核心关注,那作为古希腊古典时期最伟大的哲人之一,柏拉图是如何看待这一问题的?他坚持怎样的幸福观?这个问题尽管易勾起人的好奇心,但却不好回答。因为柏拉图思想的发展性以及他对于对话体写作形式的运用是每一位研究他的著作的学者首先必须考虑的两大难题。其次,柏拉图还是一位勇于自我批评的哲学家,他不但修正自己先前的立场,甚至还让苏格拉底所代言的、在某种程度上可被

---

① 参见 H. Sidgwick, *The Methods of Ethics*, Hackett Publishing, 1907, p. 92, pp. 404-405; R. Crisp & T. J. Saunders, "Aristotle: Ethics and Politics", in *From Aristotle to Augustine: Routledge History of Philosophy* (Volume II), ed. by D. Furley, Routledge, 1999, p. 110; G. Klosko, *The Development of Plato's Political Theory*, Oxford University Press, 2006, p. 119。
② 希腊文 eudaimonia 一般是指于人而言最好的生活方式,本文把它译作"幸福"。若没有特别说明,本文所说的"幸福"都是指 eudaimonia,而不是中文语境下的意思。Eudaimonia 含义的最近详解,参见 C. H. Tarnopolsky, *Prudes, Perverts, and Tyrants: Plato's Gorgias and the Politics of Shame*, Princeton University Press, 2010, p. 34。
③ 参见 S. S. Meyer, *Ancient Ethics*, Routledge, 2007, p. 4。
④ 参见 J. Annas, *The Morality of Happiness*, Oxford University Press, 1993, p. 4。

等同于他的真实想法的立场在对话内部遭受其他对话者猛烈的批评。① 这意味着,要想综合他在不同对话中借苏格拉底或其他主讲人之口传达的立场,既是困难的,又是有风险的。然而,我们不能"怕挑重担",也不能"因噎废食",而应该以一种小心翼翼的态度展开探索,毕竟,适当的"综合"往往是必要且富有成效的。为了将此风险和难度降到可控制的范围内,本文将主要以《菲丽布》这篇因论快乐与幸福而闻名的晚期对话录②为主要文本,辅之以其他相关对话录,来讨论晚年柏拉图关于快乐、快乐与幸福的关系、幸福及其构成要素等相关问题的见解。

在确定所探讨的主要文本及范围之后,为了更好地进入本文的核心论题,即何为柏拉图晚期思想中的混合型幸福观,我们的探究不妨以人们通常对于柏拉图思想的刻板印象为起点。

这一刻板印象即是源于拉斐尔的名画《雅典学园》中右手手指向上的柏拉图与伸出右手、手掌向下的亚里士多德。这样的构图似乎意在表达这样的思想:亚里士多德强调现实世界才是他的研究课题,柏拉图则表示一切思想皆源于神灵的启示。这种刻板印象③导致一些人想当然地认为,相比一手按地的亚里士多德,一手指天的柏拉图更为理想,他向往的是理念世界中的神性生活,因而根本不关心凡尘间的美好及非哲人(众人)的幸福。柏拉图对话录中的一些说法也可以为这种印象"增砖添瓦"。比如,在过渡期对话《斐多》中,柏拉图似乎让他的主角苏格拉底摆出大量论据来说明:幸福是禁欲、苦行式的,真正的幸福存在于对相(*eidos*, idea)的沉思之中;肉体的状态常常干预沉思这种活动的施展,因而只有等到人死后,当人彻底摒弃肉体上的快乐(*hēdonē*),当灵魂完全摆脱肉体(*sōma*)这一坟墓(*sēma*)的羁绊,从肉体的枷锁中解脱出来时,人才会达到纯粹的自由,才会幸福(*Phaedo* 80e-d; cf.

---

① 柏拉图思想的发展、转变及研究难点的分析,参见 M. C. Nussbaum, *The Fragility of Goodness: Luck and Ethics in Greek Tragedy and Philosophy* (2nd Edition), Cambridge University Press, 2001, p.87。
② 关于柏拉图对话录的分类和次序的权威研究,参见 L. Brandwood, *The Chronology of Plato's Dialogues*, Cambridge University Press, 1990, pp.249-252。
③ 关于这种刻板印象,参见包利民:《古典政治哲学史论》,北京:人民出版社,2010 年,第 174—201 页。

65e-69e)。① 这意味着,只有热衷于练习死亡的哲人才有可能获得幸福。② 这种否定此生而肯定死后世界的禁欲式幸福观念不只限于《斐多》,而且还频见于《高尔吉亚》(Gorgias 493a)、《克拉底鲁》(Cratylus 400c)、《理想国》(Republic 442a-b)等对话录中。③

此外,在稍晚于《斐多》的中期对话《理想国》中,柏拉图更是让苏格拉底在论述完"好之相"(the form of the good)的概念之后断言:幸福是精英式的,哲人的幸福生活要比僭主的快乐729倍(IX 587c-e);只有哲人的知识才能保证真正的幸福降临于个人,唯有知识的快乐才可被视为幸福——最好生活——的组成部分(IX 583b-587a)。倘若把获得幸福的人群延伸至整个社会,那此类幸福的获得有两个前提条件④:要么成为哲人,要么接受哲人的指导。这就是为何在这种情况下苏格拉底依然坚持美德是幸福必不可少的先决条件的原因(VII 521a, I 354a)。假如柏拉图在何为幸福、如何获得幸福以及幸福与快乐的关系问题上同意这两篇对话中苏格拉底的看法,那么,这个时期柏拉图的幸福观可以说既是苦行式的,又是精英论式的。倘若如此,以上刻板印象就可以在文本上找到对应的依据。

可是,在晚期对话中,柏拉图是否仍然坚持认为真正的幸福与非哲人(众人)无缘,《斐多》和《理想国》中所描述的那种哲学生活之外的其他生活样式都是次等的?换言之,他是否到晚年也认为,若想幸福,我们必须对苏格拉底在《理想国》中所论述的那种只有经过了一系列音乐、数学、几何学和辩证法等阶梯式的教育训练之后的哲人方可接近的大全式真理有一种全面的理解(Republic VII)?

显然不是。因为倘若以一种更为宽广的视角来审视这个问题,即细读柏拉图晚年时论及幸福和快乐各自本性及关系的作品(如《菲丽布》和《法义》

---

① 文中涉及柏拉图对话录的编码,参见 Plato: Complete Works, ed. by J. M. Cooper & D. S. Hutchinson, Hackett Publishing, 1997。
② 有关《斐多》中幸福及哲学的意义的解释,参见 G. R. Carone, Plato's Cosmology and Its Ethical Dimensions, Cambridge University Press, 2005, p. 9。
③ 柏拉图对话录中苦行禁欲思想的集中探讨,参见 D. Frede, "Rumpelstiltskin's Pleasures: True and False Pleasures in Plato's Philebus", in Plato 2: Ethics, Politics, Religion and the Soul, ed. by G. Fine, Oxford University Press, 1999, p. 346。
④ 有关这两个条件之间关系的详解,参见 G. R. Carone, Plato's Cosmology and Its Ethical Dimensions, p. 10。

等),我们就会发现,他这一时期的作品对影响幸福观念形成的要素"快乐"大发慈悲:它们不再像《理想国》那样仅用简单的二分法把快乐分为理智层面的高级快乐与欲望层面的低级快乐(Republic IX),也不再像早期对话《普罗泰格拉》那样认为快乐与智慧完全不兼容(Protagoras 351b-e),而是强调快乐和痛苦方面(包括肉体上)的适当训练,因为这对于促进所有公民的道德发展至关重要(Laws 653b-c)。在《菲丽布》中,作为主讲人的苏格拉底态度上的这种转变尤为明显,即开始在好的生活中为快乐留有一席之地。紧接《理想国》第六卷中关于快乐与知识的争论,他提出一种化解知识与快乐之间争夺"至高之好"的折中方案,主张属人的幸福或最好生活,既不是仅由知识构成的单一的智思生活(神性生活),也不是徒有快乐的享乐生活(兽性生活),而是一种同时包含知识和快乐这两类要素的混合型生活(Philebus 20b-23b; cf. Republic 505b)。

这样一来,柏拉图关于幸福的看法就似乎前后矛盾。对于这种矛盾,当然存在很多种化解策略,但其中有三种比较常见。① 一种化解的办法是,苏格拉底在《理想国》及其之前的对话中关于幸福和快乐的论述不能代表柏拉图的看法,柏拉图真正赞成的是苏格拉底在《菲丽布》中关于幸福和快乐的论述,而非前者。第二种策略是,柏拉图在不同对话中提出了不同的幸福观,而且这些幸福观并行不悖。比如,《斐多》和《理想国》中论述的幸福观是推荐给哲人的,而《菲丽布》中的幸福观则是面向普通人的。第三种策略则是:柏拉图到晚年对于幸福有了新的看法,不再把人的幸福视为一种成分单一的生活模式,而是倾向于认同一种以理智为主导的混合型的生活模式。其想法之所以有这样的转变,主要在于他对自己一直关注的、与幸福概念密切相关的"快乐"有了新的理解,这使得他不再不分性质、不加区别地将快乐视为一种必要的恶,而是把它理解成一种对人性匮乏的填补或对一种和谐的恢复;同时认

---

① 有关柏拉图幸福论与快乐论的统一性的证明,参见 J. C. B. Gosling & C. C. W. Taylor, *The Greeks on Pleasure*, Oxford University Press, 1982, Chapter 7; G. Rudebusch, *Socrates, Pleasure, and Value*, Oxford University Press, 1999, pp. 3-8; D. C. Russell, *Plato on Pleasure and the Good Life*, Oxford University Press, 2005, pp. 1-15; G. Santas, "Plato on Pleasure as the Human Good," in *A Companion to Plato*, ed. by H. H. Benson, Blackwell Publishing, 2006, pp. 308-322; D. Wolfsdorf, *Pleasure in Ancient Greek Philosophy*, Cambridge University Press, 2013, pp. 40-101。

为一些快乐可成为一种给予人在做出一定成就之后的奖赏或激励人勇往直前的东西。

以上三种化解冲突的策略在原则上都是可行的,本文则更推崇第三种。但是我认为第三种策略如果要更具说服力,还有不少值得思考和改进之处。在下文中我们将尝试以《菲丽布》为中心,并结合相关对话录,依次从"快乐的本性""第三种生活状态的性质及其地位""人性的状况"等三个层面来分析、说明柏拉图在晚年构想出了一种怎样的混合型幸福观,并揭示促使他从以前的单一、纯粹的幸福观转向这种混合型幸福观的原因。

一 快乐的两面性

就快乐的本性而言,正如一些敏锐的学者①所观察到的,《菲丽布》之前的对话在论述快乐时一方面只是把它作为一个受批评的负面典型,另一方面对它仅是轻描淡写,并没有对它做出过严格、明确的定义。其证据尤其反映在《高尔吉亚》《斐德罗》《斐多》《理想国》等早、中期对话中(cf. *Gorgias* 484d, 493a-b; *Phaedrus* 273d, 253c-255a; *Phaedo* 64c-65a; *Republic* 328d, 429d, 555d, 574a, 581e, 438d-e, 562a-e, 581e)。在这些对话中,柏拉图拒绝把快乐视为一种本性上好的东西,而是把快乐与欲望放在一起描述,有时将其比作桀骜不驯的马,有时则把它比作欲望的群龙无首的状态;快乐要么被简单地规定为对欲望本身的满足,要么则被视为一种"必要的恶";说它必要是因为在柏拉图看来我们人有成长和肉体上的需要,而说它是一种恶则是因为它常常引诱人的灵魂远离美德的正道,致使灵魂内充满各种冲突和困惑,从而为各种不可控的欲望打开方便之门。总之,快乐在这些对话录中既不是一种绝对的好,也不是一种绝对的恶,而是一种必要的恶。②

可以毫不夸张地说,真正对快乐做出过明确定义的对话录是《菲丽布》。而且,也正是这篇对话使"柏拉图的幸福观是否发生了转变"这一问题凸现了出来。在《菲丽布》中,所有事物都被归为四大类:A)限度(如界限、量度、数

---

① 参见 D. Frede, "Rumpelstiltskin's Pleasures: True and False Pleasures in Plato's Philebus", p. 345。
② 有关这些对话录中快乐的价值定位的概述,参见 D. C. Russell, *Plato on Pleasure and the Good Life*, p. 11。

字等);B)无限(即无限制或不确定的东西);C)A与B的完美混合;D)混合的原因(即,事物结构的根本原因或理性原则)。由于快乐不具有一个确定的度,所以在《菲丽布》后半部分的讨论中(即,有关所有存在的本体论层面的四重划分中),快乐和痛苦依其本性被分配到无限(apeiron)这一类别(23c2-28e4)。

快乐,与同属于无限这一类中的痛苦的区别在于痛苦和有机体内的破坏过程有关,而快乐则与恢复过程有关。该区别可用苏格拉底在对话录中的一句话概括为,"当我们芸芸众生内部的和谐遭到破坏的时候,其自然状态的分裂瓦解与痛苦的产生也在同一瞬间进行……但若和谐重新恢复,回到其自然的状态,那我们就必须说快乐产生于此"(31d4-9)。① 简言之,"破坏即痛苦,恢复即快乐"(32b3-4)。随后,苏格拉底又对该说明作了及时补充:痛苦是对大的破坏的感知,快乐是对大的恢复的感知,即,只有那些足够强的消解或恢复过程才能影响灵魂,由此产生快乐和痛苦:"〈那些〉巨大的转变会在我们身上引起痛苦和快乐,而〈那些〉适度、微小的却丝毫不会引起痛苦或快乐"(43c4-5),那些不被觉察的变化则既不令人快乐,也不令人痛苦(33d2-10)。

总之,快乐在《菲丽布》中的基本定义是:它是一种恢复过程或对匮乏本身的填补。这尤其体现在"吃"这种活动中,比如饿汉的"吃"这种活动本身才构成快乐,因为饥饿一旦消失,快乐也随之消失,而饱汉的"吃"则是一种痛苦。② 这个定义在对话余下的讨论中并没有遭到任何反驳,因此我们可以放心地说,该定义是《菲丽布》自始至终都坚持和捍卫的。但在确立了这个定义之后,苏格拉底随即又对各种类型的匮乏以及与之相匹配的填补进行了一番苛刻又看似自相矛盾的分析:快乐是一种好坏混杂的现象,它既有好的一面,也有坏的一面。好的方面在于,快乐或一些类型的快乐与恢复到一种健康的平衡有关,而坏的方面在于它总是预设一种匮乏或破坏:"鉴于痛苦和快乐有如热、冷以及其他诸如此类的东西一样,有时是受欢迎的,有时则反之:缘由是它们本身并不是好的,尽管有些时候其中的一些也接纳'好的本性'。"

---

① 文中关于《菲丽布》的引文皆出自(古希腊)柏拉图:《〈菲丽布〉译注》,张波波译注析,北京:华夏出版社,2013年。
② 关于"吃"所引发的附带现象的详解,参见 D. Frede, "Rumpelstiltskin's Pleasures: True and False Pleasures in Plato's Philebus", p. 350。

(32d2-6)①

如果快乐,像一些学者所说的,充其量只是一种补救性的好(a remedial good)②,即它总是一种对匮乏的填补或是对一种和谐的恢复,这就预设了某种对生理平衡或心理平衡的扰乱。如果快乐的追求者看错了快乐的对象的身份和数量,他们所追求的快乐就有可能是虚假的、有害的和猛烈的。基于此假设,苏格拉底随后区分了所谓的四大类虚假快乐:(1)所绘不实的快乐(36c-41b);(2)言过其实的快乐(41b-42c);(3)快乐与免于痛苦混为一谈的快乐(42c-44e);(4)混杂痛苦的快乐(44e-50e)。③

对于这种区分,不少人指责柏拉图错误地将"真假判断"与快乐联系起来,因为快乐作为一种感觉是不可能有真假之别的。这导致一些人甚至认为柏拉图混淆了"虚假"一词的含义。④ 这种指责,表面上看问题不大,甚至还有理而可信,但实际上极其片面。因为柏拉图使用"虚假"一词时并没有设法掩饰该词的含糊性,而是尽可能地穷尽其在不同层面上的含义。从某种程度上说,柏拉图这样做是在丰富"虚假"一词的含义,并在"虚假"与"真实"之间做出尽可能的区分。柏拉图认为快乐之所以有可能虚假、错误,是因为快乐有可能是基于错误的假设,或被高估、放大,甚至被当成"免于痛苦"。或者说,一些本质上并非是名副其实的快乐,而是夹杂着痛苦的快乐也被人们通常视为纯净的快乐。在柏拉图看来,这种不健康的混合状态不只限于肉体,因为灵魂自身也有可能受到不健康的兴奋(如苦乐混合的愤怒、渴望、忌怨等人类情感)的侵扰。精心分析完"喜剧性的快乐"之后,苏格拉底便得出,这种状态总是包含着乐与苦的一种混合(47d-50e)。他指出,当观众被戏剧舞台上上演的喜剧中的某个傻瓜逗得哈哈大笑时,这笑声看似单纯,是纯粹的快乐,但其

---

① 快乐的两面性的详解,参见 D. Frede, "Rumpelstiltskin's Pleasures: True and False Pleasures in Plato's Philebus", p. 345。
② 参见 D. Frede, *Philebus*, Trans. with Commentary, Hackett Publishing, 1993, p. xliii;对 D. Frede 的看法的驳斥,参见 G. R. Carone, "Hedonism and the Pleasureless Life in Plato's Philebus", *Phronesis* 45. 4 (2000): 261。
③ 关于《菲丽布》中这四种虚假快乐的归类,参见 J. Gosling, "False Pleasures: Philebus 35c-41b", *Phronesis* (1959): 44-53; D. Frede, *Philebus*, Trans. with Commentary, pp. xlv-liii。
④ 参见 J. Dybikowski, "False Pleasure and the 'Philebus'", *Phronesis* (1970): 147-165; D. Frede, *Philebus*, Trans. with Commentary, pp. xlv-lii; S. Delcomminette, "False Pleasures, Appearance and Imagination in the Philebus", *Phronesis* 48. 3 (2003): 215-237。

实是一种夹杂欢乐的悲伤,是一种欣赏、崇拜暴力强者而嘲笑弱者的恶趣味使然。在柏拉图看来,喜剧性的娱乐之所以是一种"幸灾乐祸"的表现,其原因在于它包含了对不幸之人的恶意,而这种恶意本质上是灵魂的一种消极状态(48a)。观看喜剧的人若是肯静下心来,以心平气和的姿态欣赏喜剧表演,就不会觉得剧中的不幸之人或傻瓜好笑,反倒会报之以同情和宽恕。

对快乐所作的这番批评表明,柏拉图在《菲丽布》中已不再像前期那样把快乐视为肉体的一种功能,是对理智的一种干扰,一切恶行的诱因,或隶属于灵魂的最低级的那个有朽的部分(Cf. *Gorgias* 491e-493a; *Protagoras* 337c; *Republic* 389e, 439a)。他开始注意到关于快乐的一个事实:大多数快乐都并非定性状态(qualitative states),而是意向性状态(intentional states),在一定意义上都与某样东西有关。这意味着,快乐涉及的东西并非仅局限于取乐的对象,而且还包括信念和判断(*doxa*),即所谓的命题态度(propositional attitudes)之类的东西(58e-59a)。① 因此,生活中的我们在绝大多数情况下都是以所谓(过去、现在或将来)的事实为乐,这是《菲丽布》中的一个基本信念。例如,当有短信提醒你"你刚才中了100万的福利彩票",或者有邮件告诉你"你刚被录用的文章正在排版",或有朋友对你说"你的上一篇论文预计会斩获一等奖",你可能会在一段时期内洋洋得意。然而,你在这段时期内感受到的这些快乐可能完全没有事实根据:你后来发现这则短信和邮件是诈骗信息,你的朋友只是跟你开了一个愚人节的玩笑。"人人都总是充满很多希望"(40a2),这给无数的虚假快乐以可乘之机。很多时候,期望愈大,愈易酿造失望。幻想中的快乐最美好,但一旦幻想破灭,之前所感受到的快乐就化为痛苦,反过来变本加厉地折磨我们的灵魂。

有人可能会说,就算我们后来发现之前感受的快乐没有事实依据,不能由此否认我们当初感受到快乐的事实不存在。事后的判断只能说明,我们对

---

① "intentional states","propositional attitudes"以及后文使用的"intentional objects"等概念是心灵哲学家所使用的术语。一些古典哲学家也频繁使用这一措辞,参见 D. Frede, "Life and Its Limitations: The Conception of Happiness in the Philebus", in *Plato's Philebus Selected Papers from the Eighth Symposium Platonicum*, ed. by J. Dillon & L. Brisson, Volume 26, Academia Auflage, 2010, p. 8; D. Frede, "Disintegration and Restoration: Pleasure and Pain in Plato's Philebus", in *The Cambridge Companion to Plato*, ed. by R. Kraut, Cambridge University Press, 1992: 425-463; D. C. Russell, *Plato on Pleasure and the Good Life*, p. 4。

当初感受到的某些快乐存在一定的误解,而这种误解本质上并没有给我们带来多少害处。假如我们整个一生全由被误解的快乐构成(如,柏拉图洞穴中的囚徒、庄子笔下的井底之蛙、普特南的缸中之脑或电影《楚门的世界》中的楚门等行为者的人生处境),那这样的人生可能并非是悲惨的,反倒是幸福的。因为在这样的处境中,我们尽管对"现实"持有一种错误、歪曲的观念,但这种观念至少与我们的基本信念与判断保持一致。况且,操控我们生活的人会想方设法满足我们的一切幻想(卷七中描述的洞穴无异于现在的电影院或被大众媒体所包围的世界,其中的囚徒像极了观看电影和新闻视频的观众)①。即便一个人有能力跳出这样的被操控的世界,谁又能保证他对这个世界的认识就一定与其所观察到的事实相符呢?更何况,我们怎能确信自己不是在一个更大的未被意识到的球形洞穴中呢?该反驳单独来看有一定道理,但放在这里却缺少说服力。因为柏拉图此时不是在讨论如何分辨真假,而是在追问受(更接近)知识和真实信念支配的生活与充满虚假信念的生活相比哪一种更可取,更值得过。追求真知的确是人的本性,一个理智正常的人肯定不会把"蒙在鼓里"的生活视为一种值得每个人都去拥抱的理想生活。试想,浅井之蛙见识过比自己的一方水井更大的世界之后还会认为以前的翻腾跳跃之乐更值得追求吗?如果没有外在压力,走出洞穴了的囚徒还会愿意回来吗?在查明真相后,谁还愿意成为缸中之脑和楚门?可以毫不含糊地说,在《菲丽布》中挑选好的生活的素材时,柏拉图并没有放弃"真"这一标准:得到进入好的生活之门许可的快乐除了不干扰"理性命令"工作的无害快乐以外,还包括真实的快乐(59d-64b)。对柏拉图而言,"真"象征着纯粹、确定、有度(53a-e),追求真实是人性使然。② 在有选择的情况下,没有人会选择过一种被操纵的、混乱不堪、朝不保夕、缺乏自由和安全感的生活。

当然,依柏拉图之见,最糟糕的不是充满妄想或丧失自由、确定、纯粹,而是灵魂之眼被荒唐的执念所蒙蔽。换言之,心怀恶意的快乐,包括那些基于一种对他人怀有错误的道德态度之上的快乐,才是最可怕的。一生致力于培

---

① 该类比,参见阿兰·巴迪欧:《柏拉图的理想国》,曹丹红、胡蝶译,郑州:河南大学出版社,2015年,第5页。
② 有关《菲丽布》中真实性与快乐之间关系的探讨,参见 C. Hampton, "Pleasure, Truth and Being in Plato's *Philebus*: A Reply to Professor Frede", *Phronesis* (1987): 253-262。

养这种快乐的人必将成为一个以别人的痛苦为乐的恶棍。正如对话中苏格拉底所举的颜色与图形的例子所揭示的，残忍之人喜欢把痛苦施加于别人，并以此为乐；他的这种行为之所以是邪恶的，不单是因为其他人可能因为他的这种行为而遭受痛苦，或者说这种残忍本身就是邪恶的，而且还因为不管快乐论者如何替这种人的行为辩护，向人们证明其快乐至少具有一些好的特征，此人所获得的乐趣内部总是暗含一种具有不良特征的元素。① 总之，对于柏拉图而言，作为人，我们一定要尽可能把自己的快乐建立在正确、真实、确定和纯粹的对象之上(12c-14a)。

二 第三种状态的性质及其地位

以上解释只说明柏拉图在《菲丽布》中对快乐有了比较新的认识，但仍未触及以下这一问题：《菲丽布》中的苏格拉底为何会认为一种混合型生活要比纯粹思考的理智生活更可取，即为何"混合"优于"纯粹"呢？当注意到《菲丽布》中所描述的虚假快乐不仅具有上面提到的种种缺陷，而且预设了影响灵肉平衡的某种干扰或骚动(*seismos*)时(33d)，对这个问题的解答就尤其迫切。与此同时，《菲丽布》也多次暗示，一种纯粹思考的、不掺杂任何乐与苦的生活要优于其他所有生活样式。比如，在对话刚开始讨论快乐和痛苦各自的本性时，苏格拉底就向读者介绍了不含有快乐和痛苦的第三状态，即一种不受快乐或痛苦干扰的平衡状态："你领悟到没有：一个选择了智思生活的人完全可能生活在这种状态中……选择了'理智和智思生活'的人将无法感受到任何快乐……他必然就生活在这种既不感到快乐也不感到痛苦的状态中，然而如果它是所有生活中最具有神性或最与神相称的生活，那也是毫不奇怪、完全合乎情理的。"(33a8-b7)随后，他又多次以赞许的口吻提及这种中性状态(neutral state)，并进一步强调，即使我们完全不能免受"变化"的影响，一种不受干扰的状态也仍是有可能的，因为我们很有可能并未注意到自身所经历的这种变化："〈那些〉巨大的转变会在我们身上引起痛苦和快乐，而〈那些〉适度、微小的却丝毫不会引起痛苦或快乐。"(42c10-44b6)。

---

① 有关残忍之人的快乐的不良特征的分析，参见 T. Irwin, *Plato's Ethics*, Oxford University Press, 1995, p.320。

由此可见，柏拉图在很大程度上相信一种没有快乐或痛苦的中性生活是真实存在的。当然，一些自然哲学家(如德谟克利特及后来的伊壁鸠鲁)把快乐和第三种状态所具有的"平静"混为一谈了。柏拉图会认为这些人的看法有误，因为他们不能说明，"存在一种中性状态，且它可以被视为一种好的状态"的假设是无效的。①

此外，苏格拉底从本体论层面进一步肯定第三种生活的价值(53c-55a)。他通过大量的论证得出，快乐总是一种生成(genesis)过程，因而总是次于其所导向的存在(ousia)。因此，任何选择享乐生活的人"都将选择生成和毁灭，而非既不包含快乐也不包含痛苦、光有尽可能纯粹思考的第三种生活"(55a4-6)。作为对话者，普罗塔库斯在这点上也同意苏格拉底的说法："苏格拉底，据我看来，任何向我们推荐快乐为我们的'好'的人都是极其荒谬的！"(55a7)。

既然苏格拉底在对话中反复提及中性状态的优越性，而且柏拉图也基本上认同这一看法，那他为何在最终描述最好的混合生活时却完全忽略了存在一种无乐无苦的生活的可能性呢？进而言之，他为何最终又认为一种完美的生活是由各种知识与真实且纯粹的快乐组成的混合(59d-64b)，而不是一种由纯粹理智主导的似神的中性生活呢？针对这个问题，学界有多种解释。②但比较常见的解释有三种。

一种解释是，苏格拉底最后推荐混合的生活，只是为了迎合普罗塔库斯的趣味，因为后者拒不接受没有快乐的生活，更别说把徒有思考的生活奉为最好的生活了。另一种解释是，苏格拉底的这个说法并非针对所有人而言；他只是认为混合生活对于普罗塔库斯这样普通的年轻人是最好的，但对于他自己和那些"哲学缪斯的追随者"(67b6)而言却是次好的。第三种解释是，

---

① 关于中性状态的合法性问题的争论，参见 D. Frede, "Life and Its Limitations: The Conception of Happiness in the Philebus", p. 8; A. Silverman, *The Dialectic of Essence: A Study of Plato's Metaphysics*, Princeton University Press, 2002, pp. 228-229; M. M. McCabe, *Plato and His Predecessors: The Dramatisation of Reason*, Cambridge University Press, 2007, p. 181。

② 参见 R. Hackforth, *Plato's Examination of Pleasure, A Translation of the Philebus with an Introduction and Commentary*, Cambridge University Press, 1945, p. 107; O. Letwin, "Interpreting the Philebus", *Phronesis* (1981): 187-206; T. M. Tuozzo, "The General Account of Pleasure in Plato's 'Philebus'", *Journal of the History of Philosophy* 34.4 (1996): 495-513; G. R. Carone, "Hedonism and the Pleasureless Life in Plato's Philebus", *Phronesis* 45.4 (2000): 257-260。

《菲丽布》中所描述的真实、纯粹的快乐根本不是恢复性的快乐,因而前者既不以"匮乏"为前提,也不受"欠缺"的影响。苏格拉底认为纯粹性的感知之乐和理智之乐是真实、纯粹和美好的,这在一定程度上预先使用了亚里士多德的活动(*energeia*, *entelecheia*)概念:活动并非过程,而是对我们已经完全拥有的能力的运用。因此活动的实现并不能与一种生成过程混为一谈;这种快乐不是柏拉图认定的作为恢复或填补的"补偿性快乐",而是与"完美的平衡"十分契合。

以上三种解释似乎有一定道理,但细究起来都不合理。第一、二种解释都缺乏文本上的支持,因为对话中并没有确切的信息或迹象表明苏格拉底有这方面的顾虑。第三种解释则与文本的信息相冲突,这具体表现在以下两个方面:

第一,苏格拉底和普罗塔库斯在对话中明确否认纯粹理智的生活包含任何类型的快乐(33b2-11)。

第二,认为苏格拉底在对话中并不把真实且纯粹的快乐视为填补过程是明显不对的。混合的快乐与纯粹的快乐之间的重要差别只在于纯粹的快乐基于一种"未感觉到的匮乏"(*anaisthētos endeia*)(cf. 51b, 66c)。这正是苏格拉底只谈论学习、求知的快乐,而没有论及纯粹思考所产生的快乐的根本原因(51e-52a)。苏格拉底在谈论学习、求知的快乐时明显是在指学习和遗忘的过程,而不是对知识本身的运用。这可以解释他为何坚称遗忘不包含痛苦,除非当我们恰巧需要被遗忘的信息时。假如遗忘是无痛苦的,求知过程则是对一种未感觉到的匮乏的愉快填补。柏拉图赋予纯粹快乐以量度(*emmetria*),是因为这些快乐的对象是纯粹的颜色、声音和几何形状,而且这些填补是柔和(而非猛烈)的过程。纯粹的快乐,并不是由欣赏优美的图画或旋律(即,颜色和声音的合成物)而产生,而是由欣赏一种颜色、声音或几何图形本身而产生:"那些由美的颜色或形状、大多数气味以及声音所引起的快乐。简而言之,它们是由这样一类东西所引起的———在缺乏它们时我们并不感到匮乏,也不感到痛苦,然而它们的出现却使官能感到满足,产生一种并不和痛苦交织在一起的快乐。"(51b)。

可以说,《菲丽布》摒弃了所有具象派的绘画和雕塑(如动物的形体),而捍卫纯粹、单一的形状和颜色之美。于柏拉图而言,只要吸引我们注意力的是绘画或雕塑所表现的具象特征,我们就是在从以人类为中心的兴趣和需求的视角出发做出回应。不妨设想一个完美无缺、无实体的神凝视着罗丹所雕刻的《思想者》的雕塑:即便神对这座雕塑的美学价值判断恰巧与我们的判断相一致,我们也可能感到这是纯属巧合,因为二者的判断标准可能截然不同。类似的,在音乐方面,柏拉图也似乎鼓励我们放弃对人的意义、言语、经验和情感的关注,而去欣赏"声音平稳而清晰,发出纯一不杂的曲调"的东西(52d)。其原因可能在于,依情况而定的和有关物种的价值并非内在的价值。① 既然单一、纯粹的快乐不容许有多样性和数量化介入,这种快乐就不可能导致不健康的兴奋产生。柏拉图显然不认为存在一些并非是恢复过程或填补的快乐,而是认为所有快乐都是生成过程(54d1-55a13)。

恢复的结果尽管可能是好的,但快乐必然次于产生这种过程的存在(ousia)。一些快乐虽然作为一种填补手段而备受欢迎,但它们所具有的这种工具性价值并没有使它们变成"好本身"。快乐与健康之类的好还是不能被等同视之,因为健康之所以受欢迎,是因为它本身已是完美,不需要进一步的治疗或填补。

三 人性状况的匮乏性

既然以上三种解释都存在问题,那苏格拉底究竟为何放弃"纯粹至上原则"而去支持一个折中方案,即承认混合的生活是最佳的生活状态?换言之,他不主张纯粹思考的生活乃是最好的生活的原因何在?在我们看来,苏格拉底为一种混合的生活辩护,不是因为这种生活是人所能想象的最好的状态,而在于它是人所能达到的最好状态。这种看法尽管从未在《菲丽布》中被明确地表达出来,但对话中的多处信息却支持这样的解释。比如苏格拉底曾多次强调,人总是容易受毁坏和恢复过程的影响。正因为如此,当一种稳定的中性状态遭遇赫拉克利特式的反对时,他并没有立即反驳,而是以"假定如

---

① 纯粹快乐的内在价值的探讨,参见 M. C. Nussbaum, *The Fragility of Goodness: Luck and Ethics in Greek Tragedy and Philosophy* (2nd Edition), pp. 156-157; E. Fletcher, "Plato on Pure Pleasure and the Best Life", *Phronesis* 59.2 (2014): 113-142。

此"(43a)这样的措辞简单地将"流变"问题搁置一旁。他显然意识到,一种基于从未注意到的消耗和充满过程的中性状态不可能让他摆脱"赫拉克利特之河"设置的困境,而且这种状态也不能与不易受任何"变化"影响的、不受任何搅扰的神灵的生活混为一谈。即便有人有幸在很长一段时间内从未受到任何干扰,这也丝毫不能改变人总是容易遭受消耗和盈缺变换的影响的事实,因为"变化"对人而言恰恰意味着"活着"——拥有灵魂。鉴于人性状况所必然具有的这种缺陷,所以某些易察觉到的恢复之乐至少是相对的好,条件性的好。①

但并不是仅因为这种无乐无苦的中性生活欠缺稳定性柏拉图才认为这种生活缺乏吸引力。对柏拉图而言,这种生活的最根本的缺陷很可能在于单纯地让人保存一种不冷不热的微温状态无异于让人过一种胆怯的、自我封闭的生活。处于这种生活状态的人因意识不到自身的缺陷或匮乏而丧失了改善自我或提升自身状况的动机。而求知快乐这样的高级快乐不仅弥补了人性状态的匮乏,而且增强了我们渴望自我革新、自我完善、自我净化和自我提升的决心。因之,只要令人愉快的补偿不含有不健康的亢奋,我们就应该追求它们,而不是把它们拒之门外。人一定永远都是不完善的,这种悲观信念是柏拉图所不认同的。柏拉图推崇混合的生活是基于一种乐观的态度与正确的视角:生活本身就是悲剧(苦)和喜剧(乐)的混合。这就是他为何一方面让苏格拉底在《菲丽布》中宣称,舞台上、生活中的所有悲喜剧中的苦、乐都是混杂融合在一起的(50b1-4),另一方面则让苏格拉底拒绝《高尔吉亚》中的那个"苏格拉底"的主张:实现幸福的最佳策略就是充分满足自己的需求和欲望(*Gorgias* 493d-494a)。于柏拉图而言,既然没有哪个理性的存在想要被伤害,那么只要真实且纯粹的快乐对其拥有者没有害处,这种快乐就应该被当作好的生活的重要组成部分(不只是作为可有可无的生活添加剂而存在),更应该被视为刺激行为主体去追求更高级的完美状态的动力。进而言之,假如此类快乐不仅是一种实现高级目的的手段,而且其本身也构成了这种高级目的的

---

① 关于"恢复之乐"的价值评定,参见 D. Frede, *Philebus*, Trans. with Commentary, p. lvi; D. Frede, "Disintegration and Restoration: Pleasure and Pain in Plato's Philebus", pp. 425-63; D. C. Russell, *Plato on Pleasure and the Good Life*, p. 12。

一个部分,那它们的好处不只是补偿性的,更是激发性的。①

总之,如果在柏拉图看来人类生活的最好状态本质上是不稳定的,这就解释了他为何在《菲丽布》中推崇一种混合的生活且致力于培育正确的快乐,而放弃了《会饮》和《斐德若》中苏格拉底的观点:麻醉自我是实现幸福的最佳策略。他的这一看法或许也可用来解释《菲丽布》中苏格拉底为何不同意"菲丽布的真正仇敌"(44b6),即以近乎偏执的严苛态度反快乐论的、有着苦行倾向的人的观点:"平静"是人所能想象到的最好状态(44b5-d7)。于柏拉图而言,这些反快乐论者不仅把快乐与免于痛苦混为一谈,而且错误地假定,作为人应该不惜一切代价去剔除甚至回避所有快乐(cf. Republic 584a)。

但柏拉图所偏爱的这种混合的生活,即理智与快乐的结合,显然并不是一种随随便便的混合。因为只有当快乐守规矩、合乎秩序,接受理智的指导并不干扰理智时,好的生活才会接纳它们,并把它们作为自身的组成部分。舍弃"单一"而肯定"混合"的确构成了柏拉图在价值论上的一个让步,而且这种让步不仅是针对快乐论者的,而且也是针对人性状况而言的;人的自足性取决于持续不断的自我完善和自我补充,因此一些快乐是我们生活的重要组成部分。出于某些类似原因,柏拉图也让好的生活接纳精确度较低的知识,把后者视为混合生活的组成部分。纯粹的知识并不足以解决日常生活中的难题,而且如果使用不当,还会闹笑话。正如苏格拉底与普罗塔库斯在对话中指出的,哲学家要是在造房子的过程中仍坚持使用形而上层面的完美圆形和直线,那便荒谬至极(62a2-c5)。的确,正如苏格拉底所言,"如果我们还想找到回家之路的话",我们就不得不处理那些缺乏纯粹的对象,不得不使用物质性的工具(62b);"如果我们的生活事实上还是某种生活的话",我们就需要这种日常技艺(62c)。受制于此,所有将有助于提升我们生活美感和韵律感的快乐都被允许进入好的生活。寻求真理比拥有真理在理智上更能激发一个人的斗志,即便连那些已经认识了真理的哲学家也会勇于探索,懂得享受学习未知事物的乐趣(50e-52c)。其缘由正如苏格拉底在对话中揭示的,人作

---

① 关于真实且纯粹快乐的价值的解释,参见 D. Frede, "Life and Its Limitations: The Conception of Happiness in the Philebus", pp.11-12; M. M. McCabe, *Plato and His Predecessors: The Dramatisation of Reason*, p. 250。

为匮乏的存在需要不断地得到补充、更新和再生,因而始终处于不断生成的状态之中(53c5-e9)。

可以说,《菲丽布》关注的焦点既在于人性的生成,也在于人性的再生。人性之本凸显了快乐作为一种自然恢复或填充过程的重要意义(32a-b,42d,46c;cf. *Timaeus* 64a-65b)。① 然而,对于快乐的重视并没有阻碍《菲丽布》中的苏格拉底把理智视为属人生活中最好的东西。人性不允许人像神一样永久地拥有最高级的知识,这是整个对话的核心伦理要义。正是基于此要义,苏格拉底才只好退而求其次,把一种神智健全的良好混合视为灵魂的最佳状态。柏拉图肯定不会认为上文提到的阿Q式的傻瓜或残忍之人向往的乐园才是包括哲人在内的所有普通人的真正乐园,因为一种受到歪曲的观念与一种关于值得过的生活的构想不可兼容。各种快乐之间的对立性不可能仅因其在原因上的对立性而被消除。具体的快乐本身之间可能不仅在"数量"(强度或大小)上存在差异,而且在"性质"上也有重要分别(尤其是道德上的差别)。相比大多现代人,柏拉图在此问题上的态度更为严苛。对他而言,首先,快乐不可作为判断是非曲直的标准(判断是非曲直的东西必须是快乐之外的其他东西),我们不可以仅因为某种行为给我们带来了莫大快乐便把它视为可取的;其次,快乐无法与其意向性对象(intentional object)相分离,而快乐的这种对象则会感染快乐本身的性质;再次,只有正确的对象才是真实的对象,只有合乎道德的快乐才值得珍视。上述以他人痛苦为乐的这种行为显然是受一种错误观念的引导,它会造成灵魂的失序,给人带来最大的伤害。②

所以按照柏拉图的观点,我们在为好的生活挑选素材时一定要倍加小心,以免被快乐冲昏了头脑,脱离了理智的控制。尽管所有理智正常的人都有可能过上《菲丽布》中所描述并推崇的那种混合的好生活,但柏拉图并没有完全放弃对幸福的精英主义式理解。从他对虚假快乐的批评可看出,他用以挑选真实且纯粹的快乐的标准受到了格外严苛的拷问,这导致他关于作为好

---

① 《菲丽布》的关注焦点的分析,参见 D. Frede, "Life and Its Limitations: The Conception of Happiness in the Philebus ", p. 13。
② 关于《菲丽布》中快乐的价值定位及快乐的对象的分析,参见 D. Frede, *Philebus*, Trans. with Commentary, pp. xviii-xix; T. Irwin, *Plato's Ethics*, p. 321; D. Frede, "Life and Its Limitations: The Conception of Happiness in the Philebus", p. 14。

生活的混合型幸福观念的构想仍带有浓烈的禁欲色彩。贯穿于整篇对话的基本信念也进一步证实：只有当辩证法这种最高级、最精确、最纯粹的知识存在时，那种精确度较低的知识才可被视为安全、可靠的；这种最高级的科学仍然只掌握在少数哲学家手中(57e3-58e3)。

再回到具体的实践性问题：人可以达到的这种最好生活具体如何在社会中获得？由谁来确保最高级的知识时刻统辖着低级的知识，以及如何才能熟练掌握辩证法？① 鉴于该对话一开始便挑明其主旨在于如何确定人类灵魂的最佳状态(11d)，所以与人如何在社会这一维度获得这种幸福相关联的观点自然是柏拉图避而不谈的。可以说，《菲丽布》只是充当了《蒂迈欧》和《法义》的一个序言②，理想的社会生活和宇宙论等问题的探讨并不是该对话的重点。

四 补偿性生活的幸福

苏格拉底在《菲丽布》一开始就假定了灵魂的幸福状态的条件，即"灵魂的某一状况或性情"(11d)。假如一种不断自我改善和补充的生活与对话开头提出的这个预设保持一致，那么，他从一开始所寻求的这种状态正是结尾处提到的那种完美(teleon)、充足(hikanon)和令人向往的(ephietai)混合状态(20d)。既然由过程构成的这种生活所具有的大多数混合都导向有朽的存在，而非永久性的存在，那这种混合性生活或补偿性生活何以被称为完美、充足的呢？进而言之，作为"存在"的目的何以等同于作为手段的"生成"(53c-55c)？

首先，如前所述，即便是令人愉快的过程，也只是作为一种确保目的(完美状态)达成的手段而发挥作用。因此快乐似乎并非最佳状态的构成成分，

---

① 对于这些问题的探讨，参见 R. Hackforth, *Plato's Examination of Pleasure*, *A Translation of the Philebus with an Introduction and Commentary*, pp. 2-3; D. Frede, *Philebus*, Trans. with Commentary, p. lxvii; D. Frede, "Life and Its Limitations: The Conception of Happiness in the Philebus", p. 14。

② 《菲丽布》与《蒂迈欧》《法义》之间在内容上的关联性的探讨，参见 C. Bobonich, *Plato's Utopia Recast: His Later Ethics and Politics*, Oxford University Press, 2002, pp. 350-373; G. R. Carone, *Plato's Cosmology and Its Ethical Dimensions*, pp. 103-122。

而仅是获得最佳状态的一种手段而已。但正如一些学者①指出的,这种粗浅的二分法忽视了存在不同"完美"类型的可能性。事实上,我们也可发现,除了只有神灵才能拥有的那种永久性的、保持冷静的"静态平衡"以外,还存在一种易受生成和腐坏影响的、总是需要维护和补充的人可获致的"动态平衡"。② 在《菲丽布》中,一些快乐之所以成为备受珍视的东西,正是因为它们是人们为了获得动态平衡而做出的持久性努力的诱因和刺激要素,而不是一种目的一旦达到便应被丢弃的手段。因此,一种由最佳生成过程构成的生活是可以成为尽可能完美的属人生活的。鉴于人性的不稳定性和不完美性,这种生活虽不是人所能构想的最好状态,但无疑是人所能达到的最佳状态。这就是为何所有知道它的生物和有机体都欲求它,都愿意把它视为完美、充足之状态的原因。

总之,人性往往处于一种不确定的平衡之中。大多数人似乎都不会长时间地沉浸于某一件事物之中,并以拥有此物为乐。《菲丽布》对此现象做出的解释是,人的感官一旦得到满足,人便无所欲求,至少在满足那一刻如此。然而,随着时间的推移,这样的满足感会慢慢消逝。而且,"过度的满足"反而会引发枯燥、无聊、空虚和痛苦,因为这种满足也会扰乱上文提到的那种"平衡"(46e-47c)。另一个关乎大多数人的典型特征是,他们心理上都表现出一种莫名其妙的躁动。当一个人拥有了一件梦寐以求的东西或取得一定的成就之后,他一般不会长时间地陶醉于这件事带来的喜悦,而是会习惯性地去制订新的计划,发现新的东西。创新、深造和进修在很大程度上正是源于一个人对现状的不满。人们也总是倾向于欣赏并器重那些在取得了一定成就之后仍继续勇往直前、探索新事物的勇士,而会轻视甚至责备那些过分陶醉于过去的荣耀而止步不前的自满者。因此大多数人从一出生就像被诸神诅咒的西西弗斯(Sisyphus)或如《高尔吉亚》中所描述的那种只有滤网而无底端的陶罐一样,在生命之流的奔波中总是受新的需求和欲望所驱动,他们在获得与失去中循环往复,以至于希望在这种永恒同一的循环中得到满足,只要该过

---

① 参见 D. Frede, "Life and Its Limitations: The Conception of Happiness in the Philebus", p. 15。
② 这两种平衡的详解,参见 D. Frede, "The Tragedy and Comedy of Life: Plato's Philebus (review)," *Journal of the History of Philosophy* 33. 2 (1995): 333; D. Frede, "Life and Its Limitations: The Conception of Happiness in the Philebus", pp. 16-17。

程包含尽可能多的变化与补充(cf. Gorgias 493a-b)。因此,对于追求娱乐至死和消费至上之生活理念的人而言,寻求新鲜感和刺激感已成为一种时尚,追求幸福的主要方式与其说是柏拉图等古典哲人所倡导的"节制欲望",毋宁说是当前经济领域中市场制度推崇的"增加生产以满足需要"。① 而对于追求智识理解并相信人无法拥有真理而只能追求真理的人(如莱辛和尼采)而言,寻求真理并致力于求取解决难题的办法的过程要比拥有知识或真理给予人更多的荣耀、成就和快乐,因为后者比前者更能充实灵魂,丰富人的精神世界。②

的确,在完美主义者看来,得不到的总是在躁动,而人无能享受自己所拥有的东西是自身人性的一个重大缺陷。③ 但这恰好印证了柏拉图关于人性状态的深刻洞见:多数人、甚至每个人身上都存在一个恒定不变的赫拉克利特式的"流变",正是它阻碍人去获得一种持久性的似神般的"平衡"。可以说,《菲丽布》的这个结论与《法义》的核心要义之间存在着一定的相似性:《菲丽布》认为人所能达到的幸福并非是一种永久性的有乐无苦的平衡,一种身心不受干扰的似神的状态,而是次一级的苦乐混合的状态;类似地,《法义》也把第二好的政体视为人可达到并能驾驭的最佳政体。就人是否可以达到这种状态这一问题而言,早在《菲丽布》之前,柏拉图就已指出,变得像神一样(*homoiōsis theōi*)可被视为一种生活理想,但人永远也不可能完全达到它(cf. *Theaetetus* 176a-c, *Timaeus* 90a-d)。《菲丽布》则沿着这条思路进一步确证,人永远不可能上升为可与神一比高低的自傲的阿里斯托芬式"圆球人"(cf. *Symposium* 189c-193d)或伊壁鸠鲁式的那种像神一样生活的不朽存在者④,也不可能下降为普罗塔库斯曾向往的徒有快乐而没有思考力的水母或牡蛎(cf. *Philebus* 21c)。不仅如此,《菲丽布》对于人性的一般性假设在一定程度上暴

---

① 经济学家解决幸福问题的主要方式,参见张维迎:《博弈与社会讲义》,北京:北京大学出版社,2014年,第411—412页。
② 莱辛和尼采对待真理的方式及态度,分别参见 D. Frede, "Life and Its Limitations: The Conception of Happiness in the Philebus", p. 16; L. Strauss, *Leo Strauss on Plato's Symposium*, ed. by S. Benardete, University of Chicago Press, 2001, p. 4。
③ 人性的种种缺陷的根源分析,参见 D. Frede, *Philebus*, Trans. with Commentary, p. lv; D. Frede, "Rumpelstiltskin's Pleasures: True and False Pleasures in Plato's Philebus", p. 350。
④ 参见伊壁鸠鲁的基本要道1:"幸福且不朽的存在不知道什么是烦恼,也不把烦恼带给别人。因此,他不受愤怒和偏爱所限制。因为所有这些东西只存在于弱者身上",原文参见 C. Bailey, *Epicurus: The Extant Remains*, Oxford University Press, 1927, p. 95。

露了柏拉图对于人这种存在以及赋予人最大快乐的欲望的总体看法:人永远是介于神性与兽性、有朽与不朽、有限和无限、良善与邪恶之间的生物(cf. *Symposium* 201d-203e, 207d-208b);作为欲望之首,爱欲可被改造为一种绝妙的教育工具,可用以吸引我们紧随神灵,但其力量的限度在于无法让我们成为神灵一样的自足存在(cf. *Phaedrus* 246b-248b; *Symposium* 200b-d; *Republic* 613a-b, *Laws* 716c-d)。

在享乐主义、拜金主义、奢侈浪费等不良消费观念盛行的当今社会,很多人信奉:人生苦短,当以快乐为优先。但问题是,快乐这种东西究竟是什么?它在好的生活中究竟处于什么位置?有没有比快乐更好、更值得我们追求的东西?《菲丽布》给出的回答是,快乐从本体论看是缺乏限度的绵延体,应属于"无限"这一范畴,是一种生成,因而次于它所导向的存在①;快乐与好的生活并非水火不容,尤其是正确、良好的快乐非但不受排斥,而且是幸福(*eudaimonia*)的一个构成要素或激发因子;Eudaimonia 既然是一种存在,是人生的终极目的(*telos*),一种长期良好、茂盛(flourishing)的客观状态,一种使人感到充实的生活,因而幸福比快乐不仅在形式上更值得成为人应该追求的目的,而且在意义和内容上也比快乐更丰富、充沛。②

或许,在现代关于幸福的主客观争论中,很多人倾向于认为幸福是一种纯主观的感受,因而拒不承认幸福的内容的客观性,更别说认可幸福的道德性了。尽管如此,恐怕很少有人会否认获得幸福所需具备的条件(如生命、自由、思考能力、健康、知识、物质财富等)的客观性。那么,由获得幸福的条件的客观性是否可推导出幸福之内容的客观性呢?这也是复兴古典幸福论所

---

① 关于快乐在本体论层面的地位的探讨,参见 J. M. Cooper, "Plato's Theory of Human Good in the Philebus", *The Journal of Philosophy* 74.11 (1977): 714-730; V. Harte, *Plato on Parts and Wholes: The Metaphysics of Structure*, Oxford University Press, 2002, pp.178-180; A. Silverman, *The Dialectic of Essence: A Study of Plato's Metaphysics*, pp.230-240。

② 关于古希腊的幸福概念,参见 J. C. B. Gosling, *Plato: Philebus*, translated with notes and commentary, Oxford University Press, 1975, p.87; M. C. Nussbaum, *The Fragility of Goodness: Luck and Ethics in Greek Tragedy and Philosophy* (2nd Edition), p.6; J. Annas, "Happiness as Achievement", *Daedalus* 133.2 (2004): 44-51; D. Frede, "Life and Its Limitations: The Conception of Happiness in the Philebus", p.3。

要面临的主要难题之一。① 《菲丽布》虽没有直接触及幸福内容的客观性辩论,但它对于人性状态提出了这样的客观假设:人的生活是一种思想与快乐的混合,人的境遇始终介于一种纯粹俗世的状态与一种超凡脱俗的神性状况之间,因而属人的幸福应该处在兽性与神性之间的平衡点上,它不是比较出来的结果,而是人对自身不满之果的享受。② 就此而论,柏拉图与亚里士多德在快乐与幸福问题上的立场虽然可能不像一些人所以为的那样截然相对立,但至少有很大不同。③ 因为亚里士多德在《尼各马可伦理学》中认为快乐本质上是"灵魂的无障碍的活动",这可以理解成人对于一种至关重要的做得好(doing well)能力的运用;同时强调赋予人最多、最大的快乐的东西无非人对自己天赋和才能的最佳发挥与运用,因而一个人若想过上最幸福的生活,便应该不断地开展这样的活动(Nicomachean Ethics Ⅶ. 11-14);④ 柏拉图则在《菲丽布》中认为,人通过运用自己的天资才能获得的快乐应归于那种被包含在所有运用中的持续性且未被注意到的补给之中,而且这种补给一旦完成,人便被迫停止这样的活动,因而理想中最幸福的生活在于内心平静之中。

如何评判这师生二人的幸福观的优劣与高下?这无疑是一个相当宏大的问题,而且超出了本文所考察问题的范围。其答案可能相关于自苏格拉底第二次航行以后的"哲学"对人性的"可完善性""稳定性"和"自足性"方面持有怎样的假设。⑤ 但至少可以确定的是,假如我们对人性的期望并不很高,甚

---

① 有关幸福的条件的客观性的说明,参见 L. Strauss, "The Crisis of Our Time," in *The Predicament of Modern Politics*, University of Detroit Press, 1964, pp. 41-54。
② 关于人的境遇与人的幸福之间的关联性的探讨,参见 D. Frede, *Philebus*, Trans. with Commentary, p. lxx; D. Frede, "Life and Its Limitations: The Conception of Happiness in the Philebus", p. 16; S. Benardete, *The Tragedy and Comedy of Life: Plato's Philebus*. Trans. with Commentary, University of Chicago Press, 1993, pp. 240-241。
③ 有关《菲丽布》与《尼各马可伦理学》就快乐、幸福问题的异同点的分析,参见 J. C. B. Gosling & C. C. W. Taylor, *The Greeks on Pleasure*, Chapter 11; D. Frede, *Philebus*, Trans. with Commentary, pp. lxxi-lxxv; D. Frede, "Life and Its Limitations: The Conception of Happiness in the Philebus", p. 16; J. C. B. Gosling, *Plato: Philebus*, translated with notes and commentary, pp. 87-89, pp. 102-104, pp. 132-166, pp. 221-225; G. R. Lear, *Happy Lives and the Highest Good: An Essay on Aristotle's Nicomachean Ethics*, Princeton University Press, 2009, p. 50。
④ 参见 G. Rudebusch, *Socrates, Pleasure, and Value*, p. 72。
⑤ 参见 *Philebus* 20d; *Nicomachean Ethics* i. 7, 1097a15-b21; D. Frede, "The Hedonist's Conversion: The Role of Socrates in the Philebus," In *Form and Argument in Late Plato*, ed. by C. Gill & M. M. McCabe, Oxford University Press, 1996, pp. 213-248。

至略有悲观,乃至相信让人去获得一种不被苦乐干扰的持久稳定的平衡状态是一件超乎人这种生物的能力之外的事,那么,柏拉图在《菲丽布》中所构想的这种混合型的幸福观可能更契合我们的心理。但如果我们对人性的改变抱有很高的期许,并相信亚里士多德在《尼各马可伦理学》中所推崇的"合乎德性的完美活动"(*Nicomachean Ethics* 1102a5)在人的能力范围之内,那么,在幸福问题上倒向亚里士多德的立场则更符合常理。

On Plato's Late Conception of Mixed Happiness: A Study of the *Philebus*

Zhang Bobo

Abstract: How to understand Plato's concept of happiness, of pleasure, and the relationship between these two concepts, have long been considered very important and controversial issues in the platonic studies. In this paper, based on a study of Plato's *Philebus* and other relevant dialogues, I argue that Plato, in his old age, has a new understanding of happiness and pleasure: pleasure in general is no longer perceived as an interference, a temptation or a necessary evil, but rather as a kind of reward for people's achievements or something to motivate people to move forward, which, in its essence, is a kind of "filling of a lack" of human nature or a restoration of a harmonious state. My claim is that, although Plato's views of happiness in his later dialogues still have very strong elitism and intellectualism, his concept of happiness, in his old age, tends to be more democratic than before, and also more likely to be accessible to most ordinary people.

Keywords: *eudaimonia*, false pleasures, knowledge, reason, the *Philebus*

书讯

《宋本论衡》

[汉]王充著

北京:国家图书馆出版社,2017年

《宋本论衡》(套装共6册)包括:《宋本论衡一》《宋本论衡二》《宋本论衡三》《宋本论衡四》《宋本论衡五》《宋本论衡六》共6册,由国家图书馆出版社出版。《论衡》一书为东汉思想家王充(27—97)所作,大约作成于汉章帝元和三年(86)。现存文章有85篇(其中的《招致》仅存篇目,实存84篇)。《论衡》细说微论,解释世俗之疑,辨照是非之理,即以"实"为根据,疾虚妄之言。"衡"字本义是天平,《论衡》就是评定当时言论之价值的天平。它的目的是"冀悟迷惑之心,使知虚实之分"。王充以道家的自然无为为立论宗旨,以"天"为天道观的最高范畴,以"气"为核心范畴,由元气、精气、和气等自然气化构成了庞大的宇宙生成模式,与天人感应论形成对立之势。其在主张生死自然、力倡薄葬,以及反叛神化儒学等方面彰显了道家的特质。他以事实验证言论,弥补了道家空说无着的缺陷,是汉代道家思想的重要传承者与发展者。王充思想虽属于道家,却与先秦的老庄思想有严格的区别,虽是汉代道家思想的主张者,但却与汉初王朝所标榜的"黄老之学"以及西汉末叶民间流行的道教均不同。

本次出版据宋乾道三年绍兴府刻宋元明递修本影印。(陈　曦)

"普遍复合物"在亚里士多德生成论中的功能与地位

刘 康*

提 要:陈康教授在其博士论文:《亚里士多德的分离问题》中讨论了普遍复合物的角色与功能。这在亚里士多德的生成论之中是一个重要、但却常常被忽略的问题。其原因在于,学者们习惯用"系统"的、而非"生成"的眼光于研究中。他之所以接受"生成"的眼光,当然是受其师尼古拉·哈特曼的影响。而此一问题之所以重要,正在于它是为了解决分离问题。分离问题将造成"真实的重复",这正是柏拉图在《巴门尼德篇》中借由"第三人论述"所呈现者。普遍复合物在生成过程中是作为一个服务于实体与质料之中性的载体,以便过程能开始。既然亚里士多德认为物的实体是内在于而非外在于(分离)他们,生成过程就是实体与质料的组合。载体于此例中是必需的,以便生成能开始。亚里士多德的生成论因此有一种堆栈结构。从最低的不可分割的种开始,作为种,它与质料被堆栈于一个载体(复合物)之上,向上到另一个更高层级,即是属。这个属又是作为另一个更高层级之物的种。如此继续重复,直至万有,皆可生成。此一过程的演进,皆在同一模式下。普遍复合物作为堆栈结构,对于实体与质料、种与属是一种不可或缺的载体,使得生成过程能开始。

---

* 刘康,1966年生,辅仁大学哲学系助理教授。

关键词：亚里士多德　普遍复合物　分离问题　实体　质料　载体　种　属　堆栈　尼古拉·哈特曼

陈康先生在《亚里士多德哲学中一个为人忽视了的重要概念》一文中曾提到，σύνολον是一个自古以来即为人们所忽视的概念，但在亚里士多德的思想里非常重要，不能任其隐而不显。他在其德文版博士论文中将其译为 Universales Konkretum，中文则译为"普遍的复合物"①，并解释了它被忽略的原因：第一，亚里士多德对它的解说甚少。第二，两千多年来，人们是从"系统观点"去研究亚里士多德的，而σύνολον却无法与人们熟知的概念，如相、质料、种、类等协调一致②。而陈康先生之所以认识到此一问题的重要性，则是受到他的老师耶格尔（Werner Jaeger，1888—1961）所提出的一种全新的研究方法的启发，此即著名的发生学方法（Genetische Methode）；以及博士论文指导教授哈特曼（Nicolai Hartmann，1882—1950）的万有论的影响③。这篇文章其实只是他博士论文中一部分的简介。因此，要详细讨论还是得从他的博士论文谈起。

陈先生在其博士论文中讨论此一问题的段落是在下卷第二分卷第一段的第2节第19章（Das universale Konkretum）④和第20章（Die Konsequenzen aus der aristotelischen Lehre von universalen Konkretum）⑤。此段所讨论的主题

---

① 陈康先生指出："然而在这些概念，这些学说以外，还另有一个重要的概念。它不仅是在讲亚里士多德的哲学的一般书籍中未被人提及，而且即在专门讨论他的玄学的著述中也未尝忽视。不独在德国如此，在其他国家亦然；不但现在如此，在古代未尝不然；总之，这一概念是从古以来为人所忽视的！这一概念在亚里士多德的著作里未有专名，我们曾经为了便于讨论起见，称它为 universales Konkretum，在中文里且写为'普遍的复合物'"。（陈康：《亚里士多德哲学中一个为人忽视了的重要概念》，原载《张君劢先生七十寿庆纪念论文集》，台北：文海出版社，1983年，第111—116页；现载《陈康哲学论文集》，江日新、关子尹合编，桃园：联经出版公司，1987年，第229—237页。）
② 陈康：《亚里士多德哲学中一个为人忽视了的重要概念》，第230页。
③ 陈康：《亚里士多德哲学中"哀乃耳假也阿"（Energeia）和"恩泰莱夏也阿"（Entelecheia）两个术语的意义》，载《陈康哲学论文集》，江日新、关子尹合编，桃园：联经出版事业公司，1987年，第199—218页。Jaeger 在"发生学"的代表作是 *Studien zur Enstehungsgeschichte der Metaphysik des Aristoteles*，1911；Hartmann 的代表作则是"存有论三部曲"：*Zur Grundlegung der Ontologie*，Berlin，1935；*Möglichkeit und Wirklichkeit*，Berlin，1938；*Der Aufbau der realen Welt*：*Grundriß der allgemeinen Kategorienlehre*，Berlin，1940。
④ Kang Chen, *Das Chorismos-Problem bei Aristoteles*. Berlin, Albert Limbach Verlag, 1940, S.131-137，以下简称为 *Chorismos-Problem*。
⑤ Kang Chen, *Chorismos-Problem*, S.137-142.

其实是形式实体(Formsubstanz/εἶδος)与可感觉实体(wahrnehmbare Substanz/个别具体物)之间的分离问题。关于普遍复合物的讨论,则是在解释亚里士多德为何要重新建构相论的原因(第 17 章),也就是要避免"真实的重复"(Verdoppelung der Wirklichkeit,第 18 章)这一形上学中的难题。它何以是个难题? 因为这个问题其实也就是柏拉图在《巴门尼德篇》中那个 regressus ad infinitum 的难题:"大的相本身是否也是大?"(130b-d),也正是亚里士多德在《形而上学》中所提出的著名的批评:第三人论述(The Third Man Argument):

> ἔτι δὲ οἱ ἀκριβέστεροι τῶν λόγων οἱ μὲν τῶν πρός τι ποιοῦσιν ἰδέας, ὧν οὔ φαμεν εἶναι καθ' αὑτὸ γένος, οἱ δὲ τὸν τρίτον ἄνθρωπον λέγουσιν.①

陈先生直言此段文本是分离问题的经典位置(locus classicus des Chorismos)②。柏拉图提出的解决方案是《巴门尼德篇》的太一论(Henologie)与《智者篇》中的诸相之结合(συμπλοκὴ τῶν εἰδῶν);而亚里士多德提出的重建理论,则是引入物质(ὕλη)此一在柏拉图体系中被忽略的观念;以及一个全新的载体(ὑποκείμενον):σύνολον,以建构他自己的生成论。"普遍的复合物"这一问题的重要性即在此。

一 从 Logos 而来的分离

如上所述,第 2 节讨论的是 χωριστὸν κατα τὸν λόγον (Met. H1, 1042a28-31),与之相关的问题则是:一、亚里士多德对相论的重建;二、真实的重复;三、普遍的复合物。③

亚里士多德为何要重建相论? 陈先生提出的理由是柏拉图学派学者不承认人造物,如房子也能够有相④(Met, A9, 991b3-9)。这当然是很奇怪的。

---

① Aristotles, *Met*, 990b15-17.
② Kang Chen, *Chorismos-Problem*, S. 16.
③ Ibid., S. 121.
④ Ibid., S. 122.

且不说柏拉图自己在《理想国》第 10 卷中就以床为例说明相论；在他晚期形上学的重建中，他所专注的是更普遍意义上的相，如太一与通属。个别物是否包含人造物，在他的眼中根本不是问题：ἕν 与 ὄν 无所不在，已为辩证法练习所揭示（见《巴门尼德篇》的后半部），当然也在人造物之中了。这些柏拉图主义者们显然并未理解他们的老师晚年为何要重建相论，尤其是"未成文学说"。

陈先生继而指出，若人造物无相，则依同理类推，一切其他物也不必然有相，相论就毁了。① 因此，对于亚里士多德而言，问题就是：诸相是否伴随每一个别物而生（ob die εἴδη παρὰ τὰ καθ᾽ ἕκαστα）②。这对于亚里士多德会是个问题，关键在于他对 εἶδος 的理解和他老师柏拉图很不一样。从他在《范畴篇》中对于实体的描述可知，他将个别具体物视为第一实体（基本本质）；将种（εἶδος）和属（γένος）等具普遍性者，视为第二实体（次级本质）。这种思路，和他老师柏拉图刚好相反。柏拉图所关注者，是普遍性（共相），而忽视个别物（殊相）；亚里士多德所关注者则是个别物，因为相所表述（logosmäßige）者，即本质。而他认为本质是内在（Immanenz）于物内，而非在物外与之分离（χωριστόν）。因此，个别物在他的设想中，其实具有很明确的载体（ὑποκείμενον）的特性。为何需要载体？因为在希腊生成论（γένεσις εἰς οὐσίαν）中，本质是一种复合（σύν-ὅλον，意为将万有合成为"一"）过程的结果。从前苏格拉底学派以来，万有生成的原因是一、还是多的问题，始终是希腊形上学中最核心的问题。赫拉克利特的名言"万有为一"（ἕν πάντα εἶναι）即是明证③。柏拉图在《智者篇》中提出的 Gigantomarie（246b-247d）也是讨论此问题。

如何建构一种"一中有多、多中有一"的包含万有（ὄντα）的形上学，始终是希腊形上学中最核心的难题。柏拉图提出的是太一论，借由 5 个通种与其余诸相之间的结合，以形成万有；亚里士多德虽然也是从 εἶδος 出发，但 εἶδος 在他所建构的形上学体系中的位置，与其师柏拉图刚好相反：ἕν 在柏拉图晚

---

① Kang Chen, *Chorismos-Problem*, S. 122.
② Ibid., S. 123.
③ 赫拉克利特残篇第 50 号。海德格尔对此一问题有精彩的解释，见 Martin Heidegger, *Heraklit*, GA Bd. 55 (Freiburger Vorlesung im Sommersemester 1943 und 1944), hrsg. v. Manfred S. Frings, Vittorio Klostermann, 1979, S. 243。

期形上学的功能,既可以作为万有(ὄντα),也可以是包含万有的"太一",即,既可是一,也可是多。用《庄子·天下篇》中所记载的惠施的话来说就是"至大无外,谓之大一;至小无内,谓之小一"。可ἕν谓既是大一,也是小一①。但在亚里士多德的形上学中,他是将εἶδος视为ἄτομον εἶδος,也就是说,他是在"小一"的意义上定位εἶδος在其形上学体系中的地位。这其实并非他所独创,而是延续其师柏拉图在《智者篇》中提出的二分法(διαίρεσις)以探究万有最基础本质的方法。

陈先生已经指出,由于亚里士多德认为,只有能够赋予个别物以本质的相才是实体(οὐσία/Substanz),所以,普遍性愈大者,就只能是λόγος,或甚至是συμβεβήκος,而不能够是Form,也不能是Substanz。所以,在柏拉图晚年形上学体系中拥有最广延的普遍性的ἕν与ὄν,到了亚里士多德的架构中,正由于他们是最普遍者(τὸ μάλιστα καθόλου),所以可内在于一切万物之中,并无分离问题。其原因,正因为它们不是实体:

> 在者(das Seiende)与一(das Eine,笔者案:此处不宜译为"太一",已如前述,因为亚里士多德是将其视为"小一")首先不是个别实体(Einzelsubstanzen)。……根据亚里士多德,在者与一不是实体(Substanz)。它们是谓语(Pr dikat),或从存有角度而言,是每一个特定在者的性质(Bestimmung);因为它们的确是被每一个在者表述最多者。②

哈特曼指出:"亚里士多德是将相提升为实体(das Eidos zur Substanz machte)者。"③ 在柏拉图的体系中,εἶδος本来就是实体,他为何还要强调?因为普遍者不再是实体,也不是相。他继而指出:

> εἶδος与γένος完全不是意指观念(Begriffe),而是作为在者的种

---

① 关于此问题的论证极为复杂,是"未成文学说"的核心问题。请见 Krämer, *Aretebei Platon und Aristoteles. Zum Wesen und zur Geschichte der Platon ischen Ontologie.* Heidelberg 1959;笔者另有论文详论此问题。刘康:《柏拉图"未成文学说"与〈巴曼尼得斯〉篇》,载《清华西方哲学研究》(第1期),黄裕生主编,北京:中国社会科学出版社,2015年,第157—185页。
② Kang Chen, *Chorismos-Problem*, S.118-119; Aristotle, *Met.*, N.1,1087b34-1088a2.
③ Hartmann, "Zur Lehre vom Eidos bei Platon und Aristoteles", in *Abhandlungen der Preußischen Akademie der Wissenschaften.* Berlin, 1941, S.3. 亦收录于:Hartmann, *Kleinere Schriften*, Berlin, 1957, Bd. II, S. 129-164.

(Art)与属(Gattung);在者的领域中从未有"普遍动物"(Tier überhaupt),而只有狗、牛、驴在完全的种的内涵中。不确定的动物以及普遍意义下不确定的属,只存在于思想中。①

陈先生指出,亚里士多德就是以此种方法解决作为本质的相与个别物的分离问题。因为相不再具有普遍性,而是各个不同范畴中不可再分割的基础,也就是本质。因此,当它与物质结合而生成个别复合物时,作为本质的相也就内在于其中了。陈先生在此强调了柏拉图与亚里士多德的共通点。5 个通属(中文学界一般译为"通种论"。但 γένη 是比 εἶδος 在分类中位于更高的位置。因此依据通行的林奈分类法的中译,译为属,而非种,以避免混淆)的结合(κοινωνία τῶν γενῶν)在水平(horizontale)方向上向下构成诸个别物;而当其余诸相因与这 5 个通属结合而进入垂直(vertikale)分布的万有体系时,则是内在于物之中的。他因此强调,虽然侧重点不同,但柏拉图与亚里士多德在作为本质的相其实并不与物分离这点上是一致的。②

然而,亚里士多德的《范畴篇》虽然主要是在讨论载体与实体,也就是万有分类的基础。但是,由于万有之间的同与异需要"陈述",而借以陈述的工具则是 λόγος。他虽然将 λόγος 理解为定义,并认为只有从 ἄτομον εἶδος 之中才能得到定义,但在陈述(λέγω)的过程中,必然会产生名与实是否相符合的问题。这也正是 Der logosmäßige Chorismos 的由来。专注于分析实在世界(reale Welt)建构模式的哈特曼已经敏锐地察觉到这个问题了,他指出,亚里士多德所谓的范畴,其实不是此一 λόγος 的真实意义:

> 亚里士多德称为诸"范畴"者,与真正的范畴问题很少关联。……严格说来,实体(Substanz)在此一观点中根本不是存有表述(Seinsaussage),而是诸存有表述的一切"从何"(wovon)被构成。③

此一"从何"(wo-von),只能是载体(实体),因为重点不在表述(Aussage),而

---

① Hartmann, op. cit., S. 11.
② Kang Chen, *Chorismos-Problem*, S. 119. 先刚在讨论陈先生对柏拉图相论中的分离问题时,也提到了此一 horizontal-vertikal 的架构。见先刚:《柏拉图理念学说"分离"问题再考察》,载《哲学门》(第三十辑),王博主编,北京:北京大学出版社,2014 年,第 9—26 页。
③ Hartmann. op. cit., S. 7.

是由载体支撑起的诸实体(具体物都是复合而成的,这不仅是从赫拉克利特到亚里士多德的希腊生成论的核心思想,也符合自然界生成的真实过程)。拉丁文 real 一词的字根其实来自 res,意思很明白:因为有东西存在,所以是实在的。用哈特曼自己的话来说就是:

> 在所有下定义之中所处理的绝对只是"在者"之普遍的诸本质载体(Wesenszüge)。在定义中这些本质载体会被"陈述"(ausgesagt)(λέγεται、κατηγορεῖται),但并非被观念(Begriff)所陈述,而是被事物(von der Sache)。①

二　物质、载体与存有

本质(ἐξ οὗ λεγόμεναι)由某物而被陈述出来。此一格言不仅是范畴论的重点,也是亚里士多德形上学的出发点。而在物(res)的构成部分中,物质(ὕλη)自然是必不可少的要素了。陈先生指出:《范畴篇》第 5 章与《物理学以后诸篇》第 7、8、12 卷中所谈的本质论非常不一样,因为前者以个别物为基本本质,种(εἶδος)为次级本质;后者(第 7 卷[Z])却以εἶδος高于个别物,"甚至直接的称埃臆倒斯为基本本质"(*Met.* Ⅶ,1029a29-30)。他认为这一矛盾现象毫无掩饰地呈现在读者面前,却竟无一人认明其重要性,令人惊异。而他认为其原因正在于"物质"观念的引进,并指出"亚里士多德是第一个构成物质概念的人"②。因此,"ὕλη是什么?"当然是亚里士多德形上学和生成论中最核心的问题之一了。它与οὐσία和τὸ τί ἦν εἶναι共同构成形上学的主题。

然而,什么是物质,本身就是一个难题。亚里士多德在《物理学》中曾提出一个简明的定义:

> 我称呼物质是每一个别物之第一个载体(λέγω γὰρ ὕλη

---

① Hartmann, "Aristoteles und das Problem des Begriffs", in *Kleinere Schriften*, Berlin, 1957, Bd. Ⅱ. S.100-129.
② 陈康:《从发生观点研究亚里士多德本质论中的基本本质问题》,载《陈康哲学论文集》,江日新、关子尹合编,桃园:联经出版事业公司,1987 年,第 157—198 页。

τὸ πρῶτον ὑποκείμενον)。从中生成出在其中已有者,而且并非偶然(形成)。(192a31-32)

在《论生灭》(περὶ γενέσεως καὶ φθορᾶς/De Generatione et Corruptione)中也强调了它作为载体的功能,是让生、灭等变化能够形成:

> 物质最重要的意义在于作为载体(ὑποκείμενον)能够接受生成与毁灭。以特定方式也能够接受其他的改变,因为所有载体都应该有能力,去接受诸对立者。(320a2-5)

物质以及σύνολον为何重要?正如前述,陈先生讨论此问题的目的是要避免"真实的重复",以及"第三人论述",相的无穷复制将毁掉相论,因为它自身也会沦为不确定者,一如物。

要避免此一困境,必须肯定相与诸物的性质(Bestimmung)是一致的,陈先生称为"一致命题"(Identitätsthese)(§73. S.130):τὸ εἶδος παρὰ τὰ καθ᾽ ἕκαστα,并指出,παρά一字在此并非指涉分离,而是指另一相异于诸可感物的在者之生成,也就是相。因为在存有层次上与物不同,它也不会进入诸物之中。《巴门尼德篇》中的最重大难题就是:不同存有范畴的对象,如相与物,是如何交互影响?如果不同存有范畴的对象彼此之间不能建立关联,则世界将分崩离析,无法凝结成一个整体(133b8-134e8)。亚里士多德重建相论时,也在这点上遇到了同样的难题。他的解决方法则是引入"物质"(ὕλη)与"普遍复合物"(σύνολον)的观念。其原因在于,这两者都是"载体"。ὕλη在亚里士多德的形上学和生成论中之所以如此重要,与εἶδος同样具有核心的地位,原因就在于它具有载体的功能;而它之所以有此一功能,则在于它并非现实(οὖσα ἐνεργείᾳ),而是潜能(δυνάμει ἐστὶ τόδε τι):

> 所有可感觉实体都有物质。实体是载体,就某种意义而言,就是物质①(我称呼物质是那种,就现实而言,并不存在者,但根据潜能则是某特定物)。②

此处必须特别注意的是,希腊的物质观念与我们现代人理解的物质观,是很

---

① ἐστι δ᾽ οὐσία (τὸ ὑποκείμενον) ἄλλως μὲν ἡ ὕλη. Aristotle, *Met*, H.1, 1042a26-28.
② Aristotle, *Met*, H.1, 1042a26-28.

不一样的。ὕλη其实不能被理解成现代语言,如英文中的 matter,或者德文中的 Stoff。① 在此段文本中,亚里士多德其实已经指出了ὕλη的三种特性:一、它主要是指一种能力;二、它是生与灭的载体;三、既然是载体,它当然也就是实体(ὅ τι δ᾽ἐστιν οὐσία καὶ ἡ ὕλη)(1042a32)。

如前所述,亚里士多德的存有体系的架构与其师柏拉图刚好相反:对柏拉图而言,普遍程度愈大者,愈是具有原则性,如太一(ἕν)与存有(ὄν)。对亚里士多德而言,却刚好相反,普遍性愈高者,愈是空洞,缺乏性质(Bestimmungslos),能作为存有原则(Seinsprinzip)的,只有εἶδος。此处的εἶδος不宜理解为相,而应该理解为与属(γένος)相对的种(εἶδος/species),因为,亚里士多德所真正意指的,其实是ἄτομον εἶδος。哈特曼敏锐地指出,这是继承自柏拉图的二分法(διαίρεσις)(见《智者篇》与《政治家篇》),是διαίρεσις的完成②。如果说柏拉图的διαίρεσις是从普遍(ὄν)分析到具体(ἄτομον εἶδος),并从中抽象出万有(ὄντα)之间最普遍的关系与连结,而归纳成5项通属(μέγιστα ἔνη),因此,κατάβασις只是为了揭示万有的殊相,以弥补巴门尼德未能论证ὄντα的合法性的缺憾;但柏拉图的真实意图还是"向上之路"(ἀνάβασις),寻求那包含万有的最普遍者——太一③。柏拉图二分法的终点却正是亚里士多德的起点。在他的万有体系中,只有εἶδος才是Substanz,其他诸属(genera)都不是(*Met.* K1,1059b37)。为何如此?因为诸属的特性,皆已包含在最底层、最基础的ἄτομον εἶδος之中了,普遍者(τὸ μάλιστα καθόλου)只能作为λόγος,而不再能是相了,因为缺少内涵(Bestimmungen)。否定ἕν、ὄν这类τὸ μάλιστα καθόλου能够是εἶδος,正如陈先生所敏锐察觉的,其实正是亚里士多德重建其相论的出发点。(Kap. XVI. §.62-65. S. 117-121)。

从《范畴篇》这部亚里士多德早期著作就可以明显看出,实体固然是他的形上学中最核心的重点,但由于实在界的万有皆为复合而成,而复合需要多

---

① 但伯尼茨(Hermann Bonitz)在被公认为是德文版标准译本的《形而上学》中,仍将其译为 Stoff。见 *Metaphysik*. Übersetzt von H. Bonitz. Hamburg 1978,1980。
② Hartmann, Zugrunde liegt die Anschauung, daß die Aristotelische Reihe der διαφοραί die Vollendung der Platonischen διαίρεσις ist.
③ 刘康:《柏拉图"未成文学说"与〈巴曼尼得斯〉篇》。

种原因之间的交互作用和影响,因此需要一个载体,以承载这些生灭的发生(κινήσις)①。具有承载能力者,只能是实体。于是,关键问题便是:亚里士多德所认定的实体(οὐσία),究竟是什么? 它是单一的呢? 还是多样?

三 物质:实体或不定的普遍者?

ὕλη一如γένη(复数)那般,是有区分,而非一成不变的。亚里士多德将之区分为最初物质(ἡ πρώτη ὕλη以及最终物质(ἡ ἐσχάτη ὕλη),并将之等同于形式(μορφή);"以及普遍物质(ὕλη ὡς καθόλου):最终物质与形式是一致(ταὐτὸ καὶ ἕν)的,只是一个是根据潜能,另一个是根据现实"②。他为何要区分最初物质与最终物质? 因为亚里士多德是用模拟(Analogie)的方法论述万有的建构(Der Aufbau der realen Welt)。他建构的生成模式很明确:当形式作用在物质上时,就生成一物。于是问题就是,如哈特曼所指出的:物质如何特殊化? 因为,普遍的最初物质无法这么做。可想而知,能够使物质特殊化的,只有相。此一事实已经打破了形式与物质的对立。亚里士多德为何说最终物质与形式一致,而非最初物质? 因为最初物质——如ἕν、ὄν等τὸ μάλιστα καθόλου那般,是没有性质的,在万有分类中,属于最高层级。哈特曼指出:正因为物质受到种(εἶδος)的影响(从潜能到现实的生成过程被启动了),所以在复合物(σύνολον)中的,已不再是纯粹的种与纯粹的物质了③。最终物质之所以能与形式一致(区别只在于前者是潜能,后者是现实),原因正在于它已受到种的驱动(κινέω),不再是无性质的最初物质了,已不再是纯粹物质了(reine Materie)。如前所述,一如εἶδος也不再是纯种(reines εἶδος)了。

博伊姆克(Clemens Baeumker)指出,当亚里士多德使用πρώτη ὕλη(materia prima)一词时,并非用以指涉那些作为变化的载体,而是作为ἐσχάτη ὕλη(materia proxima)的对立物,是指起源性的元素,使得某物可据

---

① 哈特曼指出,κίνησις此字的真义不是"运动",而是"过程"(Prozeß)。Hartmann, op. cit., S. 14. 陈先生在博士论文中也注意到此用法,见 Kang Chen, *Chorismos-Problem*, S. 125。
② Aristotle, *Met*, H. 6, 1045b18.
③ Hartmann, op. cit., S. 8-9.

以生成,是一种已经被塑造的物质(eine schon geformte Materie),如雕像的最终物质是铜,而最初物质是水,因为可熔化的铜来自水(*Met.* V. 4. 1015a7-11)①。从最初物质生成火、风、水、地四大元素,并可再归纳为热/冷、干/湿两组对立物(*de gen et corr*, Ⅱ 3, 330a30-b7)。这四大元素再借由混合(μῖξις)而生成复合物体。物质在此一混合的过程(κινήσις)中,是作为载体而将不同甚至是对立的性质借由交互作用融合成一新的、中立的个别物(*de gen et corr*, Ⅱ.7, 334b2-30)。博伊姆克很深刻地看出,亚里士多德将之模拟于柏拉图生成论中的ἀόριστον,作为"多的原则",而这也正是他之所以在此段文本中会提到"未成文学说"的原因了(*Phys.* Ⅳ.2 209b9-16)②。他因此总结亚里士多德的物质观如下:

> 如前所述,物质是被抛掷于生成与毁灭的诸物体最终共同的、无须生成的基础(Grundlage/载体)。它自身是完全无性质的,而仅只是潜能。它只能借由形式而拥有所有的性质与现实。③

斯滕泽尔(Julius Stenzel)则是从实存世界建构的逻辑的角度,对ὕλη的功能与地位提出一种全新的解释。他将ὕλη模拟于γένος,因为最初物质也是最普遍者,因此它会像诸γένη之中ἕν、ὄν等一样,本身是没有性质、也无形式的。因此,他不认为质料可以是一种原则(Stoffprinzip),而只能是位于更高阶层的诸属的非自立的普遍性:

> 我们必须避免将它(亚里士多德的ὕλη)解读为质料(Stoff),这是19世纪通俗哲学留给一般思想的影响,当代的物理学和哲学已不再这么讲:柏拉图在《智者篇》246a 将可触及的物质描述成前科学的虚构。亚里士多德的物质与柏拉图的物质,具有 Atomon Eidos 与世界整体同样的关系;它是延展(Entfaltung)的前提,只是并非空间的,而是被塑造的空间性(的前提)。物体的关联性(Leibbezogenheit),简言之即是那些必须汇集

---

① Baeumker, *Das Problem der Materie in der Griechischen Philosophie*, Münster 1890, S. 241. 作者博伊姆克是德国19世纪著名的希腊哲学学者。此书则是笔者所见讨论希腊物质观最全面、也最深入的一部经典名作。"物质"虽然的确是希腊哲学中十分重要的观念,但对于它提出系统性探讨的专著却不多,越是现代则尤其愈少。这是很奇怪的。或许现代学者更喜欢一些"新"的题材吧。
② Baeumker, op. cit., S. 238.
③ Ibid., S. 240-241.

于观念者的总和,如此方能称得上是完整且清晰的呈现此一形式。①

哈特曼形容斯滕泽尔的这种论证,即,物质只不过是 Eidos 的非自立的元素,且消失于 Eidos 的建构之中,这种论点推翻了传统对于亚里士多德形式-物质二元论的解释。他自己虽也引用了此一理论架构,但也指出了其缺失:此一学说与σύνολον作为由物质与形式合成的实体如何协调一致?②

斯滕泽尔理论的出发点很明显是模拟。因最初物质具有普遍性,所以可以被种改变成特殊物质,以形成个别物。可以模拟于形式中的属,因其具有普遍性,所以不再是实体。但否定ὕλη是本质,其实抵触了亚里士多德自己的看法。他明确指出本质有三(οὐσία δὲ τρεῖς):物质(ὕλη)、自然(φύσις)与从这两者生成的个别物(ἡ ἐκ τούτων ἡ καθ᾿ ἕκαστα),如苏格拉底或卡利阿斯(Met. XⅡ,1070a9-13)。陈先生则进一步说明,自然即指相;"从这两者生成者"为复合物,是为本质三重说③。此矛盾何解? 一个可能的解释则是斯滕泽尔所指的物质是ἡ πρώτη ὕλη,而非ἡ ἐσχάτη ὕλη。物质本身(ὕλη ὡς καθόλου)不会生灭,所谓最初或最终,是就观察其与种结合(σύνδεσμος)而启动生成的过程(κίνησις)而言。正如前述,εἶδος与ὕλη虽然都是载体,但两者一旦相遇、交互作用后,结合于另一新的载体:σύνολον,在其中,种与物质都已不再是原先纯粹的种与物质了,因为都已置身于生成过程,而形成新的(个别)复合物了。

斯滕泽尔的思路是颇有启发性的。万有的生成与毁灭既然都是分与合的过程,都是复合(结合:σύν-)的模式,种与物质的结合,形成一个在实在界中更高一级的复合物(因为比ἄτομον εἶδος复杂)。而这一新形成的复合物,再与不同的物质结合——普遍物质固然到处都一样,并无区别,但与种结合后进入生成过程后的物质,就有区别了,个别物的特殊性也由此而生——形成更高一级的、新的复合物,如此层层相迭而上,以达到最高层的普遍性:μάλιστα καθόλου。哈特曼已经指出,柏拉图学派学者一个主要失误就在于,他们除了种(species)之外,也将诸属(genera)视为诸相。如果这能成立的

---

① Stenzel, *Zahl und Gestalt bei Platon und Aristoteles*, Leipzig u. Berlin, 1924, S.131-132.
② Hartmann, op. cit., S.13.
③ 陈康:《发生观点研究亚里士多德本质论中的基本本质问题》。

话，特殊的诸相也都是由其他许多相结合而成的了。但是，作为种的意义上的相不可以是复合的，因为ἄτομον εἶδος是独一无二的。哈特曼在此用分有（Teilhabe）来描述诸相之间的关系，可能有误。因为在《智者篇》中，柏拉图用的是结合（συμπλοκή τῶν εἰδῶν），而非分有（μετέξις）①。两者的区别在于，分有预设了不同的存有层次，而结合意指发生于相同的存有层次：相如果要分有其他诸相才能成立的话，就失去独立的实体性，而只能是属性了，这会摧毁相论。

但他指出的层层相迭模式，则的确是亚里士多德建构的实在世界的模式。他指出，柏拉图与亚里士多德真正的主要差异，其实不在于分离问题，因为两者都反对它；而在于亚里士多德并不将属（genus）与种（species）视为逻辑上的上下观念，而是在者的本质规定中的普遍者的存有层次上的层层相迭（ontische Staffelung des Allgemeinen in der Wesensbestimmtheit des Seienden）②。此一 Staffelung 会令人即刻联想到图宾根学派学者讨论"未成文学说"中的"不定的二"（ἀόριστος δυάς）与理型数（Idealzahlenlehre）时，常用的一个关键词：积累（Aggregation），以表述万有的建构模式③。

但亚里士多德的独特之处在于，他虽然将此一 Staffelung des Allgemeinen 引入种，但他却并不承认诸属相对于种能具有自立性。而自立性（αὐτάρκεια）之所以重要，正如陈先生论文的结论，解决分离问题的根本，在于自立性（§105）。亚里士多德的 Staffelung 是以εἶδος为ὑποκείμενον向上推迭，但柏拉图的 Aggregation 是诸相的结合（借由那5项通属），以构成万有。由于柏拉图是从普遍出发，但亚里士多德却是从个别具体物出发，因此他们的模式虽然相近，但亚里士多德却批评这种相的建构模式，如哈特曼所指出的那般，并未触及真实的在者（das eigentliche ὄντως ὄν）。因为这在柏拉图看来，是ἕν；在亚里士多德看来，则是ἄτομον εἶδος④。这点，的确才是师徒二人最主要的差别，而非 Chorismos。但 Chorismos problem 既然是从生成论中

---

① Hartmann. op. cit., S. 21.
② Ibid., S. 22.
③ Krämer, Ibid. Hösler, *Wahrheit und Geschichte*. Stuttgart-Bad Cannstatt 1984. 笔者在前引文中亦有讨论此问题，可参看。
④ Hartmann. op. cit., S. 23-24.

引发的,要阐明此问题,就必须回溯到其最基础的根源,也就是本文所处理的三个关键词:究竟什么才是实体、载体与物质。

四 σύνολον与γένεσις εις ουσίαν

在讨论完εἶδος与ὕλη这两项实体之后,现在我们可以回到本文的主题,也就是第 3 项实体:普遍复合物(σύνολον)。陈先生指出此一概念的标准出处:

> 人、马以及其他同样驾乎个体之上的、共同的用于叙述各类的个体,但其自身并非本质,乃是此一定义(按即相)和这普遍的质料的合成。苏格拉底已是一个个体了,但他则由于当前的质料,同样解释适用于其他个体。①

同时,他指出本段讨论的重点其实是个别与普遍、相与质料之间的关系:第一,亚里士多德一方面讲出个体;一方面讲出普遍的人;第二,个别的人,是人之相与当前的血、肉、筋、骨所构成,普遍的人的质料则是普遍的感性质料;第三,普遍的人因此不是相,因为相中不含有感性质料;第四,因为构成它的质料是普遍的,而非当前的感性质料,所以它不是个体;第五,它是和这些性质不同的另一存有(Seiendes),它是普遍的复合物②。并且,陈先生指出,此一概念其实与亚里士多德思想体系格格不入:亚里士多德在 Z 卷第 10 章明白讲普遍的复合物不是本质(1035b28-29);但到了 H 卷第二章里,却被肯定为本质了:"还有些人将它们合并起来,讲出了第三种即复合的本质。"(1043a18-19)进一步地,他指出此一转变的真正原因:

> 在那里亚里士多德不再认为相和质料是两个不同种类的存有(Zwei verschiedenartiges Seiendes);而认它们为同一存有的两个不同存有样式(Zwei verschiedene Seinsmodi desselben Seiendes)。……同一存有的内容,

---

① Aristotle, *Met*, Z. 10. 1035b27-31.
② 陈康:《亚里士多德哲学中一个为人忽视了的重要概念》;亦见 Kang Chen, *Chorismos-Problem*, S. 132. 这是陈先生自己的译文。

在潜能的存有样式里是质料，它是本质；在现实的存有样式里是相，它也是本质。普遍的复合物非它，即是同一内容在两个不同的存有样式里，这同一内容即是本质，因此亚里士多德无理由再否定普遍的复合物为本质了。①

如前所述，σύνολον在亚里士多德的生成论（γένεσις εἰς οὐσίαν）中的重要性，即在于它是一个载体，而此一载体既可以指个别物，也可以指全体——不是指普遍物，因它们不能是实体；而是指由所有个别物以及性质（Bestimmungen）"团结"的问题②。

一个值得思考的问题则是：既然物质已然是载体，为何在这两者之外还需要另一个σύνολον作为另一个载体？原因在于，当种作用于本身无性质的物质之上后，生成过程启动，两者都发生了改变（κινέω），原来的种与物质都已不再是纯粹的了。因此，需要另一个载体，将两者"团结"（σύνδεσμος）起来，如前引哈特曼所论。他继而提出一个问题：如果种与物质是异质的话，物质如何能分有种？他认为解决方法只有一个：放弃物质原则的自立性方能克服整个形上学的二元论。他指出，柏拉图在《蒂迈欧篇》中就是这样设想的：空间（χώρα）取代物质的地位，而它自身就是一个相③。柏拉图所建构的实在界，是一个诸相的宇宙，时间与空间也都是相，并无例外（时间作为相，请见《巴门尼德篇》后半段"辩证法练习"中的讨论）。

种的特性在于它是每一个特定范畴内二分到不可再分的最小元素，因此是独一无二的。物质的特性则刚好相反：它的特性就是没有特性。它本身是最普遍的，因而可以接受（团结）从最低的种到最高级的ἕν、ὄν与所有的万有。种和物质的区别，绝对不在于近代哲学中所谈的唯心与唯物的区别，而在于个别（特殊）与全体（普遍）之间的区别。如果用近代唯物论的思想模式来理解亚里士多德的ὕλν，是将 Matter/Stoff 误解为ὕλν，也将误解他的形上学和生成论中最核心的观念了。种与物质都是实体，因此种既可以驱动物质，

---

① 陈康：《亚里士多德哲学中一个为人忽视了的重要概念》。
② 陈康：《性质团结问题与本质概念》，载《陈康哲学论文集》，江日新、关子尹合编，桃园：联经出版事业公司，1987 年，第 281—301 页。
③ Kang Chen, *Chorismos-Problem*, S. 9.

启动生成过程,物质也可接受此一驱动,创生新的诸个体。

另一个值得注意的问题是,陈先生将σύνολον译为Universales Konkretum时,此一"普遍的"是他自己加上去的,原文并无καθόλον,这是他自己的诠释。为何他要加上此一诠释?因为个别物其实也是复合物,万有的生灭模式都一样,都是分(διαίρεσις)与合(σύν-ὅλον)。亚里士多德在解释万有生成时,使用的思维与建构模式和他老师柏拉图是一样的。陈先生指出,亚里士多德区分两种基体(ὑποκείμενον/Substratum):一种是偶性的托子;一种是本性(本质、实体)的托子(即载体)。偶性的托子是个体;本性的托子是物质①。笔者却是倾向于认为基体的两种类型是个别与普遍复合物。"复合"(团结)既是万有生成的普遍模式,则从最底层到最高层的存有皆依循此模式。种与当前质料结合者,为个别物,与普遍质料结合者——当然是借由"层层相迭"(Staffelung)的模式——而构成存在于实体界的每一层存有物。每一层、一如每一物那般,皆有其载体(σύνολον),并且成为更高层级的基础:普遍性愈高的层级,包含愈多的种与物质,而最终形式(μορφή/Form)的生成,则仍是依靠σύνολον的"团结"之功。

因此,σύνολον在亚里士多德生成论中的地位可以模拟于柏拉图体系中的ὄν;εἶδος相当于小一(ἕν/Monade);ὕλη相当于不定的二(ἀόριστος δυάς);诸个别物相当于ὄντα;普遍复合物则相当于ὄν;ὄν就其形式来看是一(ἕν),就其内涵来看则是多(πόλλα)。此项多的特质是εἶδος和ὕλη所赋予的;而使它成为一物者,则是其载体:σύνολον。对个别物如此,对一切万有也皆如此。亚里士多德就是借由此模式建构他自己的相论与生成论,并解决分离与真实重复等问题。如前所述,他的思维模式和他老师其实是一样的,只是生成的方向不一样。这也是陈康先生的结论。

(本文承中国人民大学历史研究所一年级石烁先生协助输入计算机,才得以按时完成,谨此致谢!)

---

① 陈康:《性质团结问题与本质概念》。

The Role and Function of "The Universal Concretum" in the Aristotle's Theory of Genesis

Liu Kang

Professor Chen Chun-Hwan has discussed the role and function of "The Universal Concretum" in his dissertation: The Separation-Problem by Aristotle. This is an important, but usually neglected problem in the Aristotle's Theory of Genesis. The cause for such a neglect stands on the fact that the scholars take the point view of "system" rather than that of "genesis" in their research. His reception of the "genesis" point of view is certainly under the effect of his teacher, Nicolai Hartmann. Its importance lies in that, it is a solution for the problem of chorismos. Chorismos leads to the aporia of the repeat of reality, which Plato already showed by "The Third Man Argument" in the Parmenides.

The Universal Concretum functions in the process of genesis as a neutral bearer for substance and matter, in order that the process can happen. Since Aristotle takes the substance of things as inner but not outer (chorismos) of them, the process of genesis is made of combination of substance and matter. In this case, a bearer (substratum) is needed for them, so that the genesis can take place.

Aristotle's Theory of Genesis therefore has a structure of aggregation. It starts from the lowest, atomon Eidon, as species, by aggregation of matter upon a bearer (concretum), upward to the next higher level, which is genus. Then such genus functions as the species for the higher class of things, then the process goes further, until that all beings can be created by the same mode. "The Universal Concretum" serves as an inevitable bearer for substance and matter, species and genus in structure of aggregation, so that the process of genesis can begin.

Keywords: Aristotle, The Universal Concretum, Separation (Chorismos)-Problem, Substance, Matter, Substratum, Species, Genus, Aggregation, Nicolai Hartmann

一种"前理论的"实践概念如何可能?*
——论海德格尔对实践概念的存在论化

王宏健**

提　要：要想理解《存在与时间》等海德格尔核心文本中所提出的"理论与实践的原初统一性"，必须首先回到亚里士多德关于人类活动的三分法之上。一方面，理论与制作性实践之间具有某种连贯性和统一性；另一方面，本真的人生实践又有别于非本真的日常性制作实践，这体现了实践的二重性。实践的二重性，建基于对实践概念的存在论化，并非对应于不同的活动类型和课题域，毋宁说，它揭示了两种理解实践的方式："理论—制作"的方式与前理论、合乎生活实践本身的方式。因此，海德格尔从"理论"到"实践"的道路转换，并不是在传统的理论与实践二分框架内的跳跃，而是首先看到这一框架本身的统一性，然后尝试跃出这一框架。在这个意义上，一种真正"前理论"的实践概念才是可能的。

关键词：实践　存在论化　前理论　形式显示

在为"实践"词条所写作的文章中，阿尔弗雷德·施密特（Alfred Schmidt）

---

*　本文属国家建设高水平大学公派研究生项目（201306260128）的阶段性成果。
**　王宏健，1989年生，弗莱堡大学哲学系博士研究生。

这样写道:"[实践]概念可算是当代哲学思考中最重要且最富争议的范畴之一。"①一方面,实践概念在使用上具有不同的层次。在最广泛的含义上,实践可以通过"拟人论"的方式用于一切事物②。其次,它指的是一般的人类活动。而狭义的"实践"又特指人与人之间的交往以及人在共同体中的活动。③另一方面,"实践"概念的混乱状况又与"理论—实践"这一思维框架及对其的不同理解关联甚深。一般而言,我们往往将"实践"看作理论的具体应用,从而理论与实践乃是知和行的关系。然而,诚如伽达默尔所指出,理论和实践之间的"古典对立最终是知与知之间的对立,而非知识与其应用之间的对立"④。伽达默尔的这一见解也很可能来自他的老师海德格尔,因为后者在《存在与时间》中业已指出,实践也有它特有的"知":

> 实践的活动并非在盲然无视的意义上是"非理论的",它同理论活动的差别也不仅仅在于这里是考察而那里是行动,或者行动为了不至耽于盲目而要运用理论知识。其实,行动源始地有它自己的视,考察也同样源始地是一种操劳。⑤

海德格尔的这一具有启发性的解说,显然归功于他对古希腊思想的深入体察。而如果我们遵循海德格尔的指示,则首先需要回到思想的最初源头,去挖掘"实践"一词的"前哲学"含义。在希腊语中,实践(presso, pratto)源于"界限"(peras)一词,后者的意思是"超出、在另一边"。荷马首先使用了prassein,其意义是"行动、执行"。⑥ 值得指出的是,在前哲学的含义上,实践概念并没有任何道德和价值的意味;并且,传统哲学中实践与理论的二分法也尚

---

① A. Schmidt, "Praxis", in H. Krings /H. M. Baumgartner /C. Wild (ed.), *Handbuch Philosophischer Grundbegriffe*. Studienausgabe. Bd. 4, München 1973, pp.1107-1138, hier: p.1111.
② 在亚里士多德对"实践"一词的使用上,除了人以外,他将这一概念同样赋予神、宇宙、植物、动物乃至共同体:这体现了一种典型的"拟人论"(Anthropomorphie),亦即根据人的形象对世界的直观和塑造。参见 J. Ritter / K. Gründer (ed.), *Historisches Wörterbuch der Philosophie*. Bd. 7, Darmstadt 1989, p.1278。
③ 关于"实践"概念的三个层次,参见 Ibid. p.1284。
④ H.-G. Gadamer, "Hermeneutik als praktische Philosophie", in *Vernunft im Zeitalter der Wissenschaft*, Frankfurt/M. 1976, pp.78-109, hier: p.80.
⑤ 海德格尔:《存在与时间》,陈嘉映等译,北京:三联书店,2006 年,第 82 页。
⑥ 参见 Ritter/ Gründer(ed.), *Historisches Wörterbuch der Philosophie*. Bd. 7, p.1277。

未确立①。在此基础上,海德格尔提出了理论与实践的原初统一性。那么,这种原初统一性究竟意味着什么?

一 海德格尔对"理论—实践"之二分法的拒绝

海德格尔对"理论—实践"之二分法这一框架的反对,可以追溯至他1919年战时紧迫学期的弗莱堡讲课②,在这门课程中,海德格尔对"理论之物的支配地位"作了严厉而深刻的批判。但是,紧接着这一批判,海德格尔又急忙指出:

> 理论的东西的这种统治地位必须被打破,但并不是为了宣告实践的东西的优先性,也不是为了带来某个不同的东西,以便从一个新的方面显示难题,而是为了把理论的东西本身引回到一个前理论的东西之中。③

这段经常被引用的话之所以重要,不仅仅是因为在此之中,海德格尔提出了"前理论的东西"这个关键词,以及它与"理论的东西"的还原关系;这同时也是因为,海德格尔给了注重实践的阐释者以一个沉痛的打击:他对理论的反对,并不是对单纯实践的强调,毋宁说,海德格尔旨在从根本上拒绝"理论—实践"的二分法这一整体框架。④ 这一点一直到《存在与时间》中仍未改

---

① 这一框架的正式出现,被认为是属于亚里士多德的贡献。尽管在柏拉图那里,理论与实践的区分业已显现,他区分了"行动的(handelnd)科学"与"洞察的(einsehend)科学"。然而,也有学者指出,柏拉图和苏格拉底的思想努力恰恰在于阻止理论和实践的区分,参见 R. Elm, "Ethos, Vernunft und Freiheit. Zum Zusammenhang von praktischer und theoretischer Lebensform in der klassischen griechischen Philosophie", in R. Elm(ed.), *Vernunft und Freiheit in der Kultur Europas. Ursprünge*, *Wandel*, *Herausforderungen*, Freiburg 2006, pp.16-77, hier: pp.22-62。
② 事实上,我们甚至可以将其追溯至海德格尔的教职论文,特别是在出版时补充的一部分,亦即最后一章。"在活生生的精神和其与形而上学的'起源'之关系的概念中,一种洞见得以开启,我们可以借此去洞见精神的形而上的基本结构,在这种基本结构中,行为活动的独特性和个体性与那种普遍有效性、亦即意义的自在之持存被统合到一种活生生的统一性中去了。" M. Heidegger, *Frühe Schriften*, Frankfurt/M. 1978, p.410. 这里的"活生生的统一性",亦可视作理论与实践之源初统一性。
③ M. Heidegger, *Zur Bestimmung der Philosophie*, Frankfurt/M. 1999, p.59.
④ 值得指出的是,在此海德格尔讨论的对象主要限于心理学领域。这一领域的选择也有特殊含义。我们知道,李凯尔特区分了自然科学和文化科学。前者是"总体化的,鉴于普遍之物,鉴于最终的、最普遍的特性来考察经验现实",而文化科学则是"个体化的,鉴于个体性、独一性和一次性来考察经验事实"。(Ibid, p.30.) 而心理学虽然被李凯尔特划分在自然科学领域,但却同时具有文化科学的特征。海德格尔对这一领域的选择,在某种程度上构成了对李凯尔特的学科划分的批评。

变。在这部著作中,海德格尔尽管多次提到理论与实践的关系,但都只是顺手批判一下,并没有进行详尽的分析。我们可以举出以下三段话,足以概括出海德格尔对这一问题的总体态度:

> 当人们"首先"局限于"理论主体",过后再补上一部"伦理学","按其实践方面"来补全这个主体,课题的对象就被人为地教条地割裂了。①
>
> [操心]这一现象绝非表达"实践"行为先于理论行为的优先地位。通过纯粹直观来规定现成事物,这种活动比起一项"政治活动"或休息消遣,其所具有的操心的性质并不更少。②
>
> 操心作为有所操劳的操持却至为原始、至为整全地包罗着此在的存在,乃至若要区分理论行为和实践行为,总先就得把操心设为前提,而并非由这两种职能才始得合建起操心来。③

以上三段表述,虽然指向上有所不同,但分别批判了"理论"的优先性、"实践"的优先性和理论与实践的结合,可以说,海德格尔已经把这一框架之内的一切可能性都穷尽了。这也意味着,海德格尔认为,理论与实践之二分法,非但无助于我们对事情本身的理解,反倒是阻碍了这样的理解。

然而,单纯以作为操心的此在的原始性来消解这一区分,显得力道不足,诚如伏尔皮(Franco Volpi)在他的阐释中所质疑的那样:"海德格尔声明,操心先于任何一种理论和实践的区分……但是,他认为有必要作出这一声明,这个事实已经表明,在操心与亚里士多德的欲求概念之间确实存在着某种论题上的亲缘,正因如此,才有必要在两者之间作出界定。"④同样,阐释者们完全可以将作为"操心"的此在理解为另一种意义上的"实践"⑤。在此,问题的关

---

① 海德格尔:《存在与时间》,第 360 页。
② 同上书,第 223 页。
③ 同上书,第 343 页。
④ F. Volpi, "Sein und Zeit: Homologien zur Nikomachischen Ethik?", in *Philosophisches Jahrbuch*. Bd. 96, München 1989, pp. 225-240, hier: p. 237.
⑤ 例如希特(Sitter)通过对"共在之操持"的分析,试图从海德格尔《存在与时间》关于"共在"的思想中推演出伦理学理论。操持乃是操心的一种具体形态,当涉及共同世界时,操心就体现为操持。希特的解读虽然是针对操持的,但这种解读预设了,可以对操心(Sorge)本身作实践哲学向度上的解读。参见 B. Sitter, *Dasein und Ethik. Zu einer ethischen Theorie der Eksistenz*, Freiburg/ München 1975, pp. 153-173。

键在于:海德格尔所否认的"实践"到底是何种意义上的实践？事实上,海德格尔否认的是理论性的实践,相反,对于"非理论"或者"前理论"的实践,海德格尔当然是不会排斥的。那么,"非理论"的实践究竟能否称之为"实践",或者必须像海德格尔那样称之为"操心",甚至像后期海德格尔那样称之为"居留之所"(ethos,Aufenthalt)？要回答这一问题,就必须更进一步考察实践概念及其不同样式,并且将其置于和理论的对照之中。

二 理论与实践关系上的"结合论"与"派生论"：以普劳斯与盖特曼的研究为例

值得指出的是,以理论和实践的关系为线索去考察海德格尔的思想,是海德格尔研究中的一条重要路径。例如,德国学者普劳斯(Gerold Prauss)在其研究著作中提出了以下问题:究竟海德格尔在《存在与时间》中的工作,是强调实践的优先性,还是要从根本上取消理论与实践的对立？[①] 而这一问题又被图根哈特(Ernst Tugendhat)重新表述,他指出,对海德格尔的解读可以依靠两个不同层次的论题,并分别被称为"较弱的论题"和"较强的论题":

> 在眼下的关联中,所谓"较弱的论题"指的是,存在之意义是不同的,在理论上,存在是有待发现的存在,而在实践上——在先前描述的意义上——存在则是有待实行的存在。而"较强的论题"指的是,存在作为现成存在不但不是存在的唯一意义,毋宁说,这种存在意义相对于"去存在"是派生的。[②]

图根哈特将问题的重点集中于"存在",并且将理论与实践解读为两种存在方式,它们分别对应于现成存在(Vorhandensein)与此在(Dasein)亦即"去存在"。"较弱的论题"将理论和实践作为理解存在的两个并行不悖的视角,且提倡把两个视角结合起来;而"较强的论题"则更为彻底,它认为理论是实践的一种派生样式,亦即实践相对于理论具有一种优先性。值得指出的是,两

---

① G. Prauss, *Erkennen und Handeln in Heideggers "Sein und Zeit"*, Freiburg/München 1977, pp.9-10.
② E. Tugendhat, *Selbstbewußtsein und Selbstbestimmung. Sprachanalytische Interpretationen*. Frankfurt/M. 1979, p.181.

个论题之间并非矛盾,而只是程度上的不同。两者的共同点在于:无论是"较弱的论题"还是"较强的论题",海德格尔都已经站在传统论题的对立面上;传统哲学主张理论对于实践的优先性,并且将现成存在(Vorhandensein)作为"存在"的唯一的或基本的含义。但是,究竟海德格尔持理论和实践的结合论还是派生论,仍然是学界的一个争论焦点。下面,我们试图以盖特曼和普劳斯的研究为例澄清这一问题。

盖特曼(Carl Friedrich Gethmann)将海德格尔的哲学解读为实用主义:"《存在与时间》中的哲学乃是在德语圈内最早的对某种连贯的实用主义的构造。"①海德格尔的"实用主义",首先体现在他对交道(Umgang)及其环视(Umsicht)的强调上。在盖特曼的解读中,"交道—环视"这一模式取代了原有的理论—实践模式(或知识—行动模式)。他认为,"环视与认识有所区别,它不在于真理,而在于合目的性,后者定位于成功的范畴"。因此,环视不是某种专题化的、反思性的认识,而是"某种自身并非主题化的实行"②。其次,交道与环视总是结合在一起的,相反,理论和实践则往往相互分离,因为理论被刻画为"无环视的单纯观审",而单纯的实践则被刻画为盲目的行动。在揭示了"环视"(与行动紧密相关)和认识的差异之后,盖特曼进一步探讨了两者之间的还原关系。这体现在解释和命题的派生关系以及科学知识的存在论起源之上。理论认识乃是对行动的截断,因此是从某一个特定的角度将行动加以固定,在这个意义上,理论是某种专题化、客观化和某种特殊的"当下化",它发源于"本真的生存",亦即某种实践性的观看。

这种实用主义的解读,聚焦于揭示实践和理论之间的差异性和亲缘性,其核心在于将理论的生活基础和经验基础揭示出来。而对于理论与实践的关系(是"派生论"还是"结合论"),恐怕盖特曼将会作如下解答:如果在传统的意义上理解理论和实践(一个是看,一个是做),那么,需要强调的是理论和实践的统一性(结合论)。如果在海德格尔的意义上使用"实践"一词,实践作为环视和交道的统一体本身就已经是"看"和"做"的统一,那么则需要强调实

---

① C. F. Gethmann, *Erkennen und Handeln. Heidegger im phänomenologischen Kontext*, Berlin/New York 1993, p. 285.
② Ibid, p. 289.

践相对于理论的优先性(派生论)。

而对于普劳斯而言,"实践的优先性"(派生论)与理论和实践的不可分离(结合论),这两者并无矛盾,反而是紧密相关的。① 他首先指出,在海德格尔对理论和实践的处理中有两个困难:第一,实践等于交道,而此处的交道并不是一种盲目的交道,而是拥有某种环视(Umsicht)的交道,后者则是一种理论和认识——亦即关于实践的理论,这就意味着,实践无法脱离理论。第二,认识也绝不是完全理论的、纯粹观看的,而是"本身就拥有某种实践性的投入",在这个意义上,"理论本身即是实践的"。②恰恰是基于以上两个困难,海德格尔对理论—实践二分法的处理必然陷入困境,而这恰恰导致他能够脱离传统语境,以全新的视角看待两者的关系。与盖特曼将"环视"看作某种有别于理论、而是附属于实践的做法有所不同,普劳斯试图指出,"环视"实与理论难以割舍。这其中一个重要标志就在于,"环视"是可错的,与此相应,"操劳"常常体现为一种"受阻的"实践,尽管它以"不受阻"为目标。③ 我们知道,真假(对错)是属于理论认识的,并且,理论以真理为目标。在这个意义上,以"不受阻"为目标的操劳类似于以真理为目标的理论。

基于此,普劳斯指出了行动与认识的统一模式。"操劳"不等同于单纯的行动,而是体现为两个视角:作为行动的操劳和作为认识的操劳。行动以成功为目标,其结果是成功或失败;与此相应,认识以真理为目标,而其结果体现为真或假。普劳斯将"真"解释为认识上的成功——相应的,假乃是认识上的失败——这其实是在认识和行动之间搭起了桥梁。如果说"实用主义"的解读在于,将认识还原到行动上;普劳斯则看得更远,他看到了认识与行动的统一模式:

> 从这一意想不到的洞见,到对其操劳理论的自我批判和彻底化,海德格尔在怀疑之中走向了以下观点:主体的主体性通过某种相同的理论超越了一切近代以来所提供的东西:认识(而不只是行动)无非是作为某

---

① G. Prauss, *Erkennen und Handeln in Heideggers "Sein und Zeit"*, p.45.
② G. Prauss, "Heidegger und die praktische Philosophie", in O. Pöggeler / A. Gethmann-Siefert(ed.), *Heidegger und die praktische Philosophie*, Frankfurt/M. 1988, pp.177-190, hier: p.179.
③ Ibid, p.182.

个主体的人生此在的成功意向。①

从上述引文我们可以看到,普劳斯的视域已经延伸到海德格尔在30年代所关注的问题,亦即主体性问题;通过揭示从笛卡尔到尼采的主体性概念的演变(这体现为从认识的主体性过渡到了意志的主体性——后者与行动的主体性密不可分),海德格尔将西方形而上学的发展概括为主体性哲学的极端化。如此看来,普劳斯是正确的:与其说海德格尔将认识还原到行动,不如说他将认识扩展到行动上,而后者则体现了主体性的一种极端化和彻底化。

对比盖特曼和普劳斯的观点,可以发现:其共同之处就在于,他们都试图打通"结合论"和"派生论"的壁垒。然而,由于他们沉浸于解决两种论点之间的表面矛盾,以至于遗忘了一个重要区分——亦即行动本身的不同种类的区分,后者体现在亚里士多德那里对制作和(狭义的)实践的区分之中。在笔者看来,这一区分对于理解海德格尔是决定性的。用海德格尔的话来说,他们过于看重现成状态(Vorhandenheit)和上手状态(Zuhandenheit)的区分,而却忽视了上手状态和此在(Dasein)的区分。例如对于普劳斯而言,他在论证中的一条重要证据就在于,"环视"是可错的,因此他将其与认识结合在一起。然而,当我们对海德格尔的亚里士多德解读有所了解时,我们就会发现,事实上,techne[技艺]是可错的,而phronesis[明智、实践智慧]则是不可错的②,后者则对应于"此在"。也就是说,普劳斯的证据只能证明制作性实践与理论的统一性,而却没有考虑在不同的实践概念之间也存在着区分。那么,究竟海德格尔的实践概念有哪些不同层面? 为此,我们则需首先考察亚里士多德关于人类活动的三分法,因为后者是海德格尔实践理论的重要哲学史资源。

三 理论、制作与实践:亚里士多德的三分法

与我们所熟悉的理论和实践的"二分法"有所不同,亚里士多德的实践理论建立在一种"三分法"的基础之上,亦即对实践、理论与制作活动的区分。

---

① G. Prauss, "Heidegger und die praktische Philosophie", in O. Pöggeler / A. Gethmann-Siefert(ed.), *Heidegger und die praktische Philosophie*, Frankfurt/M. 1988, pp.177-190, hier: p.183.

② M. Heidegger, *Platon. Sophistes*, Frankfurt/M. 1992, pp.53-55.

可以说，这一"既全面又封闭"的区分框架决定了整个西方思想对该问题的思考走向，此后的思考都是对这一模式的延伸或简化。① 值得指出的是，亚里士多德在对这一"三分法"的阐述和展开中，并没有追求一种单一的抽象化，而是指出了其中所包含的多重标准。

首先，按照与活动相应的对象领域的不同，亚里士多德区分了理论和其他两种活动。理论的对象是永恒不变的存在者、"具有神性"的存在者，而实践和制作的对象则是可变的、与人相关的存在者。在此基础之上，亚里士多德进一步认为，理论活动要高于另两种活动。② 对于希腊人而言，永恒不变的存在者就其存在性而言高于可变的存在者，因此，亚里士多德将幸福（作为符合德性的实现活动以及人类活动的最高目的）指派给了沉思，后者是最高等的一种实现活动，是连续持久的、最令人愉悦的、最自足的、包含着闲暇的，并且是因其自身之故而被人们喜爱的活动。③ 而对此相对，"合于其它德性（除了 nous 以外）的生活只是第二好的。因为，这些德性的实现活动都是人的实现活动"④。在这个意义上，亚里士多德认为，理论才是最高的、真正的实践。⑤ 其次，亚里士多德又指出了另一重区分标准。按照目的在于自身之内与否，他区分了制作和其它两种活动（包括理论和实践）。由于我们最容易混淆实践和制作，因此，他特别分析了制作和实践的不同。在《尼各马可伦理学》开篇之处，亚里士多德就业已区分了不同的"目的"：它有时是实现活动本身，有时是活动以外的作品。⑥ 制作乃是以作品为目的，作品是活动的终结，但又脱离了活动本身；而实践指的是以自身为目的的活动。在这个意义上，亚里士多德宣称："制作和实践在本原（始因）上有所不同。"⑦ 而这一区分最终又体现在《形而上学》第 9 卷亚里士多德对"实现活动"的讨论中：

---

① 参见 Ritter/ Gründer(ed.)，*Historisches Wörterbuch der Philosophie*，Bd. 7，p.1281。
② 参见亚里士多德：《尼各马可伦理学》，廖申白译，北京：商务印书馆，2009 年，第 6 卷第 4 章，1140a；第 6 卷第 7 章，1141b 以下。
③ 同上书，第 10 卷第 7 章，1177a15 以下。
④ 同上书，第 10 卷第 8 章，1178a5。
⑤ 亚里士多德认为，理论也是一种实践形式，此外，理论才是更高级的实践。参见 Ritter/ Gründer (ed.)，*Historisches Wörterbuch der Philosophie*，Bd. 7，p.1283。
⑥ 亚里士多德：《尼各马可伦理学》，第 1 卷第 1 章，1094a5。
⑦ 同上书，第 6 卷第 5 章，1140b5。

> 实践是包括了完成目的在内的活动。例如：在同时我们看着也见到了，求知也懂得了，思索也想到了。至于学习同时就说是已学会了，治病同时就说病好了，那是错误的。……对于这些过程，我们必须分别称其一部分为动变，另一部分为实现。因为每种动变——减肥、学习、步行、建筑——并未达到终极……但是，看与见、想与想到，恰是相同的。①

在这段论述中，亚里士多德所举的例子，看、考虑、思考，以今天的视角看来，都属于理论活动，但他却称之为"实践"，这也是"理论是最高的实践"这一论断的证据。此外，有些活动可以算是动变，也可以算是实现活动。比如"步行"，如果是以某个地点为朝向的步行，则属于"动变"；如果是无目的的散步，那么这种"步行"是以自身为目的的。如果将此类比于"生活"，而又将生活认定为实践活动，那么，生活则需以本身为目的。同时，从亚里士多德此处的论述中也可以推断出：目的外在于自身的活动乃是以自身为目的的实现活动的派生样式，也就是说，制作乃是日常的、非本真的实践。

于是，按照两个不同的标准（对象领域的不同、目的是否在于自身之内），亚里士多德便建立起了"理论—实践—制作"的三分模式。吊诡的是，如果按照我们所理解的亚里士多德的逻辑加以推演，理论是真正的实践，而制作是日常的、非本真的实践，那么，其逻辑结果就是，"实践"竟然成了这个三分法中的多余环节。② 当实践消失后，理论与制作又如何关联？通过海德格尔的提示，我们看到，理论和制作在亚里士多德那里有一种相似性和连续性：理论活动可以看成日常制作经验的一种彻底化。③ 而这恰恰是盖特曼和普劳斯的论题：两位学者论述中的实践，无非是制作性实践，其证据就是，他们所提倡的理论与实践的"结合论"或"派生论"，只不过体现了海德格尔那里理论和制作的起源关系和统一关系。而海德格尔所倡导的"真正的"、非理论的实践，

---

① 亚里士多德：《形而上学》，吴寿彭译，北京：商务印书馆，1995 年，第 9 卷第 6 章，1048b15-35。目的是否在活动本身之中被用来区分"潜能"（未完成的实现）与"实现""隐德莱希"（完全的实现）。尽管在严格意义上，"潜能"与"实现"的区别，并不完全对应于"制作"与"实践"的区别。参见 Ritter/Gründer (ed.), *Historisches Wörterbuch der Philosophie*, Bd. 7, p. 1281。
② 参见 J. Backman, "Für das Wohnen denken. Heidegger, Arendt und die praktische Besinnung", in *Heidegger-Jahrbuch*. Bd. 3, Freiburg/München 2007, pp. 199-220, hier: p. 209f。
③ 海德格尔：《形式显示的现象学：海德格尔早期弗莱堡文选》，孙周兴编译，上海：同济大学出版社，2004 年，第 114—117 页。

则有待进一步挖掘。

四 存在论化与形式显示:从"伏尔皮论题"(Volpi-These)出发

为了阐明海德格尔对传统实践概念的深化和存在论化及其带来的意义,在此我们将以海德格尔对亚里士多德的相关阐释为载体。① 在诸多研究中,伏尔皮的研究最具代表性,他的核心论题是:海德格尔的早期哲学规定是对亚里士多德的实践哲学的"存在论化"。伏尔皮开启了一种理解海德格尔的新方向,亦即将海德格尔的此在分析回溯到亚里士多德的实践哲学之上。下面,我将首先勾画出伏尔皮的核心主题,然后再对其作出批判性的分析。伏尔皮的论点可概括如下:

    1. 海德格尔的此在分析是对亚里士多德实践哲学的化用(Assimilierung und Umformungen),其中,最明显的是,海德格尔的现成存在(Vorhandensein)、上手存在(Zuhandensein)和此在,分别对应于亚里士多德的理论、制作与实践。

    2. 所谓的化用包括三个层面:存在论化、排序改变和统一化(Ontologisierung, hierarchische Verschiebung und einheitliche Zuordnung.)

    3. 其中,存在论化意味着:从人的行为方式到存在者(包括此在)的存在方式。②

对海德格尔早期讲稿的研究表明,《存在与时间》中的此在分析可以追溯到他对一种"实际生活的现象学存在论"③的建构,也就是说,海德格尔哲学的主导线索乃是理解生活。④ 同时,在伏尔皮看来,理解生活这一哲学使命恰恰和实践哲学的语境相结合:一方面,此在分析是海德格尔对亚里士多德的实

---

① 值得指出的是,海德格尔的亚里士多德解读在学界争议颇多,且往往被看作某种暴力阐释。但本研究并不关注海德格尔是否忠实于亚里士多德这个问题。毋宁说,本研究旨在借助于海德格尔的亚里士多德解读,刻画出海德格尔自身的哲学构想,亦即他对实践的存在论化。
② F. Volpi, "Sein und Zeit: Homologien zur Nikomachischen Ethik?", pp. 230-238.
③ M. Heidegger, *Reden und andere Zeugnisse*, Frankfurt/M. 2000, p. 44.
④ 参见 F. Volpi, "Das ist das Gewissen! Heidegger interpretiert die Phronesis", in M. Steinmann (ed.), *Heidegger und die Griechen*, Frankfurt/M. 2007, pp. 165-180, hier: p. 168。

践哲学的化用之结果;而另一方面,可以从实践哲学的意图看此在分析。① 无论是将实践哲学作为一种对照项,或者作为一种研究视角,都表明海德格尔的此在分析无法回避与实践哲学的关联。在这个基础上,伏尔皮甚至声称:"海德格尔的实存论分析绝不是远离实际生活的理论,而必须回到生活,朝向其本真的实行。实存论分析绝非'价值中立的',毋宁说,它的实行包含了朝向本真性的决断。"②

然而,值得注意的是,尽管伏尔皮将实存论分析溯源至实践哲学,却不能回避这一阐释中的一个核心概念亦即"存在论化"。并且,"存在论化"同时意味着"中性化",而后者又与伏尔皮的前述断言,亦即此在分析不是"价值中立"的断言有所矛盾。必须承认,由于"存在论化"的阻隔,伏尔皮至少保留着一种谨慎的态度:"海德格尔在重新采纳亚里士多德的诸种规定的时候,也以存在论的视角将其彻底化了,并且一旦海德格尔将其存在论化了,他就与亚里士多德保持着批判的距离。"③那么,究竟何谓"存在论化"?不可忽视的是,在伏尔皮的论述中,"存在论化"的含义事实上是较为暧昧的。为了阐明这个概念,伏尔皮给我们举了一个例子,这个例子关乎制作和实践的区分:

> 这个区分不是一个存在者层次上的区分,一个关乎个别行动的区分(有些行动是制作,有些是实践);毋宁说,这个区分具有存在论特征,它界定了两种不同的存在方式,而从存在者层次上是无法区分的;比如,演说可以拥有某种制作的存在方式(演说者制作话语);也可以拥有某种实践的存在方式(在政治演说的意义上)。④

通过这个例子,伏尔皮试图向我们表明,"存在论化"尽管是海德格尔对亚里士多德的改造,但已经在亚里士多德那里有所显现。那么,为什么说亚里士多德本人对"制作"和"实践"的区分体现了"存在论化"的倾向?在此,制作和实践没有被理解为不同的行动领域,而是被理解为观看同一行动的不

---

① 参见 F. Volpi, "Das ist das Gewissen! Heidegger interpretiert die Phronesis", in M. Steinmann(ed.), *Heidegger und die Griechen*, Frankfurt/M. 2007, pp.165-180, hier: p.170。
② F. Volpi, "Der Status der Existenzialen Analytik", in T. Rentsch(ed.), *Martin Heidegger: Sein und Zeit*. Berlin 2007, pp.29-50, hier: p.50。
③ F. Volpi, "Sein und Zeit: Homologien zur Nikomachischen Ethik?", p.234。
④ Ibid, p.231。

同方式和视域。诚如艾伯特(Theodor Ebert)通过详尽的分析和论证而得出的相似结论:"亚里士多德已经认识到,制作和行动并非包含了不同的行动种类,毋宁说,两者体现了活动的不同面向。"①

而在海德格尔那里,重要的乃是关乎明智和技艺的区分,两者分别对应于实践和制作两种活动。我们知道,海德格尔对明智概念的考察,主要根据亚里士多德《尼各马可伦理学》第六卷的相关论述,在考察中,明智在与技艺的对照中显明它的特点。"明智与技艺都朝向可变事物,但技艺不拥有 ergon[作品],明智则很可能拥有它。"②这一区分对应于前面指出的实践与制作的区分:前者以自身为目的,而后者则有一个外在的目的。值得指出的是,伏尔皮认为,海德格尔特别突出了作为动变(Bewegung)的实践(praxis)和作为知识形式(Wissensform)的明智(phronesis)的区别。③明智是某种"知识形式"亦即观看方式,它作为实践的开端,乃是一种实践性的观看。在伏尔皮的例子中,我们看到:一个具体的行动,可以同时被理解为实践和制作;而这恰恰取决于,人们实施这一行动的开端到底是"明智"还是"技艺"。在这个意义上,可以认为,明智乃是在亚里士多德的意义上对实践的"存在论化"。

然而,伏尔皮又指出,在海德格尔的意义上,实践的存在论化却是此在(Dasein);而与此相应,明智的存在论化则是"良知"④。在此,我们要区分亚里士多德意义上的存在论化与海德格尔意义上的存在论化,因为后者不只是从某个具体事务到某种方式,毋宁说,存在论化被理解为从人的行为方式到存在者的存在方式的转变。也就是说,存在着以下两个层次上的"存在论化":(1)从人的某种行动到人的行动方式是第一个层次的"存在论化";(2)从人的行动方式到存在者的存在方式则是第二个层次的"存在论化"。在亚里士多德那里仅仅有第一个层次的"存在论化",而海德格尔的"存在论化"则

---

① Th. Ebert, "Praxis und Poiesis. Zu einer handlungstheoretischen Unterschied des Aristoteles", in *Zeitschrift für philosophische Forschung*. Bd. 30, pp. 12-30, hier: p. 29.
② Heidegger, *Platon. Sophistes*, p. 53. 关于明智和技艺的区分的详细梳理,参见 F. Volpi, "Heidegger und der Neoaristotelismus", in *Heidegger Jahrbuch*. Bd. 3, Freiburg/München 2007, pp. 221-236, hier: pp. 229-231。
③ 参见 Volpi, "Das ist das Gewissen! Heidegger interpretiert die Phronesis", p. 176。
④ Ibid, p. 175f. 海德格尔对这一论断的提示,参见 Heidegger, *Platon. Sophistes*, p. 56. 关于明智(Phronesis)与良知的对应关系及其进一步探讨,还可参见 W. McNeil, *The Glance of the Eye. Heidegger, Aristotle and the Ends of Theory*, Albany, 1999, pp. 39-47, pp. 114-123。

进一步推广到第二个层次。两个层次上的"存在论化"具有明显不同,后者指的是,实践成了"此在",相比于实践(亚里士多德意义上的实践往往和某种具体的"善"相联系),此在乃是一种"为何之故":"此在的存在本质上关乎这一存在本身。"①在这个过程中,内容被完全剥离,而只剩下完全的形式规定。从具体的行为方式到抽象、普遍的存在方式,亦即某种形式规定,这里发生了巨大的转化,诚如莱瑟(Rese)通过对比亚里士多德和海德格尔而得出的结论:"如果对比人的存在之领会和人的生活之领会,这两种构想在其基本取向上的差异何其显著。"②那么,这两个层次上的存在论化有何不同?海德格尔为何要在亚里士多德的基础之上进一步推进"存在论化"?

事实上,"存在论化"这个概念,绝非对"海德格尔与亚里士多德之关系"这一难题的克服,毋宁说是对这一难题的描述和呈现。而要想解决这一难题,必须回溯到海德格尔所建立的哲学方法之上。这一点也被伏尔皮所洞察,他将"存在论上的聚焦"(ontologisch zuspitzen)亦即"存在论化"阐释为某种"形式显示"。③ 我们知道,形式显示与形式化相对立,后者乃是传统哲学方法——亦即普遍化——的一种。海德格尔指出,对于形式而言,除了形式化中的形式,还有"形式显示"中的形式,后者是根本不同的、且是更为原初的。④ 两者的根本区别在于:形式化作为普遍化,将形式作为普遍性的载体;与此相反,形式显示中的形式乃是具体化的始点,承担着为具体实行指引方向的作用:

> 作为方法环节,形式显示属于现象学的阐明本身。……形式的东西就是某种合乎关联的东西。显示是要先行显示出现象的关联,却是在一种否定的意义上,可以说是为了警告。……现象的关联和实行不能事先规定,而是要保持在悬而不定中。⑤

---

① 海德格尔:《存在与时间》,第99页。
② F. Rese, "Handlungsbestimmung vs. Seinsverständnis. Zur Verschiedenheit von Aristoteles' *Nikomachischer Ethik* und Heideggers *Sein und Zeit*", in *Heidegger Jahrbuch*. Bd. 3, Freiburg/München 2007, pp. 170-198, hier: p. 181.
③ F. Volpi, "Das ist das Gewissen! Heidegger interpretiert die Phronesis", p. 173.
④ M. Heidegger, *Phänomenologie des religiösen Lebens*, Frankfurt/M. 1995, pp. 59, 63.
⑤ Ibid, p. 63f.

形式显示强调关联的持续更新和实行,抵制任何意义上的排序。作为一种方法,形式显示并不旨在全盘规定事物,而只是为具体实行提供指引,从而为具体实行留下了自由开展的充足空间。在这个意义上,形式显示远离了现象的内涵意义,而凸显了其在实行之中的关联意义:"形式给出了对被显示者的原初充实之时机化实行的开端特征。"①总之,形式显示的方法有别于"形式化",后者仅仅从具体中抽象出普遍要素,而远离了具体事务。但形式显示则通过方法上的革新,将具体之物和普遍之物结合起来。也就是说,如果理解了海德格尔形式显示方法的思想实质,就可以发现:在海德格尔对亚里士多德的"存在论化"中,海德格尔并未站到亚里士多德的对立面上,毋宁说,海德格尔通过方法的革新,反而重新激活了后者。

空洞的、形式的、普遍的开端,只有通过具体化,才得以展开自身,这就是形式显示的要义,而这也体现在对哲学的定义任务之中:"如果哲学以某种方式依赖于具体化,那么对哲学的原则上的定义本身就指引着具体化。"②这种具体化意味着实行和时机化,在此,"存在"不再被当作普遍化进程的终点,亦即无法再进一步普遍化的东西,毋宁说,存在被当成具体化过程的起点。③借此,形式显示能够发动一种视角转换,亦即从普遍化到具体化的视角转换。通过这一转换,海德格尔对实践的"存在论化"及其对人生实践的形式规定,其意图并非要脱离具体存在者;毋宁说,形式规定乃是某种开端性的东西,而其具体化的过程就是与存在者重新结合的过程。也就是说,在形式显示所开启的视域之下,"存在论化"非但不是对具体存在者的放弃,毋宁说,它通过彻底的形式化,反而给具体之物留下了充分的实行空间。

事实上,这一方法在亚里士多德那里并非没有萌芽。④ 在对明智概念的解读中,伏尔皮指出,明智并非只是某种"有逻各斯的态度"(logoshafte Hal-

---

① M. Heidegger, *Phänomenologische Interpretationen zu Aristoteles. Einführung in die Phäomenologische Forschung*, Frankfurt/M. 1994, p. 33.
② Ibid, p. 31.
③ 海德格尔将希腊词 arche 翻译为"可支配的开端""开端性的支配",也就是说,这一术语兼具支配和开端两个意义。这意味着:arche 包含了将"拥有"作为有待实行的"开端"。这恰恰指的是"行为之拥有的当下存在"。
④ 关于形式显示方法在亚里士多德实践哲学那里的萌芽,也被布恩(Buren)所指出。参见 J. v. Buren, "The Ethics of Formale Anzeige in Heidegger", in *American Catholic Philosophical Quarterly* 1995(2), pp. 157-169, hier: p. 162。

tung);毋宁说,它包含着更多的东西(etwas mehr),而这恰恰体现了亚里士多德哲学的开放性:"吊诡的是,亚里士多德认为至此对明智的定义是不够的,但同时却并没有详尽地论述明智究竟是什么,通过这种方式,亚里士多德好像是在要求读者,去探究明智较之由他所说出的东西所超出的部分。"①这个超出的部分,正是人的自由创造的空间。也就是说,明智并非对实践的一种全部规定,而仅仅提供某种方向性的指导,至于具体的实行,则体现为每个人本己的实行。在这个意义上,亚里士多德那里的"明智"在某种程度上已经具备了形式显示的方法特征。尽管如此,不得不承认的是,亚里士多德的实践哲学总体而言是偏向具体存在者的,因此,海德格尔必须对其加以转化。②

五 结语:实践的二重性与"前理论"的实践概念

前面指出,海德格尔的实践概念有别于传统哲学中的"实践"概念,后者体现为可以被还原到制作和理论上的实践概念。通过普劳斯和盖特曼的解读,我们已经明确了理论与制作(制作性实践)的统一性。对于这一点,伏尔皮的意见也是相似的:

> 制作和理论,两者作为行为方式,都被海德格尔称为"操劳"。借此,他试图达成两重目标:一方面,他指出上手与在手、制作和理论之间的统一关联,也指出这两种方式与此在的统一关联;另一方面,他也准备宣

---

① F. Volpi, "Das ist das Gewissen! Heidegger interpretiert die Phronesis", p. 178.
② 在此,海德格尔对康德的解读可谓是这一转化道路上的一大动力。海德格尔在对康德的解释中指出:"形式的东西不是不确定的空洞者,而恰恰是'规定着(情调)的东西'(forma,eidos)。"M. Heidegger, *Vom Wesen der Menschlichen Freiheit. Einleitung in die Philosophie*, Frankfurt/M. 1982, p. 279. 在这个意义上,"律令的形式意味着,在律令、确立规则和原因层面上那种规定性的、本真的、有所决断的东西。……纯粹意愿,看似空洞,而从根本上讲,它是在伦理行动的规则性上,唯一具体和最具体的东西"。Ibid, p. 279f. 在形式之物中看到了具体性和具体实行的可能性,海德格尔的这一视角转向无疑归功于他对"形式显示"方法日臻成熟的掌握和运用,他没有将康德的"形式"概念理解为对具体内容的抽离的结果,而是将其作为在具体处境中结合具体内容的开端和时机(Augenblick)。与此同时,他又将康德的纯粹意愿和决断、负责乃至实存——这套措辞完全是《存在与时间》的翻版——结合在一起,从而将康德彻底地海德格尔化了。在这个基础上,海德格尔提出了其独特的"实践概念",某种"存在论化"的、非理论的实践概念。

称,理论并非原初的行为方式,毋宁说,理论只是制作的某种派生样式。①

除此之外,伏尔皮还指出了作为此在之实践的独特性,以及它与"理论—制作"的差异性。在这个意义上,亚里士多德那里理论、实践与制作的三分法,又可简化为实践与"理论—制作"的二分法,其依据则是此在与非此在式的存在者(包括现成状态与上手状态)的二分法。与此相应,我们可以将伏尔皮的论题简化为:

1. 实践与"理论—制作"分别对应于此在与非此在式的存在者;
2. 实践高于"理论—制作",这体现为,此在为非此在式的存在者奠基。

这两个命题,似乎又重新开启了以"理论—实践"之二分法为框架来理解海德格尔的基本研究模式。然而,这却已经不同于传统的理论和实践的二分法。在新的框架中,实践乃是一种"非理论的"实践,与理论之隐秘源头亦即"制作"根本不同。事实上,这里预示着实践的二重性:亦即日常的制作性实践和本真的哲学性实践的区分。在海德格尔对亚里士多德技艺与明智之关系的解读中,存在着一个疑难:如果技艺本身并不包含 ergon[作品]作为其 telos[终点、目的]和 arche[始点、开端],那么,它的目的和开端是否可以从明智那里获得? 也就是说,明智是技艺的德性(arete)吗? 海德格尔对此的回答是否定的;相反,他认为,技艺的德性是智慧,而非明智。② 而通过本文的分析,我们认为,海德格尔这个论断背后所蕴涵的逻辑乃是:制作和理论活动是统一的,而实践则与两者有着根本的差异。

在对传统实践概念的存在论化中,实践无论作为明智(亚里士多德)还是作为此在(海德格尔),都不再意指某个课题域,而是指某种行动方式或者存在方式。这样,实践与制作就不再由于其对应于不同的人类活动而得以区分,而是因为其分别展示了不同的视角和方式。海德格尔既立足于亚里士多

---

① F. Volpi, "Sein und Zeit: Homologien zur Nikomachischen Ethik?", p. 232. 塔米尼奥(Jacques Taminiaux)也有类似的表述,参见 J. Taminiaux, *Heidegger and the Project of Fundamental Ontology*, Albany, 1991, pp. 119-121.

② 这一点恰恰构成了海德格尔的明智阐释中的一个核心要点,对这一要点的梳理,可参见 R. Bernasconi, "Heidegger's Destruction of Phronesis", in *The Southern Journal of Philosophy* 28 (1989). Supplement, pp. 127-147, hier: p. 136ff.

德,又通过其方法上的革新而超越了亚里士多德,将后者彻底地存在论化了。借此,海德格尔才能够提出新的理论与实践二分框架,并以此为基础提出实践的二重性。实践的二重性并不只是意味着,有两个不同的实践种类;毋宁说,有两种理解实践的方式,亦即理论的方式(制作性实践)与前理论、合乎生活实践本身的方式。海德格尔从"理论"到"实践"的道路转换,并不是在传统的理论与实践之二分框架内的跳跃,而是首先看到这一框架本身的统一性,然后跃出这一框架,正是在这个意义上,一种真正"前理论"的实践概念才是可能的。

值得指出的是,海德格尔对于理论—实践—制作之三分法的重新思考,可以类比于他对存在问题的解析。一方面,传统的框架乃是存在与存在者的区分框架。值得注意的是,传统哲学中的存在,并不是海德格尔眼中真正的存在,而是存在性(Seiendheit)。因此,当传统哲学将存在与存在者对立起来时,海德格尔恰恰看到了它们之间的统一性:存在性源于存在者——这就是理论与制作的统一性。而海德格尔所提出的"存在论差异",则是存在与存在者之间的彻底区分(Unterschied)。这里所指的"存在",不是某个具体的存在者,更不是普遍意义上的存在性,而是兼具普遍性和具体性的存在本身,它是某种有待具体化的形式开端。① 传统哲学始终在理论和实践、在普遍与具体之间兜圈子,也就是在存在性与存在者之间徘徊。海德格尔在揭示了两者的统一性之后,又跳出了这一框架的束缚,而这就是他提出存在问题的动力所在,恰恰基于此,传统哲学被他刻画为对存在的遗忘。正是在这个意义上,海德格尔的哲学理想是"前理论的",也就是对"理论"和"实践"的传统区分的超越。这种"前理论"的哲学构想,既适用于本真的实践和行动,同样也适合于本真的思想(Denken)和创作(Dichten)。

同时,这种"前理论"的实践概念,作为对生活实践的彻底的存在论化,它之所以没有禁锢生活本身,乃是基于形式显示的哲学方法及其所带来的视角转化。通过这一转化,海德格尔彻底告别了传统的理论与实践二分框架及其

---

① 在论述存在论差异时,盖特曼指出,这不是对"存在问题的二分法,而是一种三极划分"。而这三个维度,对应于存在问题的形式结构,分别是存在(存在性)、存在者与存在意义(存在之真理,存在之为存在)。参见 C. F. Gethmann, *Verstehen und Auslegung. Das Methodenproblem in der Philosophie Martin Heideggers*, Bonn 1974, p.42。

哲学基础,亦即自柏拉图以来的"两个世界理论",而告别这一形而上学传统,同时也意味着,海德格尔给对哲学的理解和规定带来了新的视域。在这个意义上,可以认为,"前理论"的实践概念乃是海德格尔哲学的阿基米德点。

How is a "Pre-theoretical" Concept of Practice Possible?—On Heidegger's Ontologization of the Concept of Practice

Wang Hongjian

Abstract: To understand the original unity of theory and practice proposed in Heidegger's core texts such as "Being and Time", we must first return to Aristotle's triad of human activities. On the one hand, there is a certain coherence between the theory and the production, which is the inauthentic form of practice. On the other hand, the authentic life practice is different from the inauthentic daily practice, which embodies the duality of practice. The duality of practice, based on the ontologization of the concept of practice, does not correspond to different types of activities and subject areas. Rather, it reveals two ways of understanding practice: the theoretical and pre-theoretical approach. Therefore, Heidegger's transformation from "theory" to "practice" is not a leap in the traditional framework of theory and practice, but first of all to see the unity of the framework itself, and then try to jump out of it. It is in this sense that a "pre-theoretical" concept of practice is possible.

Key Words: Practice, Ontologization, Pre-theoretical, Formal Indication

书讯

《竹简学:中国古代思想的探究》

〔日〕汤浅邦弘著,白雨田译
北京:东方出版中心,2017 年

随着竹简记载的古代文献相继被发现,中国古代思想史的研究有了更丰富的思想资源。尤其是近年来被发现并逐步公开的"上海博物馆藏战国竹书""清华大学藏战国竹简""岳麓书院藏秦简""银雀山汉墓竹简""北京大学藏西汉竹书"等,成为研究先秦至汉代思想史的重要资料。

汤浅邦弘是日本的中国出土文献研究领域的代表性学者,著述颇丰。汤浅先生从 20 世纪 80 年代中期便开始关注中国新出土的竹简资料,并在日本学界率先将出土竹简新资料的解读成果运用到中国古代思想史的研究当中。后随郭店楚简的公开,于 1998 年组织成立了"郭店楚简研究会";2001 年随上博楚简的公开,改为"战国楚简研究会";又随清华简、北大简以及岳麓书院秦简的公开,改名为现在的"中国出土文献研究会"。该研究会以《中国研究集刊》这一学术刊物为阵营发表了大量有价值的新出土文献方面的论文。

《竹简学:中国古代思想的探究》收录了汤浅先生最近十年来关于竹简研究的重要论述。全书整体上分为三部分:第一部分以"儒家思想与古圣王的传说"为题,以上博楚简与清华简为中心,对儒家思想的形成史以及尧舜禹及周文王等古圣王的传说加以考察。第二部分,以"王者的记录与教诫——楚王故事研究"为题,以上博楚简中富有特色的 6 篇楚王故事为主,对其特色与文献性质加以分析。第三部分,以"新出秦简、汉简中体现的思想史"为题,以岳麓秦简、银雀山汉简、北大简为主加以分析,其内容分别为占梦、军事、《老子》等。本书围绕先秦至汉代的重要思想问题进行了探讨,特别是对楚王故事的研究具有开创性意义。(马卓文)

启蒙之后和后启蒙
——马尔库塞的技术理性批判与大拒绝理论

覃诗雅[*]

提　要：马尔库塞以"否定性思维"作为其理性概念的内核和批判发达工业社会的地基。他追溯柏拉图的辩证逻辑和亚里士多德的形式逻辑，引出发达工业社会如何以数理逻辑和符号逻辑塑造了技术合理性，用肯定性思维和控制逻辑取消了否定性思维和辩证逻辑，导致了工具主义和操作主义的滥觞。技术理性扩展到人的日常生活和思维领域，与政治理性共谋对人的操纵，在资本逻辑与政治控制的结合、消费需求的虚假化、话语方式的单一化、文化的俗化中实现技术意识形态。面对被全面操控的单向度社会，马尔库塞提出用"艺术理性"作为历史替代性选择，在"艺术就是大拒绝"中突破技术谋划对人的支配，实现超越性发展。总体而言，马尔库塞提出的生活艺术更倾向于展示一种反对的姿态和斗争的策略，缺乏实际的行动和重建的引导。

关键词：否定性思维　技术合理性　政治合理性　艺术理性

一　技术理性的逻辑与否定思维的失败

理性是马尔库塞技术批判理论的根基，其理性概念的内核是否定性思

---

[*] 覃诗雅，1988年生，北京大学哲学系博士研究生。

维。马尔库塞认为,每一事物都是"否定的整体"——"每一存在都使自身陷入否定,并只有通过否定之否定才达到它所是的东西。"①这是对黑格尔辩证法的继承,把探讨的对象置于"否定"状态中,只有通过不断的自我扬弃才能达到真理。发达工业社会的根本症状就是以技术理性的肯定性思维宰制了辩证理性的否定性思维,造成非批判的个人和单向度的社会。

首先让我们回溯人类理性对可感世界的抽象化进程,这一进程大致可以理解为三个方面:观念化、符号化、数学化。观念化可追溯到柏拉图的观念论,符号化以亚里士多德的形式逻辑为起点,数学化的广泛应用肇始于伽利略的自然数学化。柏拉图认为,人们日常经验到的个别事物是流变不居的,只有通过理性认识到的永恒存在才是真实的存在。特殊的个体只是理念的摹本。我们可以说这只猫既是猫又不是猫,因为这只猫分有猫的理念所以被称为猫,但是个别的猫又不能等同于理念的猫。在马尔库塞看来,柏拉图的观念论具有双重向度,个别事物被规定为一种不是它自身的他者,"是"的含义既包含肯定又包含否定,展现了世界的辩证结构。在《理想国》中,柏拉图还通过对话的形式把新的视域不断融入既定的经验中,在一种开放的语境中打开了多维的意义空间。

进一步地,亚里士多德把概念命题化了。在他看来,范畴的意义是用主词和谓词的逻辑关系来表现的,他通过命题的形式化(如 S is p)分析了"是"这个系动词的用法。这种用符号表示的形式逻辑关注的是关于存在的命题,而不是存在本身,马尔库塞称之"本体论的偏见":"对于这样一种形式主体而言,存在与非存在、变与不变、潜能与现实、真与假之间的关系不再与生存相关;相反,它是一个纯粹的哲学问题。在这里,柏拉图的辩证法和亚里士多德的形式逻辑形成了鲜明的对照。"②柏拉图的对话方式是一种具体的辩证法,在对话中展现现实世界与观念世界之间的张力,而亚里士多德的形式逻辑剔除了特殊存在物,排除了"是"与"应该"之间的紧张关系,表现出走向抽象符号学的现代倾向。形式逻辑对感性对象漠不关心,把感性对象形式化为符号语言,用于建构普遍的推论规则,经验与观念的关系变成符号与符号的关系,

---

① 马尔库塞:《理性与革命》,程志民等译,上海:上海人民出版社,2007年,第134页。
② 马尔库塞:《单向度的人》,刘继译,上海:上海译文出版社,2008年,第109页。

经验与观念之间的矛盾被取消,否定原则被同一秩序统摄。马尔库塞认为,亚里士多德的形式逻辑构成了现代科学思想的第一阶段,之后的数学化需要按照技术合理性的思维方式来建构更高程度的抽象性。①

抽象化的第三阶段是现代数理逻辑。依据马尔库塞的理解,大致可以归纳出数学化的四个特征:第一,去经验对象而把自身对象化。数学化是"去世界化"的,把经验对象高度抽象化,对内容保持中立态度,取消了观念与现实之间的张力;第二,严格区隔主观世界和客观世界。数学化把暂时不能抽象化的领域划为主观世界,主观世界被打上非理性、非科学的标记,形而上学光环不保,客观理性成为现代科学的至高标准;第三,定量思维的普遍化。将可替代、可推导、可计算的思维规则普遍化,客观理性逐步渗透主观世界,不仅物理性质连思想要素都被组织到科学体系中;第四,体现为控制和统治的逻辑。由于不关心实质性的内容,数学化本能地拒斥辩证逻辑,用肯定性的思维规则反对矛盾和抗议,取消了人的主体性和能动性,个体只能顺从于规则和秩序。

发达工业社会中的符号化和定量化趋势有着深刻的科学与技术背景。在古希腊时代,科学就是哲学,亚里士多德的物理学只是哲学的组成部分。自伽利略后,科学从哲学中独立出来,而亚里士多德的物理学也在实验物理学的证明下成为谬误,科学与哲学逐渐分野成不同的学科。在现代科学研究中,技术主导和规制了实验的设计与操作,主体只是站在仪器一旁观察、测量、计算,辅助技术达到实验预定的"效果",技术不再是手段而成为目的本身。在技术合理性中,主观世界是非理性的,整个生活世界是有待纳入科学领域获得证明的,在可操作的客观世界中主体和生活世界失去权威性。

技术合理性的大规模应用和拓展体现在现代工业的机器大生产中,或者说机器大生产孕育和强化了技术合理性对人的统治。先进的技术和机械化大生产将工人纳入机器体系中,工人必须抛弃个性与人性,遵从外在强加给他们的时间秩序和空间秩序,合乎技术理性。在马克思的语境中,工人阶级是资本主义社会的掘墓人,由于他们在资本家的剥削中辛苦劳动反而贫困不堪、一无所有,因而最具有否定性和颠覆性。但马尔库塞认为发达工业社会

---

① 马尔库塞:《单向度的人》,第110页。

的技术理性在努力遏制否定性和破坏性的想象和力量,工人阶级本身已经发生了深刻的变化。一方面,工人被机械化大生产纳入控制体系中。生产的机械化不仅减少了生产性工人(所谓"蓝领")的数量,也减少了工人的总体数量,而相互隔离的生产环境把工人嵌入受管理的技术共同体中,加上工厂管理模式(泰勒制)和管理意识的强化,国家意识对工厂管理的渗透,工人的身体和灵魂被禁锢在技术共同体中。另一方面,劳动阶级与资本主义社会的一体化加深。由于工人的生产活动和生活保障与技术共同体的关联程度日益深化,工人的生活憧憬、闲暇活动、政治态度被资本主义社会改造和同化,丧失否定性态度和变革意识。从工人阶级晋身为领班的小部分群体具有了某种示范性效应,似乎给劳工阶级昭示了凭借劳动获得财富、地位、权力的可能性,从而使得他们更加顺从和迎合技术控制。

  科学与技术一旦合谋,科学—技术合理性就趋向形成统治的逻辑。马尔库塞认为,虽然人对人的统治贯穿于前技术合理性和技术合理性,但是统治的基础和方法发生了改变,前技术谋划依赖人身依附(奴隶对主人、农奴对庄园主、贵族对领地分封者),技术谋划依赖"事物客观秩序"(如经济规律等)。① 在技术合理性下,技术成为理性的评判标准,人的主体位置被取代。由此,整个社会都发生了深刻的改变:"社会是在包含对人的技术性利用的事物和关系的技术集合体中再生产自身的——换言之,为生存而斗争、对人和自然的开发,日益变得更加科学、更加合理……科学—技术的合理性和操纵一起被熔接成一种新型的社会控制形式。"② 前技术合理性的控制逻辑是本体论的,技术合理性的控制逻辑是技术学框架的。技术合理性的一个内核是数学方法框架内的定量化。定量分析是依据统计数据,建立数学模型,并运用数学模型计算出分析对象的各种数值及其指标的一种方法。这种方法由于可操作性、可分析性和可预见性而获得人们的青睐,其精确性和立竿见影的效果有利于提高生产力进而提高人们的生活水准,由于这些特点它以摧枯拉朽之势席卷了各个领域,将不可量化的领域定量化并纳入科学的范围,管理数字化、工作表单化、考核定量化等表明了第二性质向第一性质的还原。由

---

① 参见马尔库塞:《单向度的人》,第115页。
② 同上书,第116—117页。

于科学的实在才是真正的实在,位于上层建筑的价值、伦理、审美等尚未实现定量化的领域被逐出理性的领地,被归入科学理性的"偏好的范围"。马尔库塞曾借用胡塞尔的观点指出以自然数学化为基础的现代科学对"生活世界"的降格:"新科学(他主要通过它来理解伽利略科学)建构了一个存在(Being)的理性的、'无限的'世界(我在这里遵从了他的文字),这个存在世界被科学系统地组织和定义……去个性化,这是科学世界中量化的首要要求,是人们熟悉的从第二性质还原为第一性质,是个体感觉经验作为非理性的无情贬值。"①更深层次地看,这是黑格尔批判的数学形式主义对超验领域的僭越:"如果自由、规律、道德,甚至上帝自身这样的客体,因为它们在数学公式中不是被测定、计算或表述,而是在超越真正认识之外被测定的,那么,我们的认识将陷入可怕的境地中,我们也只好接受关于它们的模糊的概括形象……"②马尔库塞进一步拓展为:"如果善和美、和平和正义既不能够从本体论的条件中推导出来,又不能够从具有科学合理性的条件中推导出来,那么它们在逻辑上就无权要求普遍的有效性和普遍的实现。"③

当代科学和技术悬置了对现实内容的判断,净化了形而上"混混沌沌的事物",不问是什么只问怎么样,不问行为的动机只关注操作的过程和结果。工具主义和操作主义生产的作为机器零件运行的人,丢失了反思向度和批判向度,纵使科学仍旧有赖于作为观察、分析、判断的主体,但自然和主体只是技术控制的手段,技术合理性与政治合理性的联姻使得技术对自然的控制必然走向技术对人的控制。虽然科学技术对经验内容漠不关心,但科学技术影响甚至决定了一个时代的物质生产、消费方式和思维方式,科学成为社会控制的技术学,"理性的工具主义视界展现出一个合理的极权主义社会"④。这意味着否定性思维的全面落败。

---

① *The Essential Frankfurt School Reader*, ed. by Andrew Aroto & Eike Gebhardt, Basil Blackwell, 1978, p. 471.
② 转引马尔库塞:《理性与革命》,第 133 页。
③ 马尔库塞:《单向度的人》,第 118 页。
④ 同上书,第 127 页。

二 技术意识形态:从技术合理性到政治合理性

在发达工业社会,技术理性扩展了人开发、利用和改造自然的能力,但人也在依附技术的机械性操作中丧失了自主决断的能力。生产活动中技术的工具主义和操作主义也进一步拓展到社会生活的方方面面,个体被置于全面控制中。技术合理性演变为政治合理性。

发达工业社会将生产程序和国家机构整合到生产联盟中,形成了新的控制形式。一方面,发达工业社会以资本逻辑和生产体系对社会资源进行整合,国家制度、国家机构、不同的社会阶层、传播媒介等在根本上服从于大公司的利益。"国民经济按照大公司的需要进行集中;这种经济与军事联盟、货币整顿、技术援助和发展规划的世界性体系相协调;蓝领工人和白领工人、企业中的领导和劳工、不同社会阶层的闲暇活动及愿望逐渐同化;学业成绩与国家培养目标之间的预定和谐得到促进;公众舆论的共同性侵入私人事务;私人卧室成为大众传播媒介的渲染对象。"①从另一方向看,在当代工业社会,国家意志渗透到生产管理中,政府借助对机器生产程序的操纵来实现政治权力。"今天,政治权力的运用突出地表现为它对机器生产程序和国家机构技术组织的操纵。发达工业社会和发展中工业社会的政府,只有当它们能够成功地动员、组织和利用工业文明现有的技术、科学和机械生产率时,才能维持并巩固自己。"②资本逻辑与政治支配的结合形成了发达工业社会的控制形式,并借助大众媒介和思想灌输加以固化,造成"批判的停顿"和"没有反对派的社会"。技术的统治逻辑战胜对抗逻辑,全面控制成为整个社会的唯一向度。

发达工业社会外在地给人强加虚假的需要,通过意识形态和大众媒介在个体需要重植入社会控制。马尔库塞区分了两种需要:真实的需要和虚假的需要。真实的需要既包括人满足基本生存的需求,也包括真正增加人的幸福并减少人的痛苦的需求。从另一角度来看,真实的需要是虚假的需要的反

---

① 马尔库塞:《单向度的人》,第17页。
② 同上书,第5页。

面。虚假的需要指"为了特定的社会利益而从外部强加在个人身上的那些需要,使艰辛、侵略、痛苦和非正义永恒化的需要"①,这种需要的满足会给人带来快乐和幸福,但是这种快乐和幸福妨碍人获得对社会病态的认识,所以是虚假的、暂时的快乐和幸福,是"不幸之中的欣慰"。这是病态社会的表现。马尔库塞认为:"现行的大多数需要,诸如休息、娱乐、按广告宣传来处世和消费、爱和恨别人之所爱和所恨,都属于虚假的需要这一范畴之列。"②虚假需要的盛行至少造成了两种假象。一种是虚假需求的平等化造成阶级平等化的假象。不同的社会阶层进行同样的消费行为,例如购买相同的商品或收看相同的电视节目,这些行为似乎表明阶级差异造成的利益分化已经被抹平了,但在马尔库塞看来,这种相似性不过是发达工业社会维持既有秩序的手段,阶级的分化与矛盾不是被消除了而是被掩盖了。另一种假象则是把社会需要移植成个人需要。通过大众媒介的宣传和意识灌输,虚假的需要成为个体的普遍需要,跟风、随大流成为现代人的普遍状态,大众媒介以无孔不入的方式对大众进行主流思想输送,抑制偏离轨道的思想和行为,这些宣传逐渐渗透个体意识,在人们进行抉择时进行归类区隔,主流的划入对的,非主流的划入异常的、病态的,而那些自诩非主流的人其实也不过是以另外一种方式在迎合某种流行的趋势,满足不自知的虚假需要。

在话语方式上,发达工业社会把开放的、多义的、发展的语言转变为一种封闭的、单一的、固化的语言,实现顺从意识的再生产。语言自诞生的那刻就打上了社会的烙印,维特根斯坦意义上的私人语言不能在交往中获得现实。话语的社会性一方面体现在语言本身的社会性,还体现在话语素材的社会性上。确定的话语方式与共知的交谈内容是沟通和理解的前提条件,而人们说话的方式、谈论的内容、表达的情感最易成为统治和操控个体的途径,这些操纵者可能是工头、政治家、赞助商、广告商或大众媒介等,从而使得人们的话语传达的思想和情感混杂了外界灌输的立场和内容。在前技术社会,交谈是各种立场的碰撞和融合;但现代通信工具的飞速发展使得发达工业社会中的人们置身于数量极其庞大、更新频率极其迅捷的外部声音世界中,这些声音

---

① 马尔库塞:《单向度的人》,第6页。
② 同上。

经过多重加工和多重传递到达人们的耳边。由于信息爆炸式呈现，人们来不及过滤就接受了这些外部声音，于是，词取代了经过否定中介形成的概念。概念和词分别代表了两种话语方式。在黑格尔那里，概念是通过对特殊存在的否定而形成的具体的总体，概念的形成设定了理性的主体、自由的主体。马尔库塞在《理性和革命》中说："概念构成了一个'否定的整体'，这个否定的整体仅仅是由于概念的矛盾力量而产生。"①"概念不仅包含了构成现实的所有事实，也包含了这些事实发展和展示其自身的过程。"②但是当代工业社会以肯定性的、贫乏的、无生命的名词取消了概念的矛盾和运动，用省略和浓缩的方式锁定了句子结构的张力，意义牢固的词构成的句子成了一种命令、一种封闭的规则、一种取消矛盾和质疑的仪式。马尔库塞把这种语词和句子成为"奥威尔式的语言"，而阿多诺可能会称之为"调性语言"。语言采用新的表现方式成为一种宣传工具。在马尔库塞看来，人格化语言、所有格用法、连字符、缩略语等都说明语言的极权主义特征的句法结构。这是话语领域的单向度控制。全面封闭的语言的再生产是顺从意识的再生产。

在文化领域里，政治合理性表现在压抑性的俗化趋势和高层文化的消失。"高层文化"指的是少数上层精英人士享有的文化，这些文化由于与尘世生活保持了距离而具有超越性。但技术合理性和政治合理性把所有文化都纳入已确立的秩序中，并大规模地复制它们，同化理想与现实，取消了高层文化的超越性和文化与现实的对立向度。大众文化与高层文化的一个基本区别在于它的标准化，标准化的文化生产取消了个性、否定性和超越性，发挥着社会黏合剂的作用。马尔库塞对比了前技术文化和技术合理性文化下文学形象的差异，在前技术文化的文学作品中，人物是一些破坏性的角色，如艺术家、娼妓、大流氓、反叛诗人等不正规谋生的人，而在发达工业社会的文学中主角被置换为民族英雄、垮掉的一代、明星、实业界巨头等，这些人物不再谋划另一种生活方式，只是在已确立的制度中想象同一生活方式的不同类型。③文学形式也发生了变化。诗歌卸下光环被归入过时文化的序列，这一方面是

---

① 马尔库塞:《理性与革命》,第144—145页。
② 同上书,第144页。
③ 马尔库塞:《单向度的人》,第48页。

由于这种慢节奏的文学形式不符合工业社会快节奏、高效率、重结果的特征，沉思、冥想、体验等生活方式退出日常生活，另一方面还在于诗歌的否定向度与既有秩序的规定性相矛盾，诗歌是一种打破固定语句结构和语词意义的文学形式，这种形式的否定性和思想内涵的超越性是政治合理性要抑制的。

以上几个方面是马尔库塞对社会全面控制的分析。在马尔库塞后期对晚期资本主义福利社会的研究中，他以当代美国为范例指出了"富裕社会"的各种病症状态，这些病症使得社会中的个人遭遇种种紧张和负担，而"个人所承受的紧张和负担的根子不是个人的紊乱和疾病，而是基于社会（和个人）的正常功能"①，也就是说，个体的病症是社会结构的镜像，富裕社会中个人的不正常表现表征的是社会的正常运转，个体有病才表现出社会"健全"。在工业技术高度发达的社会，个体受到技术和政治力量的操控，并把受控制的状态接受为生存的常态，"我有病并且把自己的病当作健康"正体现了技术"合理性"和政治"合理性"。

马尔库塞并不是绝对悲观的，虽然他认为技术合理性和遏制反抗的制度都在加强，但没有完全否定社会发生质变的可能性，这种可能性就存在于机械化和自动化的发展中，在机械化对人的控制中孕育了打破这种控制的希望。"工作世界在什么程度上被理解为一架机器并依此而被加以机械化，它就在什么程度上成为人的新的自由的潜在基础。"②机械化和标准化程序潜在地具有将人从工作中释放出来的自由向度。当机械化达到绝对高度，工人就能从异化劳动、剥削和异化需要中解放出来，可以自由地决定自己的意愿、职业、生活标准和闲暇，获得自主权。社会变化基于技术基础的发展，马尔库塞的这一判断和马克思的理论框架相一致。对于这个质变的发生，马尔库塞坦言自己并不能给出一个确定的答案："《单向度的人》将始终在两种矛盾的假设之间摇摆不定：(1)对可以预见的未来来说，发达工业社会能够遏制质变；(2)存在着能够打破这种遏制并推翻这一社会的力量和趋势。我并不认为能够作出一个明确的回答。"③这种不确定性并不妨碍马尔库塞构想理想社会，

---

① 马尔库塞：《当代工业社会的攻击性》，伯幼、任荣译，《哲学译丛》，1978年第6期。
② 马尔库塞：《单向度的人》，第5页。
③ 同上书，导言第5页。

在他看来,那个具有否定性的未来社会是艺术生活。

三 一种历史替代性选择:艺术合理性

在马尔库塞那里,合理性是一个历史范畴。在不同的社会发展阶段,人们对合理性的判别标准是有所区别的,前技术社会的合理性与技术社会的合理性以技术谋划为分界,技术社会和后技术社会的合理性也有所不同,不同的合理性形式基于对历史的不同谋划,由此,马尔库塞提出了艺术合理性的构想。

"艺术无论仪式化与否,都包含着否定的合理性。在其先进的位置上,艺术是大拒绝(the Great Refusal),即对现存事物的抗议。"[1]艺术始终保持着与现实的间距与疏离,拒绝同化,马尔库塞称之为"艺术异化"。"异化"一词本意指离间、疏远、与周围环境格格不入的疏离感,马尔库塞从马克思那里借来"异化"范畴发展为"艺术异化"。马克思用异化来表示资本主义社会中工人与劳动产品、劳动、自身以及他人的疏远关系,马尔库塞的艺术异化指的是在艺术表现中现实以非现实的面貌出现,艺术基于现实但拒绝等同于现实。艺术是面向未来的,它蕴涵了超越既定的社会秩序的可能性。艺术异化的这种颠覆性是与资本主义社会的单向度不相容的,在技术合理性的支配下,艺术也遭遇了压抑和控制,"大拒绝转而被拒绝……它们就变成了商业性的东西被出售,并给人安慰,或使人兴奋"[2]。

艺术异化是相对于大众文化提出的。大众文化兴起的背景是标准化、批量化和可复制性的资本主义生产,在这一生产机制中,文化成为在交易中实现交换价值的商品,文化商品化和产业化使得经济属性成为文化的首要属性,文化为了获得合法性取消了那些具有颠覆性和破坏性的形象,为了进入市场迎合消费者抹杀掉了文化中与现实秩序相矛盾的元素,所以马尔库塞认为文化的批量生产并不仅仅是量变问题或文化鉴赏问题,这已然成为一种文化极权主义。这种文化极权主义通过极强的同化功能调和多元主义中最不

---

[1] 马尔库塞:《单向度的人》,第52页。
[2] 同上。

相容的矛盾,所以与其说艺术在现实获得了合法性,不如说艺术的合法性直接被取消了。"在这种文化调和出现以前,文学艺术本质上是异化,因为它维系和保护着矛盾,即四分五裂的世界中的不幸意识,被击败的可能性,落空了的期望,被背弃的允诺。"①异化是文学艺术的本质和内核,是对既成事实的批判和反思,它解剖出现实的矛盾并呈现出来,这种直面矛盾的形式带着分裂的痛苦,维系着不幸意识。相反地,大众文化和技术合理性维护着幸福意识。"幸福意识,即相信现实的就是合理的并且相信这个制度终会不负所望的信念,反映了一种新型的顺从主义,这种顺从主义是已转化为社会行为的技术合理化的一个方面。"②因为人们通过与现实和社会的协调而获得良心的解脱,依据普遍性行事而取消内疚感和负罪感,不幸意识被幸福意识压倒。

在这里,马尔库塞借用了弗洛伊德的快乐原则和现实原则。"快乐原则"是弗洛伊德进行精神分析的基本概念,指的是人的行为总是受到趋乐避苦的心理指引,这一心理结构是"无意识"(或"本我"),本我是人格中最原始的部分,围绕着各种本能冲动,但在人的潜意识(或"自我")心理中,某些受到快乐原则刺激而产生的欲望会遭到相反力量的检查,这种力量弗洛伊德称为"现实原则"。马尔库塞在《爱欲与文明》指出,本能性快乐原则是直接性的满足、没有压抑的快乐,而自我的现实原则是本能性快乐原则的延迟、限制和压抑。③ 个体在从快乐原则向现实原则、本能向自我、爱欲向文明的转变过程中,人的自由本能受到现实的压抑,进入不自由的状态。在《单向度的人》中,马尔库塞指出发达工业社会中,个体通过向群体投降即快乐原则向现实原则的妥协来获得直接或间接的心理安慰,这种心理安慰消除了人们由于违背社会规则行事所引起的良心谴责,虽然个体的抉择受到社会的控制,但个体却在这种不自由中获得了满足和幸福。这种幸福意识其实是自主性的衰退,是快乐原则被调整为顺从意识。虽然精神分析的理论意识到个体的病症是由社会的病症造成的,但是精神分析治疗的目的却是使人们接受现实原则和文明管制,这种理论与实践上的"脱节"或者说对自由的放弃使得马尔库塞没有

---

① 马尔库塞:《单向度的人》,第50页。
② 同上书,第68页。
③ 参见马尔库塞:《爱欲与文明》,黄勇、薛敏译,上海:上海译文出版社,2008年,第4页。

采取精神分析治疗作为最终的出路。

马尔库塞还借用了晚期弗洛伊德对爱欲与性欲的区分。爱欲和性欲都是生本能,性欲是追求肉体上某个部位的满足与快乐,爱洛斯(eros)则是整个有机体的冲动,是对所有与生活有关的满足与快乐,爱洛斯是性欲的升华,从性欲升华到爱欲是从生物内驱力上升到文化内驱力。马尔库塞采用了弗洛伊德的观点,将爱欲看作人的本质,但文明的进程压抑了人的力比多,机械化的环境阻止力比多的自我超越,力比多不能向爱洛斯升华,停留在狭隘的性行为上。在商品社会,甚至身体和性欲本身也可能沦为一种商品进入生产和交换环节。力比多的动员解释了自愿的顺从态度,技术合理性阻碍了性欲向爱欲的升华,快乐原则和现实原则的对抗力量减弱,不幸意识向幸福意识投降。这就是发达工业社会的意识形态。在马尔库塞看来,虽然俗化的性欲充斥在现代的艺术作品中,如福克纳的小说、好莱坞的电影、冒险故事、畅销书中,但是受压抑的性本能和攻击本能同时也存在释放的可能性,如在艺术作品中。这是马尔库塞不同于弗洛伊德的地方,弗洛伊德认为在现实原则的支配下自由不再可能,马尔库塞则认为存在着在现实原则框架内突破现实原则实现自由的可能性。在马尔库塞看来,通过工业生产的技术升级,当机械化和自动化发展到一定程度后,人就能从机械控制中解放出来,获得闲暇时间,从而能够自由"谋划"生存方式。

"谋划"(或"筹划")是存在主义的重要概念。它最初是海德格尔的概念,海德格尔在《存在与时间》中说"此在作为被抛的此在被抛入筹划活动的存有方式中"[1],即人的存在总是被抛入世的,人总是被动处于某种情境中,但是另一面人也在被抛中进行筹划,在这种处境中遭遇他者并对他者采取某种态度和行为,这正是人的处身情境中的两个方面。此在在被抛境况中的谋划即是领会存在者面向未来的可能性,"但被抛境况却是这样一种存在者的存在方式——这种存在者向来就是它的种种可能性本身,其情形是:它在这些可能性中并从这些可能性出发来领会自身(把自己筹划到这些可能性上去)"[2]。萨特进一步发展这个概念,他常将谋划 project 写成 pro-ject,pro- 是向

---

[1] 海德格尔:《存在与时间》,陈嘉映、王庆节译,北京:三联书店,1987 年,第 169 页。
[2] 同上书,第 210 页。

前的意识,而-ject 词根是抛掷、喷射之意,合起来就是表示向前抛掷、向前喷射,由此引申为动作和活动的开始。萨特区分了两种存在,一种是"自在的存在",即人之外的自然界,另一种是"自为的存在",即人、人的意识、自我。自为存在总是处于流变中,总是不满于现状而向着未来进行,人作为主体按照自己的意志、通过自己的"谋划"造就他的本质,成为他所是的样子,所以"存在先于本质"。由于人是绝对自由的,人自主决定自己的行为,不受上帝的束缚和干涉,那么个人就要为自己的行为负责。马尔库塞继承了萨特的观点:"'谋划'一词强调在历史决定中自由和责任的因素:它把自主性和偶然事件联系起来。让-保罗·萨特在他的著作中正是在这个意义上使用这个词的。"①为什么马尔库塞如此重视"谋划"这个概念呢?"我之所以反复使用'谋划'一词,是因为在我看来,它十分清楚地强调了历史实践的特殊性质。它产生了对理解、组织、超越现实的其他那些道路之一的决定性选择和捕捉。初始的选择规定着种种可能性在这条道路上所开展的范围,并排斥与之不相容的其他可能性。"②历史谋划涉及人类存在方式的多种可能性,不同的历史处境有着与之相应的历史谋划,每一个社会的确立都是某种历史谋划的实现,而每一种可能性的实现也意味着本质上与之相异的、可以摧毁现存制度的历史实践的可能性的产生,这种与已实现的谋划相对立的谋划成为超越性的谋划。超越性谋划就是超出既定思想和范围,面向存在方式的可能性,进行历史替代性选择。

  在马尔库塞看来,任何一种具体谋划的历史合理性都是相对的,实际事物的合理性决定了可能事物的合理性,因为面向未来的历史谋划总是建立在过去和当下的成就上的,历史的突变与间断性保存了历史的延续性。如,资本主义社会在相当短的时间内取得的生产成就超过了过去一百年的生产成就的总和,它在特定的时期内是合理的,但当变革资本主义的力量在资本主义社会内部形成和壮大时,这种合理性就变成不合理性,新的历史合理性就要求登上历史舞台。马尔库塞将这种在特定的历史条件下创造历史的行为称为"决定性的选择",这种决定性的选择是自由的表征,这里的自由"不是任

---

① 马尔库塞:《单向度的人》,导言第 6 页。
② 同上书,第 173—174 页。

何自由,而是把既定必然当作无法忍受的痛苦和不必然来理解的那些人的自由"①。

那么超越资本主义社会的技术合理性的更高的合理性是什么呢？马尔库塞提出了艺术合理性。在古希腊时期,科学、哲学、艺术都是逻各斯的体现,它们有机地联系在一起,表现着神和人、有限和无限、变和不变、现实与可能之间的辩证关系。在技术社会,科学开始征服自然并在这个过程证明自己的真理性,哲学和艺术都被逐出理性的领地。马尔库塞要做的是恢复艺术理性,将艺术理性重新注入科学理性之中,使哲学、艺术、科学再度成为一个有机体,否定现存的不合理秩序,向一种更高的真理性寻求解放。马尔库塞推崇怀特海的"理性的功能在于增进生活的艺术",提出以"生活艺术"为理想目标的超越性谋划。"矛盾,即'实际不存在'和'实际存在'的东西的合理对抗,是逻各斯的工作,因此它就必须有一种交流媒介。"②这种交流媒介就是艺术,最典型的两个例子就是诗歌和戏剧。诗歌是打破固定语法结构和语意结构的艺术形式,诗歌表现了某种拯救否定性的尝试,它以短小精悍的结构展示了丰富的内涵,将可见与不可见的事物联系起来。"由于诗歌语言是借助一种能够表现未露面的手段来创造和发展的,它是一种认知语言,是一种推翻已得到确认的事物的认识语言。在诗歌的认知作用中,诗歌执行着伟大的思想任务:努力使不存在的东西存在于我们中。"③同样地,戏剧也表现出可能秩序对既定秩序的破坏。马尔库塞赞同布莱希特的戏剧理论,即只有把当代世界看作变化的世界、被否定的否定,当代世界的再现才是可能的,也就说布莱希特说的"疏远化效果"(陌生化、间离效果),在戏剧中把人们熟悉的东西变成陌生的东西,以引起观众的惊醒。马尔库塞的"艺术异化"就是一种疏远化效果,有意识地旁观和保持间距,是不与主流话语合谋的超越性,也是不妥协、不停留、不认同的反抗逻辑。真正的具体性是既关注生活世界的特殊存在,又从中抽离而保持反思的间距,再从反思中折返回生活世界。这种具体性具有丰富的内容,是完整的而非碎片式的,呈现的是作为整体的真实世界。

---

① 马尔库塞:《单向度的人》,第 176 页。
② 同上书,第 54 页。
③ 同上书,第 55 页。

这就是马尔库塞"艺术就是大拒绝"的思想内涵。

孔德把这一历史分期概括为神学阶段、形而上学阶段和实证主义阶段，马尔库塞坦言，他要做的是"颠倒"现在科学和形而上学的关系，构建新的科学观念和理性观念。这种新理性就孕育在理性的技术基础中，在资本主义社会中机械化生产的持续发展达到科学理性的终点时，就意味着已确立的技术合理性和政治合理性的颠覆。这种裂变不是向前技术社会的复归，而是从技术合理性向新理性的跃迁。相对于用技术谋划来建构价值准则，马尔库塞要把艺术合理性作为技术的目的置于机器和谋划之中，实现"科学的价值定量化"。马尔库塞倡导的生活艺术决然不是反对技术的，技术作为有效克服匮乏的条件打开了自由谋划的向度，而人们要做的是"使价值准则转化为技术任务"成为可能。这种"价值的物化"不同于发达工业社会中的"技术拜物教"和"技术爱洛斯"，而是以价值为科学技术谋划的目的，把科学理性与艺术理性结合在一起。价值准则的核心是和平，即技术逻各斯以维系和平为目的。正如要防范不幸意识被政治利用，以和平为准则是为了防范战争国家用科学技术发展高尖端武器在全球范围内发动战争进行掠夺。无人机的发明是科学技术自动化发展的新高度，但当这一技术成就被用于暴力威胁或战争对抗时，技术成就变成了对和平生存的破坏力。再如当核武器成为各国对外防卫的安全墙时，难道不也是人类安全的毁灭性隐患吗？只有当技术是为了平息生存斗争而设计和利用时，社会裂变才是向更高文明的过渡，艺术理性为谋划历史替代性选择提供了空间。可以说，马尔库塞的美学思想始终是与对发达工业社会和资本主义的批判联系在一起的，他的美学思想是寻求人类解放和社会和谐的广义政治学。

四　结语

马尔库塞以理性的辩证发展来审视历史的进程，他从理性的否定性向度的缺失来批判发达工业社会对个体和社会的管控，又从生活艺术对理性的否定性逻辑的恢复来构想一种超越性的未来。这是他对霍克海默和阿多诺的"启蒙辩证法"的某种继承和发展，启蒙之后的发达工业社会走向了反启蒙，需要建构一种新的、真正意义上的启蒙。马尔库塞提出了"艺术异化"，这种历史替代性选择的技术基础仍旧是机械化和自动化,因为机械化和自动化的发展极限允诺一种解放劳动力和实现自由时间的谋划,在满足基本需求的条件下,个体可以在超功利的实践中实现潜能的全面发展。马尔库塞以"艺术就是大拒绝"表明一种反对资本主义社会的坚定姿态,然而还是忽略或者说逃避了一个基本问题,即谁是推动社会裂变的中坚力量?资本家断然不会舍生取义,而是会尽其所能维持发达工业社会的秩序,维护自身利益。马尔库塞对发达工业社会中劳工阶级的变革性又持有消极的态度,认为他们已经被资本和技术收编,数量和变革态度都大不如前,不再是最具否定性和革命性的群体。那么破坏既有体制的任务由谁担当?谁是新的历史主体?科学家,艺术家,还是普罗大众?马尔库塞没有给出答案,也难以给出答案。他一方面殚精竭虑地批判单向度的发达工业社会而要唤醒被操控的人们的变革意识,另一方面又寄望于从发达工业社会内部生长出颠覆自身的技术潜能,但最终他对发达工业社会能否遏制社会质变是摇摆不定的。他没有提出任何具体的行动指导和重建方针,在这一角度上,他的"大拒绝"口号更倾向于表明一种不妥协的姿态、思想的斗争策略、理论的自觉,生活艺术作为一种终极目标还是带有乌托邦的色彩。

After Enlightenment and Post-Enlightenment
—On Herbert Marcuse's Critique of Technological Rationality and Theory of Great Refusal

Qin Shiya

Abstract: Marcuse takes the negative thinking as the core of Reason and the foundation to criticize advanced industrial society. He looks back to Plato's dialectic logic and Aristotle's formal logic, to discuss how the modern mathematical logic and symbolic logic lead to the technological rationality, and how the positive thinking take over the negative thinking. Spreading to the daily life and the spirit, technological rationality together with political rationality realizes the technological ideology by the combination of capital logic and political control, false needs, one-dimensional words and cultural secularization. Marcuse uses the rationality of art as the chance of historical alternatives to get out of the technological control and achieve the historical transcendence. On the whole, Marcuse's promotion of art of life just shows the position of opposition and the strategy of struggle, lacking the instruction of action.

Key Words: Negative Thinking, Technological Rationality, Political Rationality, Rationality of Art

隐定义分析性与先验辩护
——基于博格锡安进路的重构

孙骞谦*

提　要：博格锡安的讨论使当代语境下关于先验辩护的分析性说明进路得以复活。以他的讨论为基础，卡尔纳普式隐定义分析性理论可被构建为关于语句认识论分析性的统一理论；具体方案是，将语句认识论分析性归结为该语句所扮演的，针对它所包含的某个语词的隐定义这一角色。语句的隐定义分析性特征使得以它所表达命题为其内容的信念满足了认知无咎性条件，并因此获得先验辩护。

关键词：先验辩护　认识论分析性　隐定义　认知无咎性

对于逻辑、数学与概念性信念，人们通常根据它们的形式化与确定性特征，而将它们归结为先验知识。这些信念构成了人类知识的重要组成部分。它们是否真的具有先验地位，或者说，对这些信念的辩护是否满足先验性特征？如果答案是肯定的，那么相关辩护的先验性特征的根源为何？回答这两个问题，逻辑经验主义传统提出了关于先验辩护的分析性说明进路。这一进路的要点是：在我们的语言系统中，存在分析性语句，它们就自身的意义为真；所谓先验知识，即以分析性语句所表达命题为其内容的知识；我们对此类

---

* 孙骞谦，1985年出生，中山大学逻辑与认知研究所、中山大学哲学系博士后。

知识的辩护根源于对相关语句的意义的把握。当代语境下,博格锡安[1]回应了蒯因[2]对于分析性概念的批评,并使得先验辩护的分析性说明进路重新进入当代视野。本文试图重构博格锡安的讨论,并对他基于隐定义分析性理论所构造的辩护理论做一更新。相较于博格锡安既有的理论,本文试图修订的要点有二:第一,放弃了弗雷格式同义性分析性概念及其关于概念性信念的辩护地位,以卡尔纳普式隐定义分析性为统一方案;第二,放弃博格锡安利用隐定义分析性建立的演绎推理式辩护模板,而以他的认知无咎性概念取代之,并由此建立有效的先验辩护策略。

本文的论述分为五节。第一节介绍分析性先验辩护进路的理论与历史背景。第二节重构博格锡安对于认识论分析性的捍卫,并确立卡尔纳普式隐定义分析性为统一的分析性理论与先验辩护解释基础。第三节展开基于博格锡安方案而引入的辩护模板的批评,并引入认知无咎性作为先验辩护的充分条件。第四节讨论了对于隐定义与先验辩护的两个主要批评,并作出回应。第五节作为结论,简要勾画了本文的理论目标,基于隐定义分析性的先验辩护理论的核心要点与理论构架。

一 背景

根据康德以来的最简定义,先验知识是一种不依赖于经验的知识。然而这种相对于经验的"独立性"概念可做不同的阐发;根据基切尔的讨论,存在发生学与辩护性两种独立性。[3] 发生学角度,若一信念的产生不需特定经验作出贡献,则该信念是先验的;辩护性角度,若主体对一信念可以提供的辩护不依赖于特定经验,则此信念是先验的。后世关于先验知识的讨论诉诸辩护性意义上的独立性;简言之,主体 S 持有的信念 B 是先验的,当且仅当,S 能提供的对于 B 的辩护在任一可能经验之中皆可成立。

通常认为,先验知识包含三种情况:基本逻辑知识、数学知识以及概念知

---

[1] Paul A. Boghossian, "Analyticity Reconsidered", *Noûs*, 30 (3) (1996):360-391.
[2] Willard V. O. Quine, "Two Dogmas of Empiricism", *Philosophical Review* 60 (1) (1951):20-43.
[3] Philip Kitcher, "A priori", in *The Cambridge Companion to Kant and Modern Philosophy*. ed by Paul Guyer, Cambridge University Press, 2006, pp.28-60.

识。概念知识以如下为典型：如果张三比李四高，李四比王五高，那么张三比王五高；所有的单身汉都是男人；红色的对象都是有广延的。我们的任务是，解释先验知识何以可能；或者说，解释使得上述信念获得知识地位的先验辩护的效力如何获得。

逻辑经验主义者提出了先验知识的分析性说明进路。表达先验知识内容的语句只能是分析性语句。分析性语句基于其意义而为真。先验辩护的根源即信念持有者对于信念内容语句的意义的把握。相应的，对于相应信念的辩护仅存在于这种意义把握自身。

然而，蒯因针对"分析性"这一概念的有效性提出了质疑。他的论证策略是：当我们试图对分析性概念做进一步界定，所能诉诸的界定策略会引入同样有待澄清的概念，而对后者的澄清又需诉诸分析性概念，从而造成循环界定。既然分析性概念难以建立有效界定，传统的关于语句（或陈述）的分析—综合二分也相应崩塌。一个后果是，我们基于语句分析性而为先验知识提供的辩护因此失去了基础。另外，基于经验主义立场，诉诸直觉这一理性主义辩护策略同样难以被接受。由此，蒯因的批评拒斥了先验辩护的任何可能。

在此语境下，博格锡安试图对分析性做形而上与认识论两种概念的区分，并捍卫认识论分析性概念的合法地位。根据认识论分析性，信念主体对于表达信念内容的语句的意义把握足以构成对此信念的先验辩护。在此基础上，先验辩护的分析性说明进路得以复活。

二 作为认识论分析性的隐定义方案

博格锡安[①]认为，在"依据其意义为真"这一对分析性的最小化刻画之中，包含了两种分析性概念。一种是形而上分析性（metaphysical analyticity）；即，语句的真由其意义充分决定。一种是认识论分析性（epistemic analyticity）；即，（主体对于语句 S 的意义的）掌握足以为（他持有）S 为真的信念提供辩

---

① 接下来两节关于博格锡安的讨论，如不做特殊说明，都是对于 Boghossian, "Anlyticity Reconsidered" 一文讨论的重构。

护。博格锡安认为，蒯因对于分析性概念的批评仅适用于形而上分析性，而不涉及认识论分析性。

然而事实上，博格锡安本人构造的针对形而上分析性概念的批评也不同于蒯因。他的要点是，语句 S 具有特定意义这一事实等同于 S 表达特定命题 P。S 为真需要满足两个条件①：第一，S 表达 P；第二，P 是实情（the case）。S 是形而上分析的，在此语境下，则意味着仅就它表达命题 P 这一事实，S 即为真。而条件二，关于 P 本身是实情，抑或不是，则成了不相干之事。这显然是不成立的。至于认识论分析性，它包含的两个要素，无论意义掌握还是信念辩护，都不直接关涉语句真值本身，因而不受这种诉诸世界所处实情的批评策略的攻击。同时，认识论分析性要求对信念 S（即以语句 S 所表达命题为其内容的信念）的辩护不必诉诸经验，如果 S 是认识论分析的话。这恰恰满足了先验辩护的标准，并使认识论分析性具有构成先验辩护解释项的可能。

围绕一般分析性概念，博格锡安提出了两个理论：弗雷格式分析性（本文称为"同义词分析性"）与卡尔纳普式分析性（本文称为"隐定义分析性"）。根据同义词分析性，S 是分析的，当且仅当，对 S 中的语词做统一的同义替换的产物 S' 是逻辑真理。所谓逻辑真理，即对该语句中的非逻辑词项做任一语义诠释，该语句都被包含此诠释的模型所满足。② 以"单身汉都是男人"为例。将"单身汉"同义替换为"未婚成年男人"，则有"所有成年未婚男人都是男人"这一逻辑真理。这里，我们对于两个词项的同义关系的知识是对相关词项的意义把握的一个构成要素。由此，我们对持有同义词分析性语句为真的信念的辩护包含两个环节：第一，语言主体对于语词同义性的把握；第二，主体对逻辑真理的把握。相应的，此类辩护的先验性亦包含两个条件：第一，语词同义性知识是先验的；第二，关于逻辑真理的信念是先验的。

隐定义分析性可刻画为：S 是分析的，当且仅当，S 是出现于它之中的某个词项 c 的隐定义。所谓隐定义，即为使 c 具有意义，语言主体需假定为真的语句集。我们可将这种基于承诺特定语句集为真的语词意义固定机制做进

---

① 博格锡安本人的具体论述与本文有明确差异，然而根据笔者的理解，他的论证实质正是本文展开的思路。
② Willard V. O. Quine, "Two Dogmas of Empiricism".

一步分析。首先选取构成隐定义的语句 Pc(隐定义语句中须由被定义语词 c 的出现)并假定它为真。由于 Pc(本文将统一用 Pc 指代关于 c 的隐定义语句)是 c 的定义项,在 Pc 中的 c 的意义暂未确定,我们无法确定它的语义贡献。这使得 Pc 作为语句的整体意义是未定的。但由于存在多个隐定义语句,并且它们所包含的非 c 词项的意义已然确定,我们可以基于 Pc 为真这一预设,确定所有 Pc 的各自的使真者(truthmaker)相重叠处的客观事项。并通过这一客观事项来固定 c 的语义内容,亦即 c 的意义。这意味着,作为语言主体,我们仅对特定 Pc 语句集的(或明确或隐含的)选取与承诺,即可确定并把握 c 的意义。换句话说,主体对于 c 的意义把握由她对特定语句(即隐定义语句)为真的承诺所构成。进一步,仅基于 c 有意义与 Pc 为真保证 c 有意义这两个前提,我们就可以构造对信念 Pc 的有效辩护。这两个前提无关于经验事实,而单纯存在于主体对 c 的意义把握之中,因此对信念 Pc 的辩护可由此意义把握充分实现。

博格锡安同时保留两个分析性理论,并让两者承担了不同的针对辩护的说明任务。确切说,同义词分析性为部分概念真理信念提供说明,隐定义分析性为部分概念真理与逻辑真理信念提供说明。然而笔者认为,存在至少三个理由,使得隐定义分析性成为统一的说明方案,并替代同义词分析性。

第一,利用同义词分析性说明概念真理信念辩护的先验性的策略注定是不充分的。任一对概念真理信念辩护的先验性说明最终都要诉诸替换所得的逻辑真理信念辩护的先验性特征。然而后者只能基于隐定义分析性为它的辩护先验性特征提供说明。

第二,蒯因针对语词同义性概念的挑战仍未得到有效回应。他提供了三个针对语词同义性的说明方案:词典定义、语义澄清(explication)与可替换性。根据词典定义,语词同义性由词典规定为标准,然而后者来源于日常语言同义性;语义澄清以语词在含义清晰的使用语境下的等价表述为该语词的同义语,而表述等价性预设了在先的同义性;可替换性以内涵语境(包括模态与命题态度语境)下的替换保真为同义性标准,然而后者预设了分析性概念。三个方案都涉及循环界定,这使得同义性概念成为难解的(unintelligible)。至于博格锡安对于蒯因批评的回应,却设定了更强的理论靶子。他将蒯因对分析性的整体批评做了两种解读:分析性作为语词性质自身不融贯;分析性作为语词性质即便融贯,也是必然不可例示的。而对两个解读的回应是,它们都伴随着语义非实在论(semantic irrealism)或意义不确定性后果,这显然不可接受。因此蒯因的批评无法成立。至于语词同义性概念的疑难,在他的回应中不见踪影。并且,这些疑难同样迁入了认识论分析性语境下的同义词分析性概念之中。

第三,语词同义性关系不仅可逐一置换为隐定义关系,更可基于后者得到解释。这里存在两个置换方案。方案一:任给两个词项 s 与 t,s 与 t 同义,当且仅当,"s 是 t"是 s(或者 t)的一个隐定义语句。方案二:任给两个词项 s 与 t,s 与 t 同义,当且仅当,s 的隐定义语句集等价于 t 的隐定义语句集。至少在外延上,语词同义性关系皆可由相关语词的隐定义所定位。从理论解释的角度,语词同义性是一种语言现象,而语词的隐定义则构成了语言的意义确定机制,在此意义上,机制层面的隐定义恰好可以做现象层面的同义性的解释基础。

综上所述,隐定义分析性不仅为先验信念提供充分且全面的解释,也可作为同义词分析性的解释基础。因此我们将隐定义分析性作为最终的认识论分析性理论,并为先验辩护提供说明。

三 隐定义先验辩护理论

首先对先验辩护的隐定义分析性解释的基本要点做一大体说明。主体 A 能够持有信念 P_c,预设了 A 对于 c 的意义的把握。c 有其特定意义这一事实又以 P_c 为真为前提。可以说,持有信念 P_c 本身就以 P_c 为真为先决条件。信念 P_c 因此自动获得辩护。并且,这一辩护根源于 A 作为语言主体,对于 P_c 这一隐定义语句为真的承诺。既然信念 P_c 的辩护存在于 A 关于语词 c 的隐含意义设定,这一辩护必定是先验的。我们所需的,则是这种基于隐定义的先验辩护的具体形式。

博格锡安构造了一个演绎推理形式,可以作为基于隐定义的先验辩护的模板:

1. 如果 c 意指它所意指之物(to mean what it does),那么 P_c 为真。

2. c 意指它所意指之物。

3. 因此，Pc 为真。

前提 1 是关于隐定义分析性的一个标准表述；前提 2 是关于 c 的基本意义事实。通过分离规则，我们得到构成信念内容的结论 3，由此实现了对信念 Pc 的推理式辩护。博格锡安进一步引入博奇[①]的"授权（entitlement）"概念；即，对于特定主体而言，在形成有效辩护的一切相关要素都已到位的情况下，即便没能形成明确的辩护，主体的相关信念仍具有形成辩护时信念所具有的知识地位。根据笔者的理解，认识论授权仍以可辩护性为必要条件；换句话说，仅对我们理论上能够形成明确辩护的信念，主体才可能具有认识论授权。事实上，信念 Pc 的知识地位与先验性特征取决于这个推理式辩护模板的有效性与先验性。

这个推理式辩护存在两方面问题：一个涉及规则循环（rule-circularity），[②]关乎推理有效性；一个涉及两个前提的先验性地位，关乎推理先验性。

规则循环问题存在于"蕴涵"这一逻辑常量的隐定义。根据隐定义方案的典型做法，我们可以为"蕴涵"找到一集真命题作为它的意义构成者。当然，作为逻辑常量，适当的隐定义构成者不应是承载真值的具体命题，而是作为重言式的命题结构；例如"P 蕴涵（（P 蕴涵 Q）蕴涵 P）"。黄敏[③]指出，这些命题结构本身可视作推理规则在命题层面的反映。具体说，我们对于推理规则的有效遵守就存在于我们在特定命题结构之间实现保真（truth preserving）的移动。根据这一思路，我们还可以同等有效地将逻辑常量的隐定义界定为一集推理规则，并承诺基于规则的命题结构移动具有保真性。与之等价，"蕴涵"的隐定义亦可由形如"分离规则是有效的（或：是保真的）"的语句构成。至此，我们可以把"分离规则是有效的（或：是保真的）"代入辩护模板的 Pc，得到一个关于分离规则有效性断言的基于逻辑常量"蕴涵"的隐定义推理辩护。可以看出，这个辩护本身就是一个基于分离规则的推理，其有效性恰恰

---

① Tyler Burge, "Individualism and the Mental", *Midwest Studies in Philosophy* 4 (1) (1979):73-122. 转引自 Boghossian, "Anlyticity Reconsidered"。

② Paul A. Boghossian, "How Are Objective Epistemic Reasons Possible?", *Philosophical Studies*, 106 (1-2) (2001):340-380.

③ 黄敏：《为分析性辩护》，《哲学研究》，2012 年第 4 期。

依赖于分离规则的保真性。也就是说,虽然推理的结论并未作为前提出现于推理步骤中,却被推理本身的有效性所预设。这个模板包含了涉及规则的循环论证,它的有效性是成疑问的。

关于辩护先验性的一个直观是,若被辩护者是一个推理的结论,那么推理所涉前提应当只包含先验信念。然而问题是,先验辩护模板的两个前提的先验性地位都是成问题的。霍里奇[1]对前提1的先验性地位提出了质疑。他认为,我们有必要引入一个第三方解释项 E,一方面以此解释 c 何以具有意义,另一方面解释 c 的意义如何确保 Pc 为真。对 E 的界定取决于关于意义的实质性理论。在缺乏对 E 的实质性刻画的情况下,前提1作为条件句,对它的可能辩护的先验性地位取决于后件命题信念的辩护先验性。后件命题作为辩护模板的结论,它的先验性地位只能来源于模板这一推理过程的先验性特征。由此陷入循环。

关于前提2(确切说,关于"它所意指之物"这一词项),我们可对它做归属性与指称性两种解读。[2] 根据归属性读法,"c 意指其所意指"仅仅是诸如"它是它"一类的同语反复。对它可做先验辩护,但它的内容是不足道的(trivial),并且会使得前提1过于实质化。根据指称性读法,"c 意指其所意指"意味着语言主体主观可把握的围绕 c 的语言现象确实是由一个内部自洽,并且外部契合于全局语言系统的隐定义所支撑,无论这隐定义由语句还是语言规则所构成。考虑到语言的公共性与专家分工特征[3],我们似乎缺乏理由去断言语言主体对于隐定义的把握是一种先验知识。另外,即便假定语言主体基于反思所得的语言表面现象观察结论是先验的,隐定义作为一种隐含的(implicit)语言机制,对它的把握也不应自动继承它在语言现象层面的产物的先验性特征。因此,前提2的先验性地位是成疑的。

先验辩护模板无论其有效性还是先验地位,都面临严峻的挑战。我们需

---

[1] P. Horwich, "Stipulation, Meaning, and Apriority", in *New Essays on the A Priori*, ed. by Paul Boghossian & Christopher Peacocke, Christopher, OUP, 2000, pp.150-169.

[2] 关于两种解读的区分,参见 Keith S. Donnellan, "Reference and Definite Descriptions", *Philosophical Review* 75 (3) (1966):281-304。

[3] 关于语言的公共性与专家分工特征,参见 Tyler Burge, "Individualism and the Mental". 与 Hilary Putnam, "The Meaning of 'Meaning'", *Minnesota Studies in the Philosophy of Science* 7 (1975):131-193。

要寻求一个替代性辩护方案。事实上,博格锡安①在讨论演绎推理的辩护传递(justification transference)问题时提出的认知无咎性(epistemic blamelessness)条件同样可以引入基于隐定义的先验知识辩护策略,并构成我们所需的替代方案。基于博格锡安对于辩护传递本身的可辩护性的讨论,我们可以构造演绎推理有效性辩护的两难困境。假定演绎推理可被辩护,那么辩护途径无非两种:内部论进路与外部论进路。内部论进路涉及推理主体对于推理过程的反思,并明确构造论证以支持其有效性。然而此类论证或因其直接性而需诉诸某种具有神秘主义色彩的直觉主义方案,或引入推理过程而陷入上文讨论的规则循环问题。外部论方案则只能采取某种形式的可靠主义(reliabilism):我们的信念是可辩护的,根源于导出此信念的认知过程是一个客观上的保真过程。然而如博格锡安指出,单纯由可靠过程导出的信念是认知责任缺失(epistemic irresponsible)的。比如,我有一种猜中骰子点数的神秘能力。每次骰子在暗盒里滚动时,我就会产生一种不可遏制的信念,认定骰子最终会定于大或小,并且从未失手。可以设想,产生此类信念的认知机制是可靠的,因而满足可靠主义辩护标准。但是此类信念仅仅是发生在我身上(happen upon)的,于我而言只能被动承受。在行动领域,对于这种单纯发生、而无能动性(agency)参与的主体行为,主体此行为的产物是不承担责任的。类似的,认知主体无从参与,而单纯由自发认知过程的可靠性保证产物为真的信念,主体对其也是责任缺失的。

为了打破这一两难困境,可以引入博格锡安提出的"认知无咎性(epistemically blameless)"概念。笔者认为,这种无咎性亦可被视作先验辩护有效性的充分条件。这个思路的隐含洞见可做如下澄清。首先做一个工作假设,我们迄今有关语言的讨论同样适用于作为思想(thought)构件的概念。由此,我们对于 Pc 为真的(语言实践层面的)承诺作为对 c 的意义把握的实质所在,本身即我们得以形成相应思想(thought)或信念的先决条件。换句话说,我们持有特定(包含 c 的)信念这一心理行为本身以对 Pc 为真的承诺为其成立前提。将对 Pc 的承诺对等到相应推理规则(常见情况如对形如"x 是 c"的语句的引入或取消),结论则改为——特定思想的形成以对特定规则(即围绕 c 的

---

① Paul A. Boghossian, "Blind Reasoning", *Aristotelian Society Supplementary* Volume 77 (1) (2003):225-248.

推理规则)的遵守为先决条件。换句话说,一个心理片段(mental episode)仅当被界定为遵守特定规则的心理行为,它才成为具有特定内容的思想,而非单纯的神经—生理反应。无论是规则有效性还是 Pc 为真性,作为人类认识性活动的前提,在我们开展认知活动的过程中,都不可避免的,连带的做了对它们的承诺。既然我们的认知活动是具有自主性以及一定程度的自我监控能力,并因而是承担责任的人类活动,那么我们对于规则有效性/Pc 为真性的承诺连带承担认识论责任。在承担认识论责任的基础上,我们的承诺若没有明确地违背基本的认识论规范,那么这些承诺就是认识论无咎的。更进一步,若我们能够对某些承诺提供合法的理据或辩护方式,那么分享同样承诺的共同体成员,对此类承诺都有了认识论授权。

至此,我们建构了一个基于隐定义分析性的先验辩护理论:对于逻辑、数学与概念信念的先验辩护存在于它们的认知无咎性特征。无咎性的根源在于这些信念的内容作为语词与概念的隐定义,构成了人类思想与语言活动的先决条件。人类活动的自主性使得隐定义信念承担认知责任,又因对认知规范性的隐含遵守与敏感性而具有无咎性。

四 挑战与回应

本节将讨论两个针对隐定义方案的重要挑战,并逐一做出回应。

卡萨莱诺[①]认为,推理规则的有效性承诺与逻辑常量具有其意义这两者,互不构成充要条件。在关于两个方向的讨论中,卡萨莱诺对于推理规则有效性承诺的非必要性讨论尤其重要。他以否定、析取和全称量词使用中出现的反例为例,试图说明接受推理规则并非理解逻辑常量的完整意义的必要条件。否定案例如下:当我面对眼前的黄色小球,我直接看到它不是蓝色。我的视觉结论基于视觉经验直接获得,无须任何借助否定引入规则的推理为中介。析取案例如下:我看到张三进入一个只有两个分岔的山洞,我合理地相信他要么在分岔 A,要么在分岔 B。根据析取引入规则,由张三在分岔 A,可以推得我的结论,由张三在分岔 B,亦可推得同样的结论,再无第三种可能。

---

① Paolo Casalegno, "Logical Concepts and Logical Inferences", *Dialectica* 58 (3) (2004):395-411.

然而在这个案例中,尽管两个可做析取引入推理的前提都尚未确立,我已经形成了析取结论。全称量词案例如下:当我看到几十个小球布满墙面时,我可以在一瞬间看到所有小球都是黄的。如果我的全称判断是根据全称量词引入规则的推理结论,我就需要观察墙上的每一个小球。我显然无法在一瞬间做到这一点,因而这里不存在遵守引入规则的推理过程。针对三种逻辑常量,这三个案例共同说明了,我们具有一下子(in a flash)针对特定场景获得逻辑复杂语句的能力,而不必基于逻辑简单语句通过引入规则而得出。因此,各类量词的逻辑引入规则并不能穷尽各自案例中这些量词的真实引入规则。

然而,上述案例中信念形成的瞬时性尽管可以作为结论获得的直接性的有利佐证,却不能构成决定性的证据。在更细致的观察下,我们能够辨认出各自案例中被包裹或被隐藏的推理过程。在否定案例中,我们真实所见的有且只有黄色小球,而绝非"不是蓝色"这种性质。毕竟,若能直接看到不是 A 色,那么同样的,我们同时直接看到了不计其数的不是 X 色,这显然不可能。更合理的说明方案是,我看到了黄色,再根据"黄色对象不可能同时是蓝色"这一概念真理,推得它不是蓝色。在析取案例中,当我们附加诸如"人类在同一时刻只能处于无间隔的同一区域"等形而上假设,并从"张三或者在两个分岔之一,或者在洞外"这一前提通过选言三段论,排除洞外可能,亦可获得案例中的析取性结论。关于全称量词案例,若引入"若存在不是黄色的小球,则它会吸引我的注意",以及"此刻没有什么吸引我的注意"两个前提,亦可推得"只有黄色小球"这一全称判断。总的来说,通过主观内省所发现的瞬时性并不能真正确保逻辑常量引入的简单性。事实上,这些瞬时信念同样可能是遵守引入规则的推理过程的产物。而关于瞬时性的主观反思的不可靠恰恰是引入规则作为隐定义的隐含性的一种表现。①

根据霍里奇②的讨论,意义设定并不能保证 Pc 为真。考虑任一语句 u,它

---

① 围绕基于知觉直接获得包含复杂逻辑结构的判断的案例,产生了一系列争论。参见 Paul A. Boghossian, "Inferentialism and the Epistemology of Logic: Reflections on Casalegno and Williamson", *Dialectica* 66 (2) (2012): 221-236. 以及 Timothy Williamson, "Boghossian and Casalegno on Understanding and Inference", *Dialectica* 66 (2) (2012):237-247. 本文限于篇幅,无法展开。笔者的初步判断是,这一争论逐渐转入认知领域,与本文试图发展的思路处于不同论域。

② Paul Horwich, "Stipulation, Meaning, and Apriority", in *New Essays on the A Priori*, ed. by Paul Boghossian & Christopher Peacoke, Christopher, OUP, 2000, pp.156-169.

是 Pc 的逻辑后承。假定基于已有的其他理论,我们无法接受 u。由此,我们将无法接受 Pc 自身。对此,一个改进的方案是引入对 Pc 所涉局部理论为真的在先信念为条件,形如"若存在 x,有 Px,则 Pc"(拉姆塞语句)。此处的在先信念由前件实现,这是一个实质性理论,并且是经验性的。只有后件单纯相关于 c 的意义设定,在可扮演隐定义角色的语句中,固定 c 的语义贡献。这一方案会导致一个三难困境:如果关于 c 的意义设定包含整个条件句,那么这种条件句形式本身缺乏先验知识所要求的实质性;如果意义设定仅包含后件,那么它只是关于特定语义单位的符号选择的断言,不涉及客观事实;如果坚持保留意义设定的实质性特征,那么对应的则是作为存在句的前件,而这显然是经验性的。

基于博格锡安相关讨论的启示,c 的意义设定应为整个条件句。[1] 相应的,以 Pc 为内容的先验知识的实质性由对"存在 x,有 Px"的隐含断言所实现。然而,这种隐含的存在性断言在 c 的意义设定中实际上扮演了预设或承诺的角色。基于隐定义而为信念 Pc 提供充分的辩护基础的,是这一条件句的后件。因此,对于信念 Pc 基于隐定义分析性与认知无咎性的辩护策略,仍旧是一种先验辩护。

五　结论

至此,我们可以给出一个完整的基于隐定义分析性的先验辩护理论。信念 Pc 是先验的,则要求对信念 Pc 的辩护不依赖于经验。另一方面,根据认识论分析性,语句 Pc 是分析的,意味着对 Pc 的意义把握足以提供对信念 Pc 的辩护。两者结合,信念 Pc 的先验性要求对它的辩护由主体 A 对 Pc 的意义把握充分实现。再由隐定义分析性,c 意指其所意指(具有特定意义)由 Pc 为真(Pc 作为 c 的隐定义)所保证。引入语言与认知主体 A。A 之所以把握 c 的意义,就在于她(隐含)接受或承诺 Pc 为真。A 对 c(语词与概念)的意义把握是 A 具有包括信念 Pc 在内的,以 c 为构成要素的一系列思想与信念得以成立

---

[1] Boghossian, Paul, "Blind Reasoning," Aristotelian Society Supplementary Volume 77 (1) (2003): 225-248.

的先决条件。A 对 Pc 为真的承诺作为人类自主的精神生活得以实现的先决条件，因而是认知负责的。对 Pc 的承诺满足认知规范，因而是认知无咎的。在缺乏明确积极辩护手段的情况下，信念的认知无咎性同样构成了辩护的充分条件。A 的信念 Pc 根源于构成意义把握的，对 Pc 为真的承诺（隐定义），因而是认知负责且无咎的。由此，A 的信念 Pc 是得到辩护的，并且是一种基于隐定义分析性的先验辩护。

参考文献

[1] Burge, Tyler (1993)., Content preservation. *Philosophical Review* 102 (4):457-488.

[2] Boghossian, Paul, "Analyticity Reconsidered", *Noûs*, 30 (3) (1996):360-391.

[3] Boghossian, Paul, "How Are Objective Epistemic Reasons Possible?" *Philosophical Studies*, 106 (1-2) (2001):340-380.

[4] Boghossian, Paul, "Blind Reasoning", *Aristotelian Society Supplementary* Volume 77 (1) (2003):225-248.

[5] Casalegno, Paolo, "Logical Concepts and Logical Inferences", Dialectica 58 (3) (2004):395-411.

[6] Donnellan, Keith, "Reference and Definite Descriptions", *Philosophical Review* 75 (3) (1966):281-304.

[7] Kitcher, Philip, "A priori", in *The Cambridge Companion to Kant and Modern Philosophy*. ed. by Paul Guyer, Cambridge University Press, 2006, pp. 28-60.

[8] Horwich, Paul, "Stipulation, Meaning, and Apriority", in *New Essays on the A Priori*, ed. by Paul Boghossian & Christopher Peacocke, Christopher, OUP, 2000, pp. 150-169.

[9] Peacocke, Christopher (1993)., How Are A Priori Truths Possible? *European Journal of Philosophy* 1 (2):175-199.

[10] Putnam, Hilary, "The meaning of 'Meaning'", *Minnesota Studies in the Philosophy of Science* 7 (1975):131-193.

[11] Quine, Willard V. O., "Two Dogmas of Empiricism", *Philosophical Review* 60 (1) (1951):20-43.

[12] Williamson, Timothy, "Boghossian and Casalegno on Understanding and Inference", *Dialectica* 66 (2) (2012):237-247.

[13] 黄敏：《为分析性辩护》，《哲学研究》2012 年第 4 期。

Implicit Definition and *A Priori* Justification
—A Reconstruction Based on Boghossian's Approach

Sun Qianqian

Abstract: In contemporary context, Boghossian's discussion leads to the revival of the analytic approach to a priori justification. Based upon his discussion, Carnap's idea of implicit definition can be constructed as a unitary theory of epistemic analyticity, which characterize an analytic sentence as an implicit definition of some term occurred in the sentence. The belief holding an analytic sentence to be true satisfies the condition of epistemic blamelessness in virtue of the role of implicit definition it plays. Therefore, it is qualified as being *a priori* justified.

Keywords: A priori justification, epistemic analyticity, implicit definition, epistemic blamelessness

陈鼓应:《庄子人性论》

北京:中华书局,2017 年

一

在中国哲学史上,"人性论"议题似乎一直是儒家的"思想专利",并以性善、性恶为两种典型理论形态;相比之下,在对道家思想的研究中,与天道观念相关的宇宙论、本体论更显精彩,因此也更受学者关注,并堪称"道家哲学主干说"①的核心论点。尽管在论述"道家哲学主干说"的时候,陈鼓应先生也强调了道家人生哲学的高迈与超远,并对庄子之"心"所透显出的审美性与艺术性多有阐发,但尚无建构"道家人性论"的理论自觉。而且,陈先生虽然在大学时代即已经关注"人性论"议题,毕竟还是因为对西方人性论的隔膜以及对儒家人性论的反感而将这一问题"长期搁置"了。这样来看,陈鼓应先生新近出版的这本《庄子人性论》,既可看作对"道家哲学主干说"的纠补性论证,也可以视为对中国哲学人性论问题的扩展式理解。如此一来,庄子与道家也便完整涵容了"性与天道"这两个中国哲学的核心议题,而中国传统人性论思想也会因为"性真""性美"观念的提出而更显周全了。

综合来看,陈鼓应先生思考庄子人性论议题的学术背景显然是多元的:一是在以形上学为核心建构的西方哲学那里,人性论不受重视;二是西方宗教传统中的先天性恶论太过灰暗,与中国的人文精神格格不入;三是在中国

---

① 陈鼓应:《道家在先秦哲学史上的主干地位》,陈鼓应主编:《道家文化研究》(第十辑),上海:上海古籍出版社,1996 年。

哲学内部,孔孟儒家往往是在"心性论"传统中讨论人性问题,而未及"情性论";四是对道家哲学的研究往往偏向超越之天道等形上问题,而未及内在之心性话题。这样,在"中—西""儒—道""超越—内在"的对照之下与张力之中,陈鼓应先生以"情性论"为中心而构建出的"庄子人性论"就颇显独特而珍贵。

需要强调的是,陈鼓应先生的思想向来不仅仅是"学术问题"的产物,更浸透着对"人生问题"的真情实感与深切体验。对于学术思想与人生经历互为促发、交相辉映的陈先生来说,他所面对的首先是人生问题,其次才是学术问题;甚至可以说,人生问题是激发陈先生思考并解决学术问题的本源动力。在学术问题的生成与解答上,陈先生实非"以知养恬"或"以恬养知"者,而是"困"而知之、以知纾困者。正因如此,陈先生对庄子哲学中的"困苦意识"一直颇为着意且深感共鸣,这集中体现在他对"逍遥"的解读上。陈先生认为,"逍遥"的实质并非"在高塔上乘凉",而是"寄沉痛于悠闲",蕴蓄着一股波涛汹涌的"愤激之情"①。乍看上去,"困苦""沉痛""愤激"等词与"逍遥"精神似乎格格不入,但若潜入到《庄子》文本的内在脉络与义理深处,便会发现陈先生的说法方为入木三分的探骊之言。

细读《庄子人性论》一书便可察觉,尽管上述的那种沉痛感依旧是挥之不去、如影随形的,但却并非其基调与主调了。在我看来,《庄子人性论》的情绪毋宁说是"悠闲"而"安恬"的,指示着陈先生道家研究的一个新的阶段。按照陈先生自己的表述,这就是一个从"任其性命之情"向"安其性命之情"的思想转化。② 如果说"任其性命之情"阶段的陈先生是放任的、批判的、激越的,盈满了以苦闷为底色的冲创意志与批判精神;那么,在转入"安其性命之情"的境界之后,陈先生的心境便趋于安然、安和、安适,而更多呈现为在"心灵的故乡"自适其适的逍遥态度与相尊相蕴的融通精神了。这种观念变化,按照尼采的说法,是由"骆驼精神""狮子精神"向"婴儿精神"的转进;按照老子的说法,正是一条"大曰逝,逝曰远,远曰反"的归根复朴之路;按照庄子的描述,可

---

① 陈鼓应:《庄子人性论》,中华书局,2017 年,第 4 页。
② 参见陈鼓应:《庄子人性论》,《陈鼓应著作集·总序》。按照陈先生的说法,可知"任其性命之情"阶段的代表作是《尼采新论》与《庄子的开放心灵与价值重估——庄子新论》,"安其性命之情"阶段的代表作是《道家的人文精神》与《庄子人性论》。

谓照应着大鹏通过抟扶摇而起、去以六月息而归栖南冥的过程。在此转进之中,不仅陈鼓应先生的心境趋于安恬,其生命心灵亦更显开放、学术视野也更趋博大、人文关怀亦更为淳厚了。

二

在安恬、平和而洒落的心境中,陈鼓应先生将眼光投向了庄子哲学中最具魅力的"心""性""情"等议题,并以更阔大的思想视野与更丰富的生命阅历为参照,徐徐展开了一幅清淡雅致、韵味悠长而精诚之至、美不胜收的思想画卷。

《庄子人性论》一书共分五章,依次以《庄子》内篇之"心"、《庄子》外杂篇之"心"、《庄子》之"性"、《庄子》之"情"以及《庄子》抒情传统的后代回响为主题。通过精要的文本梳理、精准的概念界定、精致的思想构架、精彩的风格阐说,陈鼓应先生铺叙并构建出了《庄子》的人性论思想。在陈先生那里,庄子綮然大观的人性论系统可谓是以"心"为本体,以"性真""性美"为特质,而以"情"为归宿的;尤其是从中抉发出的"性真说"与"情性论",将庄子人性论的独特魅力与高妙意趣鲜明地呈示了出来。

"性真"显然是与孟子的"性善"相对而言的。陈鼓应先生认为,与"性善"相比,庄子的"性真"观念不仅更贴近先秦时期"自然人性论"的主流传统,还资取了老子的形上道论而予之以更深远的"形上理据"[①],也即以"道之真"为"性之真"进行形上奠基,最终指向的是"缘而葆真"的道德境界与"采真之游"的审美境界。可见,"性真"不仅能在更深微的本体层次上安顿"性善"之道德境界,也能在更广大的存在维度上开显"性美"之审美境界,委实比孟子的"性善"论更极高明、致广大,实际上是一种更好的人性理论。当然,鉴于陈鼓应先生已经由"任情"转向了"安情",故对孟子性善论的态度并非排斥或诋訾,而更强调"性真"与"性善"的"互补"或"两行"。或许正是因此缘由,陈先生才更高扬庄子哲学的审美意蕴与美学价值,以为孟子或儒家的"道德人生"

[①] 在陈鼓应先生看来,《庄子》人性论的特色之一就是"庄子的人性论系统地由形上道德论引申出来,而孟子的学说则尚未建立明确的形上理据"(陈鼓应:《庄子人性论》,第69页)。

留出一些"地盘"吧！

在"性善论"的理论模式之下，陈鼓应先生认为汉宋之儒必然会据之而推衍出"尊性黜情"或"性善情恶"的"斥情"观念，从而导致生命活力的干枯与僵化；与之相比，更贴近自然人性论的"性真"则会涵容生命中的本真情绪、情感与情意，并以"任其性命之情"的生命激发与"安其性命之情"的生命安顿为归宿。相较而言，庄子"性情一体"的生命观念显然在理论上更为完整、在实践上更富活力，因此，《庄子人性论》非常强调庄子对"情"的阐发与守护的文化意义，并通过对王弼、嵇康、刘勰、王安石、苏轼、李贽等人的性情观的描述，勾勒出了一条中国思想史上的"抒情传统"；此外，陈先生也将"文学"领域的钟嵘的物感说、刘勰的神思说、宗炳的畅神说以及公安派的性灵真趣说纳入了这个传统之中，从而将《庄子》的生命感怀与情感守护论定为中华文明之"绵延不绝的文明血脉"的源头。

有一个问题是，按照《庄子人性论》的章节安排来看，可知陈鼓应先生对《庄子》内篇与外杂篇之间的思想区分是非常明确的，总体而言，陈先生将外杂篇对"心""性""情"的论述界定为对内篇相关思想的强化或扩充。如果说对于"心"与"情"，这种思想的一致性与延续性尚可谓言之有据；最大的疑问就在于，《庄子》内篇并未出现"性"字，那么，我们应如何看待并解释这种特殊的文本现象？可惜的是，在"庄子论人性的真与美"一章中，陈先生并没有回应这个疑难问题，而径以外杂篇的文本材料为基础而阐述了"《庄子》人性论"。在我看来，庄子在一个诸子纷纷言"性"的时代不言之应该是一个有待解释的思想史现象，而非不证自明或不言而喻的。

三

在《庄子人性论》中，陈鼓应先生非常强调庄子哲学的审美取向、美学色彩与艺术精神。从美学或艺术的角度契入，当然能对庄子哲学的"大美"有所体味；然而，若仅以"审美心境"为核心而将庄子之"心"阐释为审美活动、审美情趣、审美境界，是否又会弱化庄子心学的哲学品质并窄化其多元可能呢？就《庄子人性论》来看，这种担心或许不是杞人忧天，一个直接而明确的例证就是，在"开放的心灵与审美的心境——《庄子》内篇的心学"一章中，陈先生梳理了《逍遥游》《齐物论》《养生主》《德充符》《人间世》《大宗师》六篇的心学文献，却未曾专门论述有着"游心于淡""用心若镜"等重要材料的《应帝王》篇。倘使严格依照这两处材料的文本脉络，只能将"游心于淡""用心若镜"解读为庄子政治理念的表达①，而政治理念与生命、艺术还是有一定距离的，或许正因如此，陈先生才对《应帝王》篇采取了"存而不论"的论述策略吧。

而且，因为陈先生对心灵境界与审美情趣太过着意，故在阐释一些概念与文句的时候，往往会将之与原来的语境剥离而进行美学化的极致推阐或片面解读，这难免会使某些概念与文句偏离了原来的意旨。比如，《人间世》篇的"心斋"观念本来是孔子晓谕颜回的一种处理与君王关系的独特方式，或者说处世、处事的具体策略，并非完全或主要是修身养性的虚静工夫与精神境界；再如，陈先生以《知北游》所谓"山林与！皋壤与！使我欣欣然而乐与！"为庄子体会山水之乐的例证②，却忽略了此后紧跟的"乐未毕也，哀又继之"，也便改变了原文要突出的"哀乐无定"的意旨，而只是片面强调山林之乐了。这些白璧微瑕的细节问题提示我们，在解读《庄子》文本的时候，寻章摘句、概念分析的方法很容易受到论者价值观念的左右，客观与审慎的处理态度还是非常必要的。

当然，虽然《庄子人性论》一书偏重于庄子的美学精神，但这并不意味着陈鼓应先生不了解或不重视庄子的人文精神与社会关怀，对此，陈先生反而一直是念兹在兹、了然于胸的，这正是其另一部大著——《道家的人文精神》（中华书局，2015年）——的核心论题。陈先生认为，人文精神与社会关怀是"安其性命之情"的题中之意："安其性命之情"即"秉持伦常、相尊相蕴、汇通物我"③，指向的是自我与他人、外物、世界的融洽关系；而且，在陈先生看来，正如从"任其性命之情"可以顺转而入"安其性命之情"一样，庄子的"内圣"（开放心灵与审美心境）是可以直接通达"外王"（齐物精神与多边思考）的。

---

① 陈鼓应先生对庄子心学的政治性问题实际上是有明确认知的，在《庄子人性论》的"心通道境：心灵的内修与审美空间的外移"一章中，陈先生说："《应帝王》的'游心于淡'与'合气于漠'相呼应，在治理天下的语境中，指的是以开阔、宽容的心境施行顺应民情的原则。"又说："心神的自适、和谐与虚静能够点化困顿的现实与妄为的施政。"（陈鼓应：《庄子人性论》，第63页）或许为了保持结论的一致性，陈先生并未在"开放的心灵与审美的心境——《庄子》内篇的心学"一章中论述这一问题。
② 陈鼓应：《庄子人性论》，第59页。
③ 同上书，第130页。

如果说《庄子人性论》是庄子的"内圣学",《道家的人文精神》则揭示了庄子的"外王学",陈鼓应先生通过这两本著作建构出了庄子完整的"内圣外王"之学。因此,唯有将《庄子人性论》与《道家的人文精神》两本书合而观之,才能真正理解陈鼓应先生之庄学研究的成熟理路与整全关怀。当然,相较于"内圣"面的阐幽抉微而言,陈先生对庄子的"外王学"只是提出了一些核心原则与基本精神,未及进行条分缕析的细密论述;在我看来,这些未尽之蕴与未发之覆,正是后辈学者应该"接着"陈先生去思考、讲论的重要研究方向。

(王玉彬,山西大学哲学社会学学院副教授)

石井刚：《齐物的哲学：
章太炎与中国现代思想的东亚经验》

上海：华东师范大学出版社，2016年

中国近代是一个社会政治剧烈变动的时代，也是一个思想学说异彩纷呈的时代。近代的思想家们身处中西古今的交融碰撞之中，对于中国与世界、传统与现代的问题从各自不同的角度给出了自己的独特思考。在中国现代化的过程之中，这些思考中的绝大多数都未能转化为现实的历史进程，但这并不表示它们失去了价值。实际上，当代中国仍然处在这一尚未完成的现代化进程之中；我们仍然面临着近代思想家所提出的诸多问题，也分享着他们对这些问题的思考。因此，对于近代思想史的研究，不仅是为了还原当时的社会思想状况，而且是为了更好地认识当下、思考未来；近代思想并非已成明日黄花的历史陈迹，而是仍然有待深入挖掘的思想宝库。

在近代的众多思想家中，章太炎（1869—1936）无疑是十分引人注目的一位。鲁迅称其为"有学问的革命家"，概括了章氏生命活动的两个主要方面；不过，这一评价以"革命家"为落脚点，则大体反映出章氏在近代史上影响最大、也最为人所熟知的形象。关于章太炎的个案研究，以往在革命话语的笼罩性影响之下，主要集中在他作为"革命家"的一方面，学术和思想领域的研究处于从属地位；近几十年来则呈现出更多关注后者之独特价值的趋势，出现了不少史学、语言学、儒学、佛学、哲学等领域的多元研究成果。在这种总体趋势之中，近年来有一支颇为令人瞩目的研究路径，即以后现代主义为方法论，着重发掘章太炎思想中对于（西方）现代性话语的质疑，以及对于中国现代化的独特反思。此种研究不是将章太炎的思想作为有待解释的客观对象，而是将其看作仍然充满活力的思想资源，试图在与其对话的过程中，重新

反思"现代"及其多种可能性。① 日本学者石井刚(Tsuyoshi Ishii)近期出版的中文著作《齐物的哲学:章太炎与中国现代思想的东亚经验》在很大程度上也是上述研究路径的成果。②

一

该书是一部论文集,除"中国版序文"外,收录了作者近年来关于章太炎以及东亚现代思想研究的六篇论文。各篇论文尽管发表场合不同,但却分享着共同的问题意识和相对集中的论述主题。正如书名所显示的,作者主要关注的是东亚地区的现代性问题,而章太炎的相关思考——被称为"齐物哲学"的思想体系则提供了反思上述问题的基本参照点。需要注意的是,这里的"东亚"不仅仅是指称相关区域的地理概念,更是指以汉字为主要载体的东亚文化圈,在本书的论述范围内则以中日两国为主。汉字文化圈内的各国家/地区不仅在漫长的前近代史上共享着汉字书写的经典,而且在资本主义向东亚扩张的近代也面临着同样的现代化问题。当然,历史境遇的相似性并不必然意味着发展模式的相同,东亚各国家/地区仍然有着各自独特的地理环境、社会结构和历史进程,在现代化过程中也主动或被动地选择了各不相同的发展道路。不过,正是这种相似性,使得相互差别的个体之间的沟通成为可能,我们可以在以汉字(或曰中文)为媒介的交流中实现与他者的相遇。③ "与他者邂逅"是作者反复言说的现实关怀。在今天的全球化时代,这似乎是一件再简单不过的事情;但实际上,真正的邂逅必须建立在对他者的尊重与理解的基础之上。为此,超越语言的隔阂、拒绝母语的自我封闭就成为最基本的

---

① 这种研究方法以汪晖(《现代中国思想的兴起》中的章太炎研究及其他相关论文)为代表,海外则有慕惟仁(Viren Murthy, *The Political Philosophy of Zhang Taiyan: The Resistance of Consciousness*, Leiden Boston: Brill, 2011)与之相呼应。
② 需要注意的是,该书与汪晖的研究方法仍有不少区别。首先,该书的问题意识是"东亚的现代",而非"现代中国",因此是以东亚汉字圈(主要是中日)为视野进行观察和研究;其次,作者认为,在明清学术范式的转变之中,有一股从清代考据学内部延伸出来的哲学话语,为清末章太炎等人所继承和发展,因此密切关注章太炎与清代学术特别是戴震之间的关系。详见下文。
③ 近代中日朝各国人士之间的众多笔谈资料为此提供了最为直观的证明。目前国内学界已经进行了若干整理工作,如《日本藏晚清中日朝笔谈资料·大河内文书》的出版(王宝平主编,杭州:浙江古籍出版社,2016年)。

一项工作。作者所强调的"中文"的意义正在于此:

> 在这里,"中文"已经不是以现代国民国家为单位的民族语言,而是一个内含他者的交流平台;用中文思考、写作并发言的我也已经不可能是单一语言的主体,其本身就是从可追溯的起源异化出来,拒绝本真性的多元主体了。①

语言作为与他者进行交流的基本工具,"从一开始就必然地内含他者性";因此,他者内在地构成了自我存在的一部分,与他者的邂逅实际上成为自我认知以及建立主体性的必要环节。

在此基础上,作者对"中国哲学"这一学科名称提出了质疑。哲学作为一种寻求真理的人类活动,其本身就是以普遍性为前提和目的的;而在"哲学"之前加以"中国"这一现代民族国家的名称加以限定,实际上将其降格为一种地方性知识。这样一来,不仅否定了中国文化传统具有普遍价值的可能性,而且将前近代历史上形成的东亚汉字圈中的日本、韩国、越南等国家和民族排除在外。为此,作者提出"中文哲学"(Sinophone Philosophy)这一概念,试图超越现代民族国家框架,"在对普遍性的关怀和渴望之下将'中国哲学'放到开放的公共知识话语当中",以此丰富哲学内涵、扩大哲学外延。另一方面,东亚汉字圈的现代化转型并非是在互相孤立的民族国家内部进行;东亚各国不仅共同面对着相同的世界历史背景,区域内部的各国家和民族之间也有着异常密切的交往互动,分享着共同的历史经验。② 在此意义上,对于东亚现代化进程的观察和反思也应该超越现有的国家界限,而以"东亚"这一整体视野为着眼点。

正如作者所说,东亚地区至今在很大程度上依然尚未完成现代化转型,同时又面临着全球化等后现代的生存条件。在两者的张力之中,我们应该如何追问东亚现代性问题?能否发现一条独特的发展道路? 又如何在多元主义的今天重建普遍性,为人类的"共生"提供另一种选择? 在思考这些问题的

---

① 石井刚:《齐物的哲学:章太炎与中国现代思想的东亚经验》,上海:华东师范大学出版社,2016年。第2—3页。
② 1909年10月26日,朝鲜志士安重根在中国东北哈尔滨火车站刺杀了日本前首相伊藤博文,随后被设在旅顺的日本关东都督府地方法院判处绞刑。在东亚现代化的视野之下,这一充满传奇色彩的历史事件颇具象征意义。

时候,东亚近代思想家们在20世纪的探索或许可以为我们提供诸多启示。而章太炎的"齐物哲学"则是其中不可忽视的重要思想资源。

"齐物哲学"这一概念是日本学者高田淳(Atsushi Takata,1925—2010)对章太炎在辛亥革命前后的思想的概括。① 章太炎于1906—1911年旅居日本,在从事革命活动的同时,撰写了大量的哲学、小学、史学和政治学论文,并完成了《齐物论释》《国故论衡》等"一字千金"的代表作。这是他在近代史上影响最大的时期,也是他的学术和思想基本成熟的时期。"以佛解庄"的《齐物论释》(1910年完成,1914或1915年修改完成重定本)则是其哲学思想的集中表达。章太炎在这一时期对构成现代性的诸多基本要素——历史目的论、进化主义、民族国家、资本主义、民主代议制等都进行了质疑和批判,并提出了以"不齐而齐"的"一往平等"为核心的齐物平等思想。很多学者都指出这种齐物哲学是为了对抗西方中心的现代性普遍话语而提出的民族本位的抵抗思想。作者则认为,不能因此认为章太炎就是反普遍主义的,他的理论仍然立基于某种普遍性诉求之上,这才是齐物哲学的价值所在。因此,章太炎的思想应该被放置在东亚乃至世界这样更为广阔的历史情境之中进行考察和发掘,才能真正发挥其价值。

二

就本书内容而言,作者最关心的问题之一是如何建立现代的主体性。在《"道之生生不息"的两种世界观:章太炎和丸山真男的思想及其困境》一文中,作者将章太炎的齐物哲学与日本近代思想家丸山真男(Masao Maruyama,1914—1996)关于现代性的思考进行了比较研究。丸山和章太炎虽然有着现代主义和反现代性这种根本立场的差别,但是两人同样面临着如何建立现代主体性这一普遍问题。为了打破日本思想史的"执拗的持续低音"(或"古层"论)这一思想传统,建立以"作为"为核心的政治主体原理,丸山诉诸古代武士阶层"忠诚/叛逆"观念中所包含的注重源于自我意识的道德情谊观念,以建立现代主体意识。而章太炎设想出所有个体之间绝对平等的多元世界图景,

---

① 高田淳:《辛亥革命と章炳麟の齊物哲学》,东京:研文出版,1984年。

并提出"心"这一具有内在普遍性的概念,试图以此建立以内在自我为基础、拒绝任何外部限制的主体实践原则。不过,章太炎仍然需要面对"东夏众生耽乐生趣"这一中国文化心理的缺点,而丸山对于如何跨越"对上级、集体或制度的忠诚"和"对自我的忠诚"之间的区别这一关键问题也未能提出有效的实践方案。他们都试图从普遍的视角建立现代的个人主体性,却仍然不得不面对本国(民族)文化的若干缺陷。

这一困境不仅提示出现代化转型中的普遍性与特殊性的辩证关系,而且也指向国家与个人这一对矛盾。现代主体要求打破任何外在的强制束缚,只服从于内在的自我意志;然而外在环境对于个体的约束与塑造作用实际上无所不在,而国家/民族又是其中最强有力的外部存在。丸山很难摆脱"自己意识不到的对正统性的探求"这一思维的限制,章太炎也无法否定本国历史与民族情感之间的牢固联结。而建立在资本主义体制下的民族国家又是东亚国家完成抵抗侵略和实现现代化的双重历史任务所必需的道路。在这种历史情境之下,一些东亚知识分子从个人价值的角度对国家理念进行了批判。《超越国家的国家想像:章太炎和高山樗牛》一文就是对这一被东亚现代化进程所压抑的思想暗潮的考察。在章太炎的国家理论中,一方面在个人本位的价值取向上否定国家的存在意义,认为国家只是为个人生命这一目的而设立的"人造物",另一方面又反复强调并非出于"安全"目的的民族情感的重要性。两者构成了难以化解的悖论,但这未必是章太炎个人的思想缺陷,而是这一问题本身所包含的困境。与之相比,日本明治后期的个人主义思想家高山樗牛(Takayama Chogyu,1871—1902)同样试图挑战国家存在的本然性。他从尼采的"本能主义"出发,将国家看作内在主体性的依托,国家的正义与否取决于能否使"人性本然的要求"充分发挥;换言之,国家只有作为个体价值崇高理念的现实化存在时,其存在才是合法的。实际上,不仅章太炎和高山两人,姊崎正治(Masaharu Anesaki,1873—1949)、斋藤野之人(Shinsaku Saito,1878—1909)以及鲁迅(1881—1936)等人在这一时期也都明显地表现出对这一问题的关切。这种相似并不是一种巧合,而是 19 世纪末 20 世纪初的日本现代化进程的整体氛围的产物。正如作者所说,这种个人主义思潮仍然是后现代条件下思考个人生存问题的一个重要资源。

作为上述问题意识的延续,作者在战后日本思想史上发现了文学家武田泰淳(Taijun Takeda,1912—1976)。武田在二战期间曾前往中国战场,这给他带来了"杀过中国人的一方"的负罪感,亦即"活着的羞辱"。在作者看来,他将这种"羞辱"所带来的孤独感全部投入到书写活动中,以此作为触摸他者心灵、面对自我罪责的尝试。而实际上,每个个体都由于经历过灭亡或他者的死亡而承载着"活着的羞辱",如何带着这种羞辱面对他人和世界或许正是邂逅他者、塑造自我的伦理契机。如上所述,本书所收录的《实践的思想,思想的实践:有关个体生存的追问及"我们"的时代》一文对这种"羞辱"基础上的主体实践并未深入论述,而由该文扩展而成的另一篇论文《从"受苦"出发的主体实践》[1]则进一步展开上述思考。作者将从武田的历史意识推导出来的主体观念称作"受苦的主体性",联系到近代日本侵略东亚各国的历史,这种"受苦"(及其反面"吃人者")是具有普遍性的。而武田的文学实践所体现出的"文"的伦理实践,则为我们展示出不囿于国家而向无数个体生命开放的人文精神纽带之可能性。这就是作者所提倡的"文"的共同性(或"文"的共通体)的伦理内涵。

三

上文所述的几篇论文体现出作者对于现代主体性之建立的关切。由于作者的问题视野集中在东亚地区,因此这些文章普遍采用了横向比较的方法,即将以章太炎为代表的中国近代思想家与以高山樗牛、武田泰淳和丸山真男为代表的日本思想家进行比较,并试图在此基础上提炼出具有普遍意义的现代性反思。可以说,这种空间化的比较方法体现出日本的东亚史研究传统对于作者基本视野的影响。与此相对,本书的问题意识还存在一条纵向即时间维度的线索,也就是通过对中国明清学术转型与近代思想之间的连续性的关注,试图发现一条不同于西方的中国现代性的历史脉络。这种努力可以看作是对于自内藤湖南(Konan Naito,1866—1934)等人开启的多元现代化叙述脉络的接续和深化,而作者特别关注的则是清代考据学中所蕴涵的现代

---

[1] 石井刚:《从"受苦"出发的主体实践——武田泰淳文学中的中国历史与"吃人"问题以及反思日本现代性的契机》,《开放时代》,2016年第6期。

因素。

在《〈庄子·齐物论〉的清学阅读:反思启蒙的别样径路》一文中,作者通过对比《齐物论》及其历代注释中关于视觉和听觉的讨论,试图揭示出在清代《庄子》学中有着一条不同于西方近代启蒙的"别样径路"。就《齐物论》的清学解读来说,他们使用理性的语言来揭示《庄子》对于语言局限性的思想内容。这一悖论显示出《庄子》的独特思考,即对于语言局限性问题的解决不能简单否定语言,而是要寻找另外一种语言的存在方式。同时,语言问题也直接关系到人对于世界的认识方式以及人的生存本身。《庄子》拒绝语言之外的超越性存在,实际上也是对高踞于"吹万不同"的万千生命之上的超越性存在的拒绝,从而"天籁"的寓言直接指向对于他者生存的关怀。

按照作者的叙述,之所以这一思潮同样可以被称为"启蒙",主要原因在于它拒绝了前近代的形而上学,以一种理性主义的话语方式表达思想;也就是说,仍然符合"启蒙"的基本含义——理性与去魅。另一方面,尽管这一传统学术话语的转向有着明清时期传入的西学知识这一重要机缘,但却并非西方启蒙思想的复制和翻版,而是显示出中国式的独特思考。就此而言,作者反对将《庄子》解读为东方思想独特性的代表,然后对西方现代思想进行外在批判;而是坚持"现代性"这一普遍主义立场,从中国社会内部发掘出不同于西方的另一种现代性,从而在现代性内部进行反思,借此重新探索更具普遍性的现代性之可能。

《齐物论》的主题,既有对语言局限性的反思,也有对个体生存的关注。面对同样的文本,郭象、成玄英等人与清代学者的解读有着不同的指向。按照作者对清代《齐物论》注释的分析,我们不难发现,清代学者的解读方向与章太炎的齐物哲学极其相似。这种相似性是出于"早期启蒙思想"的共同关注,还是有着直接的思想史关联,尚需进一步考察。可以确定的是,章太炎对语言问题的思考、对齐物平等的阐发,都受到了《齐物论》的深刻影响。《"言"和"文"的真理表述:章太炎的语言实践,或者哲学话语方式》一文就重点分析了章太炎对哲学话语方式的独特反思。章氏受到唯识佛教和庄子哲学的影响,对于语言有一种深刻的怀疑:语言也是一种分别,不能等同于事物本身;因而,语言所表述的只是一种"见",难以达到真理。但另一方面,人类只能通过语言进行思考和表达,这是由人类自身的局限性所决定的。因此,不能因为语言无法达致真理就放弃对语言的使用,真正的问题是:如何在语言的限制之内尽可能地接近真理,采用何种话语实践的方式才能更有效地表述真理。在章太炎的文论中,追求真理的话语方式是由两个面向组成的:一个是以《说文》为法典的逻辑方式,另一个是以对话为基础的论辩方式。前者属于"文",后者则来源于"言"。前者表明他对于普遍真理的追求,后者则是在"齐物"的关怀之下对于个体生命言说的保留。他的话语方法论就是以"文"和"言"的张力为中心,试图寻找真理的普遍性与个体生命的特殊性兼得不偏的一种实践方式。

章太炎的语言实践是对处在明清学术转型进程之中的戴震(1724—1777)学术的批判继承。戴震的经学中心主义和西学中源说表明其仍未摆脱一元中心论的思维模式。就此而言,同样作为清代考据学的继承者,刘师培(1884—1919)要比章太炎更为接近戴震。在《敢问"天籁":关于章太炎和刘师培两人哲学的比较研究》一文中,作者比较了两人的方言理论和政治哲学的不同。章、刘的方言研究都是对戴震音韵理论的主动接续。概而言之,刘师培的方言理论是一种周圈论的"中心—周边"模式,认为各种语言是从单一起源逐渐演变扩散而来的。这种一元论反映到他的政治哲学,就是一元目的论的无政府主义平等观。与之相比,章太炎则以"成均图"为核心的环状音韵理论否定了语言起源一元论的假设,这与他的多元主义、反目的论的齐物哲学之间存在着明显的类比关系。值得注意的是,作者并未简单地以反目的论否定历史目的论,而是指出两者或许更是一种共生关系。一元主义的目的论叙事会忽略不同处境下的具体情况,压抑个体和各民族的特殊性;而多元主义的反目的论则很容易陷入相对主义,甚至拒绝与他者相沟通的可能性。因此,问题并不在于肯定或否定,而是在于在二者的张力之中思索重构普遍性的可能。

四

经过以上略显繁琐的重述,我们得以对该书的方法论作一简要总结。第一,作者将章太炎的思想视为仍然充满活力的理论资源,尝试以后现代主义为分析工具,发掘其中可供当下利用的有益因素。不过,作者并未因此对现代性全盘否定,而是在现代与后现代的张力之中反思西方中心的现代性叙事,追问普遍主义的可能性,揭示出国家与个人、语言与真理等问题的复杂面向,进而为东亚现代性探索新的可能。

第二,作者从纵、横即时间和空间两条线索对章太炎的齐物哲学进行定位和考察。就纵向来看,章太炎对现代性问题的独特思考并非前无所承,作者特别强调明清学术转型中的近代因素、特别是戴震学术与章太炎思想之间的紧密联结。就横向来看,章太炎的思想更是与整个东亚现代化进程、特别是中国和日本的近代历史情境密不可分,而日本的思想家为我们更加深入地理解章太炎提供了必不可少的参照系。可以说,以上两条线索都为章太炎思想研究提供了更为广阔的视野。

第三,章太炎的学术思想涉及小学、史学、哲学、政治思想等诸多领域,是一个各部分相互连贯的统一整体。然而,在现代学科体系之下,这个整体被划分到不同学科之下进行研究,从而造成各部分之间的联系被割裂,难以全面展示其思考的整体图景。作者在本书中对章太炎的语言哲学和方言理论的分析,正是试图打破现有学科体制的隔阂,还原章氏思想整体面貌的一种努力。实际上,对于大部分中国思想家的研究都应采取这种方法。进而言之,这也是突破"中国哲学"的现有思维框架、全面考察中国传统思想、进而探索现代中国哲学可能性的必然要求。[1]

作者通过对国家、语言等问题的讨论,试图建立一种超越民族国家的个人主体性,这显示出鲜明的后现代主义的立场。不过,这种"超越"是否可能,则是一个需要被追问的问题。正如章太炎的国家理论所显示的,国家/民族之于个体并不能被简单地看作一种外在的强制力量,而是个体生存所无法摆脱的基本处境。即便是武田泰淳的"受苦的主体性",也仍然是基于作为杀害"中国人"的"日本人"的经历而产生的。狭隘的民族主义固然需要被批判和超越,然而对于国家/民族的彻底否定不仅会陷入取消自我主体性的危险,而且根本上也是不可能实现的。真正重要的问题在于,生存于民族国家框架之

---

[1] 近年来,中国哲学界关于如何建构现代中国哲学进行了多方面的探索。就哲学建构来说,李泽厚的"情本论"、陈来的"仁学本体论"都做出了有意义的尝试。就方法论研究来说,陈少明(《做中国哲学:一些方法论的思考》,北京:三联书店,2015 年)等学者也进行了深入的讨论。

内的我们，能否意识到这种无形的塑造力量，从而自觉地批判和选取，在国家与个人的张力之中建立自我的主体性。

另一方面，作者以东亚作为基本的问题视野，对于中国近现代思想史的研究无疑具有重要的启发意义。不过，对于以理解"中国"为基本目标的研究者来说，局限于这种视野却容易造成另一种遮蔽。以汉字文明为基本内涵的"东亚共同体"，主要包括以汉族为主体的"中原"地区，却难以完整地覆盖整个中国。而无论从历史上看，还是就现实而言，中国都是由多民族、多地域、多文明相互交融而形成的"多元一体"的文明体。以汉字或汉族为着眼点来认识中国，就难免会忽视广大内陆地区对于建构中国的重要意义。这正是章太炎的《中华民国解》所显露的问题。因此，对于理解现代中国而言，东亚视角固然重要，"内亚"视角也同样不可或缺；如果考虑到目前的研究状况，对后者的关注就显得更为紧迫。再者，就作者关心的如何重建普遍性这一问题而言，"内亚"视野也具有更为重要的方法论意义。①

作为一部篇幅不大的论文结集，本书当然不可能穷尽章太炎思想的各个方面。在作者的视域下，章太炎对资本主义制度的批判、他的佛学思想、他与明治日本思想界之间的关系等，都是有待进一步梳理和研究的问题。但作为一部有着明确问题意识的研究著作，作者的理论视野、方法论以及具体的研究结论都为章太炎思想研究注入了新的活力。

(吕存凯，北京大学哲学系博士研究生)

---

① 如孙歌近年来提倡"亚洲原理"，以亚洲各国家/地区的差异性为前提，提出了一种新的普遍性思考模式："普遍性就是个殊者之间的理解媒介，是差异状态下个殊者的开放性自我完成。"这种尝试成功与否尚需进一步讨论，但其指出的"亚洲原理"以及中国的"亚洲性"，显然有着比"东亚汉字圈"更为广阔的历史和现实视野，也因此能够更为完整地理解"中国""亚洲"和"世界"。参见孙歌：《寻找亚洲原理》，收于张志强主编：《重新讲述蒙元史》，北京：三联书店，2016年，第200—247页。

唐纪宇:《程颐〈周易程氏传〉研究》

北京:人民出版社,2016 年

程颐在宋明理学乃至中国哲学史中所居的根本性的重要地位可说是毋庸赘言。秦汉以来儒家思想与时代精神所面临的"异端似是之非""百代未明之惑"①,正是通过二程兄弟倡明道学而涣然而散,中国思想由此翻开新页。然而,与其哲学成就不相称的是,在当代中国哲学史的研究中,关于程颐哲学的典范性专著迄今尚不多见。这似乎反映了程颐思想研究中的某种普遍性的困难。从思想形式上看,这一困难与如何处理语录和经解两种不同的文体之间的关系密切相关。

在中国哲学史学科中,宋明理学研究自一开始就形成了高度成熟的范式。这一范式的基本方法是从语录入手,将理学家的语录按照核心概念分门别类,以哲学语言整理而表出。其进一步应用,则是将理学家著作中非语录类的其他材料同样作为类似的思想片断插入其间,借以构建起以核心概念为框架的思想体系。从语录入手的范式为宋明理学研究建立起了宏观的规模,时至今日,我们在对基本问题和核心范畴的把握上仍然深深受惠于这一范式的指引;但当我们在前人基础上试图对理学作更加细致的理解时,便不免感到某种方法论上的局限。这种局限在于:在宋明理学特别是宋代理学著作中,经解占有相当重要的位置,经解而非语录才是程颐等理学家最为宝而视之的思想论述;仅仅关注语录或者节选经解作为语录使用,不对经解作整体性的认识,就难以把握经解作为一种特定文体本身所阐释的经典文本、所具

---

① 程颐:《明道先生行状》,《河南程氏文集》卷十一,《二程集》(上册),王孝鱼点校,中华书局,1981 年,第 630 页。按,此本系程颐评价程颢思想成就之语,但二程的思想总旨相似,哲学成就亦复相近,故以此兼论二程。程颐亦有"我昔状明道先生之行,我之道盖与明道同,异时欲知我者,求之于此文可也"之语。见朱熹:《伊川先生年谱》,《河南程氏遗书》附录,《二程集》(上册),第 346 页。

有的问题意识,难以通过细入肌理的方式呈现出理学家是在怎样的经典脉络中、借由怎样的注释体例生发表达出自己的思想,因而也就难以如其所是地发现一种思想真正的洞见所在。这也就是朱伯崑先生所说的"见枝叶而不见本根"之弊,"脱离经学史,谈历代哲学思想,总有隔靴搔痒之感,不能揭示出其形成和发展的理论渊源"①。因此,对于类似程颐这样以经解为重要思想形式的理学家,尝试回到作为哲学话语发生背景的经学语脉当中,通过细致绵密的解释学分析呈现出其思想产生与发展的复杂内涵、结构与节奏,就是力图如其所是地诠解其思想者所不得不遵循的解释道路。②

从经学问题中阐发哲学思想,或说在哲学史视野下开展经学研究,通过朱伯崑先生极具典范性的《易学哲学史》而成为切实可供遵循的研究范式。此后,学界关于易学哲学的研究大多受到这一范式的深刻影响。就程颐研究来说,近年来已经有数种以《周易程氏传》为中心的著作问世。其中,唐纪宇先生新近出版的《程颐〈周易程氏传〉研究》(以下简称《研究》)特别值得关注。此书是作者在博士论文基础上修订而成,所秉持的正是"哲学史视野下的经学个案研究"③的思想进路;其分析之细密、论证之深入、视野之全面,皆在前人的基础上有所推进。可以说,此书的出版为程颐哲学研究提供了新的起点。以下,我们首先对全书的结构略作介绍,然后就书中的若干核心论题加以述评。

《研究》分为上下两篇,上篇为解释学研究,下篇为哲学研究。在上篇中,作者分别以《易传序》、释象和释爻为中心,对程颐易学观的基本立场和《周易程氏传》中最具特色的成卦、卦德、卦才与随时取义、中重于正等解释概念和体例作了详细说明。在下篇中,作者以上篇对于解释方法的分析为基础,着重就程颐的理学、易学与政治哲学思想加以论述。书末附有作者对于《易序》、程颐改《易》情况以及二先生语的考辨,和对点校本《周易程氏传》标点的勘误。

首先来看上篇。对于作为经解文本的《周易程氏传》,《研究》的基本思路

---

① 朱伯崑:《序》,《易学哲学史》(第1卷),北京:华夏出版社,1995年,第1页。
② 对于任何哲学的解读当然都不止一种进路。这里只是说,以经学文本为中心呈现出程颐思想的基本面貌,乃是进一步综合研究的思想前提。
③ 唐纪宇:《程颐〈周易程氏传〉研究》,北京:人民出版社,2016年,第2页。

是从其易学体例入手,透过体例把握《周易程氏传》的哲学思想;因而,上篇解释学研究部分对于体例的解读可说是全篇的基础所在。作者在此部分的论述从易学观、象、爻三个由大到小的层面次第展开。

在首章中,作者以对《易传序》的解读为纲,通过与王弼、胡瑗易学的对比,指出与玄学易以老解易不同,程颐易学自觉承继并深化的是胡瑗直承孔子、以儒解易的传统;与图书易以图解易不同,程颐易学遵循的是以传解经、由辞解易的思路。作者对于程颐直承孔子、由辞解易的解释立场和思路的揭明十分重要:被视为孔子所作的《易传》,在程颐易学中扮演着解释对象和解释原则等多重角色;程颐注《易》在根本上是对《易传》的模仿,其释彖释爻的诸种体例,都是在以辞解易这一原则下对于《易传》特别是《彖传》的发明与展开。认识到《易传》在《周易程氏传》中的中心地位,我们才能见出程颐解易的系统性与一贯性。

在首章澄清了程颐的基本易学观和解释原则后,作者转入对其释彖释爻体例的分析。对于体例的解读在根本上要回答的是这样一个问题:在程颐看来,《易传》是如何在对卦爻辞的注释中具体阐发出其义理的。这部分构成了全篇的一大重点和特色。

在第二章《释彖》中,作者拈出卦序、成卦、卦德、卦才和时等概念作为程颐释"彖"(卦辞与《彖传》,下同)的基本体例,其把握之精准,分析之细腻,极见精彩。以成卦、卦德与卦才为例。此三概念乃程颐注"彖"常用之语,前人已多有讨论,但尚未点明三者在程颐易学中的地位如何,或者说程颐使用此三概念的意旨何在;作者的特出之处即在于,将三者完全置于程颐的视野当中,说明此三概念在程颐易学中所具有的解释功能与含义。作者指出,程颐以成卦、卦德与卦才概念包指的是《彖传》中的不同部分,意在区分《彖传》各部分所指向的不同解释对象,所反映的是程颐对《彖传》与卦名、卦辞之间关系的认识。具体说来即是:在《彖传》中,成卦解释的是卦名之义,卦德解释的是卦辞中占辞所指向的发展趋势或结果,卦才则是卦德之"所以然",是《彖传》对卦辞中卦德所以如此的进一步说明。①《彖传》所解释的是一卦之大体,《彖传》结构既彰,则一卦之整体境遇亦随之明确。作者以细致的辨析和整齐

---

① 唐纪宇:《程颐〈周易程氏传〉研究》,第41、62—64页。

的形式还原了程颐注"象"的具体手法,由此,不仅程颐注"象"的体例跃然而出,《象传》本身的结构也得以发明显豁。

作者对于诸体例的析论并不止于宏观地指出其含义与功能,而且详细地考察了这些概念在《周易程氏传》中的言说方式,以枚举的方法归纳出其具体的形式与含义。例如,关于成卦,作者梳理出程颐论成卦之义的不同体例,分别从二体、卦变等角度对各卦成卦的不同情况作了说明;又如,关于时或所谓叹卦,作者除依《周易程氏传》列出时、时义与时用三类十一例外,又对各类的具体情况作了更为细致的分疏。① 在归纳与分析的交叠使用中,思想的含义得到了清楚揭示,概念的结构得到了合理安顿。这种将材料类聚观之、注重从概念的言说方式中提炼思想的处理方法贯穿全篇,可说是本书的一大亮点,十分值得注意。从后文来看,作者的这一细读方法有取于前人对《周易程氏传》的研究,②而细致程度大大过之。这一方法使得作者一来能够以尽可能细密的方式讲明程颐释"象"的体例,二来得以通过对读发现体例之中所隐含的哲学思想,如对程颐卦序背后作为原因的"理"的发掘,即其显例。③ 以这样的细致解析为基础,作者对此前研究中的不少成说有所驳正,如程颐《贲·象》注所举成卦的七种情况是否可以看作对于成卦体例的穷举说明,卦德与卦才是否可以混同为一,④等等。其说皆论据详密,立论平正,信实可从。

第三章《释爻》则从更为微观的层面对程颐注《易》的手法进行了解读。此章的重点主要在于对于随时取义和中重于正两种《周易程氏传》特有体例的论述。与成卦等概念类似,这两种体例同样早为学者关注,故论述的难点不在于对体例含义作出简单说明,而在于系统考察两种体例在程颐易学中的定位,指出体例与其所表达的思想之间的内在关联。关于随时取义,作者从两方面辨明了这一体例可能存在的疑似之惑:一方面,就解释体例而言,随时取义是一种解释手法,是根据不同的"时",对爻与爻、爻与卦等注释之间的差异所作出的解说,本身并不指向特定的义理内涵,不能与作为哲学命题的随时变易以从道相混淆;另一方面,就价值取向而言,随时又不意味着随意,看

---

① 唐纪宇:《程颐〈周易程氏传〉研究》,第68—67页。
② 同上书,第142页。
③ 同上书,第36—37页。
④ 同上书,第42—43、63—65页。

似散漫的解释方法有着内在一贯的原则,即维护一卦的整体性和中与正等价值在《周易》文本中的一致性。① 这样,随时取义的含义就在与体例与思想的双重语境中得到了关联性的阐释。关于中重于正,作者在简单说明其在《周易程氏传》中的使用情况后,便由体例过渡到思想,着重阐发中所以能够重于正的哲学根据。作者援引朱子的相关论述,分析指出:正与中分别指向"从道"和"随时变易以从道";或者说,正与中意味着合价值性与将这种合价值性在实践中不偏不倚地实现出来,价值与实践的体用关系是中重于正这一体例之所以然。② 这里,我们已经可以看到作者将体例解析与义理论述相结合的努力。此外,本章对于《周易程氏传》所使用的思想资源的考察、对于"刚中""柔中"及其所指向的品格与材质关系的分析同样十分精彩,值得读者留意。

从第四章《理学思想》起,全书转入下篇对于《周易程氏传》哲学的论述。此部分重在概念含义的辨析与阐释,作者在与前人研究的对话中进一步展示了突出的思辨概括和文本细读能力。我们以第四章为主,略举三例以明之。首先来看"理"的含义。作者指出,关于《周易程氏传》中"理"的含义,土田健次郎先生所谓"理"往往与"自然"连言的发现无疑十分富有启发性,但土田氏的阅读尚欠细致,程颐注释中类似的表达方式除了"理自然"外,还有"理之常"与"理之正"。这意味着,"自然"不能赅尽"理"的全部内涵,理作为价值的平常、经常之义和权衡是非的判准作用仍有待于"常"与"正"来承担。③ 重点提出"常"与"正",以与"自然"并列,无疑是对程颐"理"概念的儒家特征的深入揭明。这一解读完全依照土田氏从语例中提炼思想的方法,却能超而胜之,可谓入室操戈。又如理一分殊,作者因察觉到以普遍与具体来解释理一分殊在程颐语境中所可能遭遇的困难之处,而将二者看作道德实践中的互补关系。④ 这是将理一与分殊分别对应于仁与义:理一是合彼我为一体,即所谓仁,分殊是据分位以行仁,即所谓义,理一与分殊都作动词使用。应该说,这一解读与原文语脉确实颇为切合。再如才与性的关系。学者多以程颐所谓生之谓性等同于才,认为其人性论可概括为天命之性与生之谓性/才两层,作

---

① 唐纪宇:《程颐〈周易程氏传〉研究》,第79—84页。
② 同上书,第111页。
③ 同上书,第142页。
④ 同上书,第159—160页。

者却从程颐语录"受于天之谓性,禀于气之谓才"诸语出发,认为性是生而自然、有待实现的本质,才则是所以实现此本质的资质或材料,故即使是作为人受生以后实际禀受之性的生之谓性,也同样是言其本质,不能与材料混同。由此,作者对程颐的人性论作了不同于"天命之性—生之谓性"的性气二元论解释。① 程颐生之谓性与才的复杂关系背后,是气这一概念在早期理学中究竟处于怎样的地位的问题,此问题要到朱子才能得到进一步的发显和处理。作者敏锐地察觉到了其间的复杂性,其抉发对于我们理解这一问题有所助益。

在全书的最后两章,作者以上篇中的体例研究为基础,对《周易程氏传》中的时、位、才等易学概念和以君道、臣道为代表的政治哲学作了进一步的理论阐释。以第六章政治哲学部分为例。《周易程氏传》对于君道、臣道的论述都是在爻位说下展开,不同的爻位组合代表了君臣关系的不同情况。作者将程颐关于君臣关系的论述落实在二五两爻的四种阴阳组合之中,分析指出:在一般性的历史处境中,中常之君配刚明之臣是较常出现的、可以希冀的良好搭配;在中常之君乃是常态的大背景下,儒者必须有为以振民育德,但这并不意味着中常之君只是待臣行事,相反,程颐对于君主的才德无疑是有所期待和要求的。对于以现代的虚君说理解程颐的做法来说,上述解读无疑更加切近程颐思想的真实面貌。② 在澄清了君臣共治的确切含义后,作者对《周易程氏传》中的君臣之德与立身行事之道作了清晰具体的梳理和解释,在对于君臣之道的阐发中自然地突显出了《周易程氏传》作为政治哲学文本的主题所在。

统观全书,除了在具体观点上多有的见外,作者的方法论意识也特别值得我们关注。其一是注重从语例中提炼体例和思想。作者不空立框架,不悬设先见,而是对文本所自然呈现的脉络与特征加以概括,在系统归纳的基础上展开分析,故其所立体例、所论思想能够做到有本有源,可信可从。其二是始终在哲学史、易学史的脉络中展开论述。全书对于程颐易学思想的分析始终是在与王弼、孔颖达和胡瑗易学的对话与对比中进行,在多角度的对比中,程颐在易学理论上的创新以及此种创新背后所反映的哲学观念的差异得到

---

① 唐纪宇:《程颐〈周易程氏传〉研究》,第179—191页。
② 同上书,第242—243页。

揭示，其在哲学史上的意义也得以彰显。其三是思想解读与文献考证的紧密结合。作者对于程颐思想的系统论述来源于扎实的文本阅读，而作为文本细读前提的则是对程颐相关文献的细密考辨。书末所附的诸篇考证和辨误充分显示了作者在此方面所下的功力。这些考证不仅充当了可靠的文本背景，而且具体地参与到了思想论述当中，如关于程颐改《易》的考察就为说明《周易程氏传》中的卦德问题提供了具体可信的佐证。[1] 以上方法并不仅仅适用于《周易程氏传》，对我们分析把握其他哲学文本也有普遍的参考意义。

作者以《周易程氏传》为中心，对程颐的思想作了全面细致的绎读，同时也开启了一些相关问题的进一步探究的空间。例如：程颐视野中的易学传统，是否可以归纳为文本派与图书派的对立？从《易传序》关于辞变象占的论述来看，程颐以义理解易所对治的主要还是汉代以来的象数易学，图书之学是否在程颐的视野中占有如此重要的位置，似乎尚有讨论的余地。又如，程颐取一爻以解卦的方法是否可以说是对王弼的卦主说无所继承，中重于正是否可以解读为体用关系，似亦可商。但无论如何，作为一篇关于《周易程氏传》的典范性研究，本书无疑在宏阔与细密两个方面都极为出色地达成了它的目的。

作者在2011年撰成博士论文后，又经数年修订打磨，方始付梓。故本书虽为新近出版，实际上却是作者多年研究理学和易学心得之所聚。本书未出版时，作者的博士论文稿已经在相关领域的青年学者和学生当中产生了一定影响，近年来一些围绕胡瑗、二程易学思想与文献问题展开的博硕士论文研究，多得益于本书所提出的问题意识与分析方法。相信本书的正式出版能够进一步推进学界对于理学与易学的关注和讨论，为相关研究提供一个扎实可信的基础和可供参照的范例。

（李震，北京大学哲学系博士研究生）

---

[1] 唐纪宇：《程颐〈周易程氏传〉研究》，第266—273页。

倪梁康:《胡塞尔与海德格尔》

北京:商务印书馆,2016 年

> 这种在科学评价中以及在与人格的关系中的逆转是我生命中最沉重的宿命之一。
>
> ——胡塞尔

> ……一个人可以是一个思者同时又是一个小人……这是一个谜,而海德格尔将这个可怕的谜留给我们。
>
> ——汉斯·约纳斯

胡塞尔与海德格尔的关系早已成为学界的一段公案,而《黑皮本》的出版又于此间掀起波澜。倪梁康先生的这本书便是梳理二者关系史的不错的专著。这本书不仅梳理了二者私下和公开的相互评论,而且还涉及他们的亲炙弟子关于这段历史的回忆和评说,可以说是对那时候的德国大学体制内高级知识分子之间社会交往以及心路历程的浓缩。

现在学界似乎已经对思想家的生活进行了"悬置判断",除非在茶余饭后当成谈资,几乎没有谁会对思想家的生活进行严肃而专门的探讨。即使存在如此做的现象,它也会被列为不学无术的典型表现。因此人们本着既然吃到了鸡蛋就没必要非得过问下蛋的鸡的超然态度,将思想家的生活束之高阁。但是思想家的思想真的能够脱离他的生活来考虑吗?倪梁康先生给出了非常明确的回答:"这种脱离思者本人的动机来思考一种纯粹思想的做法当真是可能的吗?如今这听起来像是现代神话!"(第 8 页)我们需要面向事情本身,实事求是地还原出胡塞尔—海德格尔二人的关系史,由此或可揭开西方哲学传统中的重大问题。

全书除了序言、引论和附录之外，共八讲①，可分为三部分。第一部分（前四讲）对应二者关系史的四个历史阶段（1919—1923、1923—1928、1928—1938、1938—1976），着眼于大学体制之内二者的个人关系和私人交往；第二部分（五六讲）是从反犹主义和纳粹主义的角度来分析二人之间的关系，着眼于当时德国的政治社会背景；第三部分（七八讲）是从内在的思想角度来梳理二者关于历史问题的思考，着眼于二人思想上存在的内在关联性。因此这本书可以说遵循的是从"形而下"（思想家的生活）到"形而上"（思想家的思想）的上行路线。

在全书的最后②附有两封胡塞尔分别写给亚历山大·普凡德尔和迪特里希·曼科的信以及一篇卡尔·舒曼针对海德格尔在《明镜周刊》访谈而做的反驳文章。后面这篇文章是"笔者读到的最为详细的研究胡塞尔—海德格尔关系史的论述文章。目前的所有讨论，实际上都需要以舒曼的这项研究为出发点。"（第10页）此外，倪梁康先生还广泛援引了曾经亲自见证胡塞尔和海德格尔二人关系的朋友和学生的一手文献，比如卡尔·雅斯贝尔斯、汉娜·阿伦特、卡尔·洛维特等，不一而足。通过对这些文献的细致阅读和精确分析，倪梁康先生为我们"现象学还原"出了一段具体、生动、有时令人唏嘘的关系史。

下面将对上述三部分的主要内容进行简要的概括。

一　胡塞尔—海德格尔的私人交往与品格差异

（1）1916—1923年。1916年，时年57岁的胡塞尔去弗莱堡接替李凯尔特的哲学教椅，从而与27岁的海德格尔相识。在这之前（至迟于1909/1910年），海德格尔已经非常熟悉胡塞尔的哲学工作了，并接受了胡塞尔对心理学主义的批评以及对逻辑的现象学分析。但是并不能看出此时的海德格尔将

---

① 这本书是根据倪梁康先生在2015—2016冬季学期的讲座稿集结而成。
② 还附有一篇倪梁康先生关于海德格尔教椅之争的文章，倪先生指出此次事件的升温更多是媒体炒作的结果。

胡塞尔看作是思想上的启蒙老师。（第15页）在二人正式结识之后几年间（1917—1922），胡塞尔与海德格尔之间达到了"准家庭关系"，胡塞尔曾经先后三次写信向纳托尔普推荐海德格尔作为马堡大学的编外教授的人选，在信中，胡塞尔对海德格尔给予了很高的评价。海德格尔则将胡塞尔称为"我父亲般的朋友"（第29页）。但是二人的私人交往和思想交流并没有同步升温。在思想上，到1923年海德格尔的现象学热度就已经消退了，他开始逐渐关注亚里士多德和狄尔泰。

（2）1923—1928年。海德格尔认为在思想上他此时已经"扭断了他（胡塞尔）的脖子"，不再认真对待胡塞尔的现象学进展。（第34、37页）"在两人于此期间的交往中，都是胡塞尔在谈自己的思想进展，而海德格尔则始终避谈自己的哲学思考。"海德格尔与胡塞尔这五年的交往可以说是虚与委蛇，竭力敷衍。海德格尔表面敷衍的最终目的是为了能够顺利接任胡塞尔在弗莱堡的教椅，因此他"费尽心机地在他所蔑视的胡塞尔面前掩饰自己的心思"，直到"攫取权力"为止。"可以确定的一点，在海德格尔的五年马堡时间里，他需要违心地和精心地扮演——至少是在胡塞尔面前——本真现象学接班人的角色。"（第36—37页）而此时的胡塞尔则将海德格尔看作是"唯一真正的学生""唯一能胜任的人"，而这种情感上的极大信任导致他对海德格尔的思想动向（《存在与时间》于1927年出版）和人格品行都没有形成正确的判断。（第50、52页）

（3）1929—1938年。1929年海德格尔"攫取权力"之后，根据胡塞尔的说法，"我们的交往大约还维持了两个月，然后便和和气气地结束了"。其原因据倪梁康先生的推测是因为胡塞尔花了两个月的时间阅读《存在与时间》以及海德格尔的其他新作之后，坦率地向海德格尔表达了他的批评。（第64页）但在胡塞尔看来二人只是在思想上出现了分歧，并没有对海德格尔的人格进行批评，"胡塞尔从未以贬低的口吻谈论海德格尔"（帕托契卡语，第70页）。二人关系史上的重大转折点是1933年，海德格尔作为弗莱堡大学校长将犹太裔的教职人员停职，之后他在公开加入纳粹党，胡塞尔此时感受到了"最沉重的打击"（第74页）。

> ……而在另一些人那里,我却已经不得不拥有了最阴暗的个人经历——最后的和对我最沉重的打击是在海德格尔那里的经历:之所以最沉重,是因为我不仅对他的才华,而且对他的品格曾寄予了一种(现在连我自己也已经不再能够理解的)信任。(胡塞尔致曼科的信,第219页)

之后的年月里,胡塞尔被禁止教学和进入大学的图书馆,为了逃避周围的反犹敌意,他搬离了原住所,最终因不熟悉新住所而在浴室摔倒导致折断肋骨,引发肋膜炎,于1938年4月27日与世长辞。"或许可以推测,这种对死亡的挣脱是一种出离。"(帕托契卡语,第76—77页)尽管作为弗莱堡大学校长的海德格尔有被迫不得已的情势所迫这一因素,但无论如何,在对待自己的恩师胡塞尔上,海德格尔无疑是一个"潜在的谋杀者"(阿伦特语,第73页)。作为胡塞尔曾经最信任最欣赏的学生,海德格尔并未出现在胡塞尔的葬礼上。对此倪梁康先生写出了如下激愤之语:

> 回想在庆祝胡塞尔七十寿诞之时,弗莱堡大学校长和五位系主任身着长袍参加庆典,海德格尔作为教椅继承人做长篇致辞祝贺,而九年之后构成鲜明对照的是以下的事实:参加胡塞尔的葬礼的人群中居然找不到弗莱堡大学哲学专业的任何一人的身影!(第77—78页)

(4)1944—1976年。在胡塞尔卧病在床到最终去世的八个月时间里,海德格尔都没有出现。具体的原因海德格尔在1945年的书面陈述中辩解说,在胡塞尔去世的时候他生病了,但痊愈之后也终究没有写信给胡塞尔的太太,这是一个"疏忽(Versäumnis)"。在1966年《明镜周刊》访谈中,他说这是他人性方面的过失(menschliches Versagen),为此他曾于1950年写过一封信请求胡塞尔太太的原谅。

但是他究竟是出于什么原因而道歉,对胡塞尔的背离和敌意,还是反犹,抑或是纳粹?(第81页)从最近出版的《黑皮本》的内容来看,他并不曾为胡塞尔的离世感到任何心动,也没有对反犹和纳粹表示过任何忏悔。(第84页)海德格尔对道歉的原因始终保持沉默。

实际上海德格尔在面对这些事情的时候更多的是一种自我辩解的姿态。在面对胡塞尔的问题上他甚至认为是胡塞尔亏欠他,而不是相反。(第86页)他认为由于跟胡塞尔哲学上的分歧导致二人的关系破裂,胡塞尔不能够容忍学生的背叛。实际上胡塞尔的学生中大部分都没有遵循老师的哲学道路,海德格尔不愿反思,胡塞尔为何单单对他如此失望。一个天才的哲学家在自我反思和自我判断上居然如此无能,实在令人惊愕。

二人关系史的最后时间点是60年代。在《明镜周刊》访谈(1966年)、致理查德森的信(1962年)以及回忆性文字《我进入现象学之路》(1963年)中,海德格尔回顾和总结了他的哲学人生,公开表达了他与现象学的绞缠。不过在访谈中,海德格尔依然为自己辩解。事实上,这个公开辩解与《黑皮本》中的思路是一贯的。"'笔记'似乎是在找理由来平息自己的良心谴责,并且为日后的自我辩护做准备。而'访谈'则是为了在公众面前完成某种开脱,并因此而成为'愚蠢的谎言'。"(第101页)对自己的老师胡塞尔,海德格尔没有任何愧疚之情,反而觉得自己冤枉,从而找各种借口反复为自己开脱。如果说反犹和纳粹反映了海德格尔公德上的问题的话,对待自己的老师胡塞尔的问题上则表明他集精致的利己主义和平庸的道德人格于一身。

二 胡塞尔、海德格尔与反犹主义

第二部分详细分析了海德格尔的反犹主义与其思想的内在关联,指出海德格尔的思想内在蕴涵着反犹主义和道德虚无主义。

海德格尔的反犹主义可以从"形而下的存在历史的反犹主义"和"形而上存在历史的思义"两方面分析。

从前一方面来看,海德格尔尽管对纳粹的政治献祭表达过羞耻和懊悔,但反犹主义的态度一直没有改变。他漠视纳粹对犹太人的大规模屠杀,认为是再平常不过的恶行而已,恶行随时随地可见,没有什么大不了的。(第136页)倪梁康先生指出,在大是大非面前,海德格尔的这种态度表现出了一种"本底的恶","人使人成为多余"(阿伦特语,第139页)。他是一个彻底的道德虚无主义者。

> 无论依据什么样的政治感觉方面的伦常好恶,无论遵照什么样的世界历史方面的价值判断以及国家政治学说方面的逻辑论证,我们是否有权将一批人按照他们的血统和种族来划分,并据此划分来进行反对和排

斥,甚至默认和赞成用暴力的方式,利用国家机器,有组织、有计划地将这个民族的所有成员加以肉体上的灭绝,这是一个无法通过相对化的策略来消解的政治问题,而是一个政治哲学与道德哲学的大是大非问题。(第138—139页)

从后一方面来看,《黑皮本》表明,海德格尔试图在胡塞尔的现象学与犹太思维方式之间寻找某种根本性的联系。而海德格尔想用自己的哲学来抵制犹太人的哲学。因此,海德格尔的反犹主义中的情感因素所占的比重很少,主要是"存在历史的反犹主义"(特拉夫尼语,第127页)。海德格尔号召在两种思维方式之中进行"本质决断":代表雅利安–德意志思维方式的"思义(besinnend)的思"与代表犹太人思维方式的"算计(rechnend)的思"。算计之思是技术霸权的、逻各斯中心主义的,是一种空泛的理性和算计能力。海德格尔试图在德意志寻找反对技术霸权、逻各斯中心的"另一开端"。

倪梁康先生指出,海德格尔这种形而上的"存在历史的思义"并不能与形而下的"存在历史的反犹主义"剥离开来。海德格尔的思想之中内在地蕴涵着反犹主义,反过来说,反犹主义是海德格尔从事存在历史思考的非本真的"现身情态"。表现在海德格尔身上的非本真状态与本真状态同样真实。

三 胡塞尔、海德格尔与历史性思考

第三部分主要是对狄尔泰、胡塞尔与海德格尔的历史思考的比较性分析。胡塞尔在1905年与狄尔泰的交流使得他逐渐关注历史问题,亦即历史—发生的纵向意向性问题。从《观念Ⅱ》、关于时间意识的讲座到晚期的《欧洲科学的危机与超越论的现象学》,胡塞尔关于历史问题的思考逐渐成熟,构成了胡塞尔思想中的三大支点之一。"在胡塞尔这里,作为存在论整体的意识本质论包含了结构系统、方法系统和历史系统的三位一体,历史问题只构成他的全部思考的三个方向之一。"(第157页)

倪梁康先生指出,胡塞尔的目的论—历史发生的分析是一种先验反思的历史哲学方法,即在反思的目光中以对意识之纵意向性的纵向本质直观方式去把握历史的可能性条件,把握从单个主体意识到交互主体意识的意义构成和意义沉淀的历史,从而最终澄清,意向活动的开放性的意义空间,同时也在意向相关项方面的可能性,亦即对生活世界的分析。(第171—172、192—193页)胡塞尔始终贯彻他的本质直观和先验反思的方法,他对历史的思考并没有沦为他之前批评的历史主义。胡塞尔对历史的思考是结构性的、本质性的,结构上的本质主义与方法上的先验反思以及历史上的意义发生三者相辅相成,并不矛盾。

而海德格尔批评胡塞尔和狄尔泰的历史思考没有深入到"存在论"领域,没有将存在问题带入到历史问题的讨论之中。(第167页)"存在作为动词以一种特有的方式与历史的发生和真理的敞开结合为一:历史是存在历史,真理是存在真理,这可能就是海德格尔的原创性所在。"(第168页)海德格尔将历史与存在论差异相联结,区分了存在历史的思义和存在者历史的思义。他认为狄尔泰和胡塞尔仍然停留在存在者历史的层面上。

倪梁康先生将胡塞尔与海德格尔关于历史问题思考的差异回溯到了结构形而上学与发生形而上学两种形态的区分:

> 如果我们将发生的形而上学或"另一形而上学"称之为"发生主义",将结构的形而上学或"第一形而上学"称之为"结构主义",那么,海德格尔与黑格尔和狄尔泰一样,总体上是一个发生主义者而非结构主义者。而胡塞尔则更接近笛卡尔和康德,总体上是一个结构主义者而非发生主义者。狄尔泰、胡塞尔、海德格尔在上世纪的前三十年的先后交遇,基本上代表了两种时代精神的交锋。(第193—194页)

更为根本的是,海德格尔认为,胡塞尔由于错失了存在问题,从而没有洞察到"在存在者的优先地位与存在真理的创建之间做出的最高决断的历史时刻"(第167、175页)。然而,海德格尔对狄尔泰和胡塞尔的批评并不是面向事实本身,无前提性的。他将存在问题以及存在历史思义作为前提,从而预先就决定了他对后者批判的正确性。可是海德格尔似乎仅仅把存在者层面的历史思考偷偷置换成了所谓的存在论层面的历史存在,造成高高在上的历史存在与现实的历史之间是割裂的印象,借以掩盖他在现实政治和伦理上的平庸和虚无。存在论层面存在历史的"深邃"与存在者层面在世界历史思义上的平庸是彼此伴随的。在存在者层面"他已经下坠到国家主义的专横和民族主义的偏执之中"(第177—178页)。在存在论层面,海德格尔的思想彻底沦为一种历史虚无主义,"历史认识无真假、历史发展无对错,起着'根本决断'作用的东西仅仅是政治斗争中的意志之强弱、策略之好坏、结果之胜负",这样"'深邃'的德国历史主义与'浅薄'的美国实用主义似乎最终走在了一起"。(第179页)

从狄尔泰的精神科学到胡塞尔的历史现象学,再到海德格尔的历史存在论,这在海德格尔看来是一个逐渐深化的过程,但从另外一个角度上来讲也可以说是对历史理解的某种局限和窄化的过程。(第173、196页)海德格尔理论中内在蕴涵的历史主义与其现实的政治决断以及道德虚无主义是紧密相连的。在海德格尔的思想世界中,没有伦理学的位置,同时也没有政治哲学的位置。"……是时候用胡塞尔式的发生的本质主义来抵御与遏制海德格尔式的存在的历史主义了。"(第180页)

综上所述,倪梁康先生分别从私人交往、社会历史背景(反犹与纳粹)以及哲学思想三个角度为我们梳理了胡塞尔—海德格尔关系史,揭示出海德格尔在道德人格上的缺失,在政治—社会问题上的自我反思的贫乏以及思想中内在蕴涵的历史主义和虚无主义的危机。在内容上最为重要的恐怕是,作者揭示了《黑皮本》中海德格尔的思想与反犹主义的内在关联。另外作者通过结构现象学与历史—发生现象学的对峙来分析狄尔泰、胡塞尔和海德格尔三者之间难解的思想纠纷,并将其置于运动形而上学与存在形而上学两种思想传统之中,非常精彩。这本书仅仅是倪梁康先生在撰写题为《反思的使命》的胡塞尔思想传记的阶段性思考成果,对他的大作翘首以待!

(孙铁根,外交学院基础部讲师)

《哲学门》稿约

为了不断提高我国哲学研究的水准、完善我国的哲学学科建设、促进海内外哲学同行的交流,北京大学哲学系创办立足全国、面向世界的哲学学术刊物《哲学门》,每年出版一卷二册(每册约30万字)。自2000年以来,本刊深受国内外哲学界瞩目,颇受读者好评。

《哲学门》的宗旨,是倡导对哲学问题的原创性研究,注重对当代中国哲学的"批评性"评论。发表范围包括哲学的各个门类,马克思主义哲学、中国哲学、西方哲学、东方哲学、宗教哲学、美学、伦理学、科学哲学、逻辑学等领域,追求学科之间的交叉整合,还原论文写作务求创见的本意。目前,《哲学门》下设三个主要栏目:论文,字数不限,通常为1—2万字;评论,主要就某一思潮、哲学问题或观点、某类著作展开深入的批评与探讨,允许有较长的篇幅;书评,主要是介绍某部重要的哲学著作,并有相当分量的扼要评价(决不允许有过度的溢美之词)。

为保证学术水平,《哲学门》实行国际通行的双盲审稿制度。在您惠赐大作之时,务必了解以下有关技术规定:

1. 本刊原则上只接受电子投稿,投稿者请通过电子信箱发来稿件的电子版。个别无法电子化的汉字、符号、图表,请同时投寄纸本。
2. 电子版请采用Word格式,正文5号字,注释引文一律脚注。
3. 正文之前务请附上文章的英文标题、关键词、摘要、英文摘要和作者简介。
4. 通过电邮的投稿,收到后即回电邮确认,3个月内通报初审情况。其他形式的投稿,3个月内未接回信者可自行处理。

在您的大作发表以后,我们即付稿酬;同时,版权归属北京大学出版社所有。我们欢迎其他出版物转载,但是必须得到我们的书面授权,否则视为侵权。

《哲学门》参考文献的格式规范

第 1 条　正文中引用参考文献,一律用页脚注。对正文的注释性文字说明,也一律用页脚注,但请尽量简短,过长的注文会给排版带来麻烦。为了查考的需要,外文文献不要译成中文。

第 2 条　参考文献的书写格式分**完全格式**和**简略格式**两种。

第 3 条　**完全格式**的构成,举例如下(方括号[ ]中的项为可替换项):

著作:作者、著作名、出版地、出版者及出版年、页码

吴国盛:《科学的历程》,长沙:湖南科学技术出版社,1995 年,第 100 页[第 1—10 页]。

R. Poidevin, *The Philosophy of Time*, Oxford University Press, 1985, p. 100 [pp. 1-10].

译作:作者、著作名、译者、出版地、出版者及出版年、页码

柯林武德:《自然的观念》,吴国盛等译,北京:华夏出版社,1990 年,第 100 页。

Martin Heidegger, *Being and Time*, trans. by John Macquarrie & Edward Robinson, Harper & Row, 1962, p. 100[pp. 1-10].

载于期刊的论文(译文参照译作格式在译文题目后加译者):

吴国盛:《希腊人的空间概念》,《哲学研究》,1992 年第 11 期。

A. H. Maslow, "The Fusion of Facts and Value", *American Journal of Psychoanalysis*, 23(1963).

载于书籍的论文(译文参照译作格式在译文题目后加译者):

吴国盛:《自然哲学的复兴》,载《自然哲学》(第 1 辑),吴国盛主编,北京:中国社会科学出版社,1994 年。

T. Kuhn, "The History of Science", in *International Encyclopedia of the Social Sciences*, ed. by D. L. Sills, Macmillan, 1968.

说明与注意事项:

1. 无论中外文注释,结尾必须有句号。中文是圆圈,西文是圆点。

2. 外文页码标符用小写 p. ,页码起止用小写 pp. 。

3. 外文的句点有两种用途：一种用做句号，一种用做单词或人名等的简写（如 tr. 和 ed.），在后一种用途时，句点后可以接任何其他必需的标点符号。

4. 书名和期刊名，中文用书名号，外文则用斜体（手写时用加底线表示）；论文名无论中外一律用正体加引号。

5. 引文出自著（译）作的必须标页码，出自论（译）文的则不标页码。

6. 中文文献作者名后用冒号（：），外文文献作者名后用逗号（,）。

7. 中文文献的版本或期号的写法从中文习惯，与外文略有不同。

第 4 条 简略格式有如下三种：

第一种 只写作者、书（文）名、页码（文章无此项），这几项的写法同完全格式，如：

吴国盛：《科学的历程》，第 100 页。

Martin Heidegger, *Being and Time*, p. 100.

吴国盛：《自然哲学的复兴》。

T. Kuhn, "The History of Science".

第二种 用"前引文献"（英文用 op. cit.）字样代替第一种简略格式中的书名或文章名（此时中文作者名后不再用冒号而改用逗号），如：

吴国盛，前引文献，第 100 页。

吴国盛，前引文献。

Martin Heidegger, op. cit., p. 100.

T. Kuhn, op. cit..

第三种 中文只写"同上。"字样，西文只写"ibid."字样。

第 5 条 完全格式与简略格式的使用规定：

说明与注意事项：

1. 参考文献在文章中第一次出现时必须用完全格式。

2. 只有在同一页紧挨着两次完全一样的征引的情况下，其中的第二次可以用第三种简略格式，这意味着第三种简略格式不可能出现在每页的第一个注中。

3. 在同一页对同一作者同一文献（同一版本）的多次引用（不必是紧挨着）的情况下，第一次出现时用第一种简略格式，以后出现时用第二种简略格式。下面是假想的某一页的脚注：

① 吴国盛:《科学的历程》,第 100 页。

② M. Heidegger, *Being and Time*, p.100.

③ 吴国盛,前引文献,第 200 页。

④ 同上。

⑤ M. Heidegger, op. cit., p.200.

⑥ T. Kuhn, "The History of Science".

⑦ Ibid.

4. 在同一页出现对同一作者不同文献(或同一文献的不同版本)的多次引用时,禁止对该文献使用第二种简略格式。

编辑部联系方式:
电子信箱:pkuphilosophy@gmail.com
通信地址:100871　北京大学哲学系《哲学门》编辑部
传真:010-62751671

北京大学哲学系
北京大学出版社